网络亚文化观察

基于当代大学生的调查研究

郝文斌 著

人民出版社

| 郝文斌 |

　　1972 年生，哈尔滨师范大学二级教授，博士生导师，新加坡南洋理工大学访问学者，"国家高层次人才特殊支持计划"哲学社会科学领军人才、全国文化名家暨"四个一批"人才，国务院特殊津贴专家、"百千万人才工程"国家级人选、国家有突出贡献中青年专家、教育部思想政治教育中青年杰出人才等。致力于思想政治教育研究，主持国家社科基金重点项目等省部级以上课题 19 项，成果得到省部级以上领导批示 10 余次，被省部级以上部门采纳 19 项，为中央领导决策提供参考；获教育部人文社科奖 1 项，黑龙江省社科一等奖 5 项等。

目　录

前　言

　　"理想指引人生方向，信念决定事业成败。"建设社会主义现代化强国和实现中华民族伟大复兴的奋斗目标，终将在一代又一代青年的接续奋斗中变为现实。"历史和现实都告诉我们，青年一代有理想、有担当，国家就有前途，民族就有希望，实现我们的发展目标就有源源不断的强大力量。"新时代青年既面临难得的人生发展机遇，也面临着担当民族复兴大任的历史使命，他们的思想观念、价值取向和行为方式等发展状况一直以来都受到党和国家，以及社会各界的高度关注。如何契合当代大学生的有效需求和话语方式，找到新时代使命担当与个人成长发展之间的有效关联，用坚定的理想信念和主流文化引领大学生擦亮奋斗底色，是提高思想政治教育针对性和实效性需要不断思考的问题。

　　目前，学界关于"网生一代"大学生受网络亚文化影响的研究成果多是围绕网络亚文化的某一样态进行的单项性研究，缺乏从整体上研究网络亚文化对大学生产生的双重作用影响，特别是对于不同高校、不同专业、不同年级和不同性别的大学生受网络亚文化双重作用影响的差异情况缺少总体认识和系统把握。《网络亚文化观察——基于当代大学生的调查研究》这本著作立足于培养堪当民族复兴大任的时代新人这个目标，力求通过梳理和阐释习近平总书记关于做好青年工作、坚定文化自信和培养时代新人等一系列重要论述，并向全国不同地区有代表性的高校发放调查问卷，充分了解和把握"丧文化"、"佛系"文化、网络流行语文化、短视频文化和网络消费文化等网络亚文化样态对大学生产生的积极影响与消极影响及其成因，对不同年级、不同性别、不同专业和不同高校大学生受网络亚文化影响情况进行差异性分析，综合运用马克思主义理论、教育学、心理学等多学科理论，提出引导大学生树立正确的文化观、历史观、国家观和民族观，正确认识对待网络亚文化的有效策略。

本著作在认真汲取以往学界同人研究成果的基础上，坚持辩证唯物主义、历史唯物主义的世界观和方法论，坚持定性分析和定量分析有机结合，分别阐释"丧文化"、"佛系"文化、网络流行语文化、短视频文化和网络消费文化等网络亚文化主要样态的基本内涵与基本特征，力求从中把握不同网络亚文化样态在网络空间中生成发展的演变过程。通过调查研究发现，"丧文化"、"佛系"文化对大学生缓解社会现实压力、避免急功近利心态等方面有积极影响，但也冲击一些大学生原有思想观念和行为方式、产生价值迷惘和自我迷失等消极影响，客观要求我们积极培育健康社会心态，加强抗挫折教育，教育引导大学生树立正确奋斗观、理性看待挫折和增强社会责任意识，满足大学生有效需求。网络流行语文化对大学生具有增进人际互动、满足情感宣泄和了解社会舆情等积极作用，但是滥用网络流行语容易造成言行失范、语言价值空化和降低对主流文化的认同，这主要是由网络技术催生符号化语言、个性化与多元化表达的心理诉求等所造成的，需要把握网络流行语特征，提升主流文化传播吸引力，构建富有亲和力的话语体系等策略加以应对。短视频文化的多元内容、广泛互动可以增强大学生文化认知、文化认同和文化创新，而泛娱乐化、碎片化、庸俗化的短视频内容也在冲击大学生对主流价值观的认同，造成思维认知偏差和降低审美格调，究其原因在于商业资本逐利性忽视短视频内涵的制作，这要求采取打造官方宣传品牌弘扬时代主旋律、完善短视频平台监督审查制度和加强数字化平台建设抢占短视频高地等措施，创造优质健康的短视频文化作品，提升大学生对主流文化的认同。网络消费文化对增强大学生绿色消费观念具有积极作用，但是随着社会主要矛盾变化后消费问题应对不足、社会消费心理变化表露炫耀性消费和网购平台智能化发展助推网络消费普及，产生诸如贪图物质享受淡化理想信念追求、网络消费主义盛行有碍正确消费观的养成和市场大肆营销导致消费结构无序化趋向明显等消极影响，应尽快建立健全消费法律法规制度、发挥家庭对大学生消费习惯养成的作用，引导大学生形成理性消费、绿色消费的生活方式。针对网络亚文化对大学生产生的双重影响和不同网络亚文化样态的综合作用，从整体上提出发挥社会主义核心价值观引领作用、增强"三大文化"浸润作用和净化网络空间文化生态环境的策略，培养大学生努力成为堪当民族复兴大任的时代新人。

虽然这本著作的出版为大学生受网络亚文化影响研究提供了新的研究视角和研究范式，但是当前网络亚文化正随着网络媒体信息技术的更新迭代而不断演变，对当代大学生思想观念和价值取向的作用影响还会出现新的变化，还存在一些理论与实践问题有待解决。本书更多的是抛砖引玉，我们由衷希望有更多的专家学者投身大学生喜爱体验的网络亚文化研究，共同为教育部门和高校加强与改进大学生思想政治工作，培养德智体美劳全面发展的社会主义建设者和接班人建言献策。

第一章 绪 论

2016年4月19日，习近平总书记在网络安全和信息化工作座谈会上强调："互联网是一个社会信息大平台，亿万网民在上面获得信息、交流信息，这会对他们的求知途径、思维方式、价值观念产生重要影响，特别是会对他们对国家、对社会、对工作、对人生的看法产生重要影响。"[①] 网络亚文化借助网络媒体在大学生群体中的蔓延传播，争夺网络空间话语权，挤压主流文化在网络中的发声空间，影响一些大学生的价值选择。网络亚文化所呈现的新颖话语、个性设计、趣味视图深受一些大学生喜欢，逐渐建构具有多元化、交互性等特征的文化风格，利用社交媒介进行即时传播和再构，对大学生的思想观念和行为方式产生了重要影响。

第一节 研究目的与研究意义

网络亚文化是不同于网络主流文化的文化样态，是随着网络媒体信息技术发展变革而形成的一种亚文化。相较于网络主流文化，网络亚文化由于契合大学生追求个性的文化需求，呈现个性化、隐喻化的鲜明特征。加强网络亚文化对青年大学生影响研究，有效应对网络亚文化对大学生价值观产生的消极影响，不断扩大中华优秀传统文化、革命文化和社会主义先进文化的影响力，对于引导大学生培育和践行社会主义核心价值观，努力成为堪当民族

---

① 《习近平谈治国理政》第二卷，外文出版社2017年版，第335页。

复兴大任的时代新人具有重要意义。

一、研究目的

"国家的希望在青年，民族的未来在青年。"[①] 党的十八大以来，以习近平同志为核心的党中央高度重视青年的成长成才。习近平总书记围绕青年工作发表一系列重要讲话，指明当代青年的历史使命和成长道路。大学生的理想信念、道德情操、价值取向等成长发展状况直接事关社会主义现代化国家的建设，关乎中华民族伟大复兴中国梦的实现。2013 年 5 月 2 日，在给北京大学学生的回信中，习近平总书记指出："中国梦是国家的梦、民族的梦，也是包括广大青年在内的每个中国人的梦。'得其大者可以兼其小。'只有把人生理想融入国家和民族的事业中，才能最终成就一番事业。"[②]

在庆祝中国共产党成立 100 周年大会上，习近平总书记指出："新时代的中国青年要以实现中华民族伟大复兴为己任，增强做中国人的志气、骨气、底气，不负时代，不负韶华，不负党和人民的殷切期望！"[③] 建设社会主义现代化国家和实现中华民族伟大复兴，要求大学生扣好人生第一粒扣子，培育和践行社会主义核心价值观，坚定对马克思主义的信仰、对中国特色社会主义的信念、对实现中华民族伟大复兴的信心，用中华优秀传统文化、革命文化、社会主义先进文化培根铸魂，不断增强做中国人的志气、骨气和底气。

当代大学生主要是"00 后"出生的互联网原住民，在网络空间中难免会受到伴随网络媒体信息技术发展变革而形成的网络亚文化影响。加强网络亚文化研究，一是深刻研究阐释习近平关于青年大学生成长成才的实践指向。"青年处于人生道路的起步阶段，在学习、工作、生活方面往往会

---

① 习近平：《在纪念五四运动 100 周年大会上的讲话》，人民出版社 2019 年版，第 6 页。

② 《习近平给北京大学学生回信勉励当代青年　勇做走在时代前面的奋进者开拓者奉献者》，《人民日报》2013 年 5 月 5 日。

③ 习近平：《在庆祝中国共产党成立 100 周年大会上的讲话》，人民出版社 2021 年版，第 21 页。

遇到各种困难和苦恼"①。当前大学生正面临毕业求职、创新创业、婚恋交友和社会融入等现实问题的压力并借助网络媒体发声，而通过网络媒体传播的网络亚文化在一定程度上契合了他们缓解现实压力的需求。这客观要求遵循思想政治工作规律，有效应对网络亚文化对大学生成长成才产生的影响。

二是深刻把握"网生一代"大学生的特点。"网生一代"大学生具有与以往大学生不同的特点，"当代青年思想活跃、思维敏捷，观念新颖、兴趣广泛，探索未知劲头足，接受新生事物快，主体意识、参与意识强，对实现人生发展有着强烈渴望"②。网络媒体为"网生一代"大学生张扬个性提供相对自由空间，网络亚文化主要样态对"网生一代"大学生产生的作用影响在一定程度上反映"00后"大学生区别于其他时代的大学生，在思想观念和行为方式上的不同特点亟须加强研究。

三是深入分析网络亚文化对大学生的综合作用。网络亚文化对大学生具有缓解现实压力、激发短暂性反思等积极影响，但也对大学生坚定文化自信产生消极影响，影响他们树立正确的历史观、文化观、国家观和民族观，并且网络亚文化的不同样态对大学生产生的积极影响和消极影响也有所不同，需要从整体上进行系统研究。

四是深入研究"网络亚文化"主要样态特征。随着网络媒体信息技术的不断变革，网络亚文化衍生出"丧文化"、"佛系"文化、网络流行语文化、短视频文化和网络消费文化等样态。网络亚文化不同样态之间具有相似特征且相互耦合作用，但也呈现出各自不同的特征并且不断衍生出新的网络亚文化样态，这要求对网络亚文化主要样态的内涵及基本特征作出新的研判。

五是深入阐释应对网络亚文化影响的有效策略。针对不同网络亚文化样态对大学生世界观、人生观和价值观产生的积极影响和消极影响，在分别提出应对举措的基础上，从整体上提出发挥社会主义核心价值观的价值引领作

---

① 习近平:《在纪念五四运动100周年大会上的讲话》,《人民日报》2019年5月1日。
② 习近平:《在纪念五四运动100周年大会上的讲话》,《人民日报》2019年5月1日。

用、增强"三大文化"浸润作用和净化网络空间生态环境等策略，引导大学生坚定理想信念，树立正确的世界观、人生观和价值观，努力成为堪当民族复兴大任的时代新人。

二、研究意义

"文化自信，是更基础、更广泛、更深厚的自信，是更基本、更深沉、更持久的力量。坚定文化自信，是事关国运兴衰、事关文化安全、事关民族精神独立性的大问题。"①文化对大学生的影响如春风化雨、润物无声，优秀文化能够给予大学生积极奋进的力量，庸俗文化则扰乱大学生理想信念和弱化大学生文化自信。培养大学生成为堪当民族复兴大任的时代新人，坚定大学生文化自信，是坚定大学生对中国特色社会主义先进文化的自信，而不是对其他什么文化的自信。

当前，伴随网络媒体信息技术发展变革而生成发展的网络亚文化所包含的一些积极因素有利于大学生的成长成才，为大学生在网络空间中休闲娱乐提供新的文化样态。与此同时，网络亚文化与多元社会思潮相互耦合，通过社交媒体加速在网络空间中渲染蔓延，强势冲击主流文化在网络空间中的传播与发展。网络亚文化通过颓废忧伤的情感表达、随遇而安的处世态度、线上狂欢的娱乐消遣、捧腹大笑的恶搞文化映射大学生心扉，成为一些大学生的内心告白。加之历史虚无主义和文化虚无主义在网络空间中的隐蔽传播，企图消解大学生对中华优秀传统文化、革命文化和社会主义先进文化的认同。习近平总书记强调："要坚定文化自信，推动中华优秀传统文化创造性转化、创新性发展，继承革命文化，发展社会主义先进文化，不断铸就中华文化新辉煌，建设社会主义文化强国。"②加强大学生网络亚文化研究，化解网络亚文化对大学生的消极影响，扩大社会主义主流文化在网络空间中的引导力、传播力和作用力，从而坚定大学生文化自信，帮

---

① 《习近平谈治国理政》第二卷，外文出版社 2017 年版，第 349 页。
② 《习近平主持召开教育文化卫生体育领域专家代表座谈会强调：全面推进教育文化卫生体育事业发展、不断增强人民群众获得感幸福感安全感》，《光明日报》2020 年 9 月 23 日。

助他们树立正确的历史观、文化观和国家观已成为重要命题，具有重要理论意义与实践意义。

本研究的理论意义在于：系统梳理和阐释习近平总书记的相关论述和学界同人的研究成果，并且从多学科视角分析网络亚文化对大学生产生的影响，拓展大学生受网络亚文化作用影响的研究内容和方式。一是通过阐发习近平总书记关于文化自信、文化强国和青年工作的一系列论述，有助于夯实研究网络亚文化的理论基础，进一步把握和揭示网络亚文化的形成发展过程及影响当代大学生的表征。二是在系统梳理网络亚文化的国内外研究成果的基础上，通过阐释"丧文化"、"佛系"文化和网络流行语文化等不同网络亚文化样态的基本内涵、基本特征和表现形式，有助于拓展网络亚文化的相关研究。三是坚持辩证唯物主义和历史唯物主义的方法论，借鉴和运用心理学、教育学、管理学和哲学等多学科知识，实现学科交叉研究，有助于转换研究范式，从不同学科视角分析不同网络亚文化样态对大学生世界观、人生观和价值观的深刻影响。

本研究的实践意义在于：通过实践调查，分析大学生受网络亚文化影响的现状及其成因，为推动教育部门和高校做好大学生思想政治教育提供决策咨询参考和重要抓手，引导大学生树立正确思想观念，培育和践行社会主义核心价值观，正确认识对待网络亚文化的作用影响。一是在把握大学生受"丧文化"、"佛系"文化、网络流行语文化、短视频文化和网络消费文化影响现状的基础上，提出应对不同网络亚文化样态对大学生作用影响的引导策略，有利于为相关部门制定加强网络主流文化发展和网络大学生思想政治教育的政策措施提供决策咨询建议。二是通过调查分析网络亚文化造成一些大学生理想信念迷惘、产生不良社会心态等问题的成因，有助于高校进一步做好大学生日常思想政治教育工作，着重凸显以文化人、以文育人的作用，坚持用大学文化浸润大学生的思想心灵。三是对不同专业、不同年级、不同地区和不同高校大学生受网络亚文化的作用影响进行差异分析，较为全面了解不同大学生群体成长发展过程中对网络文化的现实需求，推动高校校园文化建设更加契合大学生身心发展规律，更好地引导大学生成长成才。

第二节 国内外研究综述

通过对网络亚文化相关文献资料进行梳理分析发现，随着网络信息技术的发展变革，互联网已经融入社会生活的方方面面，网络亚文化作为网络信息时代的产物日益受到国内外学者的更多关注和深入研究。学界关于网络亚文化的研究多集中于对网络亚文化内涵和特征的分析，随着网络传播手段、技术条件和传播工具的更新变化，网络亚文化所呈现出的具体样态也逐渐受到学界的广泛关注，尤其是将研究的关注点放在网络亚文化具体样态对大学生思想和行为的作用影响上，提出具有指导性针对性的思想观点和对策建议。

一、国内研究现状

（一）关于网络文化内涵及特征的研究

1. 关于网络文化内涵的研究

"网络文化是文化强国建设的重点之一，是衡量文化强国之'强'的重要标尺。"[1] 面对网络中多元的网络文化，要深刻把握网络文化的内涵，发展积极健康的网络文化，为青年大学生营造良好的网络文化环境，并不断推进网络文化强国建设。关于网络文化内涵，国内学者匡文波较早地对网络文化界定，提出网络文化是指以计算机技术和通信技术融合为物质基础，以发送和接收信息为核心的一种崭新文化。[2] 臧学英在此基础上从网络文化依附的载体出发，认为网络文化是一种彻底理性化的数字文化。[3] 冯永泰、万峰等学者侧重从文化角度界定"网络文化是以网络技术为支撑的基于信息传递所衍生的所有的文化活动及其内涵的文化观念和文化活动形式

---

[1] 舒晋瑜：《在文化强国建设的新征程上，网络文学担负着新的重要使命》，《中华读书报》2021 年 3 月 24 日。

[2] 参见匡文波：《论网络文化》，《图书馆》1999 年第 2 期。

[3] 参见臧学英：《网络时代的文化冲突》，《光明日报》2001 年 6 月 6 日。

的综合体"①。莫茜则把网络文化放在一定社会经济技术发展的阶段来理解和把握,认为:"网络文化是在信息时代到来之后出现的,以计算机和因特网应用为基本技术支撑的,以体现网络时代的新生产方式、新生活方式、新行为方式、新决策管理方式、新思维方式为主要特征的,融物质文化、行为文化、意识文化为一体的信息社会发展阶段上的文化现象和文化过程。"②姚伟钧、彭桂芳等学者从网络文化生成角度阐释网络文化内涵,强调"网络文化是人们以网络技术为手段,以数字形式为载体,以网络资源为依托,在从事网络活动时所创造的一种全新形式的文化"。近年来,学者们进一步从广义和狭义上对网络文化进行界定,"网络文化从广义上讲,是指网络时代所代表的新的文明成果与状态的总和。从狭义上看,指的是与网络时代相关的人们的交往活动、价值观念与生活方式"③。赵亮依据马克思"现实的人"的理论,提出网络文化实质上就是现实人实践活动的产物。④姚瑶则着力阐释网络文化的内涵,认为网络文化是一种以互联网信息技术为基础,在网络空间内形成的文化活动、文化方式、文化产品、文化观念的集合。⑤

2. 关于网络文化特征的研究

关于网络文化特征的研究,国内学者对其划分方式不一,但对其特征有较为一致的认识。詹恂把网络文化的特征概括为六个方面,即以高科技作为基础、传受空间成为虚拟、传受双方具有交互性、开放和没有中心的全球性、个体的自主性充分表达、人的创造性被高度激发。⑥万峰从网络文化技术特征、精神特征以及主体特征三个层面进行阐释:从技术特征上看,网络文化具有虚拟性、交互性、共享性、实效性;从精神特征上看,网络文化具有开放性、平等性、多元性、自由性;从主体特征上看,网络文化具有个性化、

---

① 冯永泰:《网络文化释义》,《西华大学学报(哲学社会科学版)》2005 年第 2 期。

② 莫茜:《大众文化与网络文化》,北京邮电大学出版社 2009 年版,第 121 页。

③ 姚伟钧、彭桂芳:《构建网络文化安全的理论思考》,《华中师范大学学报(人文社会科学版)》2010 年第 3 期。

④ 参见赵亮:《网络文化与人的主体性发展》,《中国特色社会主义研究》2019 年第 2 期。

⑤ 参见姚瑶:《网络文化环境下高校思想政治教育研究》,《中学政治教学参考》2021 年第 20 期。

⑥ 参见詹恂:《网络文化的主要特征研究》,《社会科学研究》2005 年第 2 期。

大众化、平民化、集群化。一些学者从网络文化的作用、影响出发，归纳概括出网络文化具有补偿性、极端性、大众性。[1]成秀萍重点阐释网络文化的时代特征，认为网络文化具有快捷性、开放性、交互性、娱乐性、平等性。[2]

（二）关于网络亚文化内涵及特征的研究

1. 关于网络亚文化内涵的研究

关于网络亚文化内涵的研究，我国学者总体上认为网络亚文化是区别于主流文化的一种文化形态，但在具体界定角度上还存在差异。吴震东指出："网络亚文化是在主流文化观念和政治意识形态下所分离出来的边缘性文化形态。"[3]谷学强、刘鹏飞认为网络亚文化区别于传统亚文化，是一种兼容并包的文化。由于互联网的开放性与原生态性，网络亚文化既可以指向传统亚文化借助新型传播技术和手段在网络平台上传播，也可以指向在互联网平台上新兴的不同于传统亚文化特征的新型亚文化。[4]王夫营、谭培文提出："网络亚文化是依托于网络而逐渐衍生出的一种新型亚文化，与其他亚文化相比，它更加注重精神的主观体验和语言表达方式上的新颖性，彰显了互联网时代文化所特有的气息，具有蒙面式广场狂欢的精神特质。"[5]王浩任强调网络亚文化是在互联网崛起的背景下产生、发展、兴盛的次生文化。[6]卫晓京从网络亚文化生成过程的视角出发，认为"网络亚文化是新媒体背景下，处于网络虚拟交流沟通平台阶段，逐渐沉淀、发展、融合而形成的文化，是新

---

① 参见张朝霞、范力勇、刘京花主编：《网络文化对大学生的影响》，河北人民出版社2014年版，第31页。

② 参见成秀萍：《网络文化的时代特征与应用价值》，《南通大学学报（社会科学版）》2014年第6期。

③ 吴震东：《身份、仪式与表述——"微时代"网络亚文化的人类学反思》，《民族艺术》2016年第5期。

④ 参见谷学强、刘鹏飞：《网络亚文化对青少年思想教育的影响与引导》，《当代青年研究》2017年第6期。

⑤ 王夫营、谭培文：《网络亚文化对大学生核心价值观认同的阻隔及其超越之道》，《理论导刊》2017年第8期。

⑥ 参见王浩任：《互动仪式链视角下的网络亚文化——以〈创造101〉中的"菊文化"为例》，《视听》2018年第10期。

媒体网络人群在网络当中推广的一类思维价值丰富型文化。"① 单单针对网络亚文化的表现形式及特点指出,网络亚文化是体现网络审美观、价值观的流行文化。②

2. 关于网络亚文化特征的研究

关于网络亚文化的特征不同学科对其有不同的归纳概括,从传媒学科、大学生思想政治教育视角和网络亚文化本身凝练其独特的特征。谷学强、刘鹏飞等从三个方面概括网络亚文化的特征:一是网络亚文化的群体特征,即独立性与反抗性;二是网络亚文化的文化特征,即异质性与边缘性、多元性与包容性;三是网络亚文化的传播特征,即"病毒式传播"③。张戈、刘建华等学者从大学生的网络亚文化特征进行分析,提出"大学生是在网络社会崛起中成长起来的特殊群体,在他们身上烙印着网络亚文化的消遣性、叛逆性、非主流性和不确定性等文化特征"④。卫晓京从大学生成长特点视角出发,概括了网络亚文化在新媒体时代影响大学生所表现出的主要特征,即时尚性、边缘性、颠覆性。⑤陈龙从内容选择角度和风格角度对网络亚文化特征作出阐释,"从内容选择角度看,网络亚文化群体选择的内容已与成人媒介文化内容脱钩,他们在自己的封闭的文化资源库里进行自由选择,久而久之,社交网络的圈层化传播特点使网络亚文化群体越来越固化于自己的趣味";"从风格角度看,网络亚文化从其出生时就体现出了对抗性姿态,在消费社会时代,这种对抗性姿态慢慢消弭了,但与主流文化之间的壁垒却没有消失"⑥。

---

①　卫晓京:《新媒体背景下大学生网络亚文化反思》,《西部广播电视》2020年第8期。

②　参见单单:《网络亚文化的发展与引导》,《青年记者》2021年第4期。

③　谷学强、刘鹏飞:《网络亚文化对青少年思想教育的影响与引导》,《当代青年研究》2017年第6期。

④　张戈、刘建华:《大学生网络亚文化的群体价值冲突》,《当代青年研究》2016年第1期。

⑤　参见卫晓京:《新媒体背景下大学生网络亚文化反思》,《西部广播电视》2020年第8期。

⑥　陈龙:《网络亚文化的"趣味"及其价值意义分析》,《湖南师范大学社会科学学报》2019年第6期。

（三）网络亚文化主要样态对大学生作用影响研究

1."丧文化"对大学生作用影响研究

大学生在学习和就业的双重压力下，主要通过"丧"言"丧"语，"丧"表情包等形式排解内心"忧伤""颓废"的情绪。"人生真的挺好的，每天都有新的难过""这个世界上开心的人本来就不多"等丧语录受到众多大学生追捧，每天"0点"一到，就会开启"网抑云"模式，逐渐"丧文化"成为大学生自我调侃的流行文化。国内学者针对"丧文化"对大学生的作用影响进行较为深入的研究，杜骏飞等学者认为，"除了颓废、麻木之外，'丧文化'同时也具有更为复杂的'亚文化光谱'，蕴藏着自我强化、狂欢、戏谑、抗议、消解、反思、自我否定等丰富的文化内涵。同时，丧文化也呈现了'反讽'的形态与功能，并把反讽指向了自身，形成了独特的'自我反讽'，从而成为当代青年阶层网络文化的公约数之一"[①]。不可否认，"丧文化"通过一种轻快、戏谑的方式缓解大学生的精神压力，"丧"过之后依然会以积极的心态面对生活中的困难。余天威等学者指出，"对于'卖丧信佛'的网络亚文化景观，不可直接否认其对社会发展的正面价值，但是，其潜藏的社会危害，尤其是对青年健康成长、主流文化繁荣发展的负面影响，必须引起人们的高度重视"[②]。"丧文化"的盛行势必会在一定程度上对大学生的健康成长产生影响，需要社会各界和高校思想政治教育工作者提高警惕。蒋建国、李颖欣等指出，"青少年如果一味地盲从网络'丧文化'逃避现实，就会失去奋斗目标，导致行动'瘫痪'。因此，我们要对'丧文化'的负面情绪与价值误区保持清醒的认识，并以正确的价值观引导青少年健康成长"[③]。

2."佛系"文化对大学生作用影响研究

"佛系"一词最早来源于日本，于 2017 年在我国盛行，随着其广泛传播，

[①] 杜骏飞：《丧文化从习得性无助到"自我反讽"》，《编辑之友》2017 年第 9 期。

[②] 余天威：《网络青年"卖丧信佛"的符号狂欢与亚文化景观审视》，《云南社会科学》2019 年第 4 期。

[③] 蒋建国、李颖欣：《网络情绪表达与价值观引领——对"丧文化"的反思》，《长白学刊》2018 年第 6 期。

大学生群体中也出现"佛系"现象，有学者认为"佛系"在大学生群体中盛行是大学生不思进取、逃避现实的一种表现；也有学者认为，"佛系"大学生与"佛系"文化本身有着本质的区别。令小雄、李春丽等学者认为，"时代症候深深地烙印在青年人的心灵深处，所谓'佛系'青年是在语言表象中'一切随缘、都行、可以、没关系'的'无我''无欲'中不再去执着天真无用的生活抵抗，而在现实反思中形成心灵庇护下的安逸雅致或尊严逃遁等复合称谓"①。"佛系"文化在一定程度上消解了大学生的理想信念和奋斗观，是大学生焦虑的外化表现，对大学生有着负面的影响。张东方等学者认为，"'丧文化'和'佛系文化'是信息时代青年社会心态和精神风貌的缩影，体现了精神特质和集体焦虑，导致青年出现颓废、悲观等情绪，如果放任'丧文化'和'佛系文化'，势必影响青年的价值取向"②。也有学者认为，现实生活中的"佛系"大学生与以往默认的"佛系"形象有着本质区别。赵智敏、梁玉等通过实证调查提出，"与大多数文章中对'佛系青年'所定义的'都行、都可以、没关系'类的笼统描述相比，'佛系青年'确实更倾向于有选择的'佛系'。在生活实践中，'佛系青年'在'佛系'与'积极'的选择中其实并没有冲突：一方面用'佛系'来消解压力；一方面清醒地面对现实并努力奋斗。可以说，既时时处处随缘又不忘真实地努力，成为佛系群体的明显特征"③。可见，当前"佛系"大学生出现两种类型，一种是贯彻内外，真正的"佛系"；另一种则是有选择性的"佛系"。

3. 网络流行语文化对大学生作用影响研究

网络已成为当前大学生沟通交流的主要手段，网络流行语日渐呈现出大学生的现实需求和社会心态，也对大学生对主流文化的认同产生了一定的消极影响。魏晓娟等学者认为，"虽然网络流行语迎合了青少年的部分心理需

---

① 令小雄、李春丽：《佛系青年亚文化现象的心理结构探析》，《中国青年社会科学》2020 年第 3 期。

② 张东方：《青年理性平和社会心态培育的逻辑理路》，《学校党建与思想教育》2021 年第 5 期。

③ 赵智敏、梁玉：《新媒体时代亚文化与传统文化的双向互动——青年"佛系"标本解读》，《新闻爱好者》2021 年第 3 期。

求，丰富了青少年的娱乐生活，带给他们许多的轻松快乐，但不可否认，网络流行语独特的结构形式、良莠不齐的内容及所传递的某些负面的价值观念和生活态度也给青少年的健康成长带来一些负面效应。青少年不加辨别和区分地盲目接受和使用网络流行语，可能给语言和文化学习、价值观养成和人格完善发展带来严重危害"[①]。秦程节、王夫营等学者提出，"网络流行语是青年进行个性化表达的时尚符号，也是青年文化心态和价值取向的鲜活反映，其迅猛发展对当代青年核心价值观传播与认同构成新的挑战，表现为网络休闲异化导致普遍价值和意义的销蚀，信息碎片化拼贴与解构带来价值空化，网络'符号化'交往引起主体的身份迷失与信仰困惑"[②]。网络流行语发展逐步呈现简单化、消极化、粗俗化的趋势，直接影响大学生的价值判断和人格操守。石立春等学者指出，"青年群体网络流行语狂欢，在思想动态与行为倾向上，反映出当代青年主流价值观认同与逆反并存的矛盾心理；折射出当代青年对高层次情感共鸣与群体归属的价值需求；呈现出部分青年以流行语狂欢戏谑化应对社会压力的消极倾向；流露出部分青年'卖丧信佛'、饱含遁世与犬儒主义元素的生存体验与生命观"[③]。

4. 短视频文化对大学生作用影响研究

近年来，短视频逐渐走红，短视频 App 是智能手机必备的一款应用，随着自媒体和短视频的发展，短视频的内容呈现多元化，注重娱乐性，吸引一些大学生沉迷娱乐。黄海鹏、门瑞雪、曲铁华等学者认为，"当前短视频文化影响下大学生价值观呈现过分沉迷、模仿热衷、现实脱离、价值观趋同等困境。这可能是由于其存在低俗化的文化形态、同质化的审美标准以及过分满足大学生个性表达所致"[④]。王肖认为，"短视频平台

---

① 魏晓娟:《青少年使用网络流行语的心理动因及教育应对》,《当代青年研究》2017 年第 2 期。

② 秦程节、王夫营:《网络流行语视阈下青年核心价值观认同培育》,《当代青年研究》2018 年第 2 期。

③ 石立春:《流行语呈现的青年网络狂欢及潜藏的思想动向研究——基于〈咬文嚼字〉杂志十大流行语 (2009—2018 年) 的内容分析》,《思想教育研究》2019 年第 12 期。

④ 黄海鹏、门瑞雪、曲铁华:《短视频文化影响下的大学生价值观现状透视》,《学校党建与思想教育》2019 年第 18 期。

的便捷性、草根性、共享性等特征极大满足了大学生的学习需求、表达诉求和社交需求，以'在场视角'为大学生开启了'景观式'、'伴随式'的网络体验。在内容繁杂、信息丛生、文化多元的短视频场域，大学生因'刷屏成瘾'日益在专业学习、思维认知、价值认同等方面显露隐忧"。他提出，"一些别有用心的短视频账号经过精心包装和巧妙设计，让历史虚无主义、极端民族主义、新自由主义等社会思潮披着靓丽的外衣借由短视频平台蔓延、扩散，对大学生进行意识形态渗透及价值植入，一定程度上削弱了主流价值的权威性和辨识度，干扰了青年大学生对主流意识形态的认同"①。王凤仙、李亮等学者认为，"短视频作为多种视像符号综合运用的新兴媒介，不断建构着并非客观反映社会真实的各种生活'现实'，影响着大学生的社交和感知世界的方式。大学生在有意或无意地选择性接受和分享短视频符号的过程中，持续地对其加以构建和赋予意义。在短视频分享背后，潜藏着娱乐狂欢中的意义缺失，也影响到社会共识凝聚"②。

5. 网络消费文化对大学生作用影响研究

人们的生产生活离不开消费，随着网络的发展，网上消费、手机消费逐渐成为大学生主要的消费渠道。作为物质充盈条件下成长的一代，大学生消费观念发生了改变，日益成为新型消费的主体力量，大学生消费观的演进动态逐步成为学者们的研究热点。高芳放等学者认为，"大学生网络消费的动机呈现出多元化趋势；年级越高，网络消费在总消费支出中所占比例更高；消费结构呈现出多样化趋势；网络消费安全意识较强但维权意识较差"③。王勇指出，"作为一种文化现象，符号消费已经成为大学生认识世界的理论视野和思维方式，成为一种分析认识和建构身份的工具。它让大学生的自我身份认同建立在虚无缥缈的符号上面，促使大学生不断陷入寻找身份的焦虑之

① 王肖：《大学生短视频热现象的原因分析、潜在风险及应对策略》，《思想理论教育》2021 年第 1 期。

② 王凤仙、李亮：《大学生短视频分享的形态、风险与应对策略》，《思想理论教育》2020 年第 11 期。

③ 高芳放：《大学生网络消费心理与行为调查》，《中国青年研究》2015 年第 2 期。

中，并最终引发身份认同危机"①。李海波、刘佩瑶等学者认为，"大学生作为当今社会中一个特殊的消费群体，正处于思想价值观念及消费观形成的关键时期，由于互联网监管机制不健全、校园教育缺失、家庭教育疏忽等因素的影响，大学生消费理念和行为出现了新的变化和特征，部分大学生在日常生活中表现出与自己经济承受能力极不相符的消费行为，具体表现为好胜攀比、情绪化、盲目从众、追求享乐及高档消费，陷入畸形消费的漩涡"②。张睿、吴志鹏、黄枫岚等通过调查提出，"'00后'大学生在自我认知上物质主义与后物质主义交织，在群体文化认知上多元共融和小众分化兼有，在社会认知上困惑与认同并存，在国家认知上耦合与张力交错。与此同时，'00后'大学生表现出自我矮化与制造认同相伴的日常行为，存在着亲社会行为和道德推脱兼有的道德实践，呈现出认同与区隔交织的戏剧性社交行为，注重政治型与研究型并存的情感消费"③。

（四）关于大学生受网络文化影响引导策略研究

1. 关于加强大学生价值观引导的研究

"青年的价值取向决定了未来整个社会的价值取向，而青年又处在价值观形成和确立的时期，抓好这一时期的价值观养成十分重要。"④樊迎光认为："要利用网络多媒体形式加强德育教育，使学生形成正确的道德观与价值观。要通过正确的引导使大学生能够自觉地按照正确的价值观和道德观的要求来处理网上的各种行为和利益关系，最终形成健康的网络道德观。"⑤任祥等从网络文化传播视角出发，提出"应深化对价值冲突的认识与理解，用社会主导的价值观引导大学生。要正确认识中国传统价值观与当代价值观的冲突、经济全球化所带来的价值观冲突以及文化融合与文化冲突中的价值观

---

① 王勇：《当代大学生的符号消费与身份认同建构》，《现代教育管理》2014年第3期。

② 李海波、刘佩瑶：《当代大学生畸形消费行为及规制》，《学术论坛》2019年第4期。

③ 张睿、吴志鹏、黄枫岚：《"00后"大学生的思想观念及行为倾向研究》，《思想理论教育》2021年第6期。

④ 《习近平谈治国理政》，外文出版社2014年版，第172页。

⑤ 樊迎光：《网络文化对大学生的影响》，《新闻爱好者》2009年第14期。

冲突"①。刘素芬等主张要紧密联系"诊断问题""明确目标""确定方案"三个环节对大学生进行价值观引导，即把握思想动态、明确引导目标、制定实施方案。② 一些学者从应对措施出发，提出应加强大学生媒介素养教育、闲暇教育和责任意识教育。③ 张贤哲指出，要实现网络安全和信息化共同发展、加强新闻媒体对大学生价值观的引导和教育、加强网络空间法制化以及努力开拓网络思想政治教育主阵地建设，为大学生树立正确价值观提供良好的环境。④ 周秋华、洪瑶琪认为，要加强高校思想政治教育的实效性，利用网络流行文化已有的有益成果，让网络流行文化为高校的思想政治教育服务，还要根据当前大学生选择网络媒体的方向和形式，有针对性地开展教育工作。⑤ 张振军、高睿从网络文化育人视角出发，认为要加强大学生对社会主义核心价值观的情感认同。⑥

2.关于增强主流文化引领作用的研究

文化是一个国家、一个民族的灵魂，主流文化是一个时代精神风貌的具体体现。学者们强调主流文化的引领作用，增强主流文化的吸引力和感染力，提升大学生对主流文化的认同，进而抵御不良网络文化对大学生的消极影响。王冬梅指出，网络环境下提升社会主义主流文化的引领力，最根本的是构建文化发展的多重机制，使网络主流文化建设走上制度化、规范化轨道。要通过建立和完善网络信息传播和共享机制，立足于网络受众的群体特征和文化需求，利用各类网络传播方式，实现最大范围的信息公

① 任祥：《网络文化传播对大学生价值取向的影响分析》，《学校党建与思想教育》2011年第20期。

② 参见刘素芬：《网络文化环境下大学生价值观引导的策略探究》，《思想理论教育导刊》2014年第5期。

③ 参见曾翔、唐黎、刘夕媛：《网络流行文化对大学生价值观的影响》，《当代青年研究》2014年第1期。

④ 参见张贤哲：《网络文化对树立大学生价值观的影响研究》，《西部素质教育》2016年第12期。

⑤ 参见周秋华、洪瑶琪：《网络流行文化对大学生教育的影响与对策研究》，《山西财经大学学报》2016年第S2期。

⑥ 参见张振军、高睿：《网络文化育人视角下高校思想政治教育研究》，《传媒》2021年第11期。

开和资源共享。① 杨喜冬针对网络文化多样性所带来的思想价值观念、社会思潮多元化，社会主义主流文化观念遭到排挤的现状，认为"必须做好引导工作，弘扬社会主义主流文化，通过宣传中国特色社会主义共同理想，增强中国特色社会主义主流文化的凝聚力和感召力，从而提高社会主义主流文化引领多样化社会思潮的能力"②。中华优秀传统文化是中国特色社会主义植根的文化沃土，部分学者着眼于中华优秀传统文化，主张加强校园网络文化建设与提升中华优秀传统文化吸引力相结合。黄燕认为，网络文化是网络时代出现的一种新的文化形态，它不是中华优秀传统文化在虚拟世界的简单移植和原生态呈现，而应既植根于中华优秀传统文化的历史土壤，又呈现出鲜活的时代特征。要通过网络不断创新中华优秀传统文化的表现形式，帮助大学生成为文化传承的受益者、践行者。③ 牛甄妮、赵平俊指出："优秀传统文化是中华民族优秀的思想及文化的结晶，应利用现代化的传播方式将其融入到大学生的日常生活中。要积极引导大学生正确对待传统文化，认可传统文化，使传统文化成为校园网络文化的主流。"④ 刘海燕提出："要加强中华传统文化的吸引力，注重思想引领课程建设，挖掘优秀中华传统文化内涵；发挥校园文化建设作用，营造优秀中华传统文化氛围；创新校园网络文化体系，拓宽中华优秀传统文化视域；搭载新媒体新传播手段，增强中华优秀传统文化活力。"⑤

3.关于净化网络空间生态环境的研究

"网络空间是亿万民众共同的精神家园。网络空间天朗气清、生态良好，

① 参见王冬梅：《网络环境下提升社会主义主流文化引领能力的着力点》，《思想政治教育研究》2014 年第 1 期。

② 杨喜冬：《网络文化中的负面价值及治理措施分析》，《理论观察》2015 年第 4 期。

③ 参见黄燕：《高校网络文化的育人功能及其实现路径探析》，《思想理论教育》2018 年第 9 期。

④ 牛甄妮、赵平俊：《网络文化对大学生价值观的影响及策略》，《华北水利水电大学学报（社会科学版）》2018 年第 2 期。

⑤ 刘海燕：《新时代高校传播中华优秀传统文化略论》，《学校党建与思想教育》2019 年第 2 期。

才符合人民的利益。"① 积极健康的网络环境，有利于大学生从优秀网络文化中汲取养分，自觉提升自身网络道德素养，推动大学生成长成才。李康等认为，政府应积极运用网络来宣传马克思主义理论，在网络环境中形成积极向上的舆论潮流，掌握主导权。同时，网络行业要遵守职业道德规范，自觉落实行业自律政策。② 付安玲、张耀灿着眼于网络空间意识形态治理，突出强调大数据在网络空间意识形态治理中的重要作用，提出在加快推进网络意识形态治理国家大数据战略的基础上，建立网络意识形态治理的大数据预警机制，不断完善网络意识形态治理的大数据网络舆情应急机制，进一步构建网络意识形态治理安全大数据保障体系。③ 王欣、张静伟指出，大学生作为网络文化的积极参与者，应积极投身网络文明建设，做"诚信"网民，增强网络文明建设的责任感和使命感。④ 欧造杰指出，要从技术以及立法方面净化网络空间生态环境，既要用技术手段控制学生接触网上不健康的内容，又要加强立法工作，用法律保护大学生合法权益。⑤ 曹柯杰、黄燕萍指出，要加强对网络文化的管理与监督，一方面政府要引导各大运营商合理竞争，并加强健康的网络政治文化的引导与宣传；另一方面要强化群众监督、社会监督的意识，调动社会各群体对净化网络环境的积极性，为大学生的成长营造一个良好的环境。⑥ 陈慧琦等针对网络文化安全问题，指出相关部门应出台和完善具体的法律法规，对具体的网络问题进行具体规定，以此塑造安全的网

---

① 习近平：《在网络安全和信息化工作座谈会上的讲话》，2016 年 4 月 19 日，见 http://www.cac.gov.cn/2016-04/25/c_1118731366.htm。

② 参见李康：《大学生网络文化现状的调查及其合理引导》，《教育与职业》2015 年第26 期。

③ 参见付安玲、张耀灿：《大数据助力网络意识形态治理及提升路径》，《马克思主义研究》2016 年第 5 期。

④ 参见王欣、张静伟：《新媒体背景下我国网络文化现状及对高校大学生的影响研究》，《林区教学》2017 年第 2 期。

⑤ 参见欧造杰：《网络文化时尚对大学生的影响及引导措施》，《党政干部学刊》2017年第 5 期。

⑥ 参见曹柯杰、黄燕萍：《如何正确引导高校大学生使用网络文化》，《新闻研究导刊》2018 年第 10 期。

络环境。① 古帅认为应该构建网上网下同心圆，在党的领导下凝聚共识，调动各方面的积极性，参与到网上治理的过程中，推进网络空间的净化。②

二、国外研究综述

"亚文化"概念在西方国家出现较早，在西方国家现代化进程之中不断演进，随着经济社会的不断发展和互联网信息技术更新迭代，网络文化与网络亚文化逐渐受到国外学者重视，并逐渐形成相应研究派别和产生丰富研究成果。

（一）关于网络文化研究

英国大卫·贝尔等国外学者认为"网络空间即是网络文化，网络空间无法脱离其文化环境"③。西尔弗（David Silver）和马沙拉瑞（Adrienne Massanari）编著的《批判的网络文化研究》认为，从狭隘意义上看，网络文化是技术文化的一个子集。④ 也有学者认为，"网络文化是因特网文化，是由电子化和数字化的通讯和信息流动所构建的生活世界"⑤。有学者把网络文化描述为"通过计算机互动制造文件和影像的由人类和机器所构成的世界"。⑥ 美国学者戴维·波普诺（David Popenoe）提出：当一个社会的某一群体形成一种既包括主文化话语的某些特征，又包括其他群体所不具备的文化要素的生活

---

① 参见陈慧琦：《新媒体时代网络文化对大学生的影响》，《边疆经济与文化》2020 年第 5 期。

② 参见古帅：《社会主义核心价值观引领网络文化的路径探析》，《思想理论教育导刊》2019 年第 6 期。

③ David Bell, *An Introduction to Cybercultures*, London: Routledge,2001, p.8.

④ See Wendy Robinson,"Catching the Waves: Considering Cyberculture, Technoculture, and Electronic Consumption", in David Silver and Adrienne Massanari, eds., *Critical Cyberculture Studies*, New York: New York University Press,2006, p.58.

⑤ Rhoderick Nuncio,"Exploring Cybercultures: Critical and Constructivist Studies on the Internet", *Asia-Pacific Social Science Review*, Vol.12, No.2,2012, p.64.

⑥ Nazzareno Ulfo,"The Challenge of Cyberculture", *European Journal of Theology*, Vol.17, No.2,2008, p.140.

方式时，这种群体文化被称为"亚文化"。①美国学者杰克·D.道格拉斯认为：青年文化系统的一种"次文化"（Subcultures），是处于从属、边缘地位的青年群体试图通过风格化或另类的符号等作为载体对主流文化的抵抗，从而建立起区别于其父辈文化的附属性文化。②一些学者认为网络亚文化群是指一群以他们特有的兴趣和习惯，在某些方面呈现边缘状态的人。学者们认为葛兰西第一次把大众文化放在权力实践的核心。

（二）关于亚文化研究

国外学者对亚文化研究始于文学作品中呈现的"亚文化"表达。16 世纪西班牙最先出现亚文化现象，主要以描述底层群体的小说形式为主，而且带有一定程度的偏见，即对该群体进行贬义描写。20 世纪 20 年代，美国芝加哥学派才正式对亚文化展开研究，以罗伯特·E.帕克（Robert Ezra Park）和阿尔伯特·科恩（Albert Cohen）为代表，主要研究犯罪亚文化。以弥尔顿·M.戈登（Milton M.Gordon）等学者为代表首次在具体研究领域中对"亚文化"进行界定。20 世纪 60 年代，英国伯明翰学派在芝加哥学派的理论基础上对亚文化作进一步研究，以理查德·霍加特（Richard Hoggart）、斯图亚特·霍尔（Stuart Hall）及其研究生迪克·赫伯迪格（Dick Hebdige）、保罗·威利斯（Paul Willis）、安杰拉·麦克卢比（Angela McRobbie）等学者为代表，聚焦当时社会上存在的光头党、无赖青年、朋克等各种具体亚文化形式，把"风格"作为区分亚文化的标志和理论研究的重点，迪克·赫伯迪格的《亚文化：风格的意义》③是其典型的亚文化著作。20 世纪 90 年代以来，以史蒂芬·雷德黑德（Stephen Redhead）、戴维·玛格尔顿（David Muggleton）、萨拉·桑顿（Sarah Thornton）等学者为代表，主要批判和解构以往亚文化研究理论，尤其是亚文化较强的意识形态性和群体成员的高度紧密性，国外学者

---

① 参见［美］戴维·波普诺：《社会学》（第十版），李强等译，中国人民大学出版社 1999 年版，第 1—53 页。

② 参见［美］杰克·D.道格拉斯、弗兰西斯·C.瓦克斯勒：《越轨社会学概论》，张宁、朱欣民译，河北人民出版社 1987 年版，第 1—48 页。

③ 苏哲：《亚文化：风格的意义》，《江苏警官学院学报》2009 年第 6 期。

多是从这种后亚文化理论视角对网络亚文化现象进行研究。在整个亚文化发展过程中，还有部分学者在研究日本的 ACG 亚文化、俄罗斯的种族歧视光头党亚文化等不同国家出现的亚文化现象。

国外学者对亚文化的研究主要从亚文化的目的入手，代表人物主要有迈克·布雷克（Michael Blake）和阿尔伯特·科恩（Albert Cohen）。其中，迈克·布雷克在《比较青年文化：美国、英国和加拿大的青年文化和青年亚文化社会》中指出："它允许我们把亚文化定义为由从属结构位置的团体发展起来的意义体系、表达方式或生活方式，并且也反映出他们要在更大的社会环境中达到解决结构性矛盾的目的。"[1] 这是基于问题解决方式而对"亚文化"进行界定，也就是把亚文化视为一种反抗的方式和工具，最终是为了解决结构性矛盾。基于亚文化的独特性，以约翰·费斯克（John Fiske）和凯恩·吉尔德（Ken Gelder）为代表的学者进行了阐释，约翰·费斯克等在《关键概念：传播与文化研究辞典》一书中按照英文字母的顺序依次展开论述，其中有关于对"亚文化（subculture）"的解释，即"正如前缀 sub 所示，亚文化是更广泛的文化内种种富于意味而别具一格的协商（negotiations）"[2]。这体现出亚文化具有风格性的特征，能够与其他文化区隔开来。基于亚文化的所属范围，以斯图尔特·霍尔（Stuart Hall）和托尼·杰斐逊（Tony Jefferson）为代表，他们在《通过仪式抵抗：战后英国的青年亚文化》中，阐释"亚文化"的内容，即"与这些文化阶级结构有关，在一个或另一个更大的文化网格中，亚文化群是子集——更小、更本土化和更迥异的结构"[3]。虽然定义中涉及"亚文化"的个性特征，但主要是强调，亚文化包含并从属于这个被称为"父母文化"的大的文化网格中。除此之外，还有一些国外学者从亚文化与主流文化的关系、亚文化与反文化的关系、亚文化的落脚点、亚文化产生的原因、

---

① Michael Brake，Comparative Youth Culture：The Sociology of Youth Cultures and Youth Subcultures in America, Britain and Canada，London and New York:Routledge，1990，p.8.

② ［美］约翰·费斯克等编撰：《关键概念：传播与文化研究辞典》（第二版），李彬译注，新华出版社 2004 年版，第 281 页。

③ Stuart Hall & Tony Jefferson（eds.），Resistance through Rituals:Youth Subcultures in Post-war Britain，London and New York:Routledge，2006，p.6.

研究的学科（社会学、人类学、政治学）等方面切入，展开相关问题研究。

（三）关于网络亚文化研究

英国学者斯坦利·科恩（Stanley Cohen）受"标签理论"的启发，研究英国主流传媒对两类青年亚文化反叛群体(摩登族和摇滚乐迷)的"妖魔化"，揭示"民间恶魔"这一标签与主流社会"道德恐慌"之间的深层联系。一些学者提出，结合多元主义和相对主义的美国文化语境，认为"亚文化"不再仅仅指某个具体的社会团体，还可以指某种显在的生活方式、话语表达、社交空间等。英国伯明翰大学成立"当代文化研究中心"（CCCS），开创了具有政治实践指向的文化研究（Cultural Studies）事业，形成了颇具影响力的伯明翰学派。20世纪末和本世纪初西方学者基于新媒体时代网络亚文化困惑及虚拟社区中亚文化群体的身份认同，得出"反叛"与"抵抗"型网络亚文化及亚文化群体"自恋"型表演。

与芝加哥学派和伯明翰学派的研究者所处时代不同，后亚文化学者处于后现代社会，出现了各种网络亚文化现象，相应的理论观点和侧重点与传统亚文化理论也有较大差异，其他学者在研究中多数是既批判传统亚文化理论观点，又提出新的概念及学术观点。

后亚文化研究者更倾向于研究网络亚文化现象，而且仍然采取传统亚文化的实地考察法进行调研，但在研究理论上却有所不同。多数国外后亚文化学者对传统亚文化持批判态度，以史蒂芬·雷德黑德（Stephen Redhead）、戴维·玛格尔顿（David Muggleton）、德夫·莱因（Dave Laing）等学者为代表。在媒介的地位上，他们指责传统亚文化学派不重视媒介在亚文化研究中的作用，而他们真正做到了把媒介放到亚文化研究中的合适位置，同时也强调亚文化成员在媒介面前是主动的参与者，而非被动的跟随者；在群体关系上，他们批评传统亚文化更强调群体的凝聚力和固定化以及群体成员的强烈归属感，相反，他们认为群体关系应该是处于变化之中的，成员与群体并非捆绑式的关系，即同一个人可以参加多个群体，拥有多种角色，数量不受限；在独特性上，传统亚文化学派尤其是伯明翰学派重视对"风格"的研究，指出"风格"与蕴含的意义是一一对应的关系，而且相关学术成果颇多，而后亚文化研究者们则不以为然，认为亚文化的"风格"是"无深度"的"风格"，"风格"与意义是一对多的关系。同时，后亚文化学者也提出了"亚文化资本""生活方式""新部落""渠道""场景"等新概念，这些概念对具体的亚文化现象有一定的解读力，但随着网络亚文化的发展，国外学者对传统亚文化和后亚文化的理论又会持有不同的态度。

国外学者对网络亚文化的研究得益于亚文化和后亚文化两个时期的理论研究，尤其是伯明翰学派对亚文化研究贡献成果较多，国外亚文化基础较为深入，研究者来自不同学科，这对亚文化的拓展研究有很好的助推作用。但同时也会发现，后亚文化学者没有坚持用辩证的观点看待传统亚文化，只是一味否定其理论观点，这种偏见不利于亚文化研究领域的持续发展。

（四）关于网络亚文化对青少年的作用影响研究

国外学者主要是针对青少年在网络亚文化环境中所表现出的行为以及价值认同等方面进行研究。一些学者着力对网络亚文化环境下青年身份认同的现状进行研究。英国学者安迪·班尼特（Andy Bennett）基于对网络亚文化现象的个案分析指出："作为日常生活语境中的文化资源，互联网与一系列其他的资源一道发挥作用，年轻人通过这些资源能够塑造出各种有意义的、'真实的'身份认同，后者围绕知识、权力和排他性等议题——诸如此类的亚文化成员资格的所有核心元素，都被年轻人进行自反性的理解并由他们演示出来。"[1] 他认为，在这个环境下亚文化成了被年轻人自己主动界定的文化资源，并被用作一种在本地日常语境中协商文化空间的手段。而互联网作为一种互动中介发挥了尤其显著的作用，通过这个中介，青年人既能够建构又能够集体展示他们自反性理解的"亚文化身份"[2]。这表明，网络亚文化在一

---

① ［英］安迪·班尼特、基恩·哈恩—哈里斯编：《亚文化之后：对于当代青年文化的批判研究》，中国青年政治学院青年文化译介小组译，孟登迎校，中国青年出版社 2012 年版，第 201—202 页。

② ［英］安迪·班尼特、基恩·哈恩—哈里斯编：《亚文化之后：对于当代青年文化的批判研究》，中国青年政治学院青年文化译介小组译，孟登迎校，中国青年出版社 2012 年版，第 206 页。

定程度上引起了青年人的情感共鸣，青年人能在互联网环境下利用网络亚文化来展现自我，表达自己的观点。

国外学者注重从青年亚文化视角出发，针对青年亚文化与媒介的相互作用展开研究。英国学者比尔·奥斯歌伯（Bill Osgerby）在《青年亚文化与媒介》中分析了第二次世界大战后许多学者对青年文化的反映，其中提到了伯明翰学派的观点："青年人在使用文化制成品及媒介文本时是积极的有反抗精神的，青年亚文化能够创造性地与媒介及文化工业接触，能够盗用商品并创造意义，形成对统治权力结构的一种象征性挑战。"[①] 也就是说，青年人在网络亚文化的影响下，接收文化的同时会利用媒介再次创造新的文化形式，并对权威发起挑战。

英国、美国学者对网络亚文化环境下政治认同的现状进行分析。英国学者萨拉·桑顿（Sarah Thornton）在《俱乐部文化：音乐、媒介和亚文化资本》中从青年人热衷的流行文化入手，指出流行的区隔是一种手段，处于附属地位的年轻人通过这种手段谋求社会权利，提升社会地位，追求民主和平等。这一切都表明了年轻人的政治理想，是年轻人对时代和社会结构的问题产生的一种矛盾的文化反映[②]。美国学者理查德·卡恩（Richard Karn）和道格拉斯·凯尔纳（Douglas Kellner）在《互联网亚文化与对抗的政治学》中使用"互联网亚文化"这一后亚文化的提法，针对互联网亚文化本身特点以及互联网文化被运用的场合，认为互联网的兴起，作为文化和亚文化的力量，已经被多层次化，而且具有社会和政治的复杂性。随着网络文化越来越具有高度的政治性，网络公司也就越难以将它们自己打扮成纯粹的"中立"文化力量[③]。

三、研究述评

梳理分析国内外学者主要文献和前期研究成果，不难发现许多学者对网络文化、亚文化和网络亚文化现象，从不同角度进行了积极探讨和学理阐

---

① 陶东风、胡疆锋主编：《亚文化读本》，北京大学出版社 2011 年版，第 327 页。
② 陶东风、胡疆锋主编：《亚文化读本》，北京大学出版社 2011 年版，第 356 页。
③ 陶东风、胡疆锋主编：《亚文化读本》，北京大学出版社 2011 年版，第 416 页。

释，在此问题上形成学术共识：一是归纳概括网络亚文化概念、主要样态、传播途径，提出网络"丧文化"、"佛系"文化、网络流行语文化等是网络亚文化发展的最新样态。二是从网络亚文化的传播方式、传播手段出发，指出网络媒体信息技术变革催生出一股"去中心化"的网络亚文化潮流，分析不同网络亚文化样态对大学生思想观念、价值取向和行为方式的作用影响。三是对网络亚文化市场异常繁荣的背后原因进行有益探讨，提出经济社会发展导致社会变革及社会生活压力加大、互联网更新迭代及大学生个性心理是网络亚文化持续影响的主要原因。四是针对网络亚文化对大学生的作用影响，提出切实加强网络生态建设，弘扬主旋律，凸显主流文化作用，强化正面舆论思想引导等实施路径。国内外学者的持续研究阐释，对净化网络空间环境，坚定大学生文化自信，引导大学生形成正确世界观、人生观、价值观提供有益借鉴。

从上述国内外学者关于网络亚文化研究中可以看出，当前学界对网络亚文化研究还存在一些不足：一是研究视角和国别有待拓展，在研究网络亚文化的论著中，学者大多是在美国和英国学者研究亚文化和青年亚文化的基础上展开论述，在一定程度上忽视了俄罗斯青年亚文化以及后亚文化等理论研究成果。二是研究内容不够丰富，缺少专门研究网络亚文化而非具体现象的论著，尤其对其演进变化的突出特征和兴起原因的代表性成果略显不足。三是研究程度不够深入，近年来虽然出版了包括御宅、迷族、恶搞、网游、拍客、COSPLAY 等方面的"新媒介与青年亚文化"系列丛书，但还是缺少系统论述大学生受网络亚文化作用影响的专著。四是研究方法缺少实证研究。国内学者在论述对网络亚文化不同样态的作用影响时，多数并没有以调查数据为支撑，虽然有一些学者进行过相关调查与访谈，但更多的是针对特定地区、少数人群，地域和数量的局限性使得样本是否具有代表性还有待考证。

在借鉴汲取国内外学者关于网络亚文化研究、大学生思想政治教育研究成果的基础上，本书将着重从以下三个方面展开研究。一是运用和阐发习近平总书记关于做好青年工作、坚定文化自信和建设网络强国等系列重要论述，揭示网络亚文化对大学生产生的积极影响和消极影响及其成因，并从整体上提出应对网络亚文化作用影响大学生的有效策略，进一步凸显社会主义核心价值观、社会主义主流文化对大学生的引领作用。二是综合同人研究成果，着重阐释"丧文化"、"佛系"文化、网络流行语文化、短视频文化和网络消费文化等不同网络亚文化样态的基本内涵与主要特征，力求完整把握网络亚文化在网络空间中的发展动态和作用机理。三是通过选取东北地区、华南地区、西南地区、西北地区、华东地区、华北地区等不同地区高校发放调查问卷，对不同高校、不同专业、不同年级、不同家庭和不同性别的大学生受网络亚文化样态作用影响状况进行差异性分析，以期更加全面地了解把握当代大学生的思想观念、价值取向和行为方式，提出应对网络亚文化不同样态作用影响大学生的有效策略，引导大学生树立正确的文化观、历史观、国家观和民族观，努力成为堪当民族复兴大任的时代新人。

第三节　相关概念界定

网络亚文化作为一种次要的、非主流的社会文化，与主流文化相互区别、相互联系；作为一种新型文化形态，对大学生成长成才既有积极影响，也有消极影响。在网络空间中，网络亚文化利用网络媒体信息技术来迎合一些大学生追求独特的个性心理和泛娱乐化的心理偏好，对"00后"大学生思想观念和行为习惯产生了重要影响。

一、网络文化

文化的发展经过长期的历史沉淀，是人类在社会实践过程中传承下来，利用一定的形式记录，所形成的精神财富和物质财富的总和，对人们的行为方式和生活习惯带来一定的影响，包括"风俗、习惯、宗教、文学艺术"等。文化具有导向、传承、维护社会稳定功能。人类社会发展到一定阶段，随着网络媒体信息技术形成发展与应用，在网络空间中产生网络文化这种文化形态。网络文化是一种全新的文化样态，即图文并茂、音视结合的形式，以网络信息平台为基础在网络空间形成的文化交流活动。网络媒体信息技术推动网络文化产品日益丰富，供给能力显著增强，网上图书馆、网上博物馆、网上展览馆、网上剧场建设日新月异，提供形式多样、丰富多彩的网络文化空间。网络游戏、网络动漫、网络音乐、网络影视等产业迅速发展，逐渐形成新兴文化业态。

网络文化作为社会文化发展的一个重要表现和最新样态，是社会经济和社会生活发展的结晶。网络文化是在社会文化的既定条件下进行发展创新，社会文化发展为网络文化发展提供土壤，为网络文化创新提供"文化养料"；网络文化与社会文化相互影响、相互渗透，是一个相互依存的有机体，共同推进着人类社会进步发展。学者李文明等认为网络文化是"以互联网为载体、以互动交流为特质的文化形态，通常指网络中以文字、声音、图像等为样态的精神文化成果"。[①] 本书所指的网络文化主要是指建立在网络技术基础上的精神创造活动，是人们利用互联网进行工作、学习、交往、沟通、休闲、娱乐等所形成的活动方式及其所反映的价值观念和社会心态等方面的总称。

二、网络主流文化

主流文化是一个社会、一个时代受到倡导的起着主要影响的文化。过去，封建社会的主流文化是儒家文化，自汉武帝"罢黜百家，独尊儒学"，直到清末，历代帝王都是崇尚儒学。我国现阶段的主流文化是中国特色社会主义先进文化。主流文化具有很强的凝聚引领作用，能够潜移默化地影响和教育民众，其自身所承载的文化传播功能担负着传承文明的作用。在网络语境下，网络主流文化是指"社会发展一定阶段、一定时期，在网络空间中占主导地位或起支配作用的文化"。[②] 网络主流文化具有高度的融合力、较强大的传播力和广泛的认同力。在当代社会中，网络主流文化的传播和发展只有通过和借助于网络媒体信息技术的手段才能实现。当前，信息技术革命对人类文化的发展正在产生着以往所无可比拟的巨大影响，网络主流文化通过网络影视、网络游戏、网络社交等类型进行传播，实现人与人之间的心灵沟通和精神交流，进而达到文化共享。

---

① 李文明等编：《网络文化教程》，北京大学出版社 2016 年版，第 23 页。

② 陆岩：《试论社会主义主流文化建设》，《学习与探索》2007 年第 2 期。

学界普遍认为网络主流文化是相对于网络非主流文化而言的，在网络空间中占据主导地位且起支配作用，主要以马克思主义为指导，倡导中国特色社会主义文化，弘扬社会主义核心价值体系和培育践行社会主义核心价值观。"网络主流文化具有广泛性、时效性、多样性等特征，人们可以在几千万甚至更多的人中选择交往的对象，并且可以同时与其中任何人交往。互联网是目前世界最快的消息传播方式，传递信息之快，是电视、广播、报纸等其它媒体所无法比拟的。任何一个网友都可能为这个网络加载、输入信息，在浏览的同时又可以发表自己的意见。"① 网络主流文化只有深深地扎根于大众文化鲜活的土壤之中，汲取民族的、大众的、科学的文化营养，才能成为文化融合、文明传承的中坚力量。

三、网络亚文化

亚文化被称为副文化或者集体文化，它是相对于主流文化而言的一种非主流的、局部的文化，主要包括恶搞文化、娱乐文化、"丧文化"、消费文化、庸俗文化等，其文化风格独特新颖，文化内容生动有趣，呈现出"积极废人""佛系青年""口头胖子""女权运动"等不同的文化样态。20 世纪 50 年代亚文化在西方国家逐渐流行，出现"泰迪男孩"的次文化团体。亚文化比较切近人们的生活习惯和心理需求，对人们的社会心理和价值观念影响较大。亚文化通过弱化主流文化引导力，在大众群体中迅速传播，建构和重塑新的亚文化样态。学者们对主流文化与亚文化的关系比较认同的观点是，主流文化是一定时期占统治地位的文化，亚文化是不占统治地位的文化。对亚文化的概念学者从不同维度进行研究阐释，亚文化是指不属于主流文化或正统文化的那一部分。

网络打破了人们时空阻隔，在网络空间中将各具特色的文化连成一片，形成一个新的网络文化景观。随着互联网的发展，亚文化通过互联网呈现出一种新型的文化形态，网络亚文化凭借信息技术工具手段，逐渐将网络主流文化边缘化，通过时尚潮流的网络语言和便捷的获取途径，颠覆人们的思想

---

① 余时聪：《网络主流文化对大学生价值观的影响》，《企业导报》2016 年第 15 期。

观念和行为认知。互联网平台为亚文化发展提供新载体，人们通过网络将自己的个性展现出来，如"火星语""无厘头""跟帖""人肉搜索"等，满足个体自我需求，颠覆传统认知。网络技术发展逐渐打破了单边化的主流话语模式，通过网络媒介建构起多元化、交互性、及时性话语表达体系，"废材""佛系""颓废""沙雕"等代名词，社交媒介、网络直播等互动平台的更新迭代。网络亚文化是迥异于网络主流文化的一种文化样态，学者李礼认为"网络亚文化是随着互联网的广泛兴起而形成的一种新生代文化，与互联网的发展一样，它体现了草根性与民主自由性的特征"。[①] 本书所持观点是，网络亚文化是指在网络空间中不起主导作用、不占支配地位的网络文化，既包括与网络主流文化相联系的部分，也包括与网络主流文化相对立的部分，网络亚文化具有交互性、复制性、及时性、隐蔽性等特征。网络主流文化与网络亚文化之间不是水火不容的关系，而是相互依存、相互渗透的关系，网络主流文化发展要以网络亚文化来丰富其文化样态，网络亚文化发展要以网络主流文化来指导，网络主流文化和网络亚文化共同推进网络文化发展。

四、"网生一代"

"网生一代"是指随着互联网形成发展而出生成长起来的一代人，这里具体是指与互联网快速发展应用相伴随的"00后"出生的大学生群体。通过选取国内具有代表性的高校进行持续调查，5万余份的抽样调查研究发现"网生一代"呈现以下表征：他们能够坚定马克思主义信仰，对中国特色社会主义充满信心，高度认同以马克思主义为指导的中国共产党的核心领导地位，能够紧密团结在以习近平同志为核心的党中央周围，对国家未来发展充满信心，能够自觉践行社会主义核心价值观。"网生一代"自信心空前凝聚，对中国经济、政治、文化取得巨大成就高度认同，通过自身的学习努力掌握科学文化知识，对祖国取得成就倍感自豪，他们当中绝大多数能够对网络亚文化中呈现的消极因素进行批判，不再单纯迷信"权威"，而是对网络中出

---

① 李礼：《网络亚文化的后现代逻辑——对"屌丝"现象的解读》，《青年研究》2013年第2期。

现的亚文化现象进行理性思考，能够理性对待并参与到网络亚文化之中，不断提高自身的认识判断能力。在多元化社会思潮的冲击下，多数大学生能保持良好定力，对社会中出现的舆情能理性分析。

调查显示，随着网络化社会的发展，虚拟化网络世界对大学生影响深远，网络亚文化逐渐成为一些大学生的情感表达，不同程度地侵蚀一些大学生的思想观念和行为认知。网络亚文化通过颓废忧伤的情感表达、随遇而安的处世态度、线上狂欢的娱乐消遣、捧腹大笑的恶搞文化来映射大学生心扉，成为反映一些大学生内心告白的"晴雨表"。一些大学生认为网络"丧文化"流行是由于娱乐推广热点和追捧流行从众心理导致，一些大学生向往佛系人生，少数大学生上网时间主要用来浏览微信、微博和抖音等 App 短视频。一些大学生受历史虚无主义和文化虚无主义影响，存在崇洋媚外心理，对一朝成锦鲤，奋斗少十年持赞成态度，认为如果没有足够的钱尽兴消费，生活也就没有什么意思了，对此应引起足够重视，采取有效措施加以解决。

第四节 研究方法与研究思路

一、研究方法

在对国内外相关文献进行学术梳理的基础上，深化网络亚文化内涵和基本特征的基础理论研究，通过问卷调查的实证分析方法，获取大学生受网络亚文化影响的大量数据，并进行定量和定性分析，进而提出应对网络亚文化对大学生作用影响的引导策略。

一是文献研究法。通过搜集网络亚文化研究的专著、期刊等相关资料，系统地比较分析、综合归纳搜集到的文献资料，梳理大学生受网络亚文化作用影响的国内外研究现状，为展开网络亚文化研究奠定基础。

二是实证研究法。结合现有的国内外研究成果和相关政策文件，设计大学生受网络亚文化影响的调查问卷，通过向全国各地区有代表性的高校发放纸质调查问卷，并运用 SPSS25 数据分析软件进行分析，了解和把握大学生受网络亚文化影响的现实状况，分析大学生受网络亚文化影响的成因。

三是定量分析与定性分析。利用定量分析法精确把握大学生受网络亚文化影响的状况，更加有针对性地提出应对网络亚文化影响作用大学生的策略，并力求对网络亚文化发展趋势进行科学研判；运用定性分析对通过问卷调查收集到的大学生受网络亚文化影响的数据进行分析和综合，揭示网络亚文化在大学生群体中传播蔓延的方式。

二、研究思路

本书以网络亚文化对大学生的作用影响为研究对象，着重围绕不同网络亚文化样态对大学生思想观念、价值取向和行为习惯的作用影响，按照"总—分—总"、理论阐释与实证分析相结合的思路进行研究。

一是系统阐释党的十八大以来习近平总书记关于做好青年工作、坚定文化自信和培养堪当民族复兴大任的时代新人等一系列重要论述，围绕伴随网络媒体信息技术快速发展变革而出现的网络亚文化，对国内外关于网络文化概念、网络亚文化概念、网络亚文化对大学生作用影响的研究进行学术梳理，并在此基础上界定网络文化、网络主流文化、网络亚文化和"网生一代"等概念。

二是基于国内外学者研究成果，论述大学生思想观念、价值取向和行为方式受到网络亚文化作用影响较大的"丧文化"、"佛系"文化、网络流行语文化、短视频文化和网络消费文化等主要样态的基本内涵和特征，分析网络亚文化主要样态在网络空间中生成发展的演变过程。

三是在通过实践调查获取翔实数据的基础上，着重把握"丧文化"、"佛系"文化、网络流行语文化、短视频文化和网络消费文化等网络亚文化主要样态对大学生产生的双重作用影响，分析大学生受网络亚文化主要样态作用影响的成因，并对不同性别、不同年级、不同专业、不同高校大学生受网络亚文化主要样态的双重作用影响进行差异分析。

四是针对"丧文化"、"佛系"文化、网络流行语文化、短视频文化和网络消费文化等网络亚文化主要样态对大学生思想道德观念产生的双重作用影响，分别提出具有前瞻性和针对性的有效策略，帮助大学生树立正确世界观、人生观和价值观。

　　五是通过分析网络亚文化主要样态演变生成新的"饭圈"文化及其与社会思潮相互耦合作用的表象，从整体上提出发挥社会主义核心价值观的价值引领作用、增强"三大文化"浸润作用和净化网络空间文化生态环境的应对策略，引导大学生增强做中国人的志气、骨气和底气，努力成为堪当民族复兴大任的时代新人。

第二章 "丧文化"对大学生的作用影响

2016 年以来，以"葛优躺"为代表的"丧文化"在网络上广泛传播。根据中国互联网络信息中心（CNNIC）发布的第 47 次《中国互联网络发展状况统计报告》显示，到 2020 年 12 月，我国网民规模为 9.89 亿，20—29 岁网民占比为 17.8%，30—39 岁网民占比为 20.5%①。这表明，虽然大学生不是占比最多的，但仍然是网络空间的主要活跃群体，一些大学生以"丧"式表情包和"丧文化"语录为传播载体来释放压力。本章通过阐述作为一种青年亚文化现象，"丧文化"与青年需求相契合而呈现孤独与无助结合、功利与淡泊并存、反抗与犬儒共生的主要特征，在结合调查数据的基础上指出"丧文化"一方面有利于大学生释放学业等压力、满足归属需求、进行自我反思，另一方面也会促使一些大学生转为真"丧"。通过剖析社会发展、网络媒介和大学生自身三个方面的原因，从社会心态、有效需求及家校三个角度采取有针对性的策略，引导大学生正确看待和运用"丧文化"，合理表达自己的情绪，形成健康的社会心态。

第一节 "丧文化"内涵与特征

网络空间以空前开放的、无边界的物理空间和相对平等的、无限制的精

---

① 参见《第 47 次中国互联网络发展状况统计报告》，2021 年 2 月 3 日，见 http://www.cac.gov.cn/2021-02/03/c_1613923423079314.htm。

神空间为网络亚文化生成发展提供了肥沃土壤。"丧文化"作为一种网络亚文化现象，借助网络空间得以快速传播。大学生作为网络空间的主要活跃群体，在日常线上聊天或追剧中难免会接触到"丧文化"，而且"丧文化"能够满足一些大学生的情绪需求，在一定程度上受到他们的追捧。

一、"丧文化"基本内涵

当前，"丧文化"以各种形式充斥在网络空间中，无论是在浏览器中搜索有关"丧文化"的内容，还是在微信上查找"丧"式表情包，都会发现"丧文化"仍然存在，对大学生的身心发展产生双重作用影响。可见，化"丧"为"燃"尤为重要，有必要对"丧文化"的基本内涵进行阐释。

（一）"丧文化"的内涵

"丧文化"的内核是"丧"。"丧"在我国汉语词典里有两种读音，当读一声时，意为与死人有关的事情，如"丧礼""丧事"等词语；当读四声时，意为失去、逃亡、情绪低落、运气不好，如"沮丧""垂头丧气""丧家之犬"等词语。很明显，我们现在所说的"丧文化"中的"丧"读四声，但在原有的基础上部分含义和用法都随环境的变化而有所改变。

在我国，"丧文化"一词最先出现在 2016 年 7 月 13 日新浪科技上的《到处都是"葛优躺" 因为"丧文化"真的很流行啊》这篇文章中，文章结尾介绍了"葛优躺"只是"丧文化"的其中一种表现形式，未来将会有其他表现"丧文化"的文化产品崛起。同年 9 月 30 日，《光明日报》发表的一篇文章指出，丧文化"以自嘲、颓废、麻木生活方式为特征"[①]，并表明对"丧文化"的抵制态度。而且同年，歌曲《感觉身体被掏空》获得亚洲新歌榜年度盛典"年度最佳传播歌曲奖"，"葛优躺"入选《咬文嚼字》的 2016 年十大流行语。

自 2016 年"丧文化"在网上出现后，学术界开始对"丧文化"的内涵展开研究，有学者从社会心理学视角，从群体、情绪和表现形式三个方面对

[①] 夏之焱：《引导青年人远离"丧文化"侵蚀》，《光明日报》2016 年 9 月 30 日。

"丧文化"进行阐述，认为"'丧文化'是指目前流行于青年群体当中的带有颓废、绝望、悲观等情绪和色彩的语言、文字或图画，它是青年亚文化的一种新形式"[①]。有学者从思想政治教育视角，从情感、最新的传播方式、特征等维度认为，"'丧文化'是新兴的网络亚文化现象，是其发展的新样态，主要通过自我调侃的方式来表露'颓废''忧伤'等情感，通过'丧'式表情包、'丧文化'语录、'丧茶'等方式呈现，具有抵抗性、消解性、年轻化等特征"[②]。本书研究的"丧文化"是指流行于青年群体之中，通过表情包、语录、影视、线下产品等形式表达"丧"情绪以寻求自我安慰的一种网络亚文化现象。

（二）"丧文化"的表现形式

"丧文化"是大学生表达自己情绪的一个重要的宣泄途径。在网络空间中，"丧文化"的表现形式随着网络技术的发展、媒体的推波助澜而不断变化，"丧文化"的表现形式也越加丰富和完善。目前"丧文化"的表现形式主要有以下三方面。

1."表情包"

"表情包经历了从字符式、颜文字、QQ、Emoji、动漫到真人表情包衍变的过程"[③]，2016 年"丧"式表情包"葛优躺"以真人表情包的形式拉开了"丧文化"流行的序幕。除此之外，"丧"式表情包还包括"sad frog""长腿咸鱼"等。这些"丧"式表情包是对原有图片、卡通涂鸦、漫画等冷媒介进行解码、编码、再创作的结果，通过添加文字使冷媒介具有"丧"气息而成为热媒介，然后经过网络的广泛传播使"丧文化"得以流行。"丧"式表情包以其直观、幽默、颓废等特点深受一些大学生的喜爱，青年群体在网络社

---

① 萧子扬等：《从"废柴"到"葛优躺"：社会心理学视野下的网络青年"丧文化"研究》，《青少年学刊》2017 年第 3 期。

② 杨月荣、郝文斌：《"00 后"大学生受网络亚文化影响情况分析》，《思想理论教育导刊》2021 年第 4 期。

③ 谷学强、张子铎：《社交媒体中表情包情感表达的意义、问题与反思》，《中国青年研究》2018 年第 12 期。

交中经常用"丧"式表情包来进行交流。"每一个表情包都是一个情绪放大器。"[①]青年群体往往通过"丧"式表情包进行自我嘲讽,实则是对现实的无奈,只能借"丧"式表情包来减压,但这种释放压力的方式只是暂时的,并不能长期起作用,而且长期使用"丧"式表情包,一些大学生极易成为充满负能量、消极颓废的人。

2."丧语录"

"丧语录"多是对已有充满正能量的鸡汤话语进行改编,使其在语义上与之前截然相反,也就是"反转"结构。"丧语录"在微博、知乎和豆瓣等社交平台上广泛存在,以"咸鱼"为例,鸡汤话语为"咸鱼总有翻身的一天",反转后为"咸鱼总有翻身的一天,但翻身还是一条咸鱼",这种反转式的"丧语录"表面上传达的是消极悲观的情感,实则是一些大学生对主流文化、正能量话语的抵触,对自身努力后而无所得的妥协。一些大学生通常是在网络空间用"丧语录"表达自己的内心状态,由于网络空间具有匿名性,一些披着"丧文化"外衣的政治意见领袖夸大社会现实矛盾,激起一些大学生的非理性情绪,这在一定程度上对于营造良好网络舆论生态起到阻碍作用。

3."丧文化"衍生品

近年来,"丧文化"从最初引起大学生内心共鸣、自嘲开脱发展到网络媒体的刻意迎合和积极营销,商家的肆意炒作形成以大学生为重心的完整产业链,致使一些大学生理想信念和价值选择受到重要影响。进入21世纪以来,我们生活在网络和消费相互交融、协同并进的时代,这就决定了任何一种网络亚文化都摆脱不了与商业经济相关联。"丧文化"也未躲过商业收编,由"丧文化"衍生出"丧茶"、没希望酸奶、江小白表达瓶等产品。以"丧茶"为例,2017年网易和饿了么因为微博网友怼喜茶的一个玩笑而联手打造名为"丧茶"的奶茶店,这是首个"丧茶"实体店,该店铺以营销"丧"为特色,无论是从奶茶名称、奶茶杯壁、店铺装饰还是店员状态、代言人形象,都充满负能量,但是"丧茶"仍受到一些大学生的欢迎。可见,

---

[①] 董子铭:《情绪释放与技术催生:新媒介环境下的"丧"文化解读》,《新闻界》2017年第11期。

"丧"元素在青年群体中具有吸引力和商业价值。

二、"丧文化"主要特征

"丧文化"作为网络亚文化的一种主要样态，之所以能够在一些大学生群体中广泛流行，是因为其具有反映孤独与无助结合的焦虑心境、呈现趋利与淡泊并存的矛盾状态、凸显反抗与犬儒共生的符号表达等特征，能够满足一些大学生情感表达和个体心理需求。

（一）反映孤独与无助结合的焦虑心境

无论是已就业的青年群体还是在校大学生，都存在寂寞孤独无聊的情况。一方面，对于已就业的青年群体尤其是那些空巢青年来说，为了找到更好的工作机会，为了享受大城市较为完备的基础设施，很多青年离开家乡，来到他们想要去奋斗打拼的大城市。2017 年淘宝发布了《中国空巢青年图鉴》，调查显示，全国有近半亿的空巢青年，其中男性占比为 64%，女性占比为 36%，深圳是全国最空巢的城市，8%的空巢青年有过独自去电影院看电影的经历[①]。一方面，空巢青年在大城市缺少家庭的情感关怀，更多的是一个人做事，内心难免会出现空虚的情况；另一方面，对于未真正进入社会的在校大学生来说，他们大多是独生子女，在家庭中处于中心地位，进入大学后，一些大学生"以我为主"的环境发生改变，而且面对个体意识较强的同龄人，不知如何相处，对群体生活不太适应，内心充满孤独感。

孤独感往往与无助感相伴而生。对于已就业的青年群体来说，面对快节奏的生活、高压的工作环境、不断上涨的房价、较高的教育成本等诸多问题，发现现实生活中压力较大，幸福感有所弱化，焦虑感不断上升，在网上通过"丧"式表情包、毒鸡汤等方式来排解内心的苦闷，如以"像我这种连名牌都不认识几个的人，有时候连别人在炫富都感觉不到"来进行自嘲，这种自嘲方式充分体现了已就业青年群体的焦虑无助感。对于未真正进入社会

---

① 参见《2017 中国空巢青年图鉴出炉，5000 万空巢青年赶紧看过来！》，2017 年 5 月 22 日，见 https://www.sohu.com/a/142649209_468719.html。

的在校大学生来说，他们正处于步入社会的前期准备阶段，面临着从"个体我"到"社会我"的转变，面临着就业形势越来越严峻，不仅要在学习和生活之间进行权衡，完成当下学习任务的焦虑、考试的焦虑，又要承受对未知社会生活的恐惧和迷惘带来的焦虑感。一些大学生借"丧文化"向外界传递的是一些颓废、不思进取的态度，但更多的是呈现和反映出大学生孤独与无助结合的焦虑心境。

（二）呈现趋利与淡泊并存的矛盾状态

"我们的一些大学，包括北京大学，正在培养一些'精致的利己主义者'，他们高智商，世俗，老到，善于表演，懂得配合，更善于利用体制达到自己的目的。这种人一旦掌握权力，比一般的贪官污吏危害更大。"① 这是北京大学钱理群教授在"《理想大学》专题研讨会"上的讲话，反映出"精致的利己主义者"也存在于大学生群体中，他们只知道索取不懂奉献，以自我利益为中心，只关注自己的"钱"途，一切皆为自己所用。"精致利己主义"的大学生虽然也在奋斗，但实则倾向于功名利禄而忽视集体利益，是一种"功利性与狭隘性的奋斗价值观"②，这与我国倡导的奋斗观背道而驰。

与此同时，当一些功利心较强的大学生在遇到现实问题而难以解决时，他们通过"丧文化"表达而呈现淡泊名利的心态。例如，"我差不多是个废人了""我不想奋斗了，就想瘫在床上当一辈子咸鱼""努力不一定能够成功，但不努力真的好轻松啊"等，这些表达"丧"情绪的语录和表情包被一些大学生所熟知和运用，这些语录和表情包传递出的更多的是一种负能量，一种消极处世的人生态度，一种自己处于颓废、停滞不前、看淡一切、不思进取的状态，是个颓废者、懒惰的平庸者，并将自己的标签定位为淡泊名利、无欲无求。"尽管'丧言青年'和'佛系青年'在网络的话语表达中表现出对物化社会的嘲讽和抵抗，但在现实的言行中又处处表露了对消费社会名利体

---

① 谢湘、堵力：《北大清华再争状元就没有希望》，《中国青年报》2012 年 5 月 3 日。

② 侯玉环：《论新时代青年学生奋斗精神培育研究》，《思想理论教育导刊》2019 年第 6 期。

面原则的认同与追逐。"①"丧文化"所呈现的趋利与淡泊并存的矛盾状态反映出一些大学生这种"丧"的状态并非真正的"丧",这种淡泊也并非真正的"淡泊",而是以自嘲的方式来安慰自己,进而接续奋斗的积极状态,但其中不乏一些大学生甚至借此来掩盖自己对名利的强烈渴望。

(三)凸显反抗与犬儒共生的符号表达

"丧文化"主要表现为"丧"式表情包和"丧文化"语录两种符号形式。"丧"式表情包主要包括"葛优躺""悲伤蛙""咸鱼"。而"丧文化"语录包括"你拼尽全力的努力,可能还不如别人随便搞搞做得好""在哪里跌倒,就在哪里趴着""灰姑娘嫁给了王子,是因为她本身就是公爵的女儿""努力不一定成功,但不努力一定轻松"等。一些大学生借"拼贴"和"同构"而成的"丧"式表情包和"丧文化"语录来表达自己对现实不公平事情的控诉,以一种特有的"丧"风格来表示自己对心灵鸡汤的排斥与反抗。

但同时大学生会用"丧文化"进行自我安慰,"我差不多是个废人""我是个丧逼",大学生通过主动自贬来保护自己,消解自己不满的情绪,完成了"出现'丧'情绪—自贬自我调节—'丧'情绪得到释放"的过程,这实质上是一种自我欺骗、自我妥协的现代犬儒主义的体现。"犬儒"是指现代犬儒主义,即"一种以自我调适来应对政治、社会和生活危机的处世方式,它不把这些危机看成是必须解决的'问题',而是只要自己想办法就可以安然应付的'不方便'"②。从"丧"式表情包和"丧文化"语录两种符号形式可以看出,"丧文化"作为一种包含反抗与犬儒共生的符号表达,体现出一些大学生既对社会现实感到不满,又具有妥协的思想,是一种妥协式反抗或抵抗式和解,这种反抗与犬儒的符号表达是大学生"以主动自贬的嘲讽,回应社会现实的挤压,完成自我和解和现实接纳"③。

---

① 蒋建国、李颖欣:《网络情绪表达与价值观引领——对"丧文化"的反思》,《长白学刊》2018 年第 6 期。

② 徐贲:《当代犬儒主义的良心与希望》,《读书》2014 年第 7 期。

③ 刘昕亭:《积极废人的痛快享乐与亚文化的抵抗式和解》,《探索与争鸣》2020 年第8 期。

第二节 大学生受"丧文化"影响现状分析

"丧文化"在青年大学生群体中广泛传播，大学生势必会受到"丧文化"的作用影响。为进一步了解大学生受"丧文化"影响的实际情况，本书选取全国具有代表性的高校发放调查问卷，并在此基础上对"丧文化"影响作用大学生的相关数据进行分析与研判。

调查问卷共有 20 道题，第一部分 1—5 题（见表 2-1），内容为研究对象即大学生的基本信息，包括性别、所在高校、所学专业、所在年级和家庭所在地区。这 5 个问题旨在了解学生的基本信息，对大学生的网络亚文化了解程度和基本态度进行差异分析。

第二部分 6—8 题，主要涉及网络亚文化的几种具体的表现形式及大学生对网络亚文化的主要看法，其中 6—8 题（见表 2-2）是关于"丧文化"的基本内容，通过两道单项选择题考察大学生所接触到的"丧文化"的主要形式，以及如何排解自己的"丧情绪"，通过五级量表了解大学生对"丧文化"如何产生的认识。

表 2-1 样本分布统计表

样本分类		频率	百分比
性别	男	4417	45.6
	女	5277	54.4
所在高校	国家双一流建设大学	1618	16.7
	国家双一流学科高校	1729	17.8
	省属高校	6259	64.6
	独立学院或高职高专	88	0.9
所学专业	人文学科	2280	23.5
	社会科学	1648	17.0
	理工科	4334	44.7
	艺术体育类	1432	14.8

续表

样本分类		频率	百分比
所在年级	大一	3542	36.5
	大二	2362	24.4
	大三	2249	23.2
	大四	1518	15.7
	大五或延期毕业	23	0.2
家庭所在地区	大城市	2096	21.6
	城镇	3877	40.0
	乡镇	1623	16.7
	农村	2098	21.6

表 2-2 "丧文化"频率表

题目		频率	百分比
您接触过的"丧文化"主要是:	"丧"式表情包(如葛优躺、悲伤蛙、咸鱼)	3948	40.7
	"丧文化"语录(如:您这么努力,忍受了那么多寂寞和痛苦,可也没见得您有多优秀啊!)	3193	32.9
	"小确丧"(指微笑而确实的颓丧)	2006	20.7
	"丧文化"影视(马男动画以及一系列"丧剧")	547	5.6
您平时感到"丧"(沮丧、郁闷、难过)的时候最先向谁倾诉:	向父母倾诉	2090	21.6
	向同学倾诉	1438	14.8
	向好友倾诉	5766	59.5
	向任课教师倾诉	226	2.3
	向辅导员倾诉	174	1.8
您对以下造成"丧文化"流行原因的态度是:大学生普遍焦虑	非常赞同	2533	26.1
	比较赞同	3474	35.8
	一般	2752	28.4
	不大赞同	757	7.8
	很不赞同	178	1.8
您对以下造成"丧文化"流行原因的态度是:宣泄、发泄学业、就业等压力	非常赞同	2065	21.3
	比较赞同	4305	44.4
	一般	2607	26.9
	不大赞同	559	5.8
	很不赞同	158	1.6

续表

题目		频率	百分比
您对以下造成"丧文化"流行原因的态度是：娱乐推广造成的热点	非常赞同	1515	15.6
	比较赞同	2862	29.5
	一般	3636	37.5
	不大赞同	1375	14.2
	很不赞同	306	3.2
您对以下造成"丧文化"流行原因的态度是：追捧流行的从众心理	非常赞同	1357	14.0
	比较赞同	3099	32.0
	一般	3200	33.0
	不大赞同	1595	16.5
	很不赞同	443	4.6
您对以下造成"丧文化"流行原因的态度是：理想与现实的落差较大	非常赞同	2229	23.0
	比较赞同	3876	40.0
	一般	2610	26.9
	不大赞同	765	7.9
	很不赞同	214	2.2
您对以下造成"丧文化"流行原因的态度是：消费欲望不能被满足	非常赞同	1424	14.7
	比较赞同	2713	28.0
	一般	3300	34.0
	不大赞同	1741	18.0
	很不赞同	516	5.3

一、大学生受"丧文化"影响的积极方面

伴随网络媒体信息技术发展变革而产生的"丧文化"对大学生具有积极和消极双重影响。通过调查发现，"丧文化"对大学生释放社会生活压力、获得群体的归属感、激发短暂性自我反思具有积极作用。

（一）释放社会生活压力

与父辈相比，当代大学生虽身处物质相对富裕的年代，但同时也面临着父辈难以想象的激烈就业竞争环境，面对学业、就业等方面的压力相对较大。近年来"丧文化"在网络空间的广泛传播，其所具有的幽默、抵抗、消解的特点迎合大学生的内在需求，大学生经常用"丧文化"来自嘲，以达到舒缓压力的目的。

您对"宣泄、发泄学业、就业等压力"造成"丧文化"流行的态度是

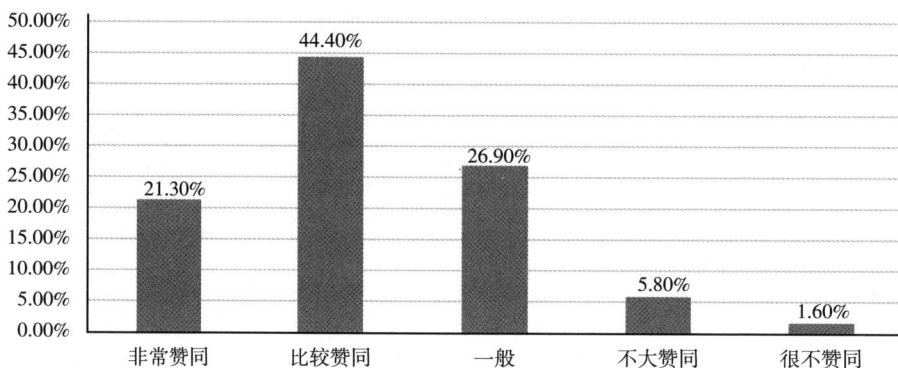

图 2-1 大学生对"宣泄、发泄学业、就业等压力"造成"丧文化"流行的态度图示

从图 2-1 中可以看出，在问及大学生对"宣泄、发泄学业、就业等压力"造成"丧文化"流行的态度时，有 2065 人表示非常赞同，占 21.30%；有 4305 人表示比较赞同，占 44.40%；有 2607 人持一般态度，占 26.90%；有 559 人表示不大赞同，占 5.80%；有 158 人表示很不赞同，占 1.60%。这表明，65.70% 的大学生持赞同观点，这也反映出"丧文化"能够在一定程度上帮助青年大学生宣泄负面情绪，多数大学生在进行短暂缓冲后，仍然接续奋斗。

表 2-3 性别 *8. 您对"宣泄、发泄学业、就业等压力"造成"丧文化"流行的态度是：

交叉表

			8. 您对宣泄、发泄学业、就业等压力造成"丧文化"流行的态度是：					总计
			很不赞同	不大赞同	一般	比较赞同	非常赞同	
性别	男	计数	72	267	1227	1929	922	4417
		占性别的%	1.6%	6.0%	27.8%	43.7%	20.9%	100.0%
	女	计数	86	292	1380	2376	1143	5277
		占性别的%	1.6%	5.5%	26.2%	45.0%	21.7%	100.0%
总计		计数	158	559	2607	4305	2065	9694
		占性别的%	1.6%	5.8%	26.9%	44.4%	21.3%	100.0%

续表

卡方检验			
	值	自由度	渐进显著性（双侧）
皮尔逊卡方	5.149[a]	4	.272
似然比	5.144	4	.273
线性关联	3.504	1	.061
有效个案数	9694		
a.0 个单元格（0.0%）的期望计数小于 5。最小期望计数为 71.99。			

从表 2-3 中可以看出，不同性别大学生在"宣泄、发泄学业、就业等压力"造成"丧文化"流行的态度上无显著差异。在 4417 名男生中，有 72 人对用"丧文化"来"宣泄、发泄学业、就业等压力"表示"很不赞同"，占 1.6%；有 267 人持"不大赞同"的观点，占 6.0%；有 1227 人认为"一般"，占 27.8%；有 1929 人选择"比较赞同"，占 43.7%；有 922 人选择"非常赞同"，占 20.9%。这说明六成以上的男大学生持赞同观点。在 5277 名女生中，有 86 人对"宣泄、发泄学业、就业等压力"造成"丧文化"流行表示"很不赞同"，占 1.6%；有 292 人持"不大赞同"的观点，占 5.5%；有 1380 人认为"一般"，占 26.2%；有 2376 人选择"比较赞同"，占 45.0%；有 1143 人选择"非常赞同"，占 21.7%。这表明，六成多的女大学生对此也表示高度赞同。学业、就业压力无关性别，无论是男生还是女生，都倾向于借助"丧文化"来释放社会生活压力。

表 2-4 家庭所在地区 *8.您对"宣泄、发泄学业、就业等压力"造成"丧文化"流行的态度是：

交叉表

			8.您对宣泄、发泄学业、就业等压力造成"丧文化"流行的态度是：					总计
			很不赞同	不大赞同	一般	比较赞同	非常赞同	
家庭所在地区	大城市	计数	28	111	525	914	518	2096
		占家庭所在地区的%	1.3%	5.3%	25.0%	43.6%	24.7%	100.0%
	城镇	计数	71	221	1038	1707	840	3877
		占家庭所在地区的%	1.8%	5.7%	26.8%	44.0%	21.7%	100.0%
	乡镇	计数	22	104	462	733	302	1623
		占家庭所在地区的%	1.4%	6.4%	28.5%	45.2%	18.6%	100.0%

续表

			8. 您对宣泄、发泄学业、就业等压力造成"丧文化"流行的态度是：					总计
			很不赞同	不大赞同	一般	比较赞同	非常赞同	
农村		计数	37	123	582	951	405	2098
		占家庭所在地区的%	1.8%	5.9%	27.7%	45.3%	19.3%	100.0%
总计		计数	158	559	2607	4305	2065	9694
		占家庭所在地区的%	1.6%	5.8%	26.9%	44.4%	21.3%	100.0%

卡方检验			
	值	自由度	渐进显著性（双侧）
皮尔逊卡方	32.006[a]	12	.001
似然比	31.901	12	.001
线性关联	15.757	1	.000
有效个案数	9694		
a.0 个单元格（0.0%）的期望计数小于 5。最小期望计数为 26.45。			

从表 2-4 中可以看出，虽然不同家庭所在地区大学生赞同此观点的占比较大，其中 914 名大城市大学生表示"比较赞同"，占 43.6%，518 名大城市大学生表示"非常赞同"，占 24.7%；1707 名城镇大学生表示"比较赞同"，占 44.0%，840 名城镇大学生表示"非常赞同"，占 21.7%；733 名乡镇大学生表示"比较赞同"，占 45.2%，302 名乡镇大学生表示"非常赞同"，占 18.6%；951 名农村大学生表示"比较赞同"，占 45.3%，405 名农村大学生表示"非常赞同"，占 19.3%，但不同家庭所在地区的大学生对"宣泄、发泄学业、就业等压力"造成"丧文化"流行的态度上明显不同，存在显著差异。在"非常赞同"这一选项上，518 名大城市大学生占 24.7%，840 名城镇大学生占 21.7%，302 名乡镇大学生占 18.6%，405 名农村大学生占 19.3%，其中，大城市大学生高于乡镇大学生 6.1%，这表明，相对于乡镇和农村的大学生而言，大城市和城镇的大学生面对的压力更大，需要及时与大学生进行沟通交流，解决他们学业和就业方面的困惑；同时，通过有针对性的讲座辅导等方式为大学生提供有效指导。

（二）获得群体的归属感

"马斯洛需要层次理论又被称为基本需要层次理论，它将人类的需要分为五种，即生理需要、安全需要、社交需要、尊重需要和自我实现的需要。"[1] 具体来说，生理需要是指满足人饥渴等维持生存的需要，处于最低层次；安全需要是指保障人身安全、财产安全等方面的需要，仍处于低层次，但层次相对高于生理需要；"社交需要又被称作归属与爱的需求"[2]，主要包括爱情、归属感等需要，处于中间层次；尊重需要是自己对自己、自己对他人以及他人对自己的尊重，处于较高层次；自我实现的需要包括潜能的发挥、人生理想目标实现等需要，处于最高层次。与以往大学生生活的环境有所不同，"网生一代"大学生身处物质相对丰富与社会相对稳定的时代，生理需要和安全需要基本得到满足，但由于多方面因素的影响，大学生的社交需要尤其是归属感未得到满足，焦虑情绪较为严重。

您对"大学生普遍焦虑"造成"丧文化"流行的态度是

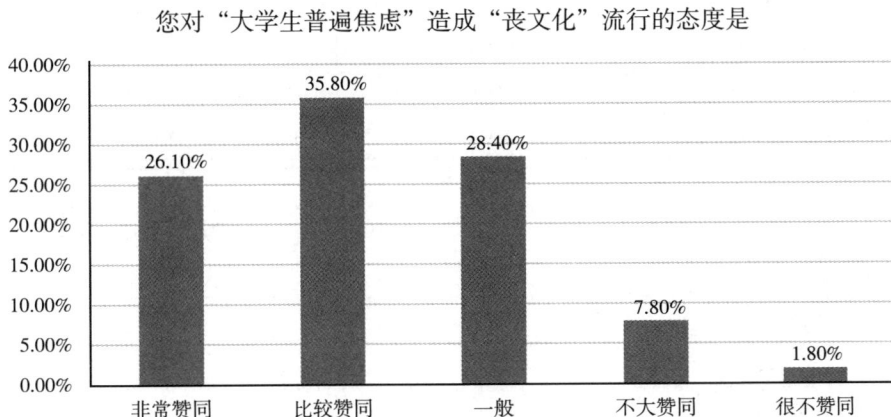

图2-2　大学生对"大学生普遍焦虑"造成"丧文化"流行的态度图示

从图2-2中可以看出，当前，一些大学生倾向于运用"丧文化"来获得

---

① 房文杰：《基于需求层次理论的大学生心理健康问题研究》，《教育与职业》2014年第30期。

② 房文杰：《基于需求层次理论的大学生心理健康问题研究》，《教育与职业》2014年第30期。

群体的归属感，从而缓解内心的焦虑情绪。在 9694 名大学生中，对"大学生普遍焦虑"造成"丧文化"流行的态度中，有 2533 人表示非常赞同，占 26.10%；有 3474 人表示比较赞同，占 35.80%；有 2752 人持一般态度，占 28.40%；有 757 人表示不大赞同，占 7.80%；有 178 人表示很不赞同，占 1.80%。这表明，六成多以上的学生持非常赞同和比较赞成的态度。由于大学生的焦虑与归属感的缺失密不可分，一些大学生主要通过"丧"式表达来缓解内心的焦虑感，也是弥补其安全感和归属感的空缺。

表 2-5　性别 *8. 您对"大学生普遍焦虑"造成"丧文化"流行的态度是：交叉表

			8. 您对大学生普遍焦虑造成"丧文化"流行的态度是：					总计
			很不赞同	不大赞同	一般	比较赞同	非常赞同	
性别	男	计数	86	344	1236	1525	1226	4417
		占性别的%	1.9%	7.8%	28.0%	34.5%	27.8%	100.0%
	女	计数	92	413	1516	1949	1307	5277
		占性别的%	1.7%	7.8%	28.7%	36.9%	24.8%	100.0%
总计		计数	178	757	2752	3474	2533	9694
		占性别的%	1.8%	7.8%	28.4%	35.8%	26.1%	100.0%

卡方检验			
	值	自由度	渐进显著性（双侧）
皮尔逊卡方	13.128[a]	4	.011
似然比	13.112	4	.011
线性关联	2.543	1	.111
有效个案数	9694		
a.0 个单元格（0.0%）的期望计数小于 5。最小期望计数为 81.10。			

从表 2-5 中可以看出，不同性别大学生在对"大学生普遍焦虑"造成"丧文化"流行的态度上存在显著差异。1226 名男大学生表示"非常赞同"，占 27.8%，1307 名女大学生表示"非常赞同"占 24.8%，在这一选项上男大学生的比率高于女大学生 3%；女大学生中有 1949 人表示"比较赞同"，占 36.9%，男大学生中有 1525 人表示"比较赞同"，占 34.5%，女大学生的比

率高出男大学生 2.4%。这表明，男大学生焦虑感的比率有上升态势，这就需要加强对男大学生的心理疏导，避免通过"丧文化"来获得归属感以消解内心的焦虑情绪。

表 2-6 家庭所在地区 *8.您对"大学生普遍焦虑"造成"丧文化"流行的态度是：交叉表

			8.您对大学生普遍焦虑造成"丧文化"流行的态度是：					总计
			很不赞同	不大赞同	一般	比较赞同	非常赞同	
家庭所在地区	大城市	计数	44	157	571	732	592	2096
		占家庭所在地区的%	2.1%	7.5%	27.2%	34.9%	28.2%	100.0%
	城镇	计数	69	294	1085	1484	945	3877
		占家庭所在地区的%	1.8%	7.6%	28.0%	38.3%	24.4%	100.0%
	乡镇	计数	24	134	454	557	454	1623
		占家庭所在地区的%	1.5%	8.3%	28.0%	34.3%	28.0%	100.0%
	农村	计数	41	172	642	701	542	2098
		占家庭所在地区的%	2.0%	8.2%	30.6%	33.4%	25.8%	100.0%
总计		计数	178	757	2752	3474	2533	9694
		占家庭所在地区的%	1.8%	7.8%	28.4%	35.8%	26.1%	100.0%

卡方检验			
	值	自由度	渐进显著性（双侧）
皮尔逊卡方	30.152[a]	12	.003
似然比	30.035	12	.003
线性关联	3.076	1	.079
有效个案数	9694		
a.0 个单元格（0.0%）的期望计数小于 5。最小期望计数为 29.80。			

从表 2-6 中可以看出，不同家庭所在地区的大学生对在"大学生普遍焦虑"造成"丧文化"流行的态度上存在显著差异。其中，在"非常赞同"这一选项上，有 592 名大城市大学生持此观点，占 28.2%，有 945 名城镇大学生持此观点，占 24.4%，有 454 名乡镇大学生持此观点，占 28.0%，有 542 名农村大学生持此观点，占 25.8%；在"比较赞同"这一选项上，有 732 名大城市大学生持此观点，占 34.9%，有 1484 名城镇大学生持此观点，

占 38.3%，有 557 名乡镇大学生持此观点，占 34.3%，有 701 名农村大学生持此观点，占 33.4%。从中可以看出，大城市大学生表示赞同的比率占63.1%，城镇大学生的比率占 62.7%，乡镇大学生的比率占 62.3%，农村大学生的比率占 59.2%，其中大城市大学生的比率高于农村大学生 3.9%。这表明，大城市所在地区的大学生焦虑感相比而言高于农村大学生。

（三）激发短暂性自我反思

"丧文化"是大学生表达"丧"情绪的宣泄渠道，但这种"丧"情绪并不代表大学生从此一蹶不振、自暴自弃，相反，这是大学生自我赋能的一种有效方式。以往大学生都是通过正能量的励志故事、名人传记等为自己加油打气，从而达到激励自己奋斗的效果，但信息时代的一些大学生容易厌倦这种方式，这时"丧文化"以其特有的、不同于鸡汤的风格出现在大学生面前，能够满足和迎合大学生此时的心理状态，进而从反向赋予大学生积极进取的能量和动力。

您对"理想与现实的落差较大"造成"丧文化"流行的态度是

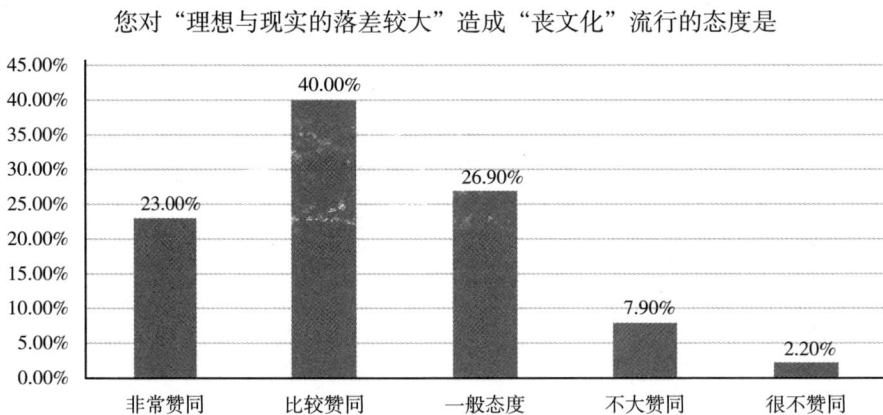

图 2-3　大学生对"理想与现实的落差较大"造成"丧文化"流行的态度图示

从图 2-3 中可以看出，大学生在对"理想与现实的落差较大"造成"丧文化"流行的这一观点作答时，有 2229 人表示非常赞同，占 23.00%；有3876 人表示比较赞同，占 40.00%；有 2610 人持一般态度，占 26.90%；有765 人表示不大赞同，占 7.90%；有 214 人表示很不赞同，占 2.20%。这表明，近七成大学生都认为"理想与现实的落差较大"是造成"丧文化"流行的原因。但是这种"落差丧"并非一丧到底、停滞不前，相反，这种"丧"有利于促使一些大学生认识到理想与现实的差距，进而使得他们进行自我反思，寻求有效方式缩小差距，实现自我设定的目标。

"青年群体通过对一套概念化的'丧'符号表征系统的编码、解码来摹写令人心生颓废和沮丧的经验世界，也通过自我检视、自我降格来寻求一种调和现实的可能，他们看似毅然决然的自我抛弃，实则期待着无限转机。"①

表 2-7　性别 *8.您对"理想与现实的落差较大"造成"丧文化"流行的态度是：交叉表

			8.您对理想与现实的落差较大造成"丧文化"流行的态度是：					总计
			很不赞同	不大赞同	一般	比较赞同	非常赞同	
性别	男	计数	111	379	1197	1681	1049	4417
		占性别的%	2.5%	8.6%	27.1%	38.1%	23.7%	100.0%
	女	计数	103	386	1413	2195	1180	5277
		占性别的%	2.0%	7.3%	26.8%	41.6%	22.4%	100.0%
总计		计数	214	765	2610	3876	2229	9694
		占性别的%	2.2%	7.9%	26.9%	40.0%	23.0%	100.0%

卡方检验			
	值	自由度	渐进显著性（双侧）
皮尔逊卡方	17.947[a]	4	.001
似然比	17.931	4	.001
线性关联	2.527	1	.112
有效个案数	9694		
a.0 个单元格（0.0%）的期望计数小于 5。最小期望计数为 97.51。			

从表 2-7 中可以看出，大学生在对"理想与现实的落差较大"造成"丧文化"流行的态度作答时，男大学生与女大学生的态度具有显著差异。其中，

---

① 罗敏、支庭荣：《青年"丧"文化的话语生成和情感实现》，《当代青年研究》2019 年第 4 期。

1681 名男大学生对此表示"比较赞同",占 38.1%,2195 名女大学生持此观点,占 41.6%,女大学生的比率高于男大学生 3.5%;从"非常赞同"和"比较赞同"的选项看,女大学生的比率高于男大学生 2.2%;从"很不赞同"和"不大赞同"的选项看,男大学生的比率高于女大学生 1.8%。这表明,女大学生期望值较高,当遇到困难挫折时,更易形成"落差丧",但并未真"丧",而是"丧而不馁"。对于假"丧"的大学生来说,"丧文化"是其重新奋起的一种隐性表述形式。

表 2-8 家庭所在地区 *8.您对"理想与现实的落差较大"
造成"丧文化"流行的态度是:
交叉表

| | | | \multicolumn{5}{c}{8.您对理想与现实的落差较大造成"丧文化"流行的态度是:} | 总计 |
			很不赞同	不大赞同	一般	比较赞同	非常赞同	
家庭所在地区	大城市	计数	43	171	561	811	510	2096
		占家庭所在地区的%	2.1%	8.2%	26.8%	38.7%	24.3%	100.0%
	城镇	计数	65	306	1028	1618	860	3877
		占家庭所在地区的%	1.7%	7.9%	26.5%	41.7%	22.2%	100.0%
	乡镇	计数	45	135	478	622	343	1623
		占家庭所在地区的%	2.8%	8.3%	29.5%	38.3%	21.1%	100.0%
	农村	计数	61	153	543	825	516	2098
		占家庭所在地区的%	2.9%	7.3%	25.9%	39.3%	24.6%	100.0%
总计		计数	214	765	2610	3876	2229	9694
		占家庭所在地区的%	2.2%	7.9%	26.9%	40.0%	23.0%	100.0%

\multicolumn{4}{c}{卡方检验}
	值	自由度	渐进显著性(双侧)
皮尔逊卡方	31.375[a]	12	.002
似然比	31.126	12	.002
线性关联	.479	1	.489
有效个案数	9694		
\multicolumn{4}{l}{a.0 个单元格(0.0%)的期望计数小于 5。最小期望计数为 35.83。}

"丧文化"是青年自我调整的隐性表达方式。[①] 从表 2-8 中可以看出，青年大学生家庭所在地区不同，对"理想与现实的落差较大"造成"丧文化"流行的态度也有所不同。在"非常赞同"这一选项上，510 名大城市大学生持此观点，占 24.3%，860 名城镇大学生持此观点，占 22.2%，343 名乡镇大学生持此观点，占 21.1%，516 名农村大学生持此观点，占 24.6%，其中，乡镇大学生的比率低于农村大学生 3.5%，低于大城市大学生 3.2%，低于城镇大学生 1.1%；在"比较赞同"这一选项上，811 名大城市大学生持此观点，占 38.7%，1618 名城镇大学生持此观点，占 41.7%，622 名乡镇大学生持此观点，占 38.3%，825 名农村大学生持此观点，占 39.3%，其中，乡镇大学生的比率低于城镇大学生 3.4%，低于大城市的大学生 0.4%，低于农村大学生 1%。这表明，城镇地区持认同态度的大学生相对较少，这种落差感相对较小，而农村、大城市和城镇的大学生"落差丧"的比率较高，这反映出来自不同地区的大学生自我调适需要加强，更有利于大学生进行短暂性自我反思，不断平衡调整个体理想与现实之间差距导致的心理落差。

网上很多"丧言丧语"看似充满"丧气"，传递一种消极的人生态度，但这仅仅是就表面而言的，透过表面也可以从中看到其所具有的激励与反思的作用。以"你拼尽全力的努力，可能还不如别人随便搞搞做得好"为例，在大学生用此话语来发泄负面情绪的同时，也是促使大学生进行自我反思的过程，反思自己为什么拼尽全力还是不如别人随意弄弄，是因为自己能力不强还是方法不对，在此过程中，大学生能够找到自己存在的不足，进而通过努力奋斗来提升能力素质。

二、大学生受"丧文化"影响的消极方面

无论是线上还是线下，"丧文化"的传播都越发广泛，"抖音""微信"等自媒体平台成为"丧文化"传播的主要渠道。虽然"丧文化"的特点与大学生的内在需求之间有契合点，但一些大学生涉世未深，长期不加思考地陷

---

① 参见张改凤：《青年奋斗视域下"丧文化"的辩证审思》，《新疆社会科学》2020 年第5 期。

入其中，容易引起一些大学生的思想和行为发生异化，青年大学生的"丧"
也不例外，如果长时间处于"丧"环境中，假"丧"也容易变为"真"丧。
正如"温水煮青蛙"一样，如果大学生置身于"丧"环境之中，"丧文化"
所具有的负能量就会潜移默化地影响大学生，助长大学生的颓废心态，导致
一些大学生变为"真"丧，不思进取、一蹶不振、自暴自弃，"丧文化"对
大学生的负面影响也不容忽视。

（一）助长颓废心态与非理性表达

"丧文化"作为网络亚文化的一种样态，其传播形式多样，包括"丧"
式表情包、"丧文化"语录、"丧文化"影视等。青年大学生作为"丧文化"
传播的主要群体，更多是通过"丧"式表情包和"丧文化"语录来表达自己
的"丧"情绪。

您接触过的"丧文化"的主要形式是：

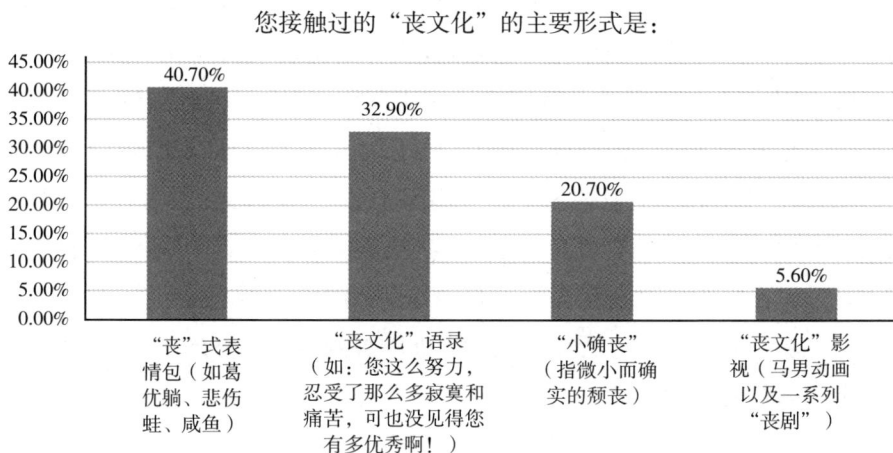

图 2-4 大学生接触"丧文化"的主要形式的图示

从图 2-4 中可以看出，有 3948 人表示自己接触过的"丧文化"主要是
"丧"式表情包（如葛优躺、悲伤蛙、咸鱼），占 40.70%；有 3193 人选择"丧
文化"语录（如：您这么努力，忍受了那么多寂寞和痛苦，可也没见得您有
多优秀啊！），占 32.90%；有 2006 人选择"小确丧"（指微小而确实的颓丧），
占 20.70%；有 547 人选择"丧文化"影视（马男动画以及一系列"丧剧"），

占 5.60%。可见，青年大学生更容易接触到的是"丧"式表情包这种活跃在社交网络上更加直观和形象的"非语言符号"，然后是具有戏谑性、讽刺意味的"丧文化"语录。在接触"丧文化"传播形式的过程中，难免有一些大学生受其影响变得消极颓废。

在大学生使用"丧文化"的过程中，虽然都表现为"丧"言"丧"语的形式，向外界传递满满的负能量，营造一种颓废、不思进取的氛围，但有真"丧"和假"丧"之分，即一些大学生是假"丧"，受"丧文化"的消极影响较小，丧而不颓，颓而不废，"丧"只是给自己的缓冲，"丧"式自嘲后依然接续奋斗；一些大学生是真"丧"，既有从假"丧"转化为真"丧"的大学生，又有就地躺平，一直真"丧"，是真正的颓废主义者。其中，由假"丧"转化为真"丧"的大学生群体受"丧文化"的消极影响较大，少数大学生通过"我差不多是条咸鱼了""我差不多是一个废人了"等"丧"语、"丧"式表情包自嘲以获得即时的快感，但这种颓废状态最初并不能代表青年大学生真"丧"，因为任何事物都是动态变化的，真"丧"和假"丧"之间都可以进行转化。

"'丧文化'虽有戏谑、娱乐之名，但实质是网民消极舆论、负面情绪、非理性表达的集合。"作为互联网原住民的大学生，由于自身能力、社会环境等因素影响，在现实中面临学业、就业等多方面压力，网络"丧文化"所具有的特征恰好能够满足大学生释放压力的需求，但大学生忽视了其与"丧文化"是相互作用的关系，即大学生运用"丧文化"释压的过程，也是"丧文化"对大学生产生消极影响的进一步强化。大学生平时在感到"丧"时，除了向好友和父母进行倾诉外，还倾向于在知乎、微博等网络平台上发表自己的"丧"言论，而且网络空间里的各种关于"丧"的文案、话题也会使一些大学生产生认同感，在一定程度上助推大学生进行非理性表达。虽然大学生得到暂时的解脱，但个别大学生并没有意识到这并非是真正解脱的最佳方式，反而易形成"病态丧"，成为一些大学生奋斗道路上的绊脚石。大学生如何在宣泄后采取改进学习方法、提高自身能力等多种有效方法积极应对学业、就业的压力，切实做到理性思考和理性表述。

"丧"语、"丧"式表情包大多是在网上由网民创作并发布的，特别是网络时代人人都是自媒体，每个人都有在网上发表自己言论的自由和权利。但这并不代表每个人发表的言论都是正确的，从个人信息和署名来看难以判断网络"丧文化"的创作与传播主体的真实身份，有些带有政治企图的意见领袖假借"丧文化"来夸大目前社会存在的现实问题，在网上过度渲染社会不公平的现象，网络主流文化环境逐渐弱化。党的十八大以来，"中国特色社会主义进入新时代，我国社会主要矛盾已经转化为人民日益增长的美好生活需要和不平衡不充分的发展之间的矛盾"①。虽然我国还存在贫富差距相对过大、社会资源分配不均等问题，但网民应正视而非夸大发展中存在的问题。大学生群体由于其本身接受新生事物快，具有正义性，感性多于理性，责任意识淡薄，再加上其明辨是非的能力还相对较弱，易受这些别有用心之人利用，一些大学生盲目参与到对社会讨伐的非理性表达之中，从而沦为非理性表达的政治工具。

（二）过度营销"丧"导致价值迷惘

2016 年"葛优躺"的一夜爆红拉开了"丧文化"流行的序幕。2017 年 4 月 28 日，网易新闻和饿了么因为微博网友养乐多男孩洸洸怼喜茶的一个玩笑而联手打造名为"丧茶"的奶茶店，这是全国首家丧茶店，该店推出"加班不止加薪无望绿茶""加油你是最胖的红茶拿铁""表白被拒绿茶""房价再低也买不起果汁"等产品，通过表达丧情绪的文案得到青年人的喜爱。许多商家抓住了"丧文化"流行的契机，大肆生产宣传"丧文化"的周边产品，如"悲伤蛙""懒蛋蛋"的抱枕、"丧语录"T 恤、贴纸、负能量 UCC 咖啡、爱无能小酒馆。广告营销商趁机将"丧语录"作为宣传文案，而且一些实体店也将"丧文化"作为营销噱头，无论是店铺的装潢、宣传还是产品名称，都披着"丧"元素的外衣，刻意营造"丧"的氛围。"丧文化"在线上和线下均得到了快速发展。这种过度营销虽然将"丧文化"进行广泛推广，使得"丧文化"在大学生群体中的熟知程度上升，但现在的"丧文化"与原有的"丧文化"有所不同，即商业气息更加浓厚。

---

① 习近平：《决胜全面建成小康社会　夺取新时代中国特色社会主义伟大胜利——在中国共产党第十九次全国代表大会上的报告》，《人民日报》2017 年 10 月 28 日。

"没有人能让你放弃梦想，你想想就会放弃了"，这是借"丧文化"制作的文案。这种以毒鸡汤为内容的文案很多，句句充满负能量，句句"丧气十足"，向大学生传播的是不求进取、放弃奋斗，做一条咸鱼，做一个失败者等等。显然，这与社会主义核心价值观相违背，是对艰苦朴素、迎难而上、无私奉献等充满正能量、催人奋进的精神，"有志者，事竟成""在哪里跌倒，就在哪里爬起""世上无难事，只怕有心人"等精神力量和道德品格的背离，与大学生作为青年中坚力量和堪当民族复兴重任时代新人的使命任务不相适应。

您对"消费欲望不能被满足"造成"丧文化"流行的态度是

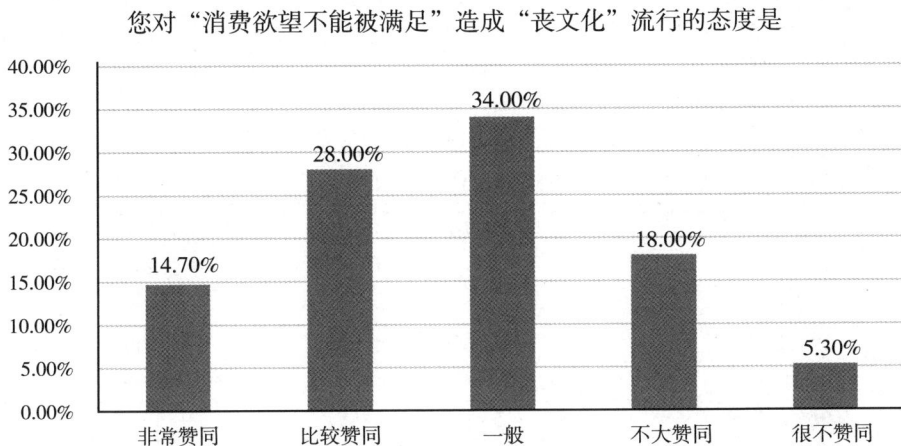

图 2-5 大学生对"消费欲望不能被满足"造成"丧文化"流行的态度图示

从图 2-5 中可以看出，在 9694 名大学生对"消费欲望不能被满足"造成"丧文化"流行的态度作答时，有 1424 人表示非常赞同，占 14.70%；有 2713 人表示比较赞同，占 28.00%；有 3300 人持一般态度，占 34.00%；有 1741 人表示不大赞同，占 18.00%；有 516 人表示很不赞同，占 5.30%。其中，持赞同态度的大学生占比较多。这表明，四成以上的大学生自身的经济条件无法满足较强的消费欲望，未形成理性的消费观。这与家庭的消费方式、同辈的消费习惯、自身的攀比心理、商家的营销手段等不无关系。大学生运用"丧文化"发泄自身消费欲望未得到心理满足的同时，又受到网络"丧文化"与商业相结合的营销模式的影响。"商家将'丧文化'变成鼓吹消费主义的工具，利用其亚文化外壳和热度，变相向年轻人灌输消费主义思想并改变他们的消费认知。"① 这就进一步强化了一些大学生的消费欲望，刺激大学生的购买欲，使得大学生的消费观更加物化，极易形成享乐主义、拜金主义、极端利己主义等错误的消费价值取向。

表 2-9 性别 * 8. 您对"消费欲望不能被满足"造成"丧文化"流行的态度是：交叉表

			8."消费欲望不能被满足造成'丧文化'流行"的态度是：					总计
			很不赞同	不大赞同	一般	比较赞同	非常赞同	
性别	男	计数	260	772	1373	1264	748	4417
		占性别的%	5.9%	17.5%	31.1%	28.6%	16.9%	100.0%
	女	计数	256	969	1927	1449	676	5277
		占性别的%	4.9%	18.4%	36.5%	27.5%	12.8%	100.0%
总计		计数	516	1741	3300	2713	1424	9694
		占性别的%	5.3%	18.0%	34.0%	28.0%	14.7%	100.0%

卡方检验			
	值	自由度	渐进显著性（双侧）
皮尔逊卡方	55.727[a]	4	.000
似然比	55.689	4	.000
线性关联	13.802	1	.000
有效个案数	9694		
a.0 个单元格（0.0%）的期望计数小于 5。最小期望计数为 235.11。			

从表 2-9 中可以看出，不同性别大学生在对"消费欲望不能被满足"造成"丧文化"流行的态度上存在显著差异。其中，748 名男大学生对此表示"非常赞同"，占 16.9%，676 名女大学生持此观点，占 12.8%，男大学生比率高于女大学生 4.1%；1927 名女大学生表示"一般"，占 36.5%，1373 名男大学生持此观点，占 31.1%，女大学生的比率高于男大学生 5.4%。这表明，男大学生的消费欲望较为强烈，一些大学生受消费主义影响更深，沉浸于物质消费之中，难以自拔。而且大学生在借"丧文化"表达消费欲望不能被满足的过程中，容易受到"丧文化"商业化的影响，进一步促使"部分学

① 蒋建国、李颖欣：《网络情绪表达与价值观引领——对"丧文化"的反思》，《长白学刊》2018 年第 6 期。

生漠视传统节俭消费观，选择追求物质主义和享乐主义的消费观"[1]。

（三）沉溺"丧文化"造成自我迷失

"截至 2020 年 12 月，在我国网民群体中，学生最多，占比为 21.0%；其次是个体户/自由职业者，占比 16.9%；农林牧渔劳动人员占比 8.0%。"[2]可见，青年学生是网络的主要活跃群体。大学生身处网络空间，难免会接触到"丧文化"。如果大学生每天沉迷于线上的"丧文化"狂欢，如斗丧图，在斗丧图的过程中，虽然能够发泄一些"丧"情绪，引起同伴的共鸣，从而获得同伴的认同，但"丧文化"的消极影响也不容忽视，此过程更多的是大学生自身负能量不断增加的过程，当负能量达到一个最高临界点之时，就会沦为真"丧"，不仅"丧"，而且颓废，丧失斗志，最终迷失自我。

"00 后"大学生区别于其他年代的大学生，其吃苦精神和抗挫折能力相对较弱，当遇到挫折压力等困难时，一些大学生容易选择"丧文化"作为其宣泄的出口，而缺少主动应对困难的勇气和能力，个别大学生最终沦为"丧文化"的追随者。由于"丧文化"表现为颓废、麻木的态度，一些大学生在追随的过程中难免会受其负面影响，变得郁郁寡欢甚至萎靡不振。可见，家庭、学校和社会应高度重视大学生抗挫折能力的培养，采取多种方式历练大学生承受挫折和适应环境能力，引导大学生正确看待和积极应对成长道路上的顺境和逆境，促使大学生成为战胜挫折的勇者而非逃避困难的"丧"者。

"丧文化"不仅在网上蔓延较快，而且在线下有以"丧文化"为主题的实体店，这些实体店因其设计如"我们的茶又苦又冰？你的生活不也一样么！""在丧茶，喝完茶饮之后，请勿在店内自杀！"的文案而吸引大学生的关注。有些大学生除了在网上表达"丧"外，在线下心甘情愿排队购买诸如"你不是一无所有你还有病啊乌龙茶""加油你是最胖的红茶拿铁""想死没勇气玛奇朵"等"丧茶"，其中的"一无所有""最胖""想死"折射出一种

---

① 陈建华、赵志平：《引导大学生确立理性消费观刍议》，《学校党建与思想教育》2020年第 7 期。

② 《第 47 次中国互联网络发展状况统计报告》，2021 年 2 月 3 日，见 http://www.cac.gov.cn/2021-02/03/c_1613923423079314.htm。

消极、颓废的生活状态，这种无论线上还是线下都有意接触"丧文化"的大学生，其思想和行为都必然会受到"丧文化"潜移默化的影响，即更凸显负能量，很容易否定自我、消极处世，迷失方向、丢掉理想。

三、"丧文化"对大学生产生消极影响的成因

"丧文化"在一定程度上弱化大学生的理想信念，导致一些大学生颓废心态日渐增长，在语言和行为表达过程中呈现非理性状态，长此以往，大学生容易出现价值迷惘和自我迷失等思想问题。当前我国社会发展不平衡，在求学和就业压力下，"丧文化"的出现成为大学生排解和释压的主要手段，同时，网络媒介"无下限"的营销手段为"丧文化"打开青年大学生市场，是"丧文化"传播助推器，加之大学生在面对众多网络文化产品时易产生从众心理、猎奇心理，使"丧文化"迅速在青年大学生中传播开来。

（一）社会发展不平衡造成大学生以"丧"释压

赫伯迪格认为，"每一种亚文化都是一段独特'时期'的一种表征——是对特殊情境的一种具体回应"①。转型期的中国社会便是孕育青年网络亚文化的土壤，研究其形成原因自然要从社会现实的角度出发。改革开放以来，中国社会始终处于不断深化改革的社会转型期，经历着经济、政治、文化形态的深刻变革和结构重组。

与改革开放和社会主义现代化建设初期社会阶层的流动性相比，当前社会各阶层之间的流动相对固化，寒门子弟向上发展的难度加大，底层青年若单凭个人努力去突破阶层之间的壁垒可谓"螳臂当车"。由于社会阶层结构处于"两头大，中间小"的状态，社会利益格局逐渐失衡，"富二代"比"穷二代"占有更多的社会资源，享有更好的发展机会和更多的社会权利，教育资源配置的等级化导致农村贫困地区孩子输在起跑线上。阶层固化导致的底层青年向上层流动的渠道收紧，发展机会受限，找不到称心如意的工作，无

---

① ［美］迪克·赫伯迪格：《亚文化：风格的意义》，陆道夫、胡疆锋译，北京大学出版社 2009 年版，第 105 页。

房无车无存款是社会底层青年的真实写照，一些青年学生的获得感、幸福感和安全感被剥夺，现实生活挫败感使得青年逐渐偏离正确的人生发展道路，长期在社会边缘徘徊，天生具有丰富想象力和强烈好奇心的青年本能地寻找、选择甚至创造适合自己生理和心理需求的文化，"丧文化"是青年为逃离社会现实的压迫而开辟的一片虚拟时空，一些大学生通过"你这么努力，忍受那么多寂寞和痛苦，可是我们也没有觉得你有多优秀啊""别灰心，人生就是这样起起落落落落落……"等来释放压力。

（二）网络媒介营销成为"丧文化"传播助推器

当前，信息技术已发展到5G时代，传播技术手段发生重大变化，新媒体跨越了时间和空间界限，依托互联网技术实现了信息储存和信息交互、实时传播和即时互动同时进行，塑造了功能多样化、传播个性化、形式虚拟化和内容新奇化的新媒介环境，为青年群体提供了一个能够逃离现实约束，进行平等交流、畅所欲言、自由选择和自主创造的活动平台，大学生可以凭借自己的意愿进行选择、传播和创造，自我意识得到充分展现。当代大学生擅长利用社交媒体软件表达自己的观点，讽刺社会现实和表达对热门新闻的态度，将自己的情绪和想法借助于"丧"式表情包等能够凸显个性的图文形式进行表达，非语言符号以其生动又隐喻的表达方式符合大学生的个性特点，自然受到大学生的喜爱。

您对"娱乐推广造成的热点"是"丧文化"流行原因的态度是

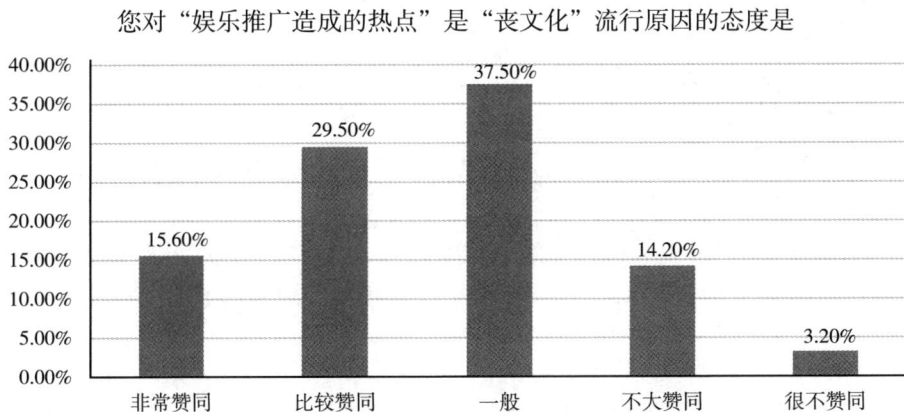

图 2-6　大学生对"娱乐推广造成的热点"是"丧文化"流行原因的态度图示

从图 2-6 中可以看出，在大学生对"丧文化"流行的原因是"娱乐推广造成的热点"作答时，有 1515 人表示非常赞同，占 15.60%；有 2862 人表示比较赞同，占 29.50%；有 3636 人持一般态度，占 37.50%；有 1375 人表示不大赞同，占 14.20%；有 306 人表示很不赞同，占 3.20%。其中，四成多的大学生赞同这一看法，只有一成多的大学生持反对态度。这表明，网络媒体将"丧文化"打造成热点，表面上是以满足大学生的需求为目的，实则是通过迎合大学生的"丧"情绪而牟取更多的利益，更是一种营销策略。"'丧文化'商品化的过程既具有'丧文化'的风格特质，又是媒介通过'丧文化'营销换取广告收入的文化工业化过程。"[①]

表 2-10　性别 *8.您对娱乐推广造成的热点是"丧文化"流行原因的态度是：交叉表

			8.您对娱乐推广造成的热点是"丧文化"流行原因的态度是：					总计
			很不赞同	不大赞同	一般	比较赞同	非常赞同	
性别	男	计数	152	550	1603	1309	803	4417
		占性别的%	3.4%	12.5%	36.3%	29.6%	18.2%	100.0%
	女	计数	154	825	2033	1553	712	5277
		占性别的%	2.9%	15.6%	38.5%	29.4%	13.5%	100.0%
总计		计数	306	1375	3636	2862	1515	9694
		占性别的%	3.2%	14.2%	37.5%	29.5%	15.6%	100.0%

卡方检验			
	值	自由度	渐进显著性（双侧）
皮尔逊卡方	56.282[a]	4	.000
似然比	56.259	4	.000
线性关联	32.161	1	.000
有效个案数	9694		
a.0 个单元格（0.0%）的期望计数小于 5。最小期望计数为 139.43。			

从表 2-10 中可以看出，虽然男大学生与女大学生在对"'丧文化'流行的原因是娱乐推广造成的热点"上存在显著差异，但无论对男大学生还是女

---

① 刘朝霞、王瑜：《新媒体视域下青年网络"丧文化"传播研究——以流行词"佛系"为例》，《中国青年社会科学》2019 年第 3 期。

大学生而言,对此表示赞同的比率仍然较高。在4417名男生中,有152人对"'丧文化'流行的原因是娱乐推广造成的热点"表示"很不赞同",占3.4%;有550人持"不大赞同"的观点,占12.5%;有1603人选择"一般",占36.3%;有1309人选择"比较赞同",占29.6%;有803人选择"非常赞同",占18.2%。这表明,四成多的男大学生认可这一观点,他们经常能在网上看到这种以表情包、文章等形式进行的推广,其背后是商家和意见领袖出于牟利的目的借助网络载体进行娱乐推广的结果。同样,在5277名女生中,有154人对"'丧文化'流行的原因是娱乐推广造成的热点"表示"很不赞同",占2.9%;有825人持"不大赞同"的观点,占15.6%;有2033人选择"一般",占38.5%;有1553人选择"比较赞同",占29.4%;有712人选择"非常赞同",占13.5%。其中,大学生支持"丧文化"流行的原因是娱乐推广造成热点的比率占有较大比重,可见,"丧文化"的广泛传播与网络媒介的推波助澜具有密切关系。

表2-11 家庭所在地区 *8.您对娱乐推广造成的热点是
"丧文化"流行原因的态度是:
交叉表

			很不赞同	不大赞同	一般	比较赞同	非常赞同	总计
家庭所在地区	大城市	计数	56	256	806	589	389	2096
		占家庭所在地区的%	2.7%	12.2%	38.5%	28.1%	18.6%	100.0%
	城镇	计数	115	573	1493	1121	575	3877
		占家庭所在地区的%	3.0%	14.8%	38.5%	28.9%	14.8%	100.0%
	乡镇	计数	53	219	592	526	233	1623
		占家庭所在地区的%	3.3%	13.5%	36.5%	32.4%	14.4%	100.0%
	农村	计数	82	327	745	626	318	2098
		占家庭所在地区的%	3.9%	15.6%	35.5%	29.8%	15.2%	100.0%
总计		计数	306	1375	3636	2862	1515	9694
		占家庭所在地区的%	3.2%	14.2%	37.5%	29.5%	15.6%	100.0%

卡方检验			
	值	自由度	渐进显著性（双侧）
皮尔逊卡方	41.862[a]	12	.000
似然比	41.215	12	.000
线性关联	7.657	1	.006
有效个案数	9694		
a.0 个单元格（0.0%）的期望计数小于 5。最小期望计数为 51.23。			

从表 2-11 中可以看出，在面对娱乐推广造成的热点是"丧文化"流行的原因这一问题时，不同家庭所在地区的大学生存在显著差异。在"非常赞同"这一选项上，389 名大城市大学生持此观点，占 18.6%，575 名城镇大学生持此观点，占 14.8%，233 名乡镇大学生持此观点，占 14.4%，318 名农村大学生持此观点，占 15.2%，其中大城市大学生的比率高于乡镇大学生 4.2%；在"比较赞同"这一选项上，589 名大城市大学生持此观点，占 28.1%，1121 名城镇大学生持此观点，占 28.9%，526 名乡镇大学生持此观点，占 32.4%，626 名农村大学生持此观点，占 29.8%，其中，乡镇大学生的比率高于大城市大学生 4.3%。这表明，虽然大学生来自不同地区，但他们对"娱乐推广"的作用认识比较统一，而与乡镇大学生相比，来自大城市的大学生更认同网络媒介在其中所起到的作用影响。

网络媒介营销成为"丧文化"传播助推器的一个典型案例是"丧茶"快闪店。2017 年 4 月 28 日，网易新闻与饿了么联手打造为期四天的全国首家"丧茶"快闪店沮丧开业，该店铺以黑白两种颜色为装修背景，线上点餐的奶茶名称充满"丧"气，"丧茶"的包装是各种丧言丧语，"丧茶"的代言人为动物界网红王三三，当天销量为 1000 杯左右。该店铺和羊驼王三三经网络媒体宣传报道，引发了二次传播，吸引了更多青年群体的关注，这种网络媒介营销在"丧文化"传播过程中起到助推作用，扩大了"丧文化"的传播范围。无论是线上还是线下，大学生身处的环境中都充满"丧"气，可以想象一幅画面：一只手拿着一杯"丧茶"，奶茶杯上写着"加油你是最胖的红茶拿铁，时常担心被别人误会不求上进，好在体重显示我一直有在努力"。另一只手在用手机斗"丧"图，如表情包"假如生活欺骗了你，你不要悲伤，不要心急，反正明天也一样"。这对正处于拼搏奋斗年纪的大学生而言，无疑是其前进道路上的阻力。

（三）大学生从众跟风助推网络"丧文化"传播

"人的本质不是单个人所固有的抽象物，在其现实性上，它是一切社会关系的总和。"①青年时期正处于"个体我"向"社会我"转化的过渡期，必然要面临纷繁复杂的社会交往关系，在进行社会交往活动中寻求社会认同。"媒介即人的延伸"，新媒介技术发展为青年"提供了崭新的资源和规则来建构想象中的自我和世界"②，网络超越了其工具性成为大学生日常生活的一部分，改变了大学生的生活方式和交往方式。网络社交是一种间接交往，大学生在社交中为了满足自己的归属感，希望通过"丧文化"的具体形式来融入社交群体，在此过程中也促进了网络"丧文化"得到二次传播。

您对"'丧文化'流行原因是追捧流行的从众心理"的态度是

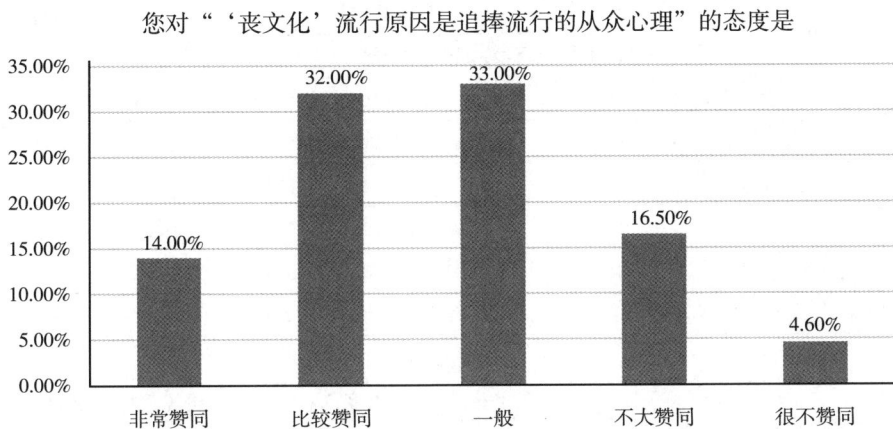

图2-7 大学生对"'丧文化'流行原因是追捧流行的从众心理"的态度图示

从图2-7中可以看出，大学生在对"'丧文化'流行原因是追捧流行的从众心理"作答时，有1357人表示非常赞同，占14.00%；有3099人表示

---

① 《马克思恩格斯选集》第1卷，人民出版社2012年版，第135页。
② ［美］阿尔君·阿帕杜莱：《消散的现代性：全球化的文化维度》，刘冉译，上海三联书店2012年版，第4页。

比较赞同，占 32.00%；有 3200 人持一般态度，占 33.00%；有 1595 人表示
不大赞同，占 16.50%；有 443 人表示很不赞同，占 4.60%。近五成的大学
生认为"追捧流行的从众心理"是"丧文化"流行的原因，这表明，"丧文化"
能够满足一些大学生的从众心理，受制于人际交往和朋辈影响，一些大学生
在心理和交流需求上的"妥协"。"从众是指个人受群体压力的影响，在知觉、
判断、信仰及行为上表现出与群体成员一致的现象。"① 从众心理和行为虽
然能够与群体保持一致的意见，但磨灭了自己的立场和观点。当前部分大学
生，无论男生还是女生，在网络空间都存在从众跟风的现象。

表 2-12　性别 *8.您对追捧流行的从众心理是"丧文化"流行原因的态度是：
交叉表

| | | | 8.您对以下造成"丧文化"流行原因的态度是：追捧流行的从众心理 | | | | | 总计 |
			很不赞同	不大赞同	一般	比较赞同	非常赞同	
性别	男	计数	193	681	1426	1444	673	4417
		占性别的%	4.4%	15.4%	32.3%	32.7%	15.2%	100.0%
	女	计数	250	914	1774	1655	684	5277
		占性别的%	4.7%	17.3%	33.6%	31.4%	13.0%	100.0%
总计		计数	443	1595	3200	3099	1357	9694
		占性别的%	4.6%	16.5%	33.0%	32.0%	14.0%	100.0%

卡方检验			
	值	自由度	渐进显著性（双侧）
皮尔逊卡方	17.515[a]	4	.002
似然比	17.505	4	.002
线性关联	15.731	1	.000
有效个案数	9694		
a.0 个单元格（0.0%）的期望计数小于 5。最小期望计数为 201.85。			

从表 2-12 中可以看出，男大学生与女大学生在对追捧流行的从众心理
是"丧文化"流行的原因这一问题作答时，存在显著差异。673 名男大学生

① 周晓虹：《模仿与从众：时尚流行的心理机制》，《南京社会科学》1994 年第 8 期。

表示"非常赞同"，占15.2%，684名女大学生持此观点，占13.0%，男大学生的比率高于女大学生2.2%；而914名女大学生表示"不大赞同"，占17.3%，681名男大学生持此观点，占15.4%，女大学生的比率高于男大学生1.9%。这表明，男大学生更倾向于追捧流行的从众心理，更希望通过"丧文化"的具体表现形式来获得其在群体中的存在感和归属感。男大学生在跟从的过程中，不仅自身获得了安全感和归属感，而且情绪也受到了感染，产生情感共鸣，更易促使"丧文化"在大学生群体中得到广泛传播。

表2-13　家庭所在地区 *8.您对追捧流行的从众心理"丧文化"
流行原因的态度是：

交叉表

| | | | 8.您对以下造成"丧文化"流行原因的态度是：追捧流行的从众心理 | | | | | 总计 |
			很不赞同	不大赞同	一般	比较赞同	非常赞同	
家庭所在地区	大城市	计数	89	313	688	647	359	2096
		占家庭所在地区的%	4.2%	14.9%	32.8%	30.9%	17.1%	100.0%
	城镇	计数	183	620	1307	1243	524	3877
		占家庭所在地区的%	4.7%	16.0%	33.7%	32.1%	13.5%	100.0%
	乡镇	计数	51	272	538	551	211	1623
		占家庭所在地区的%	3.1%	16.8%	33.1%	33.9%	13.0%	100.0%
	农村	计数	120	390	667	658	263	2098
		占家庭所在地区的%	5.7%	18.6%	31.8%	31.4%	12.5%	100.0%
总计		计数	443	1595	3200	3099	1357	9694
		占家庭所在地区的%	4.6%	16.5%	33.0%	32.0%	14.0%	100.0%

卡方检验			
	值	自由度	渐进显著性（双侧）
皮尔逊卡方	47.593[a]	12	.000
似然比	47.059	12	.000
线性关联	16.844	1	.000
有效个案数	9694		
a.0个单元格（0.0%）的期望计数小于5。最小期望计数为74.17。			

开放式、虚拟性的新媒体环境为以趣缘为纽带的群体性聚集提供了相对安全便利的情景氛围，便于青年大学生在新媒体空间寻找自己的兴趣领域，通过与领域内成员进行信息交互建立起高度的情感连带和身份认同，成为"圈内人"。"丧文化"是一种具有"圈层"性质的文化，处于这一群层中的一些大学生为了避免孤独而选择从众跟风。从表2-13中可以看出，大学生家庭所在地区不同，对追捧流行的从众心理是"丧文化"流行的原因也持有不同的观点。在"非常赞同"这一选项上，359名大城市大学生持此观点，占17.1%，524名城镇大学生持此观点，占13.5%，211名乡镇大学生持此观点，占13.0%，263名农村大学生持此观点，占12.5%，其中，来自大城市大学生的比率高于农村大学生4.6%；在"不大赞同"这一选项上，来自农村大学生持此观点的比率占18.6%，来自大城市大学生持此观点的比率占14.9%，农村大学生的比率高于大城市大学生3.7%；在"很不赞同"这一选项上，农村大学生持此观点的比率占5.7%，大城市大学生持此观点的比率占4.2%，农村大学生的比率高于大城市大学生1.5%。这表明，由于农村生活更注重乡情，邻里之间互动更为频繁，彼此联系沟通更多，而大城市相对来说邻里之间较为陌生，生活在城市的大学生邻里之间交流较少，彼此之间缺乏安全感和归属感。大城市的大学生为了更好融入群体获得安全感和归属感，从众心理的愿望相对而言较为普遍，需要引起高校的重视。

总之，无论是从整体上看还是从性别、家庭所在地区来看，追求流行的从众心理都是"丧文化"流行的一个主要原因。一些大学生之所以会从众跟风、不假思索地置身其中，其实质是为了刷存在感，为了满足自身的归属需求，即马斯洛需要层次理论中第三层次的社交需求。

第三节　应对"丧文化"影响的策略

"丧文化"是大学生释放现实压力的一种自我调适方式。虽然"丧文化"能够满足大学生的心理、情感和交往需求，但只是暂时性的，其对大学生心态、人生价值等具有负面影响。针对面临现实压力且受"丧文化"影响较深的大学生，高校、家庭、社会等多方面应主动加以引导和教育，帮助大学生对"丧文化"形成正确认识，端正人生态度，保持良好的健康心态。

一、帮助大学生塑造健康的社会心态

"社会心态是某个社会中、某段时间内，尤其是特殊时期或特殊事件内，存在于整个社会之中，或者不同类别的社会群体之中，以整个社会或群体中的社会时尚、社会舆论、社会认知、社会情绪、社会生活感受等为外显特征，由社会价值观、社会动机、社会需要等构成的，反映特定环境、特定时期乃至于特定人群的思想心理趋势或倾向的相对宏观心理状态。"① 党和国家高度重视社会心态的培育，党的十九大报告中指出："加强社会心理服务体系建设，培育自尊自信、理性平和、积极向上的社会心态。"② 健康社会心态有利于提高国家现代化水平和实现中华民族伟大复兴。而健康社会心态的塑造应将青年作为重点对象，"青年兴则国家兴，青年强则国家强"③。大学生作为青年的中坚力量，其社会心态的好坏关乎个人和国家的发展。

（一）重视大学生合理的心理诉求

近年来，"丧文化"在网络空间开始蔓延，大学生是其主要追捧群体。调查显示，大学生更多的是通过"丧"式表情包和"丧文化"语录来表达"丧"情绪，表面上是向外界传达一种消极悲观的处世态度，实则是表达自己的心理诉求。了解大学生合理的心理诉求是高校重视大学生健康成长的前提。目前高校任课教师和辅导员与大学生的沟通交流还不够充分。

---

① 马光焱：《当代大学生良好社会心态培育研究》，博士学位论文，东北师范大学，2017年。

② 习近平：《决胜全面建成小康社会 夺取新时代中国特色社会主义伟大胜利——在中国共产党第十九次全国代表大会上的报告》，《人民日报》2017年10月28日。

③ 新华社评论员：《让五四精神在新时代绽放光芒》，《新华每日电讯》2019年5月1日。

您平时感到"丧"（沮丧、郁闷、难过）的时候最先向谁倾诉？

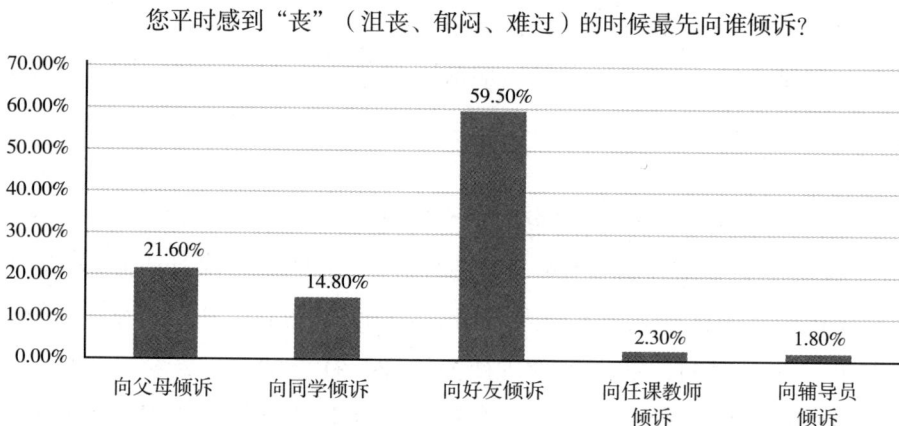

图 2-8　大学生平时感到"丧"（沮丧、郁闷、难过）的时候最先倾诉的对象图示

从图 2-8 中可以看出，有 2090 人在平时感到"丧"（沮丧、郁闷、难过）的时候会"向父母倾诉"，占 21.60%；有 1438 人会选择"向同学倾诉"，占 14.80%；有 5766 人选择"向好友倾诉"，占 59.50%；有 226 人选择"向任课教师倾诉"，占 2.30%；有 174 人选择"向辅导员倾诉"，占 1.80%。这表明，绝大多数的学生更倾向于将自己的苦闷情绪向好友倾诉，因为好友相较于父母、同学、任课教师和辅导员更能够接受自己的"丧"情绪，能够无所顾忌地发泄自己的负面情绪，并且好友能够用相对轻松的话语方式提出适合自己的建议；另外，选择"向父母倾诉"和"向同学倾诉"的比率也远大于选择"向任课教师倾诉"和"向辅导员倾诉"，这表明，在学生遇到困难、感到沮丧时，任课教师和辅导员并非是大学生倾诉的主要对象。绝大部分大学生受到"丧文化"影响更喜欢通过"丧"语录或"丧"式表情包的形式抒发情感。同学作为同辈群体，与大学生之间的共同语言较多，因此是大学生主要倾诉对象之一。通过访谈了解到，大学生不愿意向任课教师和辅导员倾诉主要是因为心存敬畏，不愿意倾诉内心真实想法，与任课教师和辅导员存在距离感。

高校任课教师和辅导员应注重和学生进行思想交流和情感沟通。要把工作重心转到学生思想引领和价值引领上来，把工作精力放在学生思想引导和价值观塑造上来。任课教师和辅导员要厘清工作重点与高校日常事务关系，以自身的人格力量和循循善诱影响激励学生，引导大学生形成正确的人生观、价值观。任课教师和辅导员要加强与学生的谈心谈话，及时掌握大学生思想动向，进一步研究大学生心理特点，及时满足大学生的心理需求；要更有爱心，对学生严在当严处、爱在细微中。任课教师和辅导员要将自身优势特色和育人经验充分应用到学生工作中，充分尊重学生的人格，在尊重学生主体地位的同时，引发学生的独立思考，更好拉近与学生之间的距离。

任课教师和辅导员应不断提高敏锐观察力。敏锐观察力是任课教师和辅导员必备的素质之一。具有较强敏锐观察力的任课教师和辅导员能够及时了解大学生心理诉求，妥善处置学生产生的各类心理问题。任课教师在授课时通过学生回答问题和参与教学活动状态，掌握大学生的心理状况和情绪变化。课后要加强与大学生的沟通交流，及时了解大学生最新的思想动向和心理诉求。辅导员要注重与学生进行日常交流，了解每一名学生的基本信息、家庭情况和个人兴趣爱好等。通过关注网上不同媒介中大学生发表的各种观点评论，进一步分析大学生言语背后的思想观念和行为变化，适时对大学生进行学习生活引导。此外，还可以借助心理测试的方式，更科学地判断大学生的心理健康状况并给予精准帮助。

任课教师和辅导员应切实加强心理疏导能力。要加强对大学生心理健康知识的宣传教育，要充分利用线上线下平台开展心理健康活动，利用活动的趣味性吸引大学生对心理健康知识的关注。2004 年教育部、团中央、全国学联办公室向全国大学生发出倡议，把每年的 5 月 25 日确定为全国大学生心理健康日。此后每年，全国大部分高校都在此时段开展相应主题的心理健康周活动，在一定程度上推动了大学生了解自我、认识自我，引领大学生形成积极向上的健康心态。辅导员要经常参与学生活动，深入学生公寓，随时了解大学生遇到的学业、就业、恋爱等方面出现的心理问题，适时对大学生进行引导，在一定程度上消解大学生的"丧"情绪。在此基础上，更要发挥学生骨干的作用，当同学对与辅导员谈心存在抵触情绪时，要及时进行安抚与疏导，推动教育工作形成合力。

（二）引导大学生树立正确奋斗观

"人的一生只有一次青春。现在，青春是用来奋斗的；将来，青春是用来回忆的。"①广大青年大学生正青春，正是拼搏奋斗的最好年纪。当前，我国处于"两个一百年"奋斗目标的历史交汇期，第二个百年奋斗目标并未完成，需要当代青年大学生接续奋斗。正如习近平总书记所说："一百年来，在中国共产党的旗帜下，一代代中国青年把青春奋斗融入党和人民事业，成为实现中华民族伟大复兴的先锋力量。新时代的中国青年要以实现中华民族伟大复兴为己任，增强做中国人的志气、骨气、底气，不负时代，不负韶华，不负党和人民的殷切期望！"②

充分发挥思想政治理论课的主渠道作用。思想政治理论课不仅要向大学生传授知识，更重要的是引导大学生树立正确的世界观、人生观、价值观。当前一些大学生热衷于丧言丧语，倾向于表达颓废、不思进取的状态，大致分为三种情况：第一种是宣泄但不颓废，宣泄后继续奋斗；第二种是精致的利己主义者，用"丧文化"来掩饰其逐利的一面；第三种是真"丧"，言行均体现放弃奋斗。相对来说，第二种和第三种大学生缺少正确的奋斗观，需要进行奋斗观教育，这就需要思政课教师在讲课时重视奋斗观的教育，着力解决为谁奋斗、如何奋斗的问题。比如，在《中国近代史纲要》这门课的教学中，以1840年以来的中国近代史为开端，但又不能局限于讲授知识点和历史故事，重要的是升华到世界观、人生观、价值观的高度，要着力培养大学生爱国主义、社会主义和集体主义精神，源于心底对革命志士的崇高敬意，发自内心珍惜由中国共产党和中国人民不懈奋斗得来的今日之生活，主动为实现中华民族伟大复兴贡献自己的一份力量。

充分利用校园资源和社会资源。引导大学生树立正确的奋斗观，不仅需要思想政治理论课这种显性教育，还需要将奋斗观教育寓于校园资源和社会资源之中，也就是隐性教育。一方面，要深入挖掘校训、校歌、校史馆等校园资源的育人功能，利用学校丰富的历史底蕴、杰出校友的重要事迹、昂扬向上的大学精神，激励大学生砥砺前行，不懈奋斗；另一方面，要深入挖掘

---

① 《习近平谈治国理政》第一卷，外文出版社2018年版，第54页。

② 习近平：《在庆祝中国共产党成立100周年大会上的讲话》，人民出版社2021年版，第21页。

社会资源的文化基因。不同地区、不同高校应将革命烈士纪念馆、爱国主义教育基地等社会资源作为奋斗观的重要阵地。高校要将参观纪念馆等教育基地常态化，对大学生进行奋斗观教育并非一次性教育，而是一种常态化教育，持续引导大学生树立正确的奋斗观。

充分借助网络文化教育资源。高校要充分利用微信、微博、b 站等大学生经常浏览的平台，注入更多情感体验式场景，利用 VR 等虚拟现实技术了解世界不同地区民众的生活状况，充分激发大学生的主体认同，通过设置吸引大学生的兴趣话题、以二次元的视频形式宣传具有奋斗精神的人物来引导大学生形成正确的奋斗观。

（三）营造积极向上的社会氛围

当今我国互联网普及率达 70.4%，社会氛围更多是指网络空间。网络空间具有即时性、无国界等特点，在一定程度上可以加快人们获取信息的速度和范围，但网络空间充斥的信息鱼龙混杂，对于缺乏足够辨识力和理性的青年大学生来说，无疑是受污染者和二次传播者。网络"丧文化"具有反主流的倾向，当前受到一些大学生的热捧，容易消解主流文化对大学生成长成才的影响，极易助长颓废心态和非理性表达，需要引起高度重视。主流文化需要及时占领网络阵地，引领青年大学生形成积极向上的人生态度，引导他们正确认识网络"丧文化"的危害和本质，强化对网络空间的监管，营造正能量的社会氛围。

研判网络"丧文化"典型热点事件，引导青年大学生践行社会主义核心价值观。"主流文化是在多元文化中起着主导地位引领作用的文化，它承载着社会的主流价值观。"① 一些大学生传播"丧文化"是对主流文化的一种质疑，反映他的受挫后而无所得的消极绝望心境，这就需要主流文化转变传播方式。通过"剖析网络'丧文化'典型热点事件，用实例启发教育大学生。当代青年大学生趋向新鲜事物，网络的热点事件更是他们感兴趣的，比如'佛系文化'等亚文化的新型样态迎合一些大学生的心理状态，其中最具

---

① 廖声武：《中国主流媒体如何传播主流文化》，《新闻与写作》2016 年第 5 期。

代表性的'支付宝锦鲤'事件，针对此事件在网络媒体以及大学生群体内以发酵式传播，高校教育者则可以对其进行理性剖析和解读，将这些热点事件重新加工，用大学生喜欢的内容传授，通过互动分析解读'丧文化'现象和文化形态的内在动因以及对大学生日常生活的影响，比如'信春哥，得永生''拜考神，不挂科'等事件，针对此类'投机取巧'的大学生进行科学划分，区分真'丧'（消极、避世和颓废的生活状态）和假'丧'（自我开导、自我嘲讽和自我解压），在明晰其'丧'的真实情况后，用科学的教育手段开导他们，为每一位青年大学生设立阶段性小目标，如，每天读一篇散文、做一定的锻炼，用点滴的积累和微小的获得感使青年大学生重拾'天生我材必有用'的阳光斗志"①。

帮助青年大学生正确认识网络"丧文化"的本质和危害。网络"丧文化"的本质是利用青年大学生在生活和学习上的压力、事业和情感上的挫折、理想和现实上的反差等诸多因素，宣扬其虚无主义属性和瘫痪朋克气质，宣扬非暴力不合作的价值观，引起青年大学生的共鸣，成为他们排解无奈和失落的主要方式。随着我国日趋固化的社会阶层和日益加重的贫富差距，"丧文化"的颓废心态对青年大学生的身心健康产生不利影响，使一些青年大学生逐渐失去斗志和青春活力，重则沦为"三和大神"一样的生活状态。为此，高校应不断完善网上协同育人模式，携手青年大学生共同抵抗"丧文化"，通过微信、QQ群、自媒体公众号等多种方式，多角度展示网络主流文化建设成果，发掘青年大学生的优秀典型，丰富大学生的精神文化生活，让青年大学生在向同学和好友倾诉自己的"丧"情绪过后，重整行装再出发，接续努力奋斗，让其从"受害者"转变为"阻断者"，扼制"丧文化"的二次传播。

二、满足大学生有效需求以缓解现实压力

"'丧'不止是亚文化现象，更是社会现实的症候，有着复杂的现实成

---

① 郝文斌、张鹏飞：《网络"丧文化"影响青年大学生的样态分析》，《中国青年研究》2020年第10期。

因。"①"丧文化"的流行原因有多种，包括大学生学业、就业压力较大等理想与现实的落差以及社会民众的焦虑，这充分体现出大学生的有效需求未得到满足，借"丧文化"来缓解现实压力。家庭、学校、社会应加强协同，重视并满足大学生的现实诉求，帮助大学生找到正确的人生坐标。

（一）引导大学生找准正确的人生坐标

"青年是整个社会力量中最积极、最有生气的力量，国家的希望在青年，民族的未来在青年。"②青年大学生的个人发展既离不开国家和民族，同时又对国家和民族的发展起到促进或阻碍作用。这就需要引导大学生努力成为具有远大理想信念和坚定家园情怀的时代新人。

要切实加强大学生理想信念教育。有什么样的人生理想就会有什么样的人生。大学生经常使用"丧"式表情包和"丧文化"语录，无形中会对大学生形成正确的人生观起到阻碍作用。思想政治理论课教师在教学中采用多种教学方法来引导大学生坚定理想信念，培养大学生的爱国情怀，使大学生主动将个人发展与中国梦紧密结合，让大学生真正认识到"只有把人生理想融入国家和民族的事业中，才能最终成就一番事业"③。这样的人生观才更有意义，同时，思想政治理论课教师自身政治要强。思想政治理论课教师不仅要学识渊博、理论功底深厚，还要信仰坚定。"要让有信仰的人讲信仰。对马克思主义的信仰，对社会主义和共产主义的信念，只有首先在思政课教师心中扎下根，才能在学生心中开花结果。"④大学生人生观的方向至关重要，只有思想政治理论课教师信仰坚定，才能用信仰力量更好感召大学生成长成才。

---

① 蒋建国、李颖欣：《网络情绪表达与价值观引领——对"丧文化"的反思》，《长白学刊》2018 年第 6 期。

② 汪晓东、王洲：《让青春在奉献中焕发绚丽光彩——习近平总书记关于青年工作重要论述综述》，《人民日报》2021 年 5 月 4 日。

③ 《习近平给北京大学学生回信勉励当代青年 勇做走在时代前面的奋斗者开拓者奉献者》，《人民日报》2013 年 5 月 5 日。

④ 习近平：《思政课是落实立德树人根本任务的关键课程》，人民出版社 2020 年版，第 12 页。

要重视对大学生进行人生规划教育。大学生能否形成正确的人生观，除了大学生自身要树立人生目标、具有积极向上的人生态度、有坚持不懈的意志外，还需要牢牢占领日常思想政治教育主阵地。高校辅导员要充分认识到对大学生进行人生规划教育是民族复兴伟业后继有人的客观需要。要组织开展人生规划类专题讲座，充分利用课余时间定期组织有关名人、革命英雄等先进人物事迹交流会，引导大学生从中获得经验，更好设计自身的人生规划。一方面，要开展大学生职业生涯规划教育。通过讲座、座谈会等方式引导大学生明确所学专业的就业方向，把握自身优长和短板弱项，选择适合自己的职业，形成正确的择业观和就业观。同时，要加强大学生专业技能的培训，提升大学生的团队意识、沟通能力。要强化大学生日常学习生活规划教育。通过主题教育、榜样示范等教育活动带动大学生提升自我管理能力，激发自身潜能，促进大学生全面发展。

切实改进家庭教育方式。家长是大学生的第一任老师。要充分发挥父母长辈的引导示范作用，家长要在家庭生活中润物无声地开展思想教育，通过亲子活动、参观爱国主义教育基地、文化场馆等方式，将人生大道理于无形中进行融入。家长应把爱国主义情怀融入家风中。爱国居于社会主义核心价值观个人层面之首，是每一个中国人的责任。"爱国主义的本质就是坚持爱国和爱党、爱社会主义高度统一。"[1] 在引导大学生树立正确人生观的过程中，要将爱国主义融入人生观中，以保证其方向正确；家长应及时了解大学生的思想动向，在面对大学生表达"我差不多是个废人"等丧言丧语时，家长应理性分析大学生使用丧言丧语背后的原因，及时与大学生进行沟通，鼓励大学生直面心理问题和现实困惑，有利于引导大学生真正成为自己人生的主人。

（二）合理满足大学生内在社会需求

中国的未来属于青年，中华民族的未来也属于青年。青年一代的理想信

---

[1] 《新时代爱国主义教育实施纲要》，2019 年 11 月 13 日，见 https://baijiahao.baidu.com/s?id=1650034747782949667&wfr=spider&for=pc。

念、精神状态、综合素质，是一个国家发展活力的重要体现，也是一个国家核心竞争力的重要因素。① 大学生肩负着时代赋予的使命，在初入社会之前，需要具有一些社会经验来面对复杂的社会生活与各种全新的挑战。为此，高校要为大学生提供各种了解社会的机会，增加青年大学生的社会实践锻炼，进一步加强创新创业教育，从而增强大学生适应社会的能力。

积极为大学生提供各种了解社会的机会条件。高校要积极开展形势政策教育，帮助大学生了解当前社会形势、明确自身责任、掌握各项政策，让大学生对当前社会形势和经济社会发展有总体认识。同时，可以邀请专家学者举办讲座，精准解读社会政策等方面内容，进一步加深大学生对社会的正确认识。此外，还可以利用讲坛、论坛等形式，邀请杰出校友或各领域优秀学者来高校交流传授创业经验和奋斗历程，并鼓励大学生参与其中表达自己的观点，从交流中获得思想上的碰撞，深刻感知社会发展对高素质专业人才的急切需求。

加强青年大学生社会实践。习近平总书记指出："'纸上得来终觉浅，绝知此事要躬行。'学到的东西，不能停留在书本上，不能只装在脑袋里，而应该落实到行动上，做到知行合一、以知促行、以行求知，正所谓'知者行之始，行者知之成'。"② 新时代大学生不仅要具备过硬的知识技能，还要将理论付诸实践，提升大学生解决实际问题的能力。高校要利用寒暑假以及课余时间，组织大学生深入学校、企业、社区以及社会福利机构等开展社会实践，如举办"三下乡"活动，通过实地走访调研企业、乡村，参观红色文化基地等活动，增强大学生的实践能力，促进大学生在实践中锤炼意志品质。要积极为大学生搭建更多社会实践平台，并给予大学生选择实践平台的机会，不断丰富大学生社会实践活动的载体。

加强大学生职业生涯规划教育。高校应将职业生涯规划教育摆在重要位置。高校可借助网络平台建立答疑窗口，及时解答大学生职业生涯规划上的

---

① 参见《习近平总书记在中国政法大学考察时的重要讲话引起热烈反响 在激情奋斗中绽放青春光芒》，《人民日报》2017 年 5 月 4 日。

② 习近平：《在北京大学师生座谈会上的讲话》，《光明日报》2018 年 5 月 3 日。

困惑，引导大学生正确认识自我，对自己有科学合理的评估。通过开设职业生涯规划课程带动大学生对所学专业前景的评估，明确今后求职就业的大方向。在课余时间，通过组织学生访谈各行业杰出人物，进一步增强大学生的自信力；通过开展辩论赛、模拟职场情境等活动，培养大学生应变能力，更好地实现大学与社会的无缝衔接。

（三）创建和谐有序的就业创业环境

近年来，高校毕业生人数逐年增多，大学生就业创业形势严峻。据统计，全国高校毕业生人数 2016 年达 765 万，2017 年达 795 万，2018 年达 820 万，2019 年达 834 万，2020 年达 874 万，2021 年达 909 万[①]。这也是一些大学生借助"丧文化"来缓解自身就业压力的重要因素。

加强大学生就业创业教育。针对高校毕业生求职过程中面临的诸多挑战，高校要不断提升大学生就业创业能力，要引导大学生转变消极懈怠的就业观念，积极破解就业压力，着力提升自身的专业知识素养。同时高校要注重对大学生洞察力和决策力的培养，全面提升创新创业能力。创新创业是人类社会发展进步的永恒主题，创新创业能力是支撑创新创业活动最积极最活跃的因素。[②] 通过开设创新创业课程，让大学生了解创业知识，吸引大学生进行创新创业实践。开展大学生创新创业项目大赛，鼓励大学生将所学知识付诸实践，在一定程度上提升大学生动手能力。

加大大学生就业创业的政策扶持力度。近年来，各地各部门为人才干事创业和实现价值提供有利条件，实行省校合作，搭建引才聚才平台等，很多省市开展不同形式的活动，如湖北武汉召开"2021 届高校毕业生就业创业促进行动"首场对接大会，提供岗位超 50 万个。要加大政策支持力度，各地各部门应根据每年高校大学生就业创业的实际需求，制定倾斜政策，从现实层面对大学生予以政策保障；同时应根据大学生创业的类型和所在地区的

---

① 参见《2021 届高校毕业生人数达 900 万人　同比增加 35 万》，2021 年 5 月 13 日，见 https://baijiahao.baidu.com/s?id=1699615838168085280&wfr=spider&for=pc。

② 参见秦永芳、李家瑞：《论社会主义核心价值观培育与创新创业能力开发的融合》，《学校党建与思想教育》2020 年第 23 期。

经济水平设置创业资金，营造大学生就业创业的良好环境。

健全大学生就业创业的法律法规。法律法规的制定能够为大学生就业创业提供有力的法律保障。在 2015 年发布的《中华人民共和国就业促进法》最新修订版中，仍然存在涉及的内容和群体较为广泛，与大学生的联系不够紧密的问题。随着时间的推移，该法中的"第三章公平就业"也应不断补充内容，尤其是维护大学生就业公平的相关内容；同时，国家和各地要围绕大学生就业创业公平的内容出台具有针对性的法律法规或地方法规，促进社会公平正义。

三、加强家校联动促进大学生抗挫折教育

古人言："爱子，教之以义方。"①家庭是人生的第一个课堂，父母是孩子的第一任老师，良好的家庭教育是学生成长成才的第一步。同时，"教师是人类灵魂的工程师，承担着神圣使命"②，学校是推动学生学习的重要场所，学校教育是学生成长成才的关键环节。面对"丧文化"对大学生在心理及行为上的影响，要实现家庭教育与学校教育良性互动，形成教育合力，在培养大学生独立思考品质的基础上，不断强化大学生劳动教育，进一步提升家校联动的默契度，不断提升大学生抗挫折能力。

（一）培养大学生独立思考品质

在互联网时代，各种信息鱼龙混杂，生产信息的主体难以确定是何种身份，如果大学生缺少独立思考的能力，跟随大众评论，很容易在政治立场、思想观念上出问题。同样，在"丧文化"受到大学生追捧的网络空间中，大学生要理性看待社会问题，既不放大也不忽视，尤其切忌随波逐流，避免成为别有用心之人的政治工具。

培养大学生学会运用科学世界观和方法论。马克思主义哲学包括辩证唯物主义和历史唯物主义，是马克思主义立场、观点、方法的集中体现，是马

---

① 《左传·隐公三年》。

② 《习近平谈治国理政》第二卷，外文出版社 2017 年版，第 379 页。

克思主义学说的思想基础。[①] 高校教师要引导大学生用科学理论武装头脑、指导实践，提高大学生解决问题的能力。一方面，高校教师承担着大学生思想引领的重要责任，必须具备坚定的理想信念。高校教师要不断提升自身的思想道德修养，尤其是高校思政课教师，必须不断提升自身的理论素养，用马克思主义理论指导教学实践。另一方面，高校教师在授课过程中要培养学生独立思考的品质。如利用对立统一的观点，引导学生要一分为二地看问题；利用辩证统一、否定之否定等原理，引导学生认识到事物发展的总趋势是螺旋式上升和波浪式前进的，促进大学生形成积极乐观向上的心态。

增强大学生逻辑思维能力。教育者要尊重大学生不同的诉求，鼓励大学生敢为人先，培养大学生敢于质疑权威，敢于发表自己对问题的真实想法，使大学生增加认同感和成就感，激励更多青年学生主动思考。[②] 高校教师在授课过程中要充分尊重学生的个体差异，建立平等和谐的师生关系，给予大学生展示自我的平台，保障大学生提出质疑的权利。同时，教师要改进教学方法，加强互动环节设计，营造良好的课堂氛围，充分调动大学生参与课堂的积极性。通过小组作业、小组讨论等方式为学生提供合作学习机会，引导学生学会聆听、学会思辨，在团队合作中形成共识，不断提升自身思维能力。

注重典型事例育人作用。深入挖掘典型事例中的育人作用，激发大学生效仿先贤、不懈奋斗的青春激情。如袁隆平发现水稻的雄性不孕性，为解决人民温饱问题作出了巨大贡献；钟南山在"非典"时期，勇敢指出病毒并非为衣原体病毒而是冠状病毒，为疫情的防控节省了时间。教师要充分利用共和国勋章获得者的典型事例，培养学生养成勤于思考的品质，引导学生要敢于挑战权威，善于独立思考，勇于开拓创新。同时，高校还可以通过宣讲会、宣传展板或借助网络平台等方式，宣传先进人物事迹，营造良好的校园

---

① 参见习近平：《坚持历史唯物主义　不断开辟当代中国马克思主义发展新境界》，《求是》2020 年第 2 期。

② 参见郝文斌、张鹏飞：《网络"丧文化"影响青年大学生的样态分析》，《中国青年研究》2020 年第 10 期。

文化氛围，引导大学生不跟风、不盲从，具有独立人格和创造活力。

（二）强化大学生劳动教育质效

"劳动教育是中国特色社会主义教育制度的重要内容，直接决定社会主义建设者和接班人的劳动精神面貌、劳动价值取向和劳动技能水平。"[①] 当前大学生用"丧文化"表达颓废等负面情绪，向外界传达一种不想学习、不想劳动的消极思想，这源于高校、家庭、社会不同程度上忽视对大学生进行劳动教育，以至于大学生缺少拼搏进取、热爱劳动的精神，在最好的年纪过着颓废、懒惰的生活。

要发挥高校在劳动教育中的主导作用。"学校是一种特殊的社会组织，是有目的、有计划、有组织地向受教育者传授文化知识、劳动技能、价值观念、政治观点、社会规范，以培养合格社会公民的机构。"[②] 由于长期以来过于重视智育，对劳动教育重视不够，致使大学生对劳动存在认知偏差且不珍惜劳动成果，劳动的独特育人价值未得到充分发挥。为此，高校应转变教育观念，增强劳动教育意识，开设劳动教育必修课程；要持续开展劳动实践活动，加大劳动实践活动的资金投入，每年设立劳动周，根据本专业的实际情况开展恰当的志愿活动、暑期社会实践以及专业实习等活动。同时，定期开展专题讲座、主题演讲、劳动技能竞赛等；要加强专兼职相结合的劳动教育师资队伍建设，既要聘请劳动模范作为劳动教育指导教师，还要"把劳动教育纳入教师培训内容，开展全员培训，强化每位教师的劳动意识、劳动观念，提升实施劳动教育的自觉性，对承担劳动教育课程的教师进行专项培训，提高劳动教育专业化水平"[③]。

家庭要发挥在劳动教育中的基础作用。家庭是个人成长的摇篮。家庭环

---

① 《中共中央国务院关于全面加强新时代大中小学劳动教育的意见》，2020年3月26日，见 http://www.gov.cn/zhengce/2020-03/26/content_5495977.htm。

② 陈万柏、张耀灿主编：《思想政治教育学原理》（第三版），高等教育出版社2015年版，第111页。

③ 《中共中央国务院关于全面加强新时代大中小学劳动教育的意见》，2020年3月26日，见 http://www.gov.cn/zhengce/2020-03/26/content_5495977.htm。

境对大学生的影响具有基础性。在应试教育背景下，家长过于重视大学生的分数而忽视劳动实践，大学生未能进行德智体美劳全面发展，致使大学生对一些简单的家务劳动都不会干、不愿意干。家长应将崇尚劳动作为家风，要时刻注意自己的言行，向大学生传递"劳动最光荣"的思想观念，争做家中"最美劳动者"；家长要为大学生创造更多的劳动实践机会，鼓励大学生从衣食住行等日常生活中的劳动做起，充分利用节假日等时机，为大学生创造劳动实践的机会，让大学生在劳动中体会生活不易，养成自理自律的生活习惯，磨炼意志品质。

社会要发挥在劳动教育中的支持作用。加强大学生劳动教育，除了高校、家庭外，社会力量也不可忽视。一方面，社会需要提供更多的劳动实践场所。"高等学校要组织学生走向社会、以校外劳动锻炼为主。"[1] 这就需要拓展城市和农村的劳动实践场所，包括城市中的企业、学校、福利院、养老院、社区等场所，农村的土地、山林等空间。另一方面，社会应充分利用网络空间进行劳动教育。在了解大学生经常浏览的网站和平台的基础上，向大学生推送劳动模范的典型事迹，宣传"劳动模范是最可爱的人"，无形中有利于大学生崇尚劳动、热爱劳动、做劳动的践行者。

（三）提高家校联动的默契度

家庭是大学生出生后的第一个场所，是大学生情感最深的场所，而且家长对大学生的性格、思想、行为有更深入和更全面的了解，大学生对家长也较为信任和依赖，这是家庭在大学生教育过程中所具有的高校所不可比拟的优势。但是高校也具有家庭所不具备的优势，即高校为大学生提供优质师资力量、多样的课程选择、充满正能量的校园活动等，有利于大学生进行更为全面系统学习，是大学生接受教育的最佳机构。由于家庭和学校对大学生的了解信息并不对等，通过加强家校联动，不断提高两者的默契度，有助于增强大学生思想政治教育的针对性和实效性。

---

[1] 《中共中央国务院关于全面加强新时代大中小学劳动教育的意见》，2020 年 3 月 26 日，见 http://www.gov.cn/zhengce/2020-03/26/content_5495977.htm。

家长与教师要加强日常沟通合作。以往多数学生进入大学后，由于地理上距离家庭较远，与父母沟通的时间大幅缩短，父母不了解大学生的在校情况、学习生活情况。家长和学校老师之间由于缺少沟通，家庭对大学生不甚了解。网络信息时代，大学生和家长沟通更为便捷，自媒体平台和手机广泛使用，也为家校沟通创造诸多便利，家长和学生辅导员应加强日常沟通，随时掌握学生思想和行为的变化，更好地助力学生成长成才。

建立健全家校互动合作机制。学校应通过家长会、家访、微信群等线上和线下相结合的方式，建立与家长的紧密联系。在家长与学校沟通交流的过程中，家长能够了解大学生在学校的具体情况，如抗挫折能力弱，家长应及时转变教育方式，着力培养大学生的意志品质，学校也应根据家长所指出的问题，对大学生进行理论教育和实践锻炼。家庭和高校在进行优势互补的过程中，应及时对大学生遇到的各类问题进行释疑解惑，为大学生成长成才创造各种有利条件。

第三章 "佛系"文化对大学生的作用影响

"佛系"文化是"丧文化"延续性发展的产物，同为网络亚文化基本样态之一。"佛系"文化与"丧文化"样态有颇多相似之处，其主要受众同为青年群体，都是青年群体在残酷现实面前的一种反应，但不同的是，"佛系"文化体现的是一种求而不得后的自我妥协和"无所为亦无所求"的生活态度。2018 年，日本作家大前研一的《低欲望社会》引入中国，引起较大的轰动和共鸣。"书中针对日本当下的社会经济现状和特点，将其他发展成熟的国家尚未遇到的社会问题，概要性地归结为一个词，'低欲望社会'，面对'低欲望社会'的问题，就算股票持续大涨也不是高兴的时候。但大前研一也指出，并不是要指责年轻人欲望低落，在时代脉络之下，也是一种合理的选择。"[①]"佛系"文化与"低欲望社会"具有相似的内涵。面对"佛系"文化对大学生的作用影响，应充分了解青年大学生倾向于选择"佛系"文化的动因，引导大学生保持健康心态，提升抗压抗挫折能力，更好地投入大学学习和生活。

第一节 "佛系"文化内涵与特征

"佛系"文化诞生于现实空间，风靡于网络空间，以其独特的文化内涵与特征吸引广大青年大学生使用，成为个别青年大学生的人生信条。"佛系"文

---

① 《低欲望社会》，见 https://baike.baidu.com/item/ 低欲望社会 /22934939?fr=aladdin。

化作为一种青年亚文化，是在"丧文化"基础上的新型亚文化样态，与其他样态的青年亚文化具有共同性，但"佛系"文化也具有其独特的内涵和特征。

一、"佛系"文化基本内涵

2014 年"佛系"一词最早出现于日本杂志中，报道了日本男性工作、恋爱、生活态度的变化，并将时尚类型的男子命名为"佛系男"。该类型的男子具有以下特点："自己的兴趣爱好永远都放在第一位，基本上所有的事情都想按照自己喜欢的方式和节奏去做。总是嫌谈恋爱太麻烦，不想在上面费神费时间，也不想交什么女朋友，就单纯喜欢自己一个人，和女生在一起会感觉很累。"①"佛系"一词进入我国大众视野则是在 2017 年 11 月微信公众号"留通社"的一篇题为《胃垮了，头秃了，离婚了，90 后又开始追求佛系生活了?》的文章，以分析脱发原因为由对处在焦虑中青年的生活状态进行描述，赋予"佛系"文化新意义，文章发表不久后在社会上迅速地掀起了追求"佛系"生活方式的浪潮。"佛系"文化是对现有文化的拼接重构，保留其内部核心，并对其进行零散拼接。"佛系"文化的传播依赖于网络自媒体时代，并在青年群体间广泛流传。

(一)"佛系"文化的内涵

作为 2018 年十大网络流行语之一的"佛系"，本意为"无欲无求、不悲不喜、云淡风轻而追求内心平和的生活态度"。不难看出，"佛系"文化自诞生之日起就与讲究"慈悲救世、普度众生、缘起性空、众善奉行"的"佛教文化"有着天壤之别。佛教修行是真正看破红尘世界达到"大彻大悟"的超然心境和具有牺牲精神的"我不入地狱谁入地狱"的强大社会责任感，与"佛法"大相径庭的"佛系"人生，则是强调以自我为中心，不愿意对他人和社会承担责任，只求自己内心舒适和精神安逸。"现阶段的'佛系'思想却不是一直被主流文化所认同的那种佛教观念，将佛教观念中的某一些观点

---

① 《日本杂志介绍最近流行的男性新品种——"佛系男子"》，见 http://japan.people.com. cn/n/2014/0213/c35467-24344982.html。

进行提炼、扭曲和置换，不断进行改写，将原有的意思进行创造性的改变给一个词赋予新的涵义，这种二次编码更是体现出青年群体的主动性和创造性。"①"佛系"文化是"当代年轻人假借佛教事项，表达自己与世无争和隐士避俗的消极观念"，是一种对于现实社会的巨大压力感到不适，选择出世寻求自我安慰的方式，它选择不与人争抢，表现出无所谓的状态，从而达到保护自身的目的。

一般来说，"佛系"文化更看重自身的意愿，指一种不争不抢、一切看淡、随遇而安的态度。"都行、可以、没关系"佛系三连，"佛系青年"是"佛系"文化的主体。作为"佛系青年"，他们既追求中庸之道又追求精致主义，大学生往往受消费主义影响，沉浸物欲难以脱身，在生活中既要追求快乐又充分地感受到生活中的压力与焦虑，"佛系"文化是一些青年大学生逃避现实世界的避难所，凸显了主流文化作用力、引领力下降引发的信仰危机，使大学生的理想信念发生变化，奋斗精神略显不足，但"佛系"文化也在一定程度上为一些大学生缓解现实生活的焦虑、迷茫提供了一定的宣泄途径。

"佛系"文化是"丧文化"的延伸，但其内涵与"丧文化"却有所不同，"丧文化"多为颓废、自嘲等构成，对现实生活的反应也更为消极，更加类似于悲观主义，但"佛系"文化在自嘲后仍选择继续完成工作，更类似于犬儒主义。"佛系"青年是"佛系"文化的主要使用者，一些青年学生试图通过学业竞争、职业转换等方式获得较大发展空间，但遭遇挫败后，改变社会地位的愿望逐渐降低。加之高房价，使得一些青年学生产生逃避的念头，索性以"佛系青年"自居。这种语境下的"佛系青年"隐藏的是对"阶层跃迁"的恐惧与焦虑。"佛系青年"是青年个体抵抗都市生活"庸俗化"与"匿名化"的生活方式。以"佛系青年"自居的青年个体以媒介为表征，通过生活方式的构建，积累亚文化资本。这样的"佛系青年"也就具有"个体性""虚拟性"的特点。②

---

① 卜建华、贾诗琦：《新媒体时代佛系青年文化的心理生成与引导机制》，《思想政治教育研究》2020 年第 10 期。

② 吴茜：《"佛系青年"的身份实践——兼具"阶层"与"个体"的话语表达》，《中国青年研究》2020 年第 7 期。

"佛系"文化的受众群体为青少年。百度指数可以对某一词汇的使用人群、相关词、需求图谱有所了解，利用百度指数了解不同群体对"佛系"文化的认知情况，29岁以下是使用"佛系"一词的主要人群，占比超过50%。可见青少年群体受"佛系"文化的影响较深，女性群体使用量略高于男性群体使用量。与"佛系"文化相关联的词汇有躺平、随缘、佛系少女、"丧文化"、鸡血等。相关联的词汇中躺平、随缘、"丧文化"等与"佛系"文化具有相似的内涵和外延，而鸡血则与"佛系"文化相悖，体现青年群体比较激进的生活方式。

（二）"佛系"文化的表现形式

近年来，"佛系表情包""佛系追星""佛系消费""佛系游戏"等影响着网民的生活。"佛系"一度火爆各大社交媒体平台，后又衍生出"佛系青年""佛系父母""佛系员工""佛系老板"等贴着"佛系"标签的群体，从"佛系追星"等一些词汇的衍生不难看出，"佛系"文化的精神内核即"不争不抢，不求输赢；不苛求、不在乎、不计较；看淡一切，随遇而安"。

"佛系"文化已经延伸到生活的各个方面，形成内容丰富的"佛系"话语体系和多样载体：

佛系表情包。表情包是"佛系"文化较为突出的体现，表情包作为一种文化的表现形式，较易被理解，传播方式多种多样，且部分人群将表情包中的文化内涵作为其为人处世的态度，并在日常生活中频繁使用。佛系表情包主要可分为两类：一类是以莲花、佛像、光晕等佛教元素作为内容的表情包；另一类则是以围绕"都行、可以、没关系"创作的表情包，佛系表情包较为直观地传递出使用者的心境及其生活态度。佛系表情包流行于青年群体中，青年大学生是其主要的适用群体，受其成长环境影响，佛系表情包并不能被其他年龄段人群所理解，形成佛系文化圈层。佛系表情包往往体现出青年大学生对慢生活的向往，表情包成为他们自嘲或者自黑的工具。

佛系消费。"佛系"文化与消费主义相融合，吸引一些青年大学生进行消费。如与喜茶仅一字之差的丧茶给消费者带来不同的体验，丧茶无论从装修风格还是商品名称都充斥着对现实生活的不满，吸引一些大学生置身其中，无形间增强了大学生对"佛系"文化的接受程度。此外，诸如"没希望酸奶"等以大学生消极方式吸引个别大学生进行消费。"消费降级"是近年来青年大学生较为关注的话题，反映"佛系"文化已融入大学生日常生活，消费水平的不断升高与大学生消费能力逐渐呈现差异，迫使一些大学生不得不降低物欲，对生活中无必要的支出进行削减，对购买的物品的性价比有了更高的要求，一些"佛系"青年大学生在生活压力面前更加"从容不迫"。

佛系游戏。"旅行青蛙"是 2018 年风靡中国的游戏，该游戏得到广大网友的喜爱，旅行青蛙可以在家里读书、做饭等，也可以出门旅行，在用户为青蛙打包好行囊后，青蛙出发旅行，但不知道旅行青蛙的归期，在旅途中青蛙会寄来明信片和土特产。在此过程中完全与旅行青蛙零互动，以旁观者的视角观看，对于青年大学生来说，佛系养蛙可以使自己在高压力的生活之下，观察自己的青蛙是如何生活、旅行、享受生活的，这为忙碌的自己带来一丝慰藉。对于使用者来说，"旅行青蛙"是一款一切随缘的游戏，使用者无须像其他游戏一样每天完成任务或者赶进度，每天随心情、随缘进行游玩，符合一些大学生的行为习惯。

衍生品"躺平"文化。一篇名为《躺平即是正义》的帖子于 2021 年 4 月火爆于互联网。作者称生活中的大部分压力来自亲人朋友，只要自己选择躺平，就可以为自己提供所需的精神空间，帖子一经发表引起社会热议，部分网民对这样的生活产生向往，部分人持反对态度。珠海格力电器董事长董明珠则表示，要看年轻人为社会贡献多少，不要只关注个人财富，"现在不是物资匮乏的时代，年轻人应该追求精神财富，而不是仅仅是金钱上的财富"。光明日报、共青团中央微博也纷纷呼吁青年不要选择躺平。近年来，"996""007""内卷"等网络亚文化现象频出，反映一些青年大学生的人生观和价值观的不断变化。"躺平"文化之所以滋生蔓延，实质上是对"内卷"的消极抵抗，他们称与其力争上游，万事争第一，还不如躺平苟且，在遇到生活中或工作中的困难时选择躺倒在地。但生活中的困难并不会因为选择躺平而消失，工作的压力仍然存在，生活的困难依旧继续，躺平并不是放弃，而是对现实社会压力的抗争，但对于大学生来说，"躺平"文化倾向确实不可取。大学期间正是大学生拼搏奋斗、成就梦想的基础时期，一旦放松对自己的要求，将对大学生未来成长发展产生重要影响。

综上所述，"佛系"文化主要包含表情包、语言、消费等，"佛系"文化是被生活"空间正义"倾斜挤兑的应激反应①，一些青年大学生通过自我矮化、黑化等提前降低自己的预期，从而达到保护自己的目的，过度"佛系"文化也会消磨大学生奋斗精神，增强大学生惰性，丧失明确的人生目标，导致自我排解能力差，对大学生的就业择业均产生不良影响。从实际情况看，一些大学生也会选择"佛系"与积极生活并存的生活方式，运用"佛系"文化消遣排解自身压力，在压力逐渐释放后，清醒面对现实不懈奋斗。

二、"佛系"文化主要特征

网络空间的虚拟性、个性化、平等性等特点，为青年大学生提供了更自由、平等的网络空间。与此同时，互联网技术与大数据的融合，使青年大学生被划分为若干圈层，青年大学生在相对固定的圈子接收信息、娱乐及社交，圈层文化加重了茧房效应，在圈层内对于事物的认知是较圈外人有别的，情绪成为推动圈层文化发展的主要力量，圈层文化会导致圈层内信息获取封闭化、认知固化、思维极端化。青年大学生在网络空间内可以随意发表自己的言论或与同好互动，逐渐形成网络空间内的圈层文化。起初"佛系"文化通过网络进行传播，于网络空间内形成"佛系"文化圈层后，逐渐向人们的现实生活转化。网络空间的独特属性赋予"佛系"文化传递的是人们对于问题解决的无力、呈现精神慰藉的消极、虚拟空间里的部落"躺平"等特征。"佛系"文化是一把"双刃剑"，在排解大学生不良情绪的同时，也容易导致一些大学生的主动放弃、不思进取。

（一）传递问题解决的无力

"现阶段我国正处于社会转型阶段，社会的极速变迁带来的不确定性，既提供了机会和无限可能，同时也可能造就梦想与现实的巨大落差后的空虚

---

① 参见令小雄、李春丽：《佛系青年亚文化现象的心理结构探析》，《中国青年社会科学》2020 年第 3 期。

和虚无。而青年阶段他们争强好胜、勇于开拓、积极进取，另一方面，心智还不够成熟、社会阅历欠缺，心态易受波动和影响甚至陷入极端。"① 容易在青年群体中滋生颓废、焦虑、浮躁的心理。由于大学生在生活中遇到困难时往往会有家人朋友帮助其解决问题，导致在面临逆境时，逆商较差，在解决问题时往往不知所措。"佛系"文化如果不加以正确的引导，易引发一些大学生在遇到问题时选择"躺平"，以"我不正视问题，问题就不存在"的态度面对生活中的问题。

当前，一些大学生在面临问题或解决问题时往往抱着问题解决随缘的态度，认为一切看淡便好，人生苦短不如及时行乐，看似洒脱的背后实则是在传递解决问题的无力感，大学生并不是一直佛系的，一些大学生在遇到问题时，由于缺乏经验或科学理论指导，容易产生消极心理。一些大学生对现实的期待往往较高，而理想与现实之间的较大差距会使其倍感挫败，一次次的挫折强化了大学生主观判断，使其逐渐丧失斗志，"佛系"文化虽然为囿于如何摆脱烦恼的大学生提供了缓冲地带，但"佛系"文化只是为大学生提供了短暂的心理安慰，但问题并没有真正解决，长此以往，容易使大学生丧失解决问题的能力，同时还助长大学生的惰性以及消极情绪，使一些大学生逐渐逃避现实社会。

（二）呈现精神慰藉的消极

随着高等教育由大众化向普及化发展，社会竞争愈演愈烈，大学生进入社会不可避免会遇到人际交往、成家立业、房贷车贷、赡养老人等等现实问题，现实的各种困难使得背负着社会和家庭双层责任的大学生承受着比父辈更多的压力。从大学生学习生活实际情况看，大学生更加擅长于应对考试，由于远离家庭，相对自主空间大的大学生往往寻求精神慰藉，"佛系"文化在一定程度上为大学生提供了喘息逃避的机会，在生活和学习中更加"佛系"，当与同学朋友产生矛盾时"一切随缘"；当遇到学习问题时，他们"看淡一切，随遇而安"；当遇到网络上的抽奖转发时，他们相信"一朝成锦鲤，

① 胡洁：《当代中国青年社会心态变迁、现状与分析》，《中国青年研究》2017 年第 12 期。

奋斗少十年",长此以往易消磨一些大学生的意志力,迷失未来人生目标。

"佛系"文化虽然为青年大学生舒缓压力提供了宣泄渠道,但这种精神慰藉是消极的,主要体现在对社会主义意识形态认同感的减弱。大学生在成长阶段所接触的"佛系"文化或多或少地对大学生产生潜在影响。互联网的普及为"佛系"文化的传播提供便利,"佛系"文化容易动摇大学生对主流意识形态的认同。

(三)虚拟空间里的部落"躺平"

起初"佛系"文化本是个体的观点,受益于新媒体的传播方式影响,逐渐在虚拟空间蔓延开来,也逐渐形成一种圈层文化,在该圈层空间内,这种不争不抢、一切看淡、随遇而安的态度,"都行、可以、没关系"的话语形成普遍共识。同时网络空间的匿名性以及虚构性,使得网民可以在网络空间内随意表达自身的观点看法,成员们相互沟通,发泄对于现实生活的不满,在圈层中引起共鸣,而不需要承担法律和道德责任,"佛系"文化的价值导向逐渐偏离于主流意识形态,随着"佛系"文化的"出圈",逐渐向现实生活蔓延。一些大学生网民运用"佛系"文化在日常生活以及网络生活之中。

"佛系"文化的火爆离不开娱乐主义逐渐盛行的网络。娱乐主义的盛行,助长了许多网络娱乐产业,如网络直播、网络短视频等。无论网络直播还是网络短视频,网络娱乐产业都与流量挂钩,流量为主播等网络从业者带来更多的资本,一些大学生正中下怀,他们为了逃避现实而隐匿于网络空间,希冀在网络空间中寻求快感,那些衣着靓丽的主播、明星成为他们喜爱、仰慕的对象,他们依靠为主播刷礼物、打榜寻求快感,人生逐渐失去目标和动力,"躺平"逐渐成为他们的人生信条。

第二节 大学生受"佛系"文化影响现状分析

在大学生群体中,"佛系"文化呈蔓延的趋势传播开来。"佛系"文化并非只存在消极方面,它与其他文化一样也具有积极的方面,并作用于大学生。"佛系"文化可以帮助一些大学生缓解现实中的矛盾冲突，提供自我慰藉的宣泄方式，避免大学生产生急功近利的心理状态。但受"佛系"文化影响，一些大学生选择逃避责任、安于享乐的生活态度，消解大学生拼搏奋斗的精气神。而个体需求在社会中难以满足，网络传播加快颓废情绪蔓延，多重社会压力下的妥协与无奈是"佛系"文化对大学生产生消极影响的原因。

一、大学生受"佛系"文化影响的积极方面

"佛系"文化以其贴合大学生现实状况，又可以宣泄不良情绪的特点，吸引大学生了解并浸润其中，大学生习得消解压力的方式，自觉地缓解现实中的矛盾冲突，克服焦虑的社会心理。根据大学生的群体画像以及问卷调查，从多角度对大学生受"佛系"文化影响进行分析，得出大学生受"佛系"文化影响的积极方面。

（一）缓和现实中的冲突与矛盾

大学生在大学阶段可能会遇到与父母、老师和同学之间的矛盾，这些矛盾并非不可调和，同学或朋友之间的矛盾，大多可以依靠辅导员或好友、同学等进行调解，"佛系"文化的内涵即不争不抢，在一定程度上促进了人际交往以及社会和谐。大学生多为独生子女，在大学阶段前，集体生活经验匮乏，沟通能力、人际交往能力略显不足，当大学生与朋友发生矛盾时，如何缓解矛盾成为大学生亟待解决的难题。大学生在接触"佛系"文化后，不自觉地将"都行、都可以、没关系"的态度融入日常的交往中，当与身边人发生矛盾时，也会率先调整自身心态，可避免矛盾激化。当与他人发生冲突时，"佛系"大学生的懒惰也成为避免冲突发生的因素，当矛盾发生或激化时，同样需要大学生做到平心静气，理性平和，减少人际冲突的发生。

当前，网络中流行的"30岁还没车没房，这辈子就没有机会了""35岁还在打工一生就完了"等贩卖年龄焦虑的"毒鸡汤"，是一些大学生选择主动降低自身需求的现实反映，"消费降级"就是最好的心灵独白。现如今，消费已经偏离了其本身生存的目的，商品的符号价值替代使用价值，在消费不断升级的过程中，"佛系"大学生开始了解到消费主义的本质是过度的放

纵物欲，消费过程带来的快乐难以维持，精神上的满足感则更加贫瘠，加之一味消费支出过高，逼迫其退出消费主义浪潮，他们反对消费主义对人的异化，在购买物品时，会选择真正适合自己的物品以抵制消费主义侵蚀。"消费降级"是一些大学生面临自我需求过高而自身消费支出无法承担时的主动选择，在一定程度上缓解了社会压力与自身需求的矛盾。

（二）提供自我慰藉的宣泄方式

当前，"佛系"文化虽说是一些大学生的自我逃避，但其之所以形成离不开现实社会的诸多压力。时至今日，一些大学生也清醒地意识到要想实现阶层的跃升、人生的成功就需要付出更多的努力，对成功学、心灵鸡汤的抵抗情绪也更加强烈，感叹"没有人能随随便便成功"，"天上不会掉馅饼"，无论自己怎样努力，成功都是很难的，于是便寻求放弃。这种"佛系"心态，既是欲成功而不得，退而求其次选择一隅安宁之地的一种妥协，也是一种自觉意识，它通过对金钱、名望、权力等代表成功的价值进行贬抑，换取一种更能坦然面对失败和残酷现实的价值排序。[①] 选择"佛系"文化是大学生面对现实无奈时的自我慰藉，是一些大学生的自我保护方式。

您对"生死有命，富贵在天"的态度是

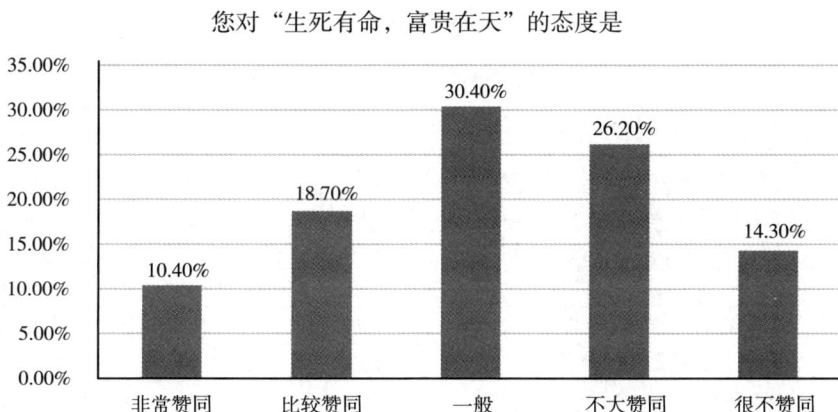

图 3-1　大学生对"生死有命，富贵在天"的态度图示

---

① 参见欧阳照、赵阳阳：《从"佛系"流行探析当代青年的社会境遇与心态》，《重庆邮电大学学报（社会科学版）》2019 年第 31 期。

从图 3-1 中可以看出，在受访的大学生对"生死有命，富贵在天"的态度作答时，有 1005 人表示非常赞同，占 10.40%；有 1813 人表示比较赞同，占 18.70%；有 2957 人持一般态度，占 30.40%；有 2541 人表示不大赞同，占 26.20%；有 1384 人表示很不赞同，占 14.30%。持不大赞同和很不赞同态度观点大学生的比率高出持非常赞同和比较赞同观点大学生 11.4%。这说明，大部分学生不认同"生死有命，富贵在天"的观点。当大学生遇到问题时，一些大学生会选择利用"佛系"文化消解自身的苦闷，并以一种较为轻松的方法与问题和自己和解。"佛系"文化为大学生提供了自我宣泄的途径，宣泄过后，绝大多数大学生仍然会砥砺前行，不懈奋斗。

在遇到挫折和社会压力时，一些大学生喜欢用"佛系"文化自嘲，认为自己是"积极的废人"，在生活中他们是"隐形贫困人口"，遇到困难时"人间不值得"并追求"懂事崩"，这种自嘲式认同是他们寻求舒缓压力的途径，即"用轻松的心态自嘲式的面对外在压力"①，为大学生提供自我慰藉的宣泄方式，从而缓解自身的社会压力，同时在自我慰藉后并不会放弃继续奋斗。

表 3-1　家庭所在地区 *9.您对"生死有命，富贵在天"的态度是：
交叉表

			9.您对"生死有命，富贵在天"的态度是：					总计
			很不赞同	不大赞同	一般	比较赞同	非常赞同	
家庭所在地区	大城市	计数	280	497	646	414	259	2096
		占家庭所在地区的%	13.4%	23.7%	30.8%	19.8%	12.4%	100.0%
	城镇	计数	552	1102	1171	693	359	3877
		占家庭所在地区的%	14.2%	28.4%	30.2%	17.9%	9.3%	100.0%
	乡镇	计数	194	385	524	361	159	1623
		占家庭所在地区的%	12.0%	23.7%	32.3%	22.2%	9.8%	100.0%
	农村	计数	358	557	610	345	228	2098
		占家庭所在地区的%	17.1%	26.5%	29.1%	16.4%	10.9%	100.0%
总计		计数	1384	2541	2951	1813	1005	9694
		占家庭所在地区的%	14.3%	26.2%	30.4%	18.7%	10.4%	100.0%

① 宋德孝：《青年"佛系"人生的存在主义之殇》，《中国青年研究》2018 年第 3 期。

续表

卡方检验			
	值	自由度	渐进显著性（双侧）
皮尔逊卡方	71.091[a]	12	.000
似然比	70.209	12	.000
线性关联	7.771	1	.005
有效个案数	9694		
a.0 个单元格（0.0%）的期望计数小于 5。最小期望计数为 168.26。			

从表 3-1 中可以看出，不同地区大学生在对"生死有命，富贵在天"的态度上存在显著差异。在比较赞同和非常赞同选项上，来自大城市大学生比率最高，占 32.2%；在一般选项上，乡镇大学生比率最高，占 32.3%；在很不赞同和不大赞同选项上，农村地区大学生比率最高，占 43.6%。这表明，不同地区的大学生对自己人生的把控程度不同。农村地区的大学生对该观点不赞同的比率最高，也更体现了该观点在地域性上的差异。由于大城市的生活压力较大，大城市的大学生更加佛系，而乡镇及农村的大学生更加具有拼搏奋斗的精神。这表明，大学生的奋斗精神在一定程度上受社会心态的影响，积极的社会心态促使大学生顽强拼搏、永不气馁，消极的社会心态使一些大学生焦虑、浮躁。

表 3-2 性别 *9.您对"生死有命，富贵在天"的态度是：
交叉表

			9.您对"生死有命，富贵在天"的态度是：					总计
			很不赞同	不大赞同	一般	比较赞同	非常赞同	
性别	男	计数	659	1026	1286	908	538	4417
		占性别的%	14.9%	23.2%	29.1%	20.6%	12.2%	100.0%
	女	计数	725	1515	1665	905	467	5277
		占性别的%	13.7%	28.7%	31.6%	17.1%	8.8%	100.0%
总计		计数	1384	2541	2951	1813	1005	9694
		占性别的%	14.3%	26.2%	30.4%	18.7%	10.4%	100.0%

续表

卡方检验			
	值	自由度	渐进显著性（双侧）
皮尔逊卡方	75.246[a]	4	.000
似然比	75.283	4	.000
线性关联	29.624	1	.000
有效个案数	9694		
a.0 个单元格（0.0%）的期望计数小于 5。最小期望计数为 457.92。			

从表 3-2 中可以看出，不同性别大学生对"生死有命，富贵在天"这一观点存在显著差异。男大学生对这一观点的赞同比率远高于女大学生，占 32.8%，比率高出女生 6.9%；女大学生对这一观点的不赞同比率高于男大学生 4.3%。这表明，男大学生和女大学生对未来人生态度存在一定差异，一些男大学生在面对现实压力时，可能更加"佛系"容易忽视自身的优势。大学生可能通过"佛系"文化消解不良情绪，而在生活中当他们遇到困难和疑惑时，往往以"佛系"的心态一笑了之，而并非就此放弃。

（三）避免急功近利的心理状态

社会心态是社会现实的折射，是反映个人与群体、个人与社会、个人与国家关系的一扇窗口。社会心态的失衡是伴随现代化发展的一种社会现象，是社会发展过程中人们社会心态的必经阶段，同时也是迈向更高层级心态的过渡阶段。[①]纵观"佛系"文化中内含着佛教教义中清心寡欲和不争不抢的特征，当大学生在被自媒体营销号等带动情绪感到焦虑，想要寻求更快的方法、更便捷的途径获取成功时，"佛系"文化为大学生提供了缓解焦虑的渠道，他们可以聚集于网络共同吐槽，缓解不良情绪，在学习中遇到困难时，大学生可以暂时"佛系"一下，舒缓放松自己，而舒缓过后大学生仍应继续拼搏。"佛系"文化带给青年学生的缓冲是暂时的，强化大学生的精神之柱更为重要，应采取有效措施对大学生进行理想信念教育、劳动教育、逆商教育，不断提升大学生解决问题的能力，培育大学生积极的社会心态。

---

① 参见张东方：《青年理性平和社会心态培育的逻辑理路》，《学校党建与思想教育》2021 年第 5 期。

您对"看淡一切，随遇而安"的态度是

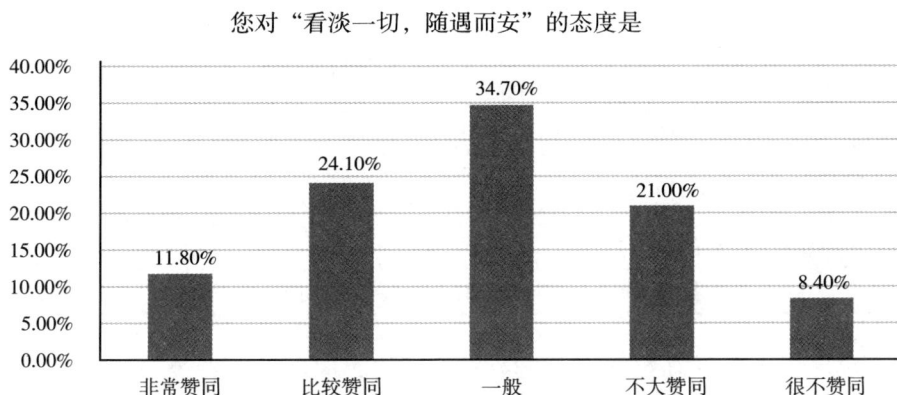

图 3-2　大学生对"看淡一切，随遇而安"的态度图示

从图 3-2 中可以看出，大学生在对"看淡一切，随遇而安"这一观点作答时，有 1142 人表示非常赞同，占 11.80％；有 2333 人表示比较赞同，占 24.10％；有 3366 人持一般态度，占 34.70％；有 2034 人表示不大赞同，占 21.00％；有 819 人表示很不赞同，占 8.40％。从数据中可以看出，并没有明显的偏向于两种极端态度，而是持中间态度的比率较大，这表明，"看淡一切，随遇而安"的心态在大学生群体中并没有成为一种流行趋势。

表 3-3　家庭所在地区 *9. 您对"看淡一切，随遇而安"的态度是：
交叉表

| | | | 9. 您对"看淡一切，随遇而安"的态度是： | | | | | 总计 |
			很不赞同	不大赞同	一般	比较赞同	非常赞同	
家庭所在地区	大城市	计数	155	433	682	549	277	2096
		占家庭所在地区的%	7.4%	20.7%	32.5%	26.2%	13.2%	100.0%
	城镇	计数	345	819	1356	908	449	3877
		占家庭所在地区的%	8.9%	21.1%	35.0%	23.4%	11.6%	100.0%
	乡镇	计数	134	305	573	430	181	1623
		占家庭所在地区的%	8.3%	18.8%	35.3%	26.5%	11.2%	100.0%
	农村	计数	185	477	755	446	235	2098
		占家庭所在地区的%	8.8%	22.7%	36.0%	21.3%	11.2%	100.0%
总计		计数	819	2034	3366	2333	1142	9694
		占家庭所在地区的%	8.4%	21.0%	34.7%	24.1%	11.8%	100.0%

续表

卡方检验			
	值	自由度	渐进显著性（双侧）
皮尔逊卡方	35.492[a]	12	.000
似然比	35.630	12	.000
线性关联	10.027	1	.002
有效个案数	9694		
a.0 个单元格（0.0%）的期望计数小于 5。最小期望计数为 137.12。			

从表 3-3 中可以看出，来自不同地区的大学生对"看淡一切，随遇而安"这一观点存在显著差异。在比较赞同和非常赞同选项上，来自大城市地区比率最高，占 39.4%；在一般选项上，来自农村地区大学生比率最高，占 36.0%；在很不赞同和不大赞同选项上，来自农村地区大学生比率最高，占 31.5%，来自乡镇地区大学生比率最低，占 27.1%，来自农村地区大学生比率高于乡镇地区大学生 4.4%。这表明，来自不同地区大学生对随遇而安的解读有所不同。来自大城市的大学生，由于经济发达以及环境的相对优越，他们比较安于现状；相反，来自农村地区的大学生相对而言更加珍惜来之不易的学习生活环境，对未来人生规划设计更加理性，充满憧憬。

二、大学生受"佛系"文化影响的消极方面

"佛系"文化借助网络推波助澜，对大学生理想信念和价值观都有不利影响，从问卷调查数据中可以看出，"佛系"文化迎合一些大学生负面心态，在遇到困难时选择逃避，不能以理性平和的心态面对人生选择。

（一）引致承担责任的信仰缺失

"佛系"文化所强调的无欲无求态度，使一些大学生在学习生活中动力不足，学习中不争不抢，无形之中淡化自身理想信念，在"有也行，没有也行，不争不抢，不求输赢"的佛系人生中放弃人生目标，逃避自身社会责任，人生价值逐步走向虚无。

您对"有也行，没有也行，不争不抢，不求输赢"的态度是

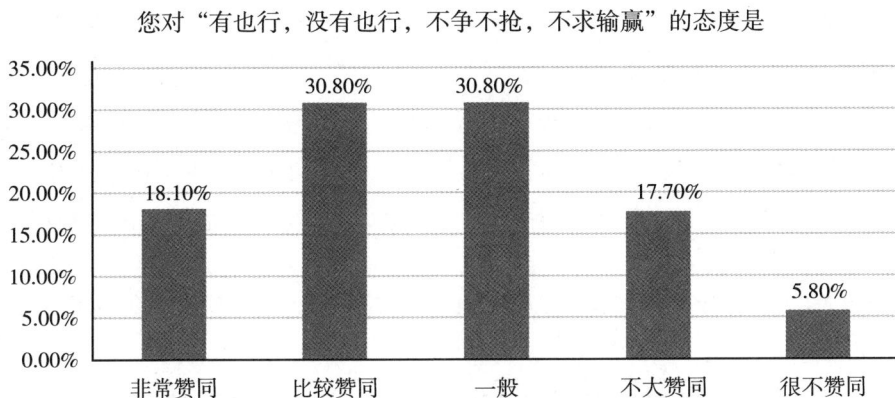

图 3-3 大学生对"有也行，没有也行，不争不抢，不求输赢"的态度图示

从图 3-3 中可以看出，大学生在对"有也行，没有也行，不争不抢，不求输赢"这一观点作答时，有 1753 人表示非常赞同，占 18.10%；有 2685 人表示比较赞同，占 30.80%；有 2987 人持一般态度，占 30.80%；有 1711 人表示不大赞同，占 17.70%；有 558 人表示很不赞同，占 5.80%。大学生持非常赞同、比较赞同的比率远大于不大赞同和很不赞同态度的比率，高出 25.40%，这说明，近五成大学生不同程度地有"不争不抢"的佛系心理。一些大学生甚至选择"躺平"，用"佛系"心态面对生活。如在年轻人活跃的豆瓣网，以"佛系"或"躺平"为主题的小组随处可见，甚至因此产生了"普通学"。

您对"我向往'佛系'人生"的态度是

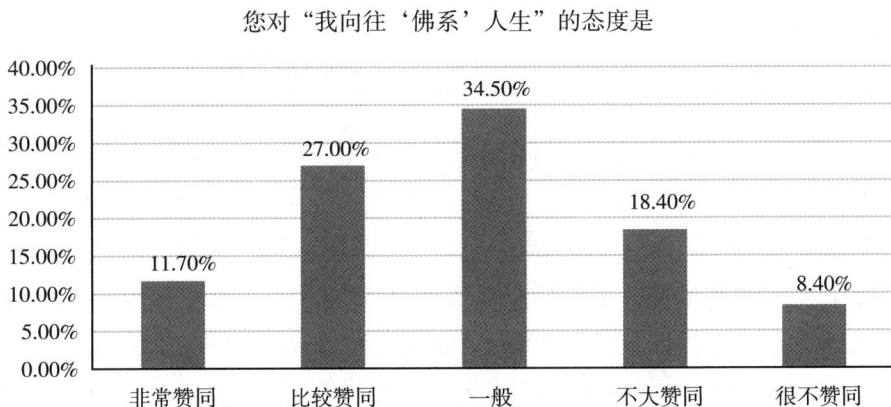

图 3-4 大学生对"我向往'佛系'人生"的态度图示

从图 3-4 中可以看出，大学生在对"我向往'佛系'人生"的态度作答时，有 1136 人表示非常赞同，占 11.70%；有 2622 人表示比较赞同，占 27.00%；有 3343 人持一般态度，占 34.50%；有 1782 人表示不大赞同，占 18.40%；有 811 人表示很不赞同，占 8.40%。这表明，由于社会竞争和阶层固化的影响，大学生也难以摆脱社会压力的困扰。近四成大学生受"佛系"文化影响较大。

表 3-4　性别 *9.您对"有也行，没有也行，不争不抢，不求输赢"的态度是：交叉表

			9.您对"有也行，没有也行，不争不抢，不求输赢"的态度是：					总计
			很不赞同	不大赞同	一般	比较赞同	非常赞同	
性别	男	计数	298	689	1282	1227	921	4417
		占性别的%	6.7%	15.6%	29.0%	27.8%	20.9%	100.0%
	女	计数	260	1022	1705	1458	832	5277
		占性别的%	4.9%	19.4%	32.3%	27.6%	15.8%	100.0%
总计		计数	588	1711	2987	2685	1753	9694
		占性别的%	5.8%	17.7%	30.8%	27.7%	18.1%	100.0%

卡方检验			
	值	自由度	渐进显著性（双侧）
皮尔逊卡方	75.996[a]	4	.000
似然比	75.943	4	.000
线性关联	20.398	1	.000
有效个案数	9694		
a.0 个单元格（0.0%）的期望计数小于 5。最小期望计数为 254.25。			

从表 3-4 中可以看出，不同性别大学生对"有也行，没有也行，不争不抢，不求输赢"的佛系心态的态度存在差异，男大学生对这种观点持比较赞同和非常赞同的比率最高，占 48.7%，男大学生比率高于女大学生 5.3%；在一般选项上，男大学生比率为 29.0%，女大学生比率为 32.3%，女大学生比率高于男大学生 3.3%；在很不赞同和不大赞同的选项上，女大学生总体比率高于男大学生 2.0%。这表明，面临社会和现实生活中的困难与挑战，男大学生相较于女大学生更偏好"佛系"。

（二）催生安于享乐的生活态度

网络平台的迭代更新为大学生提供了越来越多的休闲娱乐软件，如抖音、快手、小红书、微博等，由于兼备娱乐功能和社交功能，极大程度地扩展用户数量，使泛娱乐化现象在大学生群体中广泛传播，大学生擅长玩梗，将严肃的话语解构成为娱乐话语。"一切公共话语都日渐以娱乐的方式出现，并成为一种文化精神。一切文化内容都心甘情愿地成为娱乐的附庸，而且毫无怨言，甚至无声无息，其结果是将我们变成了一个娱乐至死的物种。"[①]"佛系"文化中一切随缘的态度，使一些大学生在接触享乐主义、泛娱乐化现象时，难以慎独，更加关注自身是否快乐，物质是否满足。

您对"人生苦短，应及时行乐"的态度是

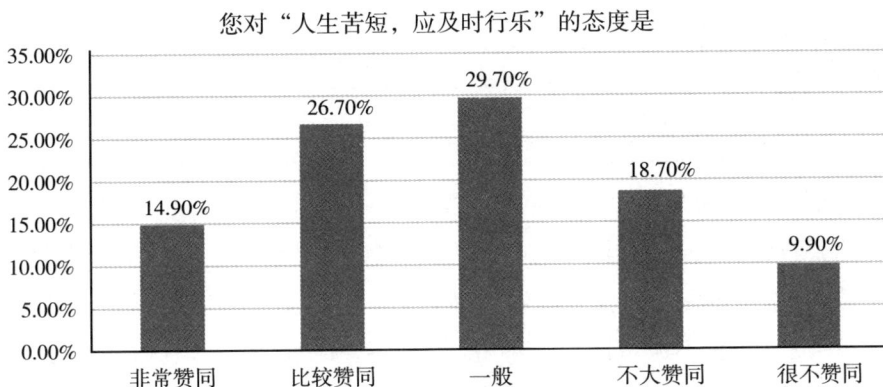

图3-5 大学生对"人生苦短，应及时行乐"的态度图示

从图3-5中可以看出，大学生在对"人生苦短，应及时行乐"的态度作答时，有1447人表示非常赞同，占14.90%；有2586人表示比较赞同，占26.70%；有2883人持一般态度，占29.70%；有1816人表示不大赞同，占18.70%；有962人表示很不赞同，占9.90%。从数据中可以看出，对于"人生苦短，应及时行乐"的态度，选择非常赞同和比较赞同的大学生比率高出表示不大赞同和很不赞同的比率13%，这说明，一些大学生抱有"人生苦短，应及时行乐"的享乐主义心态，并有逐渐上升的势头，需要引起我们的警惕。

---

① ［美］尼尔·波兹曼：《娱乐至死》，章艳译，广西师范大学出版社2004年版，第4页。

表3-5 性别 *9.您对"人生苦短，应及时行乐"的态度是：
交叉表

			9.您对"人生苦短，应及时行乐"的态度是：					总计
			很不赞同	不大赞同	一般	比较赞同	非常赞同	
性别	男	计数	539	831	1289	1085	673	4417
		占性别的%	12.2%	18.8%	29.2%	24.6%	15.2%	100.0%
	女	计数	423	985	1594	1501	774	5277
		占性别的%	8.0%	18.7%	30.2%	28.4%	14.7%	100.0%
总计		计数	962	1816	2883	2586	1447	9694
		占性别的%	9.9%	18.7%	29.7%	26.7%	14.9%	100.0%

卡方检验			
	值	自由度	渐进显著性（双侧）
皮尔逊卡方	57.441[a]	4	.000
似然比	57.296	4	.000
线性关联	21.541	1	.000
有效个案数	9694		
a.0 个单元格（0.0%）的期望计数小于5。最小期望计数为438.33。			

从表3-5中可以看出，不同性别大学生对于"人生苦短，应及时行乐"这一观点的态度存在明显差异。在非常赞同、比较赞同、一般三个选项中，男大学生比率为69%，女大学生比率为73.3%，女大学生比率高出男大学生比率4.3%；在不大赞同、很不赞同两个选项中，男大学生比率为31%，女大学生比率为26.7%，男大学生高出女大学生比率4.3%，这表明，女大学生对"人生苦短，应及时行乐"这一观点的认同率较高，高校应予以足够地重视，有针对性地加以引导。

表3-6 家庭所在地区 *9.您对"人生苦短，应及时行乐"的态度是：
交叉表

			9.您对"人生苦短，应及时行乐"的态度是：					总计
			很不赞同	不大赞同	一般	比较赞同	非常赞同	
家庭所	大城市	计数	229	353	572	561	381	2096
		占家庭所在地区的%	10.9%	16.8%	27.3%	26.8%	18.2%	100.0%
	城镇	计数	358	747	1136	1051	585	3877
		占家庭所在地区的%	9.2%	19.3%	29.3%	27.1%	15.1%	100.0%

续表

			9.您对"人生苦短，应及时行乐"的态度是：					总计
			很不赞同	不大赞同	一般	比较赞同	非常赞同	
在地区	乡镇	计数	139	289	546	422	227	1623
		占家庭所在地区的%	8.6%	17.8%	33.6%	26.0%	14.0%	100.0%
	农村	计数	236	427	629	552	254	2098
		占家庭所在地区的%	11.2%	20.4%	30.0%	26.3%	12.1%	100.0%
总计		计数	962	1816	2883	2586	1447	9694
		占家庭所在地区的%	9.9%	18.7%	29.7%	26.7%	14.9%	100.0%

卡方检验			
	值	自由度	渐进显著性（双侧）
皮尔逊卡方	59.523[a]	12	.000
似然比	59.170	12	.000
线性关联	19.946	1	.000
有效个案数	9694		
a.0 个单元格（0.0%）的期望计数小于 5。最小期望计数为 161.06。			

从表 3-6 中可以看出，来自不同地区大学生对"人生苦短，应及时行乐"的态度存在差异。在比较赞同和非常赞同选项上，来自大城市大学生比率最高，占 45.0%；在一般选项上，来自乡镇地区大学生比率最高，占 33.6%；在很不赞同和不大赞同选项上，来自农村地区大学生比率最高，占 31.6%。这表明，来自不同地区大学生的人生态度存在差异。"人生苦短，应及时行乐"是"佛系"文化的表现形式之一。当今社会，娱乐软件爆炸式增长，无时无刻不在吸引大学生使用。对于大学生来说，娱乐软件可以满足他们的娱乐需求，但娱乐软件中的内容时常混杂着低俗趣味、拜金主义，容易使一些大学生只追求人生中的快乐，却不愿正视自己的不足，置身在网络之中不能自拔，这不仅影响了大学生的人生态度，还容易产生一些违纪违法行为。

（三）消解拼搏奋斗的顽强意志

每一时期的群体文化都是对当时群体社会心态的反映，"佛系"文化作为青年群体文化，是对青年群体中广泛存在缺乏斗志的"佛系"心态的反映。"佛系"心态是"世俗世界沉重厚压下某些大学生能动性差所导致的心理焦虑和心理紧张的表现"①,追求"佛系"人生,把"无所谓、没什么、不在乎"挂在嘴边只是在遮掩自己内心的真实感受,是"自身在面临压力与难题时就想打退堂鼓的消极心态"②。学习不求上进,考试及格就好;面试工作不努力争取,凡事"不悲不喜""得之我幸,失之我命""顺其自然"是"佛系青年"的生活哲学,"生死有命,富贵在天"把别人的成功和自己的失意归结于命中注定,"不以物喜,不以己悲,一切随缘"看似与世无争、淡泊名利,实则是对害怕失败而安于苟且的美化,是缺乏斗志的表现。

您对"一朝成锦鲤,奋斗少十年"的态度是

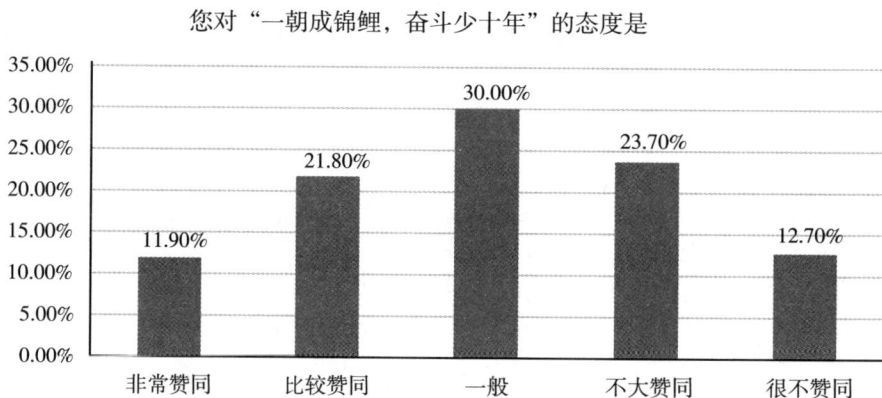

图3-6　大学生对"一朝成锦鲤,奋斗少十年"的态度图示

从图3-6中可以看出,大学生在对"一朝成锦鲤,奋斗少十年"的态度作答时,有1151人表示非常赞同,占11.90%;有2110人表示比较赞同,占21.80%;有2904人持一般态度,占30.00%;有2294人表示不大赞同,占23.70%;有1235人表示很不赞同,占12.70%。从数据中可以看出,大学生对这一观点表示不大赞同和很不赞同的比率高出表示非常赞同和比较赞同的比率2.7%,这表明,近四成大学生具有理性认知,他们并不抱有侥幸心理、不劳而获取得成功的心态,但同时也存在一些大学生仍沉迷于佛系生

---

① 谢雪瑜:《大学生的"佛系"心态的剖析及其转化》,《黑龙江生态工程职业学院学报》2019年第6期。

② 张鑫宇:《青年"佛系心态"透视》,《当代青年研究》2019年第2期。

活，拼搏奋斗精神不足。

表3-7　家庭所在地区 *9.您对"一朝成锦鲤，奋斗少十年"的态度是：
交叉表

| | | | 9.您对"一朝成锦鲤，奋斗少十年"的态度是： | | | | | 总计 |
			很不赞同	不大赞同	一般	比较赞同	非常赞同	
家庭所在地区	大城市	计数	298	430	609	456	303	2096
		占家庭所在地区的%	14.2%	20.5%	29.1%	21.8%	14.5%	100.0%
	城镇	计数	526	961	1163	810	417	3877
		占家庭所在地区的%	13.6%	24.8%	30.0%	20.9%	10.8%	100.0%
	乡镇	计数	156	365	531	392	179	1623
		占家庭所在地区的%	9.6%	22.5%	32.7%	24.2%	11.0%	100.0%
	农村	计数	255	538	601	452	252	2098
		占家庭所在地区的%	12.2%	25.6%	28.6%	21.5%	12.0%	100.0%
总计		计数	1235	2294	2904	2110	1151	9694
		占家庭所在地区的%	12.7%	23.7%	30.0%	21.8%	11.9%	100.0%

卡方检验			
	值	自由度	渐进显著性（双侧）
皮尔逊卡方	62.393[a]	12	.000
似然比	62.863	12	.000
线性关联	.009	1	.924
有效个案数	9694		
a.0 个单元格（0.0%）的期望计数小于5。最小期望计数为192.70。			

从表3-7中可以看出，来自不同地区大学生对"一朝成锦鲤，奋斗少十年"的态度存在一定差异。在比较赞同和非常赞同选项上，来自大城市大学生比率最高，占36.3%；在一般选项上，来自乡镇地区大学生比率最高，占32.7%；在很不赞同和不大赞同选项上，来自城镇地区大学生比率最高，占37.8%。这表明，来自不同地区的大学生在接触"佛系"文化后，对"一朝成锦鲤，奋斗少十年"的观点有一定的认同感，需要加强对这些学生的思想引导。

三、"佛系"文化对大学生产生消极影响的成因

"佛系"文化反映了当前一些大学生目标缺失的迷茫和徒劳无功的无奈，

以及对社会现实的消极反抗，具有复杂的心理状态和多元化的真实需求。"佛系"文化对大学生的作用影响看似偶然，实则必然。

（一）个体的需求在社会中难以满足

当前，大学生更加关注自我价值的实现，对精神文化的需求更为强烈。据调查显示，在调研大学生中，认为造成大学生佛系心态的重要因素是"对当前现实问题的困惑与迷惘"的有2195人，占22.6%；认为造成大学生佛系心态的重要因素是"对未来人生的无助"的有2075人，占21.4%。不难看出，物质条件的相对优越充盈和以"421"家庭为主成长起来的"00后"大学生，享受着较父辈更为优越的物质生活，在众多长辈的细心呵护下，大学生在享受较好的生活条件的同时，也承受着来自父辈及家庭更加厚重的期望，久而久之，一些大学生对自身的期望过高，想要成为更加优秀成功的人，但现实生活往往不尽如人意。加之一些大学生的思想心理并未完全成熟，逆商相对较差，在学习或生活中，只是暂时遇到困难，但却会感到难过、颓废，甚至自暴自弃。"佛系"文化使他们自我解嘲，他们为避免再次受挫选择逃避现实，他们不对个人的学业和未来的就业抱有太大希望，呈现低欲望的状态，他们秉持着放弃努力的态度，主张放弃奋斗，一切随缘，不计较得失与成败。"佛系"一词慢慢由网络流行语逐渐渗透到网络圈层，使持相同观点的大学生共聚于网络，圈层内的成员为寻求认同感，时常鼓吹"佛系"文化，无形之中推动"佛系"文化由原本的圈内传播向圈外传播转换，对大学生现实生活产生影响。

阶层固化是导致大学生现实需求难以被满足的又一原因。伴随着我国社会进入转型期，利益分层化的趋势也逐渐显现，阶层固化现象不断加深。一些贫困地区大学生自小接受的观点，即"有付出就有回报""知识就是力量"，但随着高校扩招和信息化的越发深入，大学生的竞争压力越来越大，社会资源和发展机会的不平等，导致农村地区、贫困地区和低收入家庭的大学生受教育机会和自我价值实现的难度更大；大学生进入社会后，一些大学生对薪酬水平、"996"工作制等问题的满意率不高，对自身未来的职业发展较为迷茫，在诸多的现实问题面前，开始慢慢接受现实，不再拼搏进取，在工作中得过且过，企图碌碌无为度过一生。

（二）网络传播加快颓废情绪的蔓延

"传播学家麦克卢汉在《理解媒介：人的延伸》提出'地球村'概念，他预言，并非是发达的传媒使地球变小了，而是指人们的交往方式以及人的社会和文化形态发生了重大变化。人与人之间的直接交往被迫中断，由直接的、口语化的交往变成了非直接的、文字化的交往。而电子媒介又实施着反都市化，即'重新村落化'，消解城市的集权，使人的交往方式重新回到个人对个人的交往。麦克卢汉觉得这个时候时间和空间的区别变得多余。这种新兴的感知模式将人类带入了一种极其融洽的环境之中，消除了地域的界限和文化的差异，把人类大家庭结为一体，开创一种新的和谐与和平。旧的价值体系已经崩溃，新的体系正在建立，一个人人参与的、新型的、整合的地球村即将产生。"①

当前，网络媒体的飞速发展，形成互联网上的"地球村"。根据《2021年中国自媒体行业市场规模及发展趋势预测分析》，中国自媒体的市场营销规模已经由 2015 年的 296 亿增加到 2021 年的 2508 亿，自媒体行业的内容、形式以及类型都不断丰富，以类型为例，由单一的微信公众号发展到微博、小红书、知乎、直播、短视频等等，自媒体营销服务提供商将其服务延伸至新的内容形式以为行业客户提供更佳的服务。自媒体发布者不断物色丰富的内容类型及内容形式，为其在线流量赚取盈利，并有望从中可提升营销的有效性及效率。不难看出自媒体规模的不断扩张导致利益趋向明显，部分自媒体博主为追求流量、吸引人眼球、获得更大利润，不惜发布一些不实的、低俗的内容，在互联网环境下，某些自媒体就是专门在热点事件上寻找或制造做流量生意的"卖点"。而一旦有社会热点事件出现，他们就千方百计抓住这些热点事件中所暴露的社会问题症结点，来进一步放大受众对热点事件的信息渴求点。

在设置耸人听闻话题的基础上，他们又根据"最易拉高流量"的技巧和

---

① 《地球村》，见 https://baike.baidu.com/item/ 地球村 /897478?fr=aladdin。

常规，毫无底线地刻意在"金钱、性、暴力"等诱惑性话题上做文章。更为恶劣的是，这些恶意营销号通过大肆煽动情绪，尤其是所谓"戳痛点""揭伤疤"式的炒作，社会负面效应极为明显。如今，社交平台上甚至出现了一种所谓"左右手互搏"的新型水军运作模式。① 自媒体的存在加强了舆论的传播速度，并通过煽动情绪进行炒作，掀起舆论热潮，从而吸引更多人关注。"佛系"文化为博取更多人的眼球，利用自媒体平台将内容描绘得更加贴近大学生生活，吸引大学生关注"佛系"文化，并引起大学生共鸣。调查显示，大学生认为造成大学生佛系心态的重要因素是"多元社会思潮和价值观的影响"的有 1688 人，占 17.4%。多元社会思潮的传播依赖于网络媒体，在此过程中网络媒体的审核把关至关重要，稍有不慎就会有错误社会思潮涌现于网络并作用于大学生。多元社会思潮具有隐蔽性，历史虚无主义、文化虚无主义浪潮甚嚣尘上，大学生在接受网络思潮之初，也难以辨别真伪，在一定程度上影响大学生的正确判断和人生选择。

网络人际交往软件加速发展推动了"佛系"文化的不断扩张。QQ、微信、探探、陌陌等交友软件的用户扩张也在无形间扩大了"佛系"文化的传播范围，大学生作为软件的主要使用者，本应和身边同学线下交流和分享自己生活中的所见所闻，但他们则更习惯于网上交流沟通，甚至即使同在一个班级或公寓，大学生仍旧选择在网上聊天。相较于现实沟通而言，网上人际交往可以添加丰富的表情包，增强了聊天的趣味性，但大学生网络聊天的对象仍是虚拟的，大学生对对方并不了解，而大学生正处于接受能力强的黄金阶段，情绪或多或少会被对方所影响，也会被对方所宣扬的观点或话题所吸引，长此以往，大学生对信息的辨识能力会弱化，他们认为那些虚拟话题的观点都是正确的，从而陷入自我迷失的意识状态。"佛系"文化被一些青年大学生广泛使用，在生活中遇到困难时，他们自觉对号入座，颓废情绪随之沟通蔓延，一些大学生心理发生变化，逐渐形成不良的社会

① 参见郝雨、李娟：《自媒体恶意营销放大舆情风险的防范与治理》，《新闻爱好者》2021 年第 3 期。

心态。

不可否认，网络传播速度的加快带来信息获取渠道便利，也使网络舆论以几何增长式蔓延，大学生在享受网络传播速度加快的同时，不可避免地会受到不良社会思潮涌入网络社群带来的消极影响，切实加强对于网络自媒体平台的管控变得尤为重要，不断提高网络平台的治理能力。

（三）多重社会压力下的妥协与无奈

对马克思而言，人的本质属性就是他的社会性，人不可以脱离社会而独立存在，人的心理是个体与社会互动的结果，是人对社会的投射与反映。调查显示，大学生认为造成大学生佛系心态的重要因素是"社会竞争压力和严峻的社会现实影响"的有3736人，占38.5%。这表明，社会竞争压力和严峻的社会现实影响是一些大学生深受"佛系"文化影响的主要原因。

大学生就业压力是大学生面临的首要压力。数据显示，2020届高校毕业生达874万人，同比增加40万人，创历年来新高。[①] 2021年高校毕业生人数又达到新的高度，全国普通高校毕业生总规模为909万，同比增加35万。[②] 这表明，全国高校毕业生人数逐年呈指数型增长趋势，大学生就业压力与日俱增。然而，大学生就业压力的形成并非一朝一夕。大学生在择业初期，对自己的择业范围有初步预设。但一些大学生对自身能力认识不足，心理预期过高，面对现实就业竞争的激烈，大学生仅依靠自信难以获得合适岗位，所以在择业遇到瓶颈时，一些大学生易产生较大心理落差。同时，成长在独生子女家庭的大学生背负着家庭及父辈的殷切期望，也承受着巨大的压力。此外，一些大学生出身寒门，有较为明显的自卑情结，不能很好地进行自我心理调适。加之部分企业在招聘时"唯学历、唯学校"的情况仍然存在，一些大学生在面临就业压力时，选择"佛系"应对，他们缺乏对人生职业生涯规

---

① 参见王思北、胡浩：《2020届高校毕业生达874万人再创历史新高》，2020年5月13日，见 https://guancha.gmw.cn/2020-05/13/content_33826878.htm。

② 参见王鹏：《2021届全国普通高校毕业生909万》，2021年5月13日，见 http://www.moe.gov.cn/jyb_xwfb/xw_fbh/moe_2606/2021/tqh_210513/mtbd/202105/t20210513_531310.html。

划的信心，对于自我认知出现认知偏差，"佛系"心态导致大学生就业方面竞争力不足。

外貌形象压力是大学生较为常见的压力。现今社会，我国的人口基数大，全球疫情的影响使得经济下行，虽然我国在抗疫中取得了令人瞩目的成绩，但综合各种因素，现代社会中的竞争十分激烈，尤其体现在求职中的外貌焦虑即这种竞争下的产物之一。不可否认，外貌吸引力在诸如寻求配偶、求职中发挥着不可忽视的作用，部分大学生仍认为拥有良好的形象可以在社会生活中更容易获得自信和成功。中国青年网曾做过调查，46.04%的大学生对自己的身材表示"不满意"。其中，"不满意"者有39.25%，"非常不满意"者占6.79%；其中有超八成的人尝试过用各种方式改变身材；[①] 甚至有许多大学生在毕业前选择整容手术，增强个人的外貌吸引力以获得更加美好的就业前景。在网络社交媒体中，提升自身外貌吸引的手段不断被炒作，使大学生群体不断对自己的外貌产生怀疑，在持续的外貌压力中，一些大学生被舆论压力所裹挟，与之相伴的往往是持续不断的整容，甚至整容成瘾，更有甚者贷款进行整容。与此同时，一些大学生面临外貌压力时，虽然会感到心理焦虑，但"佛系"心态却让他们对外貌压力有了全新的态度，他们不在乎外界对他们的看法，只追求自我意愿，这是大学生利用"佛系"文化的积极抵抗。此外，大学生对于外貌形象的重视也体现在大学生的择偶标准上。2018年中国青年网对全国1498名大学生开展了问卷调查，调查显示，大学生选择男女朋友时，五成以上的大学生选择看重"性格长相"，占58.48%。仅次于选择看重"道德人品"的比率，居于第二位。[②] 这表明，大学生在择偶过程中十分看重对方形象，外貌形象已成为大学生择偶的重要尺度。当前网络信息环境的发展，也使得大学生日益受到网络流行文化的影响。一些大学生把自己喜爱明星完美的外貌形象带入现实择偶标准中，对择偶对象的外貌较为挑剔，导致自身在择偶过程中出现心理落差，继而产生"佛系"心态，形

---

① 参见海外网：《五月不减肥，六月没人追》，2021年5月26日，见 https://m.gmw.cn/2021-05/26/content_1302321667.htm。

② 参见李华锡：《大学生恋爱观调查：超7成认为恋爱使学习和生活更有动力》，2018年12月10日，见 http://www.chinanews.com/sh/2018/12-10/8697650.shtml。

成了随缘型的恋爱观。

同侪压力也是大学生面临的社会压力之一。同侪压力，即朋辈压力，是指在年龄、地位、兴趣等方面形似的同辈人之间的影响力。多数大学生的课余生活以集体生活为主，他们一般和同龄人生活在一起。这在某种程度上会引起同辈压力。朋辈之间攀比现象明显，同龄人优秀的过于优秀，自身努力难以达成他人的成果，久而久之，难免产生自我怀疑，这是大学生间较为常见的同侪压力。在这种情况下，一些大学生容易自我怀疑，摧毁自身的自尊心，他们更加喜欢不争不抢、随遇而安的生活方式。还有一些大学生易被焦虑的情绪感染，当身边的同学因工作、恋爱等原因产生焦虑时，自己对照自身条件，觉得与同学相比并无不同甚至还要差于同学，当想到这些时，一些大学生难免产生焦虑情绪，自己也会被传染，与同学间产生相同的压力，而在面对这些压力时，大学生同学之间的互相帮助往往成效不佳，焦虑情绪在大学生群体中蔓延，使大学生群体习得性无助。"佛系"文化的产生为大学生创造了躲避竞争的场所，其秉持"看淡一切，随遇而安"的人生态度在无形之中给大学生提供了逃避现实、安逸享乐的借口，拥有慵懒散漫、无欲无求的"佛系心态"。此外，个别大学生面对朋辈压力产生抑郁倾向，由于缺乏自我排解的能力，久而久之形成抑郁心理，甚至选择轻生自杀等极端行为。一些大学生面对这类极端行为，及时做出调整，但有时也会走向另外一个极端。他们试图用"躺平"来逃避朋辈之间的竞争压力，但"躺平"背后往往是朋辈群体持续努力奋斗，形成更激烈的竞争，继而使一些大学生更加焦虑。

在多重社会压力的共同作用下，大学生企图寻求一个途径来舒缓自己的压力，而"佛系"文化以它不争不抢、一切随缘的文化内涵，帮助大学生进行消极抵抗，与其说是一种抵抗，还不如说是对现实的一种逃避，逃避现实永远不可能解决问题。

第三节 应对"佛系"文化影响的策略

习近平总书记在 2018 年全国网络安全和信息化工作座谈会上强调："要

加强网上正面宣传，旗帜鲜明坚持正确政治方向、舆论导向、价值取向，用新时代中国特色社会主义思想和党的十九大精神团结、凝聚亿万网民，深入开展理想信念教育，深化新时代中国特色社会主义和中国梦宣传教育，积极培育和践行社会主义核心价值观，推进网上宣传理念、内容、形式、方法、手段等创新，把握好时度效，构建网上网下同心圆，更好凝聚社会共识，巩固全党全国人民团结奋斗的共同思想基础。"①"佛系"文化以其颇为贴近大学生内心的文化内涵，以传递现实解决问题的无奈、呈现精神慰藉的消极、虚拟空间里的部落躺平的特征吸引大学生深入了解"佛系"文化，虽然"佛系"文化为大学生提供了排解途径，但它对一些大学生思想观念和奋斗精神的影响不容忽视，如何培养大学生理性平和的社会心态，增强大学生的心理承受能力，更好地适应社会、服务社会，是大学生思想政治教育的重要任务。

一、强化大学生主流意识形态教育

"主流文化是一个多元的社会文化格局中居主导支配地位的文化。由传统、政治权力、社会权力通力维护和高扬的反映统治阶级利益的一整套价值体系和为这一价值体系服务的一切文化设施。"②主流文化和亚文化在社会文化中各成一派，主流文化代表着我国的主流意识形态。改革开放以来，我国对外开放不断加强，外来文化持续向我国输出，主流文化的地位作用有所弱化，其传播和发展速度及影响力在亚文化冲击作用下逐渐消减，是当前和今后一个时期应妥善应对的问题。应充分发挥主流意识形态的引领带动作用，加强大学生思想教育和心理疏导，以党的创新理论引领大学生奋发图强，成为堪当民族复兴重任的时代新人。

（一）用科学理论为大学生立心铸魂

马克思在《〈黑格尔法哲学批判〉导言》中指出："批判的武器当然不

---

① 《习近平在全国网络安全和信息化工作会议上强调　敏锐抓住信息化发展历史机遇　自主创新推进网络强国建设》，《人民日报》2018 年 4 月 22 日。

② 奚洁人主编：《科学发展观百科辞典》，上海辞海出版社 2007 年版，第 174 页。

能代替武器的批判，物质力量只能用物质力量来摧毁；但是理论一经掌握群众，也会变成物质力量。理论只要说服人 [ad hominem]，就能掌握群众；而理论只要彻底，就能说服人 [ad hominem]。所谓彻底，就是抓住事物的根本。而人的根本就是人本身。"① 科学理论可以帮助大学生正确认识世界，认识人类社会和人本身，引导大学生树立正确的世界观、人生观和价值观。

以理想信念教育铸魂大学生。理想信念是中国共产党人奋斗的政治灵魂。理想信念不仅是中国共产党人精神上的"钙"，也是新时代大学生精神之钙。"党的十八大以来，我们日益真切地感受到，以习近平同志为核心的党中央不断践行着关于意识形态工作具有极端重要性的战略定位，当代中国铸魂育人战略工程规划与实施的'一体化'大格局正在科学建构并协调联动起来。"② 要加强马克思主义理论教育，在教育目的和教育内容上要紧紧围绕教育对象，通过创新教育内容使其满足大学生"日益增长的美好生活需要"，将意识形态融于文化内核当中，要注重把握意识形态与文化的内在规律，从而更好地通过文化交流增强主流意识形态教育；要创新理想信念教育形式与渠道，充分发挥思想政治教育"主渠道"与"主阵地"的协同机制，遵循理论与实践紧密结合的原则，在教育方式和教育渠道上突破传统的"知识论中心主义"，建立网上思想政治教育工作队伍，关注大学生的需求，适时更新理想信念教育学习内容，创新教育方式方法，融合新兴教育技术，占领网络思想政治教育阵地，不断提升大学生的理论素养，强化实践教学体系，增强大学生的思想自觉和行动自觉。

以中国优秀传统文化浸润大学生。党的十九大报告明确指出，"深入挖掘中华优秀传统文化蕴含的思想观念、人文精神、道德规范，结合时代要求继承创新，让中华文化展现出永久魅力和时代风采"③。要推动中华优秀传统文化与思政课程相结合，将思政课程作为中华优秀传统文化与大学生之间的

---

① 《马克思恩格斯选集》第 1 卷，人民出版社 2012 年版，第 9—10 页。

② 钟启东：《新时代马克思主义理论教育发展研究的指导思想、主要使命及理论内涵》，《思想教育研究》2018 年第 6 期。

③ 《坚定文化自信，推动社会主义文化繁荣兴盛》，《光明日报》2017 年 10 月 19 日。

桥梁，增强大学生对民族文化的认同，使大学生有更强烈的民族自尊心和自豪感。扩大中华优秀传统文化影响力。要加大中华优秀传统文化的宣传力度，开展宣传中华优秀传统文化的主题活动，结合当今时代特征和舆论热点，抓住传统节日对中华优秀传统文化加大宣传教育，转变宣传话语方式，融入更多青年大学生喜欢的元素，如通过微博、抖音宣传中华优秀传统文化，结合融媒体打造传统文化综艺节目，如《中国诗词大会》和《经典咏流传》等，激发大学生主动学习中华优秀传统文化，并在生活中践行如尊师重道、自强不息、艰苦奋斗的中华优秀传统文化。

要用革命文化和社会主义先进文化激励大学生。习近平总书记指出："文化自信，是更基础、更广泛、更深厚的自信。在 5000 多年文明发展中孕育的中华优秀传统文化，在党和人民伟大斗争中孕育的革命文化和社会主义先进文化，积淀着中华民族最深层的精神追求，代表着中华民族独特的精神标识。"[1] 推动党史学习教育深入人心。设立党史学习教育公众号、党史学习教育微博等形式，多渠道向大学生推送党史学习教育，定期开展党史学习讨论、课外实践，激发大学生主动学习热情。依托当地红色教育基地、廉政教育基地、烈士陵园等教育资源，使红色教育基地、烈士陵园成为党史学习教育的生动教材，使大学生更加了解中国共产党百年奋斗历程的艰辛和革命英雄人物的光荣历史，激励大学生赓续革命先烈的红色基因，为建设祖国贡献力量。学习习近平总书记在庆祝中国共产党成立 100 周年大会上的讲话精神，使大学生深刻认识到"新时代的中国青年要以实现中华民族伟大复兴为己任，增强做中国人的志气、骨气、底气"[2]。青年人是祖国的栋梁之才，青年大学生应深刻领会习近平总书记"七一"重要讲话精神，不断坚定自身的理想信念，在为人民、为祖国奋斗的过程中展现个人能力，实现人生价值；要充分发挥英雄模范人物示范作用。鼓励大学生学习英模人物典型事迹，领悟英模精神，践行英模人物的优良品质。

---

① 习近平：《在庆祝中国共产党成立 95 周年大会上的讲话》，《人民日报》2016 年 7 月 2 日。

② 《庆祝中国共产党成立 100 周年大会在天安门广场隆重举行》，《人民日报》2021 年 7 月 2 日。

（二）增强大学生的社会责任意识

社会责任意识是公民在政治、经济、文化等领域所需承担的责任，是人在社会实践中习得的。由于"佛系"文化不断侵蚀大学生的精神世界，一些大学生在个人、集体和社会关系的处理上往往更关注个人利益，在需要其承担个人责任时，则表现出躲避的态度，他们的社会责任意识往往不够明晰，一些大学生虽然具有社会责任意识但并未付诸行动。

要增强家庭、学校、社会三方协同。要着力转变家庭教育理念与教育方式，不要让子女成为"温室里的花朵"。家庭要注重培养子女的自理自立能力，通过开展丰富多彩的家庭活动，培养其社会责任感与团队协作能力；学校要构建更为有实效的社会责任教育培养体系，要以社会主义核心价值观为引领，不断挖掘社会责任意识教育的内容和形式，加强对大学生进行社会实践(实习) 支持力度，注重与生产劳动相结合，丰富大学生劳动教育的内容，培养大学生的劳动精神；社会向大学生提供更多的社会实践机会，让他们在社会劳动中获取成就感和社会责任感，明确个人利益、集体利益和社会利益的关系。通过三方合力，增强大学生的社会责任意识。

要充分发挥网络平台载体的育人功能。利用互联网平台，以公众号、微博、小红书等形式，定期向大学生推送社会责任感教育的相关知识，并依据互联网动态不断更新自己的教育内容。要加强对大学生的网络道德教育，提升大学生的网络道德素质，自觉辨别抵制不良网络信息。要加强网络平台的依法治理，创设风清气正的网络空间，严格筛选网络不良信息，为大学生创设良好网络时空。

要切实发挥学生党员的模范带头作用。大学生党员是大学生群体中的先进分子，他们较其他同学有着更为坚定的理想信念、思想方面也更加成熟，在工作和学习中都有更优秀的表现。共产党员是时代的先锋，发挥着榜样的作用，通过评选优秀共产党员、优秀共产党员事迹宣讲，使顾全大局、甘于奉献精神在大学生中广为流传，同时大学生党员应积极参与社会治理、志愿者活动等，做好大学生的榜样示范，带动身边的同学服务他人、奉献社会，成为具有强烈社会责任感的时代新人。

青年兴则国家兴；青年强则国家强。"只要青年都勇挑重担、勇克难关、勇斗风险，中国特色社会主义就能充满活力、充满后劲、充满希望。青年要保持初生牛犊不怕虎、越是艰险越向前的刚健勇毅，勇立时代潮头，争做时代先锋。"① 在建设社会主义现代化国家的新征程上不负韶华，建功立业。

（三）培养大学生艰苦奋斗的精神

"天行健，君子以自强不息。""长风破浪会有时，直挂云帆济沧海。"自古以来，中国人都崇尚艰苦奋斗的精神。艰苦奋斗精神是中华民族的传统美德，由于泛娱乐化的持续影响，一些大学生不断被享乐主义、娱乐主义、"佛系"文化包围，他们沉迷于互联网五光十色的网络生活，个别大学生受"佛系"文化影响，逐渐消磨斗志，在遇到困难与挫折时以回避或放弃的姿态应对挫折，大学生的意志品质有待锤炼。

要切实加强艰苦奋斗精神教育。信息时代对大学生奋斗观的侵蚀主要体现在大学生对于艰苦奋斗的认识不足，遇到压力时选择逃避，贪图享乐。要引导大学生正确认识困难压力与艰苦奋斗的辩证关系，在遇到困难挫折时，选择勇毅前行。充分发挥校园广播、宣传栏、公众号作用，通过举办以艰苦奋斗为主题的宣讲会、交流会，促进大学生朋辈之间的沟通，以优秀的身边典型事例激励感染大学生。通过社会实践活动，磨砺大学生艰苦奋斗的意志品质，发挥大学生的专业和特长，让他们认识到面对当下竞争激烈的国内外环境，应更加坚定艰苦奋斗的信念，勇担中华民族伟大复兴的大任，不断将国家、民族、自身的命运紧密联系，用不懈奋斗担当起时代赋予的使命。

要着力构建多元化的社会实践体系。加大对社会实践场地的经费支持。社会各界应对大学生社会实践场地经费大力支持，高校应设立社会实践专项经费，尤其是要提前做好经费预算，通过多方筹措预算资金，对大学生社会实践过程中的住宿、饮食等提供支持，为社会实践顺利进行提供有效保障；

① 习近平：《在纪念五四运动 100 周年大会上的讲话》，《人民日报》2019 年 5 月 1 日。

鼓励支持校企合作协同建立实践基地，共同培养大学生，提高学生动手能力。高校要充分发挥自身资源优势，整合企事业单位资源，与企事业单位建立长期合作关系，搭建社会实践基地，提供服务与安全保障，以确保更多的学生通过社会实践得到锻炼。要加强过程培养，建立科学考核评价体系。要改革依据实践报告单方面给予成绩考核的评价方式，应当注重实践全过程的培养与考核评价，要基于大学生社会实践全过程的表现进行评价，要综合实践团其他成员、指导教师以及实践单位对大学生社会实践的意见和根据实践成果进行综合评价，切实做到考核评价科学、客观，提升大学生在社会实践过程中的成就感与获得感。

大学生艰苦奋斗精神的培育不能仅依靠大学生自身，还有赖于学校与社会的共同努力，要进一步提升大学生艰苦奋斗自觉性，只有大学生对艰苦奋斗精神有正确认识，艰苦奋斗教育效果才会得以体现。要营造艰苦奋斗的校园文化环境，带动大学生践行艰苦奋斗精神。要构建多元化的社会实践体系，为大学生提供更加多元的社会实践活动，在实践中提高大学生对艰苦奋斗精神的认识，使艰苦奋斗精神内化于心、外化于行。

二、培育大学生理性平和的社会心态

社会心态是人们对自身及现实社会所持有的较普遍的社会态度、情绪情感体验及意向等心理状态。[1] 社会心态是社会情绪的风向标，也是社会生活的晴雨表。习近平总书记提出："要坚持主动引导、及时引导、深度引导，着力解疑释惑、疏导情绪，塑造理性平和的社会心态。""佛系"文化正是通过新媒体的聚焦和放大功能，使原本在社会中弥散的、无组织的青年群体聚集，使群体内成员相互间一致性认同，形成群体性心理，正是这种群体性心理使得群体成员采取大致一致的行动，[2]"佛系"文化的群体性心理更加认同不争不抢、无欲无求等消极的心态。

---

① 参见《社会心态》，见 https://baike.baidu.com/item/%E7%A4%BE%E4%BC%9A%E5%BF%83%E6%80%81/337692?fr=aladdin。

② 参见卜建华、孟丽雯、张宗伟：《"佛系青年"群像的社会心态诊断与支持》，《中国青年研究》2018 年第 11 期。

（一）加强大学生心理健康疏导教育

心理疏导是指运用心理学的方法，帮助有心理困惑的人群解除困惑、疏导情绪。一些大学生在学业生活中遇到困难时，往往不愿寻求帮助而选择自我消化，导致不良情绪的不断累积，不仅危害了大学生的身心健康，还会影响大学生的学业生活。学业问题、就业问题、婚恋问题成为大学生较为常见的心理问题。面对这些问题，大学生往往无法自处，需要学校、教师对大学生进行专业的心理健康疏导，以缓解大学生此阶段的心理压力。

要丰富大学生校园文化生活。广泛开展形式多样的社团活动，通过不同的协会社团，兴趣相近的大学生可以通过兴趣类社团活动缓解生活中的种种压力，使大学生以更加轻松的心态面对学业生活。广泛开展各类体育、艺术等活动，如美术作品展览、书法比赛、马拉松比赛、趣味运动会等，促进大学生之间的有效沟通，在相互磨合中加强相互协作，缓解大学生身心压力。

要加强对大学生进行心理疏导。教师是大学生学习和生活中的引路人。高校要对辅导员等常与学生沟通的教师进行心理学专业知识培训，完善教师心理教育知识体系，更好地帮助大学生解决实际问题。针对大学生心理诉求，有针对性地加强大学生心理健康教育。从大学生最为关注的情感、就业等问题入手，引导大学生树立正确的择业观和恋爱观，同时加强对网络舆情的引导，教师应注意网络舆情对大学生思想和行为的影响，分析大学生关注网络舆情背后所折射出的心理问题，加强对其进行思想引导和心理辅导。

优化心理健康教育形式。目前，高校心理健康教育着重以遵循学生心理规律和身心健康发展为中心，用心理学知识研究分析大学生学习与生活中遇到的心理问题，并予以解决，加强学生对心理健康的重视，使学生能自主发现其心理问题，主动寻求帮助，增强心理健康意识，自觉预防心理健康问题。一些大学生在接受失败、挫折、社会负面新闻时，常常呈现出抑郁、自残等状况，是生命教育缺位的现实表现。大学心理健康教育中应融入更多的生命教育部分，让大学生深入了解人的生老病死，加强对学生生命教育的重视程度，增加相关理论课程和实践活动，使学生加深对于自身生命的认知，以延伸到对他人个体的生命，乃至大自然中存在的生命的认知。在加强大学生生命教育的同时也要融入死亡教育，让学生更能理解生命的重要性，领会生命的意义与价值，珍爱生命，从而在面对磨难时掌握正确的心理调节方法，以积极的心态面对生活中的挫折，树立正确的人生目标。要增强大学生心理课堂参与度。运用案例分析、情景再现等手段吸引大学生参与课堂活动，心理健康教育课程的授课地点也可以依据教育内容进行选择，增强大学生参与热情，从而使大学生将心理健康知识转化成为心理健康实践。

（二）培养大学生健康向上的社会心态

"佛系"文化逐渐消解大学生积极的社会心态，在"生死有命，富贵在天""人生苦短，应及时行乐"等思想的侵蚀下，一些大学生逐渐放弃积极向上的人生态度，个别大学生走向颓废。

以积极的社会文化引导大学生成才。"心理模式是影响人们行为方式的基本信念。文化是一个更广泛的、宏观层次上的变量。心理模式适用于个人和人群，而且是可识别的和可变的。文化反映的是个人心理模式的总和，反过来又影响着个人所具有的心理模式的类型。"[①] 社会文化对大学生的心理影响也是如此，社会文化反映社会中个人的心理模式的总合，同时社会文化也会对大学生的心理模式产生影响，积极的社会文化有助于培育大学生健康向上的社会心态，而消极的社会文化容易使大学生的心态更加消极。高校应积极引导大学生培育和践行社会主义核心价值观，使"爱国、敬业、诚信、友善"成为大学生的主体自觉；要注重中华优秀传统文化的创造性转化和创新性发展，使"业精于勤荒于嬉，行成于思毁于随""宝剑锋从磨砺出，梅花香自苦寒来"等中华民族优秀传统美德融入社会生活，创建积极向上的社会文化环境。

着力构建大学生心理健康教育工作格局。要"坚持育心与育德相结合，加强人文关怀和心理疏导，深入构建教育教学、实践活动、咨询服务、预防

---

① ［美］塞缪尔·亨廷顿、劳伦斯·哈里森主编：《文化的重要作用：价值观如何影响人类进步》，程克雄译，新华出版社 2013 年版，第 345 页。

干预、平台保障'五位一体'的心理健康教育工作格局，着力培育师生理性平和、积极向上的健康心态，促进师生心理健康素质与思想道德素质、科学文化素质协调发展"①。要"强化高校各类组织的育人职责，增强工作活力、促进工作创新、扩大工作覆盖、提高辐射能力，发挥高校党委领导核心作用、院（系）党组织政治核心作用和基层党支部战斗堡垒作用，发挥工会、共青团、学生会、学生社团等组织的联系服务、团结凝聚师生的桥梁纽带作用"②。在思想政治教育的过程中协同育人，在思想政治教育中发挥各自功能，形成全人全程全方位育人格局。

要切实发挥正能量的网络舆论引导作用。网络是大学生获取信息的主要来源，也是大学生社交、学习、消费的主要途径，网络的碎片化、交互性使网络中的信息呈现无序化的形态，这些信息往往是未曾求证的、难辨真假的。随着网络平台的不断发展，大学生在网络空间中圈层内的情绪感染较为普遍。要发挥网络评论员作用，切实引导"网络大 V"网络意见引导网络舆论工作，鼓励"网络大 V"传播正能量舆论，健康引领网络氛围。主流媒体要掌握网络舆论话语权，不被娱乐化所左右，针对网络舆论事件，及时发出最权威、最严谨、最有效的正面声音，引导网络空间向上向好。

要营造天朗气清的网络空间。应完善网络舆情的预警研判机制以及审查制度，确保网络空间内容的真实性与准确性，对不良的网络舆情要加以引导，避免在大学生群体中不断发酵，引导大学生做到网络自律，尤其是"做好网络文化空间综合治理，加大科技投入，研发网络舆情监控平台，建立专业化网络空间治理队伍，通过大数据研判网络低俗语言文化传播，完善网络敏感语言审查制度，建立网络匿名举报通道，形成多元参与网络治理格局"③。

---

① 教育部：《高校思想政治工作质量提升工程实施纲要》，2017 年 12 月 5 日，见 http://www.moe.gov.cn/srcsite/A12/s7060/201712/t20171206_320698.html。

② 教育部：《高校思想政治工作质量提升工程实施纲要》，2017 年 12 月 5 日，见 http://www.moe.gov.cn/srcsite/A12/s7060/201712/t20171206_320698.html。

③ 杨月荣、郝文斌：《"00 后"大学生受网络亚文化影响情况分析》，《思想理论教育导刊》2021 年第 4 期。

（三）建立精神卫生预防与应对机制

近年来，贵州大学以"456"模式为抓手，每年对入学大学生进行普查，发现问题并尽早评估反馈给辅导员及学院，进行重点关注，全力帮助出现心理问题的学生，对有特殊心理疾病的学生及时进行危机干预或心理治疗，产生实际效果。

高校要着力健全新生心理健康筛查与反馈机制。应尽早对大学生进行心理普查，做好大学生心理健康普测工作，建立学生心理电子档案，规范处理和科学运用各种测量结果，针对大学生存在的心理问题准确分类，有针对性地解决大学生的心理问题；要做实常态化心理咨询服务。可开通心理咨询热线、24 小时心理咨询室等，使大学生随时随地进行心理咨询，尽早为大学生提供心理治疗。要实行线上线下综合施策。一方面，高校应建设内容丰富的心理咨询室、活动室，广泛开展自我认知、情绪调控、压力管理、人际交往、生涯规划、生命教育等心理健康教育主题活动；另一方面，通过心理健康教育的公众号、微博号推送心理健康知识，提供各类心理教育资源，全方位帮助大学生正确认识心理问题。

构建家庭、学校、医院协同的防御机制。通过组建一批专业的心理咨询队伍，包括专业的心理咨询师、心理健康教师、辅导员以及医院心理健康专家，通过交流学习、教育培训等方式，提升心理健康工作队伍的专业素质；要健全高校心理健康监控网络，对于重点学生进行重点排查工作，并实行 24 小时值班制度，为有心理疾患的学生提供在线咨询和面询服务。同时采用心理沙龙、心理情景剧、心理素质拓展训练等方式对大学生开展心理健康教育工作。高校应与医院合作，为大学生心理治疗提供专业支撑和技术保障；建立健全与学生家长会谈制度。如天津市《关于进一步加强大学生心理问题防控的通知》明确指出："要编发有关心理健康教育和家庭教育的材料，深入抓好家庭教育，建立云端'家长学校'，加强家校沟通。"[①] 高校应定期召开重点

---

① 北方网：《天津建立四大机制防控大学生心理危机》，2020 年 5 月 30 日，见 http://tj.people.com.cn/n2/2020/0530/c375366-34052608.html。

学生研判会议，对其近期情况进行全面了解把握，并对其制定帮扶方案，高校作为家庭和医院的枢纽，应将学生情况告知家长，并积极配合医院治疗。

三、增强大学生的抗压能力

大学生受"佛系"文化吸引的原因之一是社会压力与大学生抗压能力不匹配造成的，而无法客观地认识自我则是大学生难以承受巨大社会压力的诱因，高校应着重培养大学生正确认识自我，运用思想政治教育、心理教育等多种方法，逐步引导大学生完成自我认同的建构。

（一）帮助大学生正确认识自我

正确认识自我是大学生成长路上的必修课，通过正确认识自我，大学生可能会改变一些自己已有的坏习惯，并欣然地接受自己，只有正确认识自我，才能更好地应对生活中的压力与问题，帮助大学生建构健康人格，从而避免并消除消极情绪。

多层次引导大学生客观认识自我。大学生受"佛系"文化吸引，离不开大学生自我认识与现实的误差。要促使大学生理性认识自我，认真思索"我是谁，我还有哪些不足"，通过对自我的分析，降低大学生对于现实生活中不切实际的期待，避免跟风心理，更加专注于提升自我。

要正确引导大学生自我认同建构。大学时期是学生构建并完善自我认同的重要时期，自我认同本身具有多重性特点，由于时间和地点等因素大学生的心理状况是不确定的，一些大学生认为"人生已经这么苦了，不如及时行乐，快乐到什么时候是什么时候"等错误思想观点干扰大学生自我认同的建构，高校应优化大学生思想政治教育内容，使大学生更加深入了解马克思主义基本原理，坚持用社会主义核心价值观等主流意识形态培根铸魂，加深大学生对主流意识形态发自内心的认同，并逐渐由认同转化为自身行动。通过自身行动的不断实践践行社会主义核心价值观。

（二）引导大学生正确看待挫折

"人在不可控的状况下遇到失败和挫折后，通常会有三种归因的维度：

内部—外部、稳定—不稳定、普遍—特殊。当归因于内部、稳定且普遍的因素时，则会产生'结果不可控'的期待，出现动机水平降低、认知和情绪受损害的无力感症状。"[①] 如何引导大学生正确看待各类压力，不断提升自身的抗压能力，是大学生思想政治教育的重要课题。

要加强挫折训练，提升抗压能力。总的来说，"00后"大学生的心理承受能力较差，抗压能力与抗挫折能力都稍有欠缺。学者缪笛认为挫折教育一般有两种方法："一是用真正超然心态取代消极的超然心态，在品尝过真正的苦难之后，很多人才会明白生活远没有他们以为的艰难。二是引导大学生正确看待挫折。郑板桥曾说过'千磨万击还坚劲，任尔东西南北风'，当人面对挫折困难时，需要凭借坚韧不拔的品行。挫折并不代表一生的成败，只代表一时的得失，养尊处优的生活容易让人受到挫折时消极懈怠，只有正确看待挫折，善于从失败中总结经验才能将逆境化为人生的财富。"[②] 在对大学生进行挫折教育时，应着重引导大学生正确看待挫折，在遇到挫折后也能勇敢地面对人生，通过循序渐进的挫折训练，不断提升大学生应对挫折的心理状态，使大学生逐渐养成积极向上的社会心态。

要以良好的家庭教育提升大学生抗挫折能力。古人云："积善之家，必有余庆；积不善之家，必有余殃。"习近平总书记指出："家风是一个家庭的精神内核，也是一个社会的价值缩影。良好家风和家庭美德正是社会主义核心价值观在现实生活中的直观体现。"[③] 良好的家庭教育对于培养大学生健康向上的社会心态具有重要意义。家庭教育中应更加注重对大学生心态的培养，部分大学生家长唯成绩论，认为学生的本职工作就是学习，只要学习成绩好，其他的问题不需要学生过分关注，导致一些大学生逆商较低，在遇到问题时，不愿解决问题或放弃。授人以鱼不如授人以渔，父母在大学生遇到问题时，应思考的是提供解决问题的办法而非帮助其解决问题，同时，父母应以身作则，在遇到挫折时不气馁，积极解决问题，以榜样的力量激励大学

---

① 贺武华、雷姝：《当代大学生"佛系心态"的现实表征、成因及合理引导——从A学生个案说起》，《教育学术月刊》2020年第5期。

② 缪笛：《"佛系青年"现象生成逻辑与引导研究》，《中国青年研究》2019年第9期。

③ 《在2015年春节团拜会上的讲话》，《光明日报》2015年2月18日。

生正确面对挫折等风险挑战。

（三）建立大学生就业社会帮扶机制

构建政府、高校与企业之间联动的就业平台。近年来，人社部中国就业培训技术指导中心、国家开发银行、阿里钉钉、支付宝联合开发新职业在线学习平台正式上线，大学生只需在支付宝中关注"国家开发银行助学贷款"生活号，便可访问新职业在线学习平台，利用平台资源，大学生可以提高自身的就业技能和适应社会能力。应切实加强与政府部门和企业之间的联动，共同构建就业平台，拓展大学生获取就业政策和就业信息渠道。

出台促进大学生就业举措。通过适度扩大研究生、专升本招录规模以及科研助理招录规模，以提升大学生学历或校内就业缓解就业压力；适时推出多项实用管用措施，挖掘基层教育、基层医疗卫生、高校科研助理、公务员招录以及各类企业岗位，引导毕业生围绕城乡基层社区各类服务需求就业创业。[①] 要进一步加大大学毕业生就业扶持力度，扩大对研究生、专升本考试的招生规模，在高校设置就业缓冲岗位，帮助大学生缓解当前疫情形势带来的就业压力。完善创业孵化体系，通过政府、企业与高校共同建设设施完备的大学生创业孵化基地，为大学生创业提供资金保障、政策保障、法律保障。

开展大学生就业创业活动。通过举办高校毕业生创业实训成果展及大学生创业经验交流会、创业项目信息推介展示会、创业引领专项活动及创业大赛、毕业生就业双选会以及开展高校毕业生就业服务周等各类活动调动大学生的就业创业热情，以促进大学生就业。要开展创业经验交流会和创业实训活动，汲取创业知识，增强大学生创业能力，充分调动大学生的创业热情，减轻就业压力。

---

① 参见徐铁英：《辽宁省多向开拓大学生就业渠道》，2021 年 6 月 28 日，见 http://ln.people.com.cn/n2/2021/0628/c378319-34796728.html。

第四章　网络流行语对大学生的作用影响

孔子有言："言之无文，行而不远。"①意在指文章没有文采，流传就不会久远。同样，语言文字只有使人信服、获得认可才能发挥其价值。互联网的发展使人们更方便快捷地利用互联网获取信息、传递声音、表达情感，并在此过程中逐渐形成独特的网络语言形式，即网络流行语。网络流行语以其高度凝练、蕴意丰富的特点在大学生群体中广为应用，它通常运用比喻、谐音等隐喻的修辞方法，或利用符号、标点、数字组合排列，或拼音、英文缩写等方式对社会热点问题以及内心情感进行宣泄和表达。网络流行语从网络中生成，又随着网络环境的变革而演变，网络的宽松性和多元性也决定了网络流行语在传播或创造过程中会带来积极或消极的影响。为此，要不断明晰网络流行语的变化，进而更好地把握时代发展的脉搏，洞察大学生群体的思想状况以及社会心态，创新思想政治教育话语方式，及时解答青年大学生在成长过程中的困惑，帮助大学生更好地接受党的创新理论，切实做到入耳入脑入心。

第一节　网络流行语内涵与特征

网络渠道传播速度快、覆盖面广的特点壮大了网络文化的受众群体。据《第 48 次中国互联网络发展状况统计报告》统计，截至 2021 年 6 月，我国

---

① 《左传·襄公二十五年》。

网民规模为 10.11 亿，互联网普及率达 71.6%。[①] 数据表明，互联网已经成为大多数人生活中不可缺少的一部分。不同年龄、不同学历、不同地区的人可以借助网络表达自己对于某一事件的观点与看法，而网络文化在此过程中融合创新，与现实生活之间的联系也愈发紧密。网络流行语是网络文化的重要组成部分，网络流行语从网络文化中凝结而成，网络文化的多样性也决定了网络流行语的多样性。网络流行语随着网络环境的变化而更新换代，并伴随着时代变化折射出了多样的社会心态。

一、网络流行语基本内涵

"语言是一种社会现象，其形成与发展取决于社会意志和社会需要。"[②] 随着网络时代的发展，网络流行语应运而生。学界关于网络流行语的研究主要从语言学和传媒学视角来解读，也有从翻译学视角来阐释，对网络流行语内涵的界定主要有三种观点：一是从网络流行语的使用主体出发来界定，如郑丹娘认为："网络流行语是网络语言中流行的所谓新词，更确切地说是一群以青少年为主体的网络人在聊天时使用的键盘语言。"[③] 二是从网络流行语和社会相互作用的角度来界定，如王仕勇认为："网络流行语是一定时段内主要在网络场域被网民自发使用的、最活跃的、具有发酵功能和特殊意义的并往往对社会现实产生影响的语言符号。"[④] 三是从社会新闻事件的衍生词及传播来界定，如陈一民认为："网络流行语是伴随现实社会新闻事件的发生在网络几近同步产生、迅速流行风靡于网络内外、短时间内生命力极其强大但并不长久的热门词语，又叫网络雷语、网络热词语等。"[⑤] 总的来说，不同专家学者都从自身学科领域对网络流行语文化的内涵进行概括，据此揭示网

[①] 参见《第 48 次中国互联网络发展状况统计报告》，2021 年 8 月 27 日，见 http://www.cnnic.cn/hlwfzyj/hlwxzbg/。

[②] 邢福义、吴振国：《语言学概论》，华中师范大学出版社 2010 年版，第 7 页。

[③] 郑丹娘：《"网络流行语"与青少年"自说自话"》，《中国青年研究》2001 年第 4 期。

[④] 王仕勇：《网络流行语概念及特征辨析》，《探索》2014 年第 4 期。

[⑤] 陈一民：《语言学层面的网络流行语解读》，《中南林业科技大学学报（社会科学版）》2008 年第 6 期。

络流行语文化的基本特征。

（一）网络流行语的文化内涵

网络流行语具有时代性，时代的发展不仅使网络流行语从构成方式、字音字形上发生改变，网络流行语自身所折射出的文化内涵，主要体现在道德意识、审美情趣以及心理行为上。

网络流行语是不同群体道德意识的集中注释。网络流行语体现出的道德意识主要从人们对网络热点事件以及社会新闻的态度中创造出来。人们通过网络流行语来表达自己的看法，体现了人民群众的创造力。例如，在汶川地震中丢下学生跑出教室的教师范美忠，被网友戏称为"范跑跑"；安徽某中学教师杨经贵，目睹课堂中两学生打架致其中一人身亡，从始至终置身事外不予理睬，事件经报道后被网友称作"杨不管"；云南省晋宁县男子李荞明在看守所中死亡，警方通报其与狱友玩"躲猫猫"时撞墙造成死亡，后经调查发现该看守所长期管理混乱，网友调侃称此事件为"躲猫猫"事件。"范跑跑"事件、"杨不管"事件和"躲猫猫"事件表达了人们内心深处对社会秩序、社会道德的坚守。此外，积极类网络流行语的创造也是人们正向道德意识的集中反映。新冠肺炎疫情期间，冲在疫情防控最前线的先进个人或集体被赋予"逆行者"称号，被网友广泛使用；川航机长刘传健在危难时刻临危不惧、保持沉稳，最终化险为夷安全落地，"英雄机长"一词在网络中引起广泛讨论，被评选为 2018 年十大流行词。不论是"逆行者"还是"英雄机长"，都体现出人们对向真向善道德品格的高度认同。

网络流行语是不同民众审美情趣的外在反映。网络空间的开放性拓宽了人们获取信息的渠道，人们接收到的信息更加多元。人们的审美意识随着时代的发展也在不断变化，并突出反映在了部分网络流行语上，如"白幼瘦""白富美""高富帅"等，这些词汇表达了人们对于身材、外貌等方面的追求，也侧面反映了人们对于身材、容貌等方面的焦虑。同时，多元的文化环境也使人们在使用网络流行语时存在差异，部分网友体现出了审丑的倾向。由自称"浑元形意太极拳掌门人"马保国所说的"年轻人，好自为之"进而被网友转换成谐音字的"耗子尾汁"（好自为之），以及网红郭老师自创的郭言郭语"集美"（姐妹）、"弥 hotel"（猕猴桃）等词汇被部分网友广泛使用或传播。这些人在网络中以哗众取宠的方式来博取眼球，而这类词语的流行也源于网友的审丑心态，网友对这类网络流行语的追捧也更加折射出了其审丑的特点。

网络流行语是不同民众社会心态的符号表达。近年来，随着社会主要矛盾发生变化，网络流行语的主要内容以及受众也发生了较大改变。网络流行语内容中关于自身的调侃与情感宣泄逐渐增多，更多人借助网络流行语来表达自己的内心世界。不同类型的网络流行语体现了广大网友多样的心理状态，反映了多样的社会心态。自我调侃类如"我太南了""我酸了""打工人"等，这些网络流行语反映了时下青年在社会生活中面对考验或诱惑时所表现出的心理状态，在一定程度上是情感宣泄。积极类网络流行语如"奥利给""冲鸭""你是最胖（棒）的"，这些词汇体现了使用者积极向上的乐观心态。

网络流行语是不同民众价值选择的真情告白。当前，人们的价值观念存在较大差异，人们在社会生活中及网络中逐渐形成了自身的价值倾向，并表现在网络流行语的使用和传播上。如"最美××""厉害了，我的××"，这类填补式的网络流行语是社会主流意识形态的新表达，反映了人民群众对美好事物的向往和追求。"最美××"的故事给人们树立了榜样，人们从中收获感动、获得精神上的鼓舞，坚定了青年大学生顽强拼搏、自强不息的意志品质，形成正确的奋斗观。"厉害了，我的××"从"厉害了，我的国"等网络流行语衍生而来并受到人们的广泛应用，表现了人们对当前国家发展的充分肯定，反映了人们的爱国之心。又如深圳疫情防控期间，网友为表达对医护人员的敬意说出"淋着雨，扶着伞，护着你，暖着心。风雨无阻的，是为民的初心"，为生在中国而感到自豪和安心说出"下雨了，下的什么雨，对人民的忠贞不渝"。这些带有爱国主义色彩的网络流行语，彰显了中国共产党人"以人民为中心"的发展思想，反映了人们对党和国家发展成就的高度认同。但同时，网络流行语中也隐含着与社会主义核心价值观相悖的拜金主义、享乐主义等错误思想观点，如"宁愿坐在宝马车上哭，也不愿坐在自行车上笑""阿姨我不想努力了"等网络流行语，折射出一些青年大学生奢靡享乐的倾向，个别大学生缺少奋斗观念，奉行一切"向钱看"的价值观。

（二）网络流行语的分类

对网络流行语的分类可以从两个视角来看，一是依据网络流行语的内容来源分类，二是依据网络流行语的构成方式分类。前者注重网络流行语的生成原因，后者则侧重网络流行语的生成方式。

从网络流行语的内容来源上看，网络流行语可分为时政热点事件类、新闻事件类、影视话语类、社会心态类等四类。

从国内外时政事件入手，对热点事件中的人与事进行评价，是时政热点事件类网络流行语的主要特征。网络流行语既是一种语言形式，又是一种社会现象。如 2020 年新冠肺炎疫情防控期间，出现的网络流行语"逆行者"、"云监工"（指抗击新冠肺炎疫情防控期间，数千万网友在线观看武汉火神山、雷神山医院建设现场 24 小时直播，主动充当"云监工"）、"不约而同"（指新冠肺炎疫情防控期间，不约会、不聚集已经成了大家共同遵守的规则）等，这些词汇反映出疫情防控下人民群众齐心抗"疫"的精神，是在中国共产党的领导下，全国各族人民群众团结一心、众志成城的缩影。又如"不忘初心""人类命运共同体""中国梦"这类词汇，既反映了鲜明的时代特征，又从侧面体现了人民群众对"马克思主义为什么行，中国共产党为什么能，中国特色社会主义为什么好"的高度认同，充分体现了中国人民实现中华民族伟大复兴的信心和决心。

新闻事件中的热点事件受到热议，加速了网络流行语的产生，如 2010 年前后较为流行的"蒜你狠""姜你军""豆你玩""糖高宗"等，对经济秩序和市场乱象具有吐槽性质，又起到一定程度的暗谏作用。同时，网络流行语还有对新闻事件对象的总结，如"吃瓜群众""剁手党""网红""工具人""尾款人"等，这些词汇集中体现了市场经济活动中的一些新动态。

影视作品作为人民大众喜闻乐见的文化形式，总是潜移默化地影响着人民群众，影视作品从人民生活中汲取养分，人民群众也从影视作品中获得精神慰藉。如"道路千万条，安全第一条""小孩子才做选择，我全都要"这些经典台词逐渐成为人们网上交流的常用语。同时，由影视剧角色语言范式而引发的"甄嬛体""琼瑶体""红楼体""元芳体"等一系列创新性网络语言形式，在一定程度上激发了网友网络流行语的创作热情，丰富了网络流行语的表达形式。

社会心态类网络流行语主要体现青年大学生在社会生活中的心态，从情感上大体可以分为"积极向上"的积极社会心态、"吐槽调侃"的消极社会心态。如"正能量""厉害了，我的国""洪荒之力""工匠精神""给力"等积极向上的词汇，给予大学生以精神力量，鼓舞了青年一代创造美好生活的向往。而如"我不是真的人，但你是真的狗""我裂开了""我柠檬了""坑爹""屌丝"等带有吐槽性质的词汇，以及"你以为有钱人很快乐吗？他们的快乐你根本想象不到""条条大路通罗马，而有些人就住在罗马"这类"毒鸡汤"语录，虽然在一定程度上宣泄了情绪，但若经常使用易影响人们心理，形成不易消解的颓废心态。

从词语构成方式对网络流行语进行分类，可以分为语义迁移类、谐音类、符号类、组合类以及缩写类五类。

语义迁移类等词汇往往与词语原意相差较大，如"打酱油""我醉了""洪荒之力"等，其原意往往取其字面义，但随着网络信息的传播与某些网络事件的热议，这类词汇又被赋予了新的内涵。

谐音类等词汇通常形成于不同语言类型之间的转换，如"蓝瘦香菇""酱紫"等以方言谐音转化而成的词汇；"666""520""1314""886"等以数字谐音转化而成的流行语；"秀""粉丝""酷"等以英文谐音演变的词汇。这些词汇以其简洁方便、表情达意的特点受到人们的青睐，并在网络中广泛使用。

符号类网络流行语多表现为"颜文字"的形式，即以常见标点符号组成各种表情的形式，如"(*>ᴗ<*)"（表示开心）、"(;´ ⌒`)"（表示难过）、"-ᵕ-"（表示生气、愤怒）、"(`·ω·´)"（表示可爱），颜文字的使用不仅生动形象地展现了当下的情绪，也能提升言语的亲和力，拉近人与人之间的距离。

组合类网络流行语的形成有两种：一种是中文间不同类词之间的组合，

如"女汉子""尬聊""尬舞""佛系青年"等；另一种是两种不同语言的拼接，如"你有 freestyle 吗？""打 call"等。这类网络流行语基于同类或不同类型的语言拼贴、拼凑出来，体现了网络流行语的简洁性。

缩写类如用"3q"代表"qqq"表示"Thank you"；"喜大普奔"表示"喜闻乐见、大快人心、普天同庆、奔走相告"；"然并卵"表示"并没有什么卵用"；"十动然拒"表示"十分感动然后拒绝"等。这些词汇将一句话或几个词用缩写的形式展现出来，突出表现出此类网络流行语的简单性。

二、网络流行语主要特征

网络流行语在不断发展中形成了独特的风格，创新的表达方式使人们对网络流行语产生了浓厚的兴趣。网络流行语具有鲜明的时代性，它准确反映了不同时代的社会风貌，把握住时代发展的脉搏。网络流行语内容精练、朗朗上口，几个字或一个小短句就能概括较多内容，一定程度上方便了人们的沟通和交流，也有利于网络流行语的传播。同时，由于网络流行语还具有较强的隐喻性，把某件事或某个人的特征精练概括形成较为生动的词汇，更容易引起人们的共鸣。

（一）时代性强，更新速度快

年度流行语是时代的"晴雨表""指南针""测温仪"。[①] 时代前进的步履不停，网络流行语的更新也从未止步。网络流行语以其时代性强、更新速度快的特点，诠释着其更新创造的能力。

网络流行语时代性强。我国网络流行语的更迭，无论是关于情感的表达与宣泄还是对于社会热点事件的评说，不同年份的网络流行语都有着鲜明的时代烙印。2012 年，习近平总书记提出"中国梦"以来，"中国梦"一词在网络上被广泛讨论并使用。2015 年，李克强总理首次提出"互联网 +"行动计划，这种新经济形态逐渐成为推动社会发展与民生福祉的重要手段，"互联网 +"也成为当年的网络流行语；2018 年，"命运共同体"成为网络热词，

---

① 参见陈元平：《年度流行语为什么是这些词》，《光明日报》2021 年 1 月 13 日。

其本意是习近平总书记指出的"建设持久和平、普遍安全、共同繁荣、开放包容、清洁美丽的世界"①；2020 年新冠肺炎疫情防控期间，无数医护人员赶往第一线，他们舍小家为大家，"逆行者"便成了他们的代名词。网络流行语从国家和社会中汲取养分，记录属于每个时代的独有特色；同时，网络流行语受众群体的转变也表现出了其鲜明的时代性，最早出现的网络流行语具有强烈的网络亚文化特征，只属于小部分人的"狂欢"，这一时期的网络流行语以草根化、平民化等非正规的话语表达方式呈现，具有一定的随意性，用诙谐幽默、戏谑嘲讽的替代直抒胸臆的话语风格借以粗俗怪诞的语言和隐喻、夸张的修辞表达象征的寓意，具有一定的批判意义，消解了主流文化的权威性。随着时代的发展，网络流行语内部的更新换代，一些小众的、容易引起歧义的部分已被淘汰，取而代之的是更多符合大众心理的网络流行语的出现，这部分网络流行语获得了更多人的认可。总之，通过网络流行语，我们可以清晰地厘清不同历史时期的发展脉络，更好地把握不同时代的变迁。

网络流行语更新速度快。网络流行语内容创作的来源通常是依托时事热点新闻和阶段性的社会事件，更新速度快、流动性强，基于热点话题群众性讨论度高，但随着新的热点话题出现，以往流行的词汇总是会被新的流行词汇所代替，新的流行语又掀起新的使用高潮，同样意思的词汇在不同时期的表达方式也有所不同。比如，从"神马都是浮云"（2010）到"天空飘来五个字，那都不是事儿"（2014），从"蓝瘦香菇"（2016）到"我太南了"（2019），从"羡慕嫉妒恨"（2009）到"我酸了""柠檬精"（2019），从"佛系"（2018）到"躺平"（2021），这些网络流行语在表达上的转变，突出表现了网络流行语更新速度之快，虽然词义相差不大，但是网络流行语仍然在不断变化，一些陈旧的表达形式已经逐渐被人们所抛弃，新的网络流行语正随着时间的推移而不断涌现，这体现了网络流行语的时效性。

---

① 习近平：《决胜全面建成小康社会　夺取新时代中国特色社会主义伟大胜利——在中国共产党第十九次全国代表大会上的报告》，《人民日报》2017 年 10 月 28 日。

（二）内容精练，传播速度快

人们网际交往方式更加崇尚简单、方便、快捷的表达方式，而网络流行语正是因为其简单、方便交流而受到了广大网友的青睐。同时，网络流行语在构成上多为简单的词汇或语句，网络流行语的内容精练，这种短小精悍的词汇或语句朗朗上口，在传播上具有明显优势。

网络流行语内容精练。语言被创造出来是为了方便沟通，新时代的快节奏也在一定程度上影响了网络流行语的创造，用最精简的语言表达较多内容，更加省时省力的特点带动了网络流行语的精简化。同时，网络流行语虽然在线下使用的次数逐渐增多，但远远不及在网络中的使用频次。人们通过电脑、手机或其他电子设备输入词语或符号时，简洁迅速、用最精练的词或话表达出丰富的语义是他们所追求的，内容精练的网络流行语也因此而生。比如，数字谐音类网络流行语"886"（拜拜了）、"778"（吃吃吧）、"2121"（爱你爱你）、"520"（我爱你）；拼音缩写类网络流行语"awsl"（啊我死了）、"dbq"（对不起）、"yyds"（永远的神）；成语缩略类网络流行语"不明觉厉"（虽然不明白，但觉得很厉害）、"喜大普奔"（喜闻乐见、大快人心、普天同庆、奔走相告）、"人艰不拆"（人这一生本就很艰辛了，有些事情看破不拆穿）。这些网络流行语都用简单的几个数字或字符表达了更丰富的含义，也在一定程度上节省了人们打字的时间，节约了人们网上交流的时间成本。

网络流行语凭借其内容精练的特点，传播速度也十分迅速。例如，综艺节目中出现的经典语录被网友争相模仿并创新，使其在网络空间中迅速传播，不断刷新这些词句的热度，转化成网络流行语。如影视演员黄晓明在综艺节目《中餐厅3》中的经典语录"我不要你觉得，我要我觉得""就这样，都听我的"，经典语录受到广大网友的吐槽和调侃，被戏称为"明言明语"。同时，一些网友还开展"明言明语"十级考试，平台方也借助"明言明语"的热度创造热点话题吸引流量，网络空间一时兴起"明言明语"的使用热潮。再如，电影《流浪地球》中出现的台词"道路千万条，安全第一条"，一经传播就被网友创新并展现了不同风格，如"感情千万条，脱单第一条""人生千万条，上进第一条"等，这些都反映了网络流行语能够借助不同事物传播，具有重构性。

（三）隐喻性强，易引起共鸣

隐喻是人们将内心对事物的认识映射到另一事物上的过程，借助另一事物的特征将"此物"转化到"彼物"上来，从而隐晦地利用"彼物"表达"此物"。网络流行语在形成和发展的过程中，由于受到网友的创新改编以及再次传播，逐渐形成了别样的话语风格和体系。一些词汇原有的含义从"此物"中抽离，转而成为描绘"彼物"的词语，如"打酱油""狗粮""锦鲤""白月光""油腻"等词汇，它们原本的含义从字面就能知晓，但随着广大网友创作能力的增强以及多元信息的交汇，这些词汇又被赋予了新的内涵并被广泛使用，成为新的网络流行语。又如，从英文谐音转化而来的词汇"酷盖"（cool guy）、"狗带"（go die）、"奶思"（nice）等词语，在传播过程中，本土化趋势日益显现，逐渐将英文发音转化成中文谐音词汇。再如，组合类的网络流行语"人体 ETC"，把两个事物糅合在一起，"ETC"原指"不停车电子收费系统"，车辆安装后通过高速路口时可以自动抬杠，较为省时。在"ETC"前面加上"人体"后，该词就变成形容一个人十分愿意抬杠，与之前的网络流行语"杠精"相一致，不同的是"人体 ETC"更突出了网络流行语的隐喻性。此外，富有隐喻性的网络流行语不仅局限于名词。芒果 TV 综艺节目《变形计》的主人公王境泽刚到乡下便放出狠话不吃这里的任何东西，几个小时后吃到村民家里的饭直说"真香"，网友根据他的种种行为，将"真香"一词延伸为"发誓不做某种事但最后还是去做了"的一种"打脸"行为，也逐渐发展成"真香定律"。从一些网络流行语的重新演绎中，可以感受到广大网友的创造力，也不难发现这些网络流行语不论是旧词新用还是词语组合，其原本的含义都不具有较浓厚的感情色彩，但是被赋予隐喻的性质后，这些词语与原意相差较大，用在不同的语境中也就有了或褒或贬的感情色彩，网络流行语的隐喻性也就由此体现出来。

近年来，网络流行语隐喻性强的特点受到广大网友的青睐。一个简单的词汇用在不同的语境中产生不同的效果，容易引起网友尤其是青年网友的追捧，他们用一种"看破不说破"的态度，运用此类网络流行语表达自己的不满、调侃或"内涵"，有时存在"阴阳怪气"，但也在一定程度上获得了心理上的满足。同样，在网络互动中运用网络流行语，也可以引起青年大学生的情感共鸣。一个网络词汇的出现，其表达的观点和态度与大部分的人相一致，带动更多的人去使用，便会形成一种网络流行语。不论是积极向上的还是消极颓废的网络流行语，都能在一定程度上引起人们的情感共鸣。如"丧式语录""佛系语录"等的出现，逐渐引起人们广泛的关注与讨论，从对"丧"和"佛"自身的感悟出发不断地传播和创作中得到心灵的慰藉。从"不忘初心""厉害了，我的××""最美××"等正能量语录的流行，可以感受到人们心灵深处的爱国热情，掀起投身中国特色社会主义建设的热潮。

第二节　大学生受网络流行语影响现状分析

当代大学生对新鲜事物充满好奇心，接受能力强，乐于表达自己的观点。网络流行语作为网络中广泛使用的流行话语，在大学生群体中应用十分广泛。网络流行语为大学生提供了表达情感的桥梁，为大学生及时宣泄心理、加强人际交往提供了语言工具。但同时，一些网络流行语中存在嘲讽戏谑、消极冷漠以及功利主义色彩较为浓厚的词汇，需要加以正确引导。

一、大学生受网络流行语影响的积极方面

任何一种文化都是以社会时代为创作背景，以人为创作核心和传播主体，网络流行语是新时代语言的代表形态，被称为"社会性方言"，是当前社会情境中形成的个体社会心理与特殊群体社会心态的文字性描述，能够最直接地体现大学生社会心态和大学生群体的精神面貌。网络流行语以青年大学生的心理特征为创作灵感和传播动力，大学生通过使用和创造网络流行语表达对社会热点事件的看法以及自身的情感宣泄，获得认同感和表达需求的满足，一定程度上促进了网络空间中的人际互动。

（一）情感宣泄的表达需求获得满足

大学生在学业、生活上面临着诸多压力，精神上的压抑情绪促使他们试图寻找一种合理、快捷的方式来表达自己内心的苦恼。网络流行语的出现，成为大学生情感宣泄和心理压力释放的出口，帮助大学生及时表达自己的内心情感，释放压力，调整自己的情绪状态。

您使用网络流行语的目的在于：

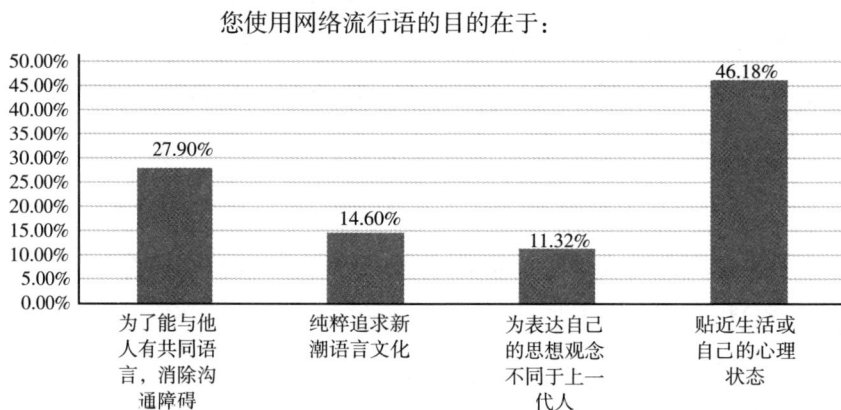

图 4-1　高校学生使用网络流行语的目的图示

从图 4-1 中可以看出，在大学生认为自己使用网络流行语的目的是"贴近生活或自己的心理状态"的占 46.18%。这表明，青年大学生使用网络流行语主要是基于内心的真实情感和生活状态，在网络空间内，大学生更愿意表达出真实自我，也更加轻松自如，相对于现实世界中的情感宣泄而言，网络空间是大学生更为青睐的情感表达场所，他们以语言文字、表情图片等符号为情感交流的载体，激起大学生群体共鸣，达成群体性共识，是大学生标榜自我和身份认同的方式；同时，流行语简洁的形式也使大学生更愿意使用网络流行语表达情绪，如"我醉了""我佛了""我酸了""开启网抑云模式""伤不起""可以、都行、无所谓"等词汇，适用于不同语境，简短而有力地表达了内心真实想法，既有调侃之意，又在一定程度上宣泄了自己的情感获得了满足。以轻松幽默为基调的网络流行语是大学生将所处的生活环境和心理状态以戏化表演的文字形式呈现，蕴含着大学生群体的价值取向，是大学生群体社会心理的外在表现，同时具有一定的娱乐消遣功能，大学生使用网络流行语交流，可以放松心情、缓解压力进而获得被认可的满足感。网络流行语也随着网络社交媒体的推进和社会时代的发展不断泛化。

（二）促进网络空间中的人际互动

法国哲学家亨利·伯格森曾说："有语言，共同行动才有可能。"人与人通过语言来建立良好的关系，在不断交往中才能更加拉近彼此之间的距离。从图 4-1 中可以看出，大学生选择"为了能与他人有共同语言，消除沟通障碍"的占 27.90%。这表明，近三成大学生把网络流行语作为社会交往的一个媒介，运用网络流行语提升人与人的互动，使双方有共同话题，消除人际沟通中的障碍。另外，通过网络流行语可以寻找到与自己感兴趣领域中志同道合的人群，促进群体内部的交流互动。如饭圈文化中的缩写类流行语"yyds"（意为"永远的神"）、"awsl"（意为"啊我死了"）、"nbcs"（意为"nobody cares"即"没人在意"），饭圈内部粉丝通过这类语言形式寻找到自己群体内部成员，加强群体内部之间的联系，带动群体内部之间的互动。

网络流行语的使用有助于提升青年大学生人际互动的亲密度。如在网络中人们彼此之间相对生疏，使用"亲""姐妹"等词汇作为人际交往之间的称呼，更容易拉近彼此之间的距离。在虚拟网络空间中，大学生之间不存在身份地位上的明确界限，处于人人平等的状态，他们在网络流行语的使用上也更加自如，避免不必要的顾虑，这为网络空间中的大学生人际互动提供了有利条件。随着网络空间中的社群活动增多，推动信息的不断交互，青年大学生不同社群之间的界限也日益显现。但是在青年大学生社群内部，大学生之间沟通较多、联系紧密，逐渐形成了自己独有的用语习惯，而随着这些用语使用人数的不断增多，不同圈层的大学生在一定程度上扩大了这些用语的使用范围，也推动了这些用语成为网络流行语。如"饭圈用语""二次元用语"等，这些词语广泛应用，进一步拉近了大学生之间的关系。此外，通过一些综艺节目以及影视作品，大学生在观看之余，利用"弹幕"创造出新的"梗"，"梗"的出现，不断丰富大学生日常交流的语言内容，有利于促进大学生之间的沟通交流。通过"梗"的传播，加强同类文化作品的受众讨论交流，进一步提升人际互动的亲密度。

（三）快速了解社会热点问题的舆情

网络媒介优势就在于能够及时传递信息、沟通交流，对社会事件、舆情焦点作出及时快速的反应，及时性、便捷性等特征更好地满足青年大学生获取信息的需要。青年大学生通过对社会新闻、舆情热点的点评与讨论，可以创造出新的网络流行语，通过扩散传播引起更多人群的关注与创造。由于在互联网平台人们的言论相对宽松自由，容易加速网络舆情的传播。大学生作为新时代的青年"要担当时代责任。时代呼唤担当，民族振兴是青年的责任"[1]。作为当代大学生，必须要对当下社会热点有所了解，要关心社会问题，只有这样才能把握住时代发展的脉搏，才能担当得起民族复兴的责任。网络流行语是收集研究舆情民意的重要信息库。[2] 但网络空间中实时信息量巨大，要了解所有的社会热点话题需要花费大量的时间，这时简洁方便的网络流行语便发挥了媒介作用。网络流行语具有时代性，它反映出当下的时代风貌，同时也折射出某些社会现象。社会热点问题一经出现，便会掀起巨大的讨论热潮，发酵成网络舆情热点，而与之相关的网络流行语也不断涌现。广大网友依据社会热点事件概括总结，发表对社会热点事件的看法，创造出新的网络流行语，又掀起了新一轮的讨论高潮。比如 2019 年网络流行语"996"（意为"早九点上班，晚九点下班，每周工作六天"），它因为互联网公司程序员在网络上公开抵制"996"工作制而出现，"996"一经出现便引起了热烈的讨论，并且广大网友各抒己见之余又有新的相关网络流行语"打工人"的出现，这不仅表现出广大网友的创造力，也为他人了解社会热点提供了便捷的路径。此外，社会热点话题中出现的网络流行语较为新颖，并且具有代表性和吸引力，大学生在了解网络热点话题时，就可以通过网络流行语对舆情热点简单了解，对热点话题有了一定的了解，从而把握了当前社会的现实状况，这在很大程度上节省了大学生信息阅读的时间，节省了大学生

---

① 《习近平谈治国理政》第三卷，外文出版社 2020 年版，第 335 页。

② 参见张艳红：《利用网络流行语更好凝聚社会共识》，《人民日报》2020 年 2 月 18 日。

的时间成本。

二、大学生受网络流行语影响的消极方面

网络流行语在一定程度上激发了大学生表达自我与情感宣泄的欲望，为其更快了解社会热点提供了方便。但并非所有的网络流行语都会给大学生以积极影响，随着网络空间信息的轰炸，一些不良信息极易混杂其中。而大学生正处在世界观、人生观和价值观逐渐形成的阶段，对此类不良信息的鉴别经验还不够充足，容易受到不良信息的影响，随着时间的推移，易引起一些大学生产生消极的社会心态，价值取向发生变化。

（一）滥用网络流行语造成言行失范

"青年人阅历不广，容易从自身角度、从理想状态的角度来认识和理解世界，难免给他们带来局限性。"[①] 在网络空间信息庞杂、环境复杂的情况下，大学生身处网络环境难免受到侵扰。一方面，网络空间的虚拟性为网络流行语的使用提供了屏障。人们在发表自己的观点时更为放松表达出自己的全部观点，但宽松的网络环境极易引起网友使用网络流行语的随意性，造成网络流行语的滥用。一些人不分场合使用网络流行语，影响了网络空间秩序，如网络流行语中带有攻击侮辱性色彩的词汇"小学鸡""绿茶婊""土肥圆""穷矮矬"等词汇，加之一些大学生盲目从众，跟风现象较为严重，网络空间中出现的新词汇总能吸引他们的注意，并纷纷效仿以标榜自己的个性独立。另一方面，网络空间的娱乐性为网络流行语的滥用打开了方便之门。人们在网络空间获取信息的同时也从网络空间中获得娱乐与消遣，但随着娱乐性的深入，网络中泛娱乐化的倾向日趋增大，一些人滥用网络流行语的行为引起了言行失范。德国诗人海涅曾说："言语之力，大到可以从坟墓唤醒死人，可以把生者活埋，把侏儒变成巨无霸，把巨无霸彻底打垮。"言语的力量是无穷的，在人际交往中言语的攻击很大程度上会给人的心灵造成伤害。由网络流行语引发的网络骂战屡见不鲜，网络骂战侮辱了网民的人格，

---

① 习近平：《在纪念五四运动 100 周年大会上的讲话》，《人民日报》2019 年 5 月 1 日。

更有甚者侵犯并传播他人隐私，玷污网络空间，损害网络道德根基。起源于网络游戏主播与玩家对骂而形成的"祖安文化"，其常常以"出口成脏"为特点，不断发展成对骂、脏话的代名词。近年来，国家有关部门虽然采取相关措施整治此类现象，但为了规避这些现象，这类热衷于"祖安文化"的用户又创造出更多新词汇，引起反向创造热潮。而"祖安文化"走出网络游戏圈层又出现了新的问题，不仅是停留在"对骂"上，还滋生了暴力行为，一些青年大学生对自己反对的人或事进行人身攻击并泄露他人隐私，严重破坏了网络生态环境，造成网络中的言行失范。

此外，新媒介语境下的娱乐文化突破了传统载体的限制，娱乐功能的范围扩大，泛娱乐化现象以新媒体为渠道不断地向社会蔓延。自身带有娱乐特性的网络青年亚文化凭借其强大的包容力将娱乐文化囊括其中，精通多媒体技术的青年大学生在借助手机、网络等新媒介进行情感宣泄的同时也在进行着文化创造，如恶搞文化、弹幕文化、迷文化等带有娱乐性质的文化样态层出不穷。不同类型的网络文化带动了更多网络流行语的传播，但宽松的网络环境及在一定程度上缺少严格监管，易造成网络流行语的泛娱乐化倾向严重，造成一些青年大学生言行失范，产生网络道德失范的现象和行为。

（二）碎片化拼接导致语言价值空化

网络流行语种类繁多，不同的流行语代表着不同的价值取向。并非所有的网络流行语都能引领正确的价值导向。某些网络流行语简单地拼接，打破了常规的汉语构成方式，不符合现代汉语语法规范，消解了中华优秀传统文化的根基。北京邮电大学网络文化研究中心主任王文宏指出："很多网络流行语，将集中了中国传统文化的成语随意改变，只重音译而不重词义。存在着将汉语简单化、碎片化、随性化的倾向。"[①] 比如，"十动然拒"（十分感动然后拒绝）、"喜大普奔"（喜闻乐见、大快人心、普天同庆、奔

---

① 张薇：《网络语言盛行："新意迭出"还是"汉语危机"？》，2015 年 1 月 2 日，见 http://media.people.com.cn/n/2015/0102/c14677-26313493.html。

走相告）、"人艰不拆"（人生已经如此地艰难，有些事情就不要拆穿）、"不明觉厉"（虽然不明白，但觉得很厉害）等词汇，以缩写的方式将一句话或几个词语组合成一个四字词汇，这虽然在一定程度上简化了冗长的句子，但易引起歧义，影响了网络空间中的沟通交流，同时随着简易网络流行语的使用频率不断增多，不仅影响了网络空间生态环境，还易造成青年大学生对此类网络流行语的误解，认为它本身就是成语，不利于大学生真实语义的表达。

近年来，不符合规范的词语构成方式对大学生的语言习惯产生了消极影响。中华民族的优秀传统文化源远流长，潜移默化地对人们产生深远持久的影响。中华文化博大精深，很多当下流行的网络流行语都可以用优美的诗句来表达。如"岁月是把杀猪刀"可以表述为"最是人间留不住，朱颜辞镜花辞树"；"说得好有道理，我竟无言以对"可以表述为"此中有真意，欲辨已忘言"；"有钱任性"可以表述为"家有千金，行止由心"；"帅醒"可以表述为"玉树临风美少年，揽镜自顾夜不眠"等。但伴随大学生使用网络流行语的语言习惯的日益养成，网络流行语的出现减少了大学生"咬文嚼字"的次数，大学生更愿意用简单的词汇来抒发内心情感，规范的语言文字及其释义容易丧失，甚至面临词不达意、表达不出的窘境。

（三）粗俗化倾向降低主流文化认同

网络流行语是在网络长期发展的过程中被创造和传播的，其产生和发展不仅带有鲜明的时代特征，还具有人们的思想观点、道德意识和价值取向，人们在选择或创造网络流行语时必然会按照自身的想法去判断，那些与时代发展息息相关的，符合人们需要的网络流行语也必然得到广泛的流传。但由于网络空间的匿名性，一些网民在传播或创造网络流行语时存在自发性和盲目性，加之经济全球化、文化多元化不可避免地影响网络流行语内容和形式多样，也产生了一些庸俗低劣的网络流行语。据人民网舆情监测室发布的《网络低俗语言调查报告》中显示，"根据网民用到的低俗词语，进行简要的筛选统计，选取25个（组）网络词语进行信息检索，可以发现2014年全年16个（组）网络低俗用词的原发微博数量达到千万次以上，其中4个（组）网络低俗用词的原发微博数量达到了亿次以上"[1]。从数据中可以看出低俗网络用语的使用情况。如"宁愿坐在宝马车上哭，也不愿坐在自行车上笑""高富帅""白富美""土豪"这类存在拜金主义倾向的网络流行语，对一些大学生的人生目的、恋爱观等产生冲击影响。又如"躺平""阿姨我不想努力了"这类自甘堕落的网络流行语，影响一些大学生的价值导向，与"为幸福而奋斗，在奋斗中谋幸福"的奋斗观明显不符。

"在网络信息的海洋中，部分网民认为措辞平淡就无人问津，不能彰显个性，而种种隐喻身体器官的语言和变体，似乎显现出创造的智慧和表达的叛逆。"[2] 每个人都积极对网络中的热点事件进行评判，急于表达自我，彰显自己的独特，他们追求鲜明的个性，乐于表达自我，但过分追求新潮容易消解原有释义。时有意见不统一，便容易掀起网络骂战，"饭圈"骂战是较为突出的反面案例。粉丝群体之间为"捍卫"自己的偶像，与"对家"唇枪舌战，不时带有攻击、侮辱人格色彩的词汇，严重污染了网络空间环境，弱化了社会主义核心价值观等主流文化的认同权威。

网络流行语中低俗、庸俗的词汇不利于主流文化的传播。网络空间文化环境相对宽松，每个人都有机会表达自己的观点，但是网络空间的随意性也在长期发展中逐渐暴露劣势，过分随意化的环境滋生了低俗、庸俗文化，影响了网络空间环境的良性发展。如"很黄很暴力""逼格"等迎合了部分人低级趣味的低俗词汇，以及"土味"流行语、"土味"情话等庸俗词汇。这些词汇在一定程度上映射一些大学生受到低俗文化影响，长此以往容易产生低级情趣和不良社会行为。

三、网络流行语对大学生产生消极影响的成因

宽松的网络环境是滋生不良信息的温床，网络流行语伴随网络环境而生并随网络环境的发展而发展，随着网络流行语被更多人使用，网络流行

---

[1] 人民网舆情监测室：《网络低俗语言调查报告》，2016 年 4 月 26 日，见 http://www.cssn.cn/zt/zt_xkzt/xkzt_yyxzt/wlyyyj/wlyylbt/201604/t20160426_2985080_1.shtml。

[2] 人民网舆情监测室：《网络低俗语言调查报告》，2016 年 4 月 26 日，见 http://www.cssn.cn/zt/zt_xkzt/xkzt_yyxzt/wlyyyj/wlyylbt/201604/t20160426_2985080_1.shtml。

语的内容更加多元、形式更加多样，但同时也夹杂着部分有害信息。大学生群体由于年龄及心理特点，存在对网络流行语的追捧行为，同时也囿于大学生群体的年龄和心理特点，容易在接触到不良网络流行语时跟风使用，甚至在不经意间传播不良网络流行语。网络流行语对大学生产生消极影响在于网络空间生态环境、社会大环境和大学生自身诉求等三方面的共同作用。

（一）网络技术催生符号化语言的使用

《中国语言生活状况报告（2020）》指出，网络生活已成为一种生活方式、生存方式。网络语言经历了从"舶来品"到"本土化"的发展路径；它呈现给公众的样态，从起初的"多语码化"发展为当下的"多模态化"；它不再是当初网络达人、大虾们"小众"的专利，而成为网络内外的"大众"共用、共有、共享的语言产品，求新求异的网络原住民们又在不断创造属于他们自己的"分众"化的交际符号和语言游戏。[①] 虚拟与现实的边界逐渐消解，网络语言正全面走向人们的日常生活。这表明，网络环境的深刻变革带来了网络语言面貌的变化，原本单一、小众的网络语言已经逐渐转变成多元、大众的语言现象，网络流行语的样态逐渐增多，伴随而来的便是网络符号化语言的广泛使用。

新的网络社交平台催生出新的语言符号。不同的社交平台存在不同形式、不同类型的网络流行语，这也带动了网络空间群体间的聚集和交流。网络流行语本身就是一种符号语言，它构成简单、生动形象，成为大学生在网络空间中的最佳选择之一，如"杯具"（悲剧）、"有木有"（有没有）等以谐音构成的网络流行语。网络流行语的群体性特征逐渐凸显，如"打工人""干饭人""尾款人""工具人"等，这些词汇十分具有代表性，看到这类词汇，人们可以很轻松地接收到对方所要传达的意思，产生相应的联想。这些词汇展现出新网络语言符号的面貌，突出表现了网络环境的变迁。但符号化语言与传统的语言形式出入较大，一些网络流行语不断拆解重组，生拼硬凑出一

---

① 参见柴如瑾：《年度字词镌刻时代印记》，《光明日报》2020 年 6 月 3 日。

些晦涩难懂的词汇，还有一些只注重音义而不注重字义词义，不断冲击传统的语言形式，导致语言价值空化的倾向，严重影响大学生对于主流文化的认同。

语言符号减弱文字语言在沟通交流中的作用。当代大学生作为"网生一代"，从出生起就受到网络环境的影响，他们对于网络环境的熟悉程度是与日俱增的，对网络文化的认知是独具一格的。大学生对新鲜事物有敏锐的感知，接受能力强，符号式语言的流行也在一定程度上带动了大学生的使用，如以标点符号构成的"颜文字"式符号语言"^_^"、"（·▽·）／"（表示高兴、开心）、"·ヘ·"（表示生气、愤怒）；以英文字母的排列组合象形表达词义的"orz"（看起来是人跪地造型，是难过或佩服之意）；英文字母与标点符号组合而成的符号语言"：P"（顺时针旋转90度后可以看出是吐舌头的表情）、"T_T"（表示流泪）等，这些符号语言采取了与象形文字较为相近的组合方式，虽然在一定程度上方便了沟通，提升了话语的亲和度，起到了表达情感的效果，但这些语言符号的长期使用必然会大大削弱大学生对语言规范的认知，大学生在日常表达中也会出现随意化、片面化倾向，在一定程度上也会阻碍大学生对自身语言使用表达方式的修正。

网络技术的快速发展促使网络中的个体及时转变观念，适应新的网络环境。这种情况下符号化语言逐渐在网络环境中占领了高地，网络流行语逐渐被一些媒体使用，而媒体的传播也让网络流行语从"线上"走到"线下"，成为全民熟知的语言。同时，一些媒体急于跟上潮流、获得关注，忽视自己的社会责任，将一些粗俗、低俗的网络流行语运用到新闻标题中，试图吸引更多人的眼球，如《绿茶婊只是明骚　女汉子才是暗贱》《马年将到"草泥马"给您拜年了》《让明星情侣"撕逼"飞一会》[1] 等，这些"标题党"利用大众的好奇心赚取流量，污染网络空间生态环境，影响大学生对网络空间道德的认知，阻碍大学生形成正确的思想道德观念。

---

[1]　参见人民网舆情监测室：《网络低俗语言调查报告》，2016年4月26日，见 http://www.cssn.cn/zt/zt_xkzt/xkzt_yyxzt/wlyyyj/wlyylbt/201604/t20160426_2985080_1.shtml。

（二）个性化与多元化表达的心理诉求

当代大学生喜欢追求新潮事物，对新出现的事物充满好奇。随着所见所闻的增多，他们眼界更加开阔，在思想上也日趋成熟，他们想要表达自我、展现自我的欲望也更加强烈。网络流行语以其新潮的方式展现独特的魅力，吸引了大学生群体，而一些大学生试图通过网络流行语的使用来标榜自我，他们过分苛求从网络流行语中获得满足，以至于在一定程度上受到了其消极影响。同时，由于大学生性别、专业等方面的差异，也使得大学生使用网络流行语存在不同的心理诉求。

表 4-1　所学专业 *15.您使用网络流行语的目的在于：

交叉表

			15.您使用网络流行语的目的在于：				总计
			为了能与他人有共同语言，消除沟通障碍	纯粹追求新潮语言文化	为表达自己的思想观念不同于上一代人	贴近生活或自己的心理状态	
所学专业	人文学科	计数	643	251	215	1171	2280
		占所学专业的百分比	28.2%	11.0%	9.4%	51.4%	100.0%
	社会科学	计数	416	209	181	842	1648
		占所学专业的百分比	25.2%	12.7%	11.0%	51.1%	100.0%
	理工科	计数	1304	632	422	1976	4334
		占所学专业的百分比	30.1%	14.6%	9.7%	45.6%	100.0%
	艺术体育类	计数	342	323	279	488	1432
		占所学专业的百分比	23.9%	22.6%	19.5%	34.1%	100.0%
总计		计数	2705	1415	1097	4477	9694
		占所学专业的百分比	27.9%	14.6%	11.3%	46.2%	100%

续表

卡方检验			
	值	自由度	渐进显著性（双侧）
皮尔逊卡方	275.233[a]	9	.000
似然比	258.348[a]	9	.000
线性关联	33.826	1	.000
有效个案数	9694		
a.0 个单元格（0.0%）的期望计数小于 5。最小期望计数为 162.05。			

从表 4-1 中可以看出，不同专业类别的大学生使用网络流行语的目的存在显著差异。在"为了能与他人有共同语言，消除沟通障碍"这一选项中，理工科大学生比率最高，占 30.1%，艺术体育类大学生比率最低，占 23.9%，理工科大学生比率高于艺术体育类大学生 6.2%；在"纯粹追求新潮语言文化"这一选项中，艺术体育类大学生比率最高，占 22.6%，远远高出人文学科、社会科学和理工科大学生 11.6%、9.9%、8.0%；在"为表达自己的思想观念不同于上一代人"这一选项中，艺术体育类大学生比率仍然远高于其他三类学科，占 19.5%；在"贴近生活或自己的心理状态"这一选项中，人文学科大学生比率最高，占 51.4%，艺术体育类大学生比率最低，占 34.1%，社会科学大学生比率与人文学科大学生相差不大，占 51.1%。这表明，理工科大学生由于专业特点使得其与语言文字接触较少，通过使用网络流行语可以拉近与人沟通交流时的距离，营造良好的交往环境。艺术体育类大学生由于接触到的文化较为多元，思想更开放，所以追求新潮事物的意图更加强烈。

从中可以看出，大学生急于彰显自我并寻找群体归属感。大学生在集体生活中渴望被认同，也渴望建立良好的人际关系。当现实生活中的渴望不能被满足时，一些大学生又将希望寄托于网络空间。在网络空间中，人与人之间的界限相对模糊，大学生在这种环境中更容易表达自我并寻找与自己处在同一圈层的人群。网络流行语的出现为他们创造了有利条件，利用网络流行语他们可以尽情表达自我，甚至不惜用夸张或庸俗的流行语吸引他人注意而获得存在感。这也体现出了大学生存在求异心理，想要展现自我，又要表现得与他人不同。

调查显示，大学生群体由于性别上的差异，使用网络流行语的目的也有所不同。

表 4-2 性别 *15.您使用网络流行语的目的在于：
交叉表

			15.您使用网络流行语的目的在于：				总计
			为了能与他人有共同语言，消除沟通障碍	纯粹追求新潮语言文化	为表达自己的思想观念不同于上一代人	贴近生活或自己的心理状态	
性别	男	计数	1364	726	596	1731	4417
		占其性别的百分比	30.9%	16.4%	13.5%	39.2%	100.0%
	女	计数	1341	689	501	2746	5277
		占其性别的百分比	25.4%	13.1%	9.5%	52.0%	100.0%
总计		计数	2705	1415	1097	4477	9694
		占其性别的百分比	27.9%	14.6%	11.3%	46.2%	100.0%

卡方检验			
	值	自由度	渐进显著性（双侧）
皮尔逊卡方	164.505[a]	3	.000
似然比	165.133	3	.000
线性关联	106.532	1	.000
有效个案数	9694		
a.0 个单元格（0.0%）的期望计数小于 5。最小期望计数为 499.84。			

从表 4-2 中可以看出，在"纯粹追求新潮语言文化"和"为表达自己的思想观念不同于上一代人"这两个选项上，男生比率明显高于女生，这表明男大学生比女大学生的求异心理更强，更渴望展现自我。同时，男女大学生在"贴近生活或自己的心理状态"选项上比率最高，但相比之下比率差值较大，男生比率低于女生 12.8%。在"为了能与他人有共同语言，消除沟通障碍"这一选项上，男生的比率为 30.9%，女生的比率为 25.4%，男生高于女生 5.5%。这表明，男女大学生在心理特点上存在一致性，都希望在群体交往中获得话语权，拉近彼此距离，拒绝成为"边缘人"。但是大学生群体往

往只重视突出自我，却忽视了网络空间的复杂性。同时，大学生在群体交往中存在焦虑心态，急切渴望在网络空间中寻找到心灵的栖息之地，以获得安全感和归属感。但网络空间中的各圈层又具有相对独立性，他们生产出与主流文化相区别的符号化语言来标榜自己的独特性，不同的圈层又有不同的流行词汇，如二次元文化中的"御宅""病娇""中二"，饭圈文化中的"zqsg""房子塌了""打 call"，网游文化中的"开黑""吃鸡""CCU"，等等，这些词汇具有鲜明的归属性，较少存在"破圈""出圈"的现象，不属于本圈层的人群很难理解这些带有鲜明属性的词汇，这也造成了一些大学生在寻找所属群体时的焦虑情绪。

大学生的从众心理使其易受到网络流行语的影响。古斯塔夫·庞勒认为："群体永远漫游在无意识的领地，会随时听命于一切暗示，表现出对理性的影响无动于衷的生物所特有的激情，它们失去了一切批判能力，除了极端轻信外再无别的可能。"① 从众心理是当前大学生群体中存在的普遍现象，大学生虽然有展现自我、标榜自我的渴望，但在很多情况下他们仍然有从众心理。当大学生在网络环境中发表观点时，就意味着他已经处在一个群体氛围之中了，在群体氛围里大学生难免会受到其他人尤其是群体中意见领袖的影响，加之对新出现的网络流行语的好奇，并想要标榜自己与上一代人的不同，导致了一些大学生跟风使用部分网络流行语的现象。同时，在群体氛围中他们害怕被边缘化，成为"边缘人"，导致一些大学生盲目从众，开始跟风使用一些不良的网络流行语来标榜自己的"合群"，在很大程度上加快了不良网络流行语的恶性传播。

（三）相对开放与自由的网络舆论环境

网络空间以其开放、包容和多元的特点受到人们的青睐，互联网"内容碎片化、传播瞬时化、终端迷你化、信息海量化、交流多元化"② 等特点

---

① ［法］古斯塔夫·庞勒：《乌合之众——大众心理研究》，冯克利译，中央编译出版社2000年版，第28页。

② 林辉：《新时代大学生网络话语权的引导化育探析》，《思想理论教育导刊》2019年第2期。

助推网络流行语的迅速流行，人们在通过网络获取信息的同时，会接触到多样的网络流行语。而网络流行语也随着时代的发展逐渐"破圈"，被更多人接受。面对社会热点事件，人们在表达自己看法的同时也存在不少争论，相对开放的舆论环境不仅会引来持不同观点的人之间相互骂战，一些错误思潮和有害言论也会趁机而入。而网络中的大学生数量庞大，大学生使用网络也较为频繁，他们很容易接触到这类不良信息，对大学生的正确价值判断产生影响。在网络信息爆炸时代，网络的传播力不容小觑。通过网络流行语的传播，一些社会热点事件得以让更多人关注和了解，但这同时也会造成将"小问题"变成"大冲突"的情况，一些人通过网络流行语将部分人群或事件上升到更严重的一级，从而引发群体之间的口水之争。这些争论在局外人看来毫无意义，但一旦发生在群体之间，就会无形之中凝聚成一种力量，引起群体之间的对抗。

网络舆论热点事件负面评论对您产生哪些影响

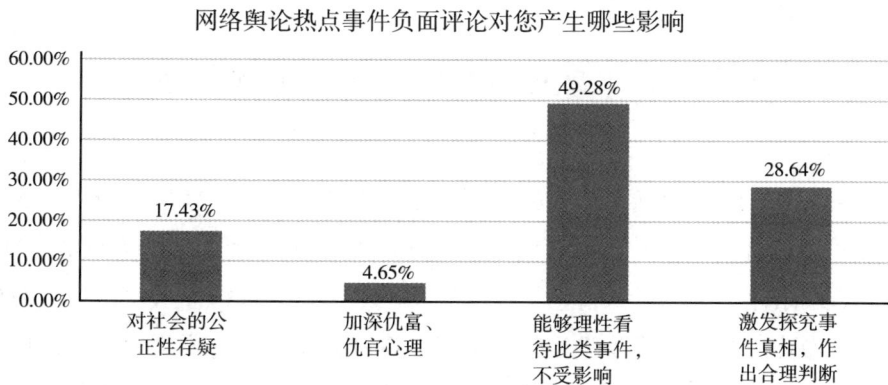

图4-2　网络舆论热点事件负面评论对大学生产生哪些影响的图示

从图4-2中可以看出，面对网络舆论热点事件的负面评论使自己"对社会的公正性存疑"的占17.43%；认为"加深仇富、仇官心理"的占4.65%；认为"能够理性看待此类事件，不受影响"的占49.28%；认为"激发探究事件真相，作出合理判断"的占28.64%。这表明，近八成的大学生在面对网络舆论热点事件负面评论时，能够保持一种理性的心态，对其作出合理的判断。但仍存在一些大学生会受到网络舆论热点事件负面评论的影响，加深对社会的疑虑以及产生仇视心态。当大学生不慎卷进争论的旋涡之中，年轻气盛的他们易产生不稳定情绪和心理落差，甚至受到裹挟，加剧不良舆情的发酵传播。

此外，全媒体时代网络舆情也时有反转。如"红黄蓝幼儿园事件""罗冠军梁颖事件""广州母亲控诉老师体罚患有哮喘女儿"，这些新闻在网络中一经传播，就迅速成为网络舆论的焦点，引起网友强烈谴责和激烈征讨。一些大学生面对这些社会新闻，往往表现出暴躁、愤怒的情绪，在网络空间中为了解全貌而大肆批判。待事件全貌全部展现出来之后，对于该事件的关注度也会大幅减弱，需要及时引导大学生在网络舆论环境中保持定力，坚持分寸感、拿捏好尺度，可以对网络舆论事件保持关注，但不要在为了解信息全貌时参与网络暴力。尽管网络舆情事件时常存在反转，但是随着网友对事件的热烈讨论，也进一步推动了社会真相的进展，如"吴亦凡"事件。

第三节　应对网络流行语影响的策略

网络流行语内容新奇搞笑、怪诞夸张，表现形式多样新潮，与传统的语言形式形成鲜明对比，迎合了青年大学生心理需求，受到大学生广泛追捧。但随着网络流行语的深入传播，一些不良网络流行语伺机而入，污染了网络空间生态环境。一些大学生由于缺少对不良网络流行语的辨别力，又存在盲从心理和逆反心理，容易陷入错误思潮的旋涡，影响青年大学生价值判断和人生选择。为此，要加强对网络流行语的重视程度，发挥社会多方面合力，积极寻找应对不良网络流行语影响的路径，为大学生营造积极向上的成长环境。

一、利用网络流行语提升大学生对主流意识形态的认同

主流文化和亚文化在社会文化中各成一派，主流文化代表着我国的主流意识形态。改革开放以来，我国对外开放水平不断提高，外来文化持续向我国输出，主流文化的地位不断地被撼动。同时，随着互联网的发展，网络亚

文化的种类不断增多，亚文化传播渠道也逐渐多样化，亚文化逐渐显示出其具有抵抗性的一面。在网络信息化时代，网上意识形态宣传显得尤为重要。习近平总书记指出，"我们要本着对社会负责、对人民负责的态度，依法加强网络空间治理，加强网络内容建设，做强网上正面宣传，培育积极健康、向上向善的网络文化，用社会主义核心价值观和人类优秀文明成果滋养人心、滋养社会，做到正能量充沛、主旋律高昂"①。为此，全社会要充分发挥主流文化作用以及开发和用正能量的网络流行语，增强优秀网络流行语感染力，增强大学生对社会主义核心价值观的认同，抵制网络环境的不良影响，共同捍卫主流意识形态的主阵地。

（一）及时甄别网络流行语维护意识形态安全

"意识形态在整个社会领域发挥着规范和协调各社会关系、整合和凝聚各社会集团和社会力量的功能。"②网络空间的飞速发展，各种思想文化的交流碰撞，多元化的网络环境，使我们必须要有建设强大凝聚力的社会主义意识形态意识，防患于未然。网络流行语的出现在一定程度上缓解了青年大学生学习生活上的压力，但相对宽松的网络空间以及网络言论的自由表达，使得网络流行语的负面效应日益显现。2016年"葛优躺"等一系列表情包流行，随后"我太难了""生而为人，我很抱歉""人间不值得"等丧文字在青年群体中爆火，一些大学生通过这些丧式网络流行语表达情感和消解消极情绪，对大学生的思想道德观念和价值取向产生消极影响。为此，要及时辨别网络流行语的性质，在一定条件下对网络流行语所呈现出的网络亚文化样态及时疏导。

要引导规范网络语言的使用传播。加强部门间的协作和有效沟通，坚决摒弃"自扫门前雪"的做法，及时全面地掌握信息，有针对性地对网络舆情和不良信息进行监控。党的十八大以来，教育部、国家语委对网络语言引导和规范非常重视，在2012年发布的《国家中长期语言文字事业改革和发展

---

① 习近平：《在网络安全和信息化工作座谈会上的讲话》，《人民日报》2016年4月26日。
② 王永贵：《全球化态势下意识形态功能分析》，《社会科学研究》2005年第4期。

规划纲要》中提出"加强社会语言生活监测和引导。引导网络、手机等新媒体规范使用语言文字。加强对虚拟空间语言使用的研究，制定相关政策"等。在实际操作方面，需要网信、语言文字部门进行协同，加强对不良网络流行语的分辨能力，避免低俗网络流行语。

要培养大学生理性判断的能力。"丧文化"、"佛系"文化等网络流行语的流行对大学生的思想观念、道德养成和行为习惯产生消极影响。2019 年10 月，由中共中央、国务院印发的《新时代公民道德建设实施纲要》指出："在国际国内形势深刻变化、我国经济社会深刻变革的大背景下，由于市场经济规则、政策法规、社会治理还不够健全，受不良思想文化侵蚀和网络有害信息影响，道德领域依然存在不少问题。"[①] 为此，要加强对大学生的网络道德教育。通过网络道德教育提升大学生对网络舆情的辨别能力，摒弃消极负面的网络流行语，有意识地约束自身的不良网络行为。主流媒体要加大对正确语言规范的正面宣传力度，提升青年大学生的文化素养和审美趣味。通过支持各类文化活动，积极倡导、树立"雅"的标准，梳理雅致词汇并加强传播，以雅反俗，以正压俗。要发挥品牌栏目和活动的示范作用。近年来，教育部、国家语委与中央电视台联合举办中国汉字听写大会、中国成语大会、中国诗词大会等传承弘扬中华优秀传统文化的品牌活动，有利于青少年乃至社会大众正面词汇的积累和审美情操的陶冶。[②] 要培养大学生的底线思维意识，厘清网络流行语与主流意识形态的关系，在面对不良网络流行语时能及时规避，并从自身做起，抵制不良网络流行语的传播；同时，还要增强大学生的法律观念，引导大学生了解法律、遵守法律，弄清法律红线，充分意识到互联网并非法外之地，共同营造学法遵法守法的网络空间。

---

① 《中共中央国务院印发新时代公民道德建设实施纲要》，《人民日报》2019 年 10 月28 日。

② 参见田立新：《在 2016 中国网络语言文明论坛上的总结讲话》，2016 年 7 月 27 日，见 http://www.cac.gov.cn/2016-09/23/c_1119578577.htm。

（二）借助网络流行语传播优势增强主流文化传播吸引力

习近平总书记指出："形成良好网上舆论氛围，不是说只能有一个声音、一个调子，而是说不能搬弄是非、颠倒黑白、造谣生事、违法犯罪，不能超越了宪法法律界限。"① 网络流行语作为网络亚文化的一种样态，其语义丰、传播快的优势为其蓬勃发展奠定了基础。要着力发挥正能量网络流行语的传播优势，不断提升主流文化的吸引力。

要加强主流媒体舆论导向作用。人民日报评论部专栏室主编张铁表示："作为党的新闻媒体，我们的权威性和公信力，就在于要及时发出'主流声音'、构建'主流叙述'。越是众说纷纭、越是多元多样，越需要党报评论弘扬主旋律，传播正能量，让党的主张成为时代最强音。"② 主流媒体是承担重要的宣传任务和功能，覆盖面广、品牌性强、影响力大的强势媒体。新冠肺炎疫情期间，主流媒体在宣传思想文化上有着相当重要的作用，传递党和国家正确防疫理念，满足人民群众信息需求。正如习近平总书记在党的新闻舆论工作座谈会上强调指出："各级党委要自觉承担起政治责任和领导责任。领导干部要增强同媒体打交道的能力，善于运用媒体宣讲政策主张、了解社情民意、发现矛盾问题、引导社会情绪、动员人民群众、推动实际工作。"③ 通过主流媒体传播时代声音，扩大主流文化的影响力，同时也继续寻找网络流行语与主流文化联动的渠道，不仅用主流文化引导网络流行语的发展，也用优秀网络流行语带动主流文化的吸引力。面对全媒体时代，主流媒体应担起责任，创新形式、转换话语，高举中国特色社会主义伟大旗帜，及时发出主流声音，为青年大学生指明前进方向，给"网生一代"提供前行动力。

要用网络流行语创新新闻内容和形式。主流媒体要获得更多的关注，必

① 习近平：《在网络安全和信息化工作座谈会上的讲话》，《人民日报》2016 年 4 月 26 日。

② 姜潇：《习近平总书记在党的新闻舆论工作座谈会上的重要讲话引起强烈反响》，2016 年 2 月 20 日，见 http://www.xinhuanet.com//politics/2016-02/20/c_1118106502.htm。

③ 《习近平在党的新闻舆论工作座谈会上强调　坚持正确方向创新方法手段提高新闻舆论传播力引导力》，《人民日报》2016 年 2 月 20 日。

然要在内容和形式上下功夫，不断创新和提升内容本身的质量。随着网络空间的发展，网络流行语受到更多的青睐，主流媒体可以合理利用网络流行语，借助网络流行语的吸引力和传播力，增强主流文化的宣传教育效果。如2021春节前夕，深圳市发布一封"致广大网友的拜年信"，文中引用了大量网络流行语而引发较多关注。"在这座日新月异的智慧城市里，人们上网、骑车、购物……感觉都是'奥利给'！""希望广大网友一如既'网'关注深圳、置顶深圳，一'网'情深做深圳粉丝，当深圳老铁，继'网'开来多出'金点子'、多传'好声音'、多讲'好故事'，与深圳一起乘风破浪，共同描绘无限精彩的未来！"①通过网络流行语与深圳新变化的结合，让人们更快了解到深圳的变化以及深圳对未来的期许，在一定程度上提升了主流文化的吸引力。同时，主流媒体中出现的新形式词语或句式，在一定情况下也会变成网络流行语，如央视《共同关注》主持人朱广权播报新闻时说的一段话："亲爱的观众朋友们，地球不爆炸，我们不放假，宇宙不重启，我们不休息，风里雨里节日里我们都在这里等着你，没有四季，只有两季，你看就是旺季，你换台就是淡季。"这种押韵句式一时间在网络中走红，引起广大网友争相模仿。这表明，加强主流媒体自身的网络流行语创造能力，同样可以达到事半功倍的效果。主流媒体这段网络流行语的走红，充分体现其传播形式在发生演进，不单是以前较为严肃的政治话语的形态，也可以向更有活力和趣味性的生活话语演进，这在一定程度上带动大学生对新闻节目的兴趣，有助于主流媒体传播吸引力的提升。

主流媒体宣传党的创新理论时要更"接地气"。"当代中国马克思主义理论，必须借助更具吸引力的话语表达出来"，同时在不同领域也要转换方式。"大众生活领域多在鲜活性上下功夫，注重接地气的语言表达，利用好主流媒体、网络媒体与新兴媒体的传播平台，实现官方话语和民间话语的对接。"②主流媒体应自觉担负起时代赋予的责任，积极宣传习近平新时代中

---

① 毛玮静：《奋斗的力量："奥利给"大叔祝深圳奥利给！》，2021年2月18日，见 https://www.thepaper.cn/newsDetail_forward_11364871。

② 陈培永：《当代中国马克思主义为什么是对的》，人民出版社2018年版，第177页。

国特色社会主义思想，这一当代中国的马克思主义，21世纪的马克思主义。在传播党的创新理论的过程中，要保持清醒的头脑，要注意方式方法，不要重视"速度"而忘了"深度"；要尊重人民群众，适当放低姿态，用"接地气"的语言或形式吸引民众关注，不断提升青年大学生对于科学理论的广泛认同。要处理好官方语言和日常话语的关系，如中央广播电视总台《新闻联播》《美国是全球合作发展的绊脚石》的国际锐评，运用"满嘴跑火车""怨妇心态""令人喷饭"等"接地气"的语言，一时间引起了网友的热烈讨论，人们对于央视《新闻联播》国家权威主流媒体的转变感到惊奇，有效调动了广大网友讨论时事热点话题的热情，更有利于主流声音的及时传播。同时，央视新闻还创新表达形式，设置《主播说联播》栏目，新闻主播通过对新闻的再次点评或讨论，引起民众的广泛关注。如在倡导大众注射新冠疫苗时，央视新闻主播利用网络流行语"我们一起打疫苗，一起苗苗苗苗苗"的形式，吸引了民众目光，在一定程度上推动了疫苗接种工作的进行。

（三）发挥网络流行语特质提升主流意识形态内容感染力

网络流行语的隐喻性强，不同的网络流行语也传递出不同的文化内涵。网络流行语作为互联网不断发展的产物，在一定程度上也具有传播速度快的特质，网络流行语也经常能引起热烈的讨论与模仿，在一定时间内呈现出较高的热度。

要掌握网络意识形态的话语权。当前，我国意识形态话语权建设是一个复杂庞杂的工程。"我们必须充分认识意识形态话语权建设的重要性和紧迫性，积极探索新时期意识形态话语权建设的基本规律，切实巩固马克思主义意识形态话语的主导地位，不断提升其影响力和感召力。"[①]网络社会让网民更多地了解到历史虚无主义、新民粹主义、民主社会主义等政治派别，这些错误思潮在一定程度上影响主流文化的影响力和作用力。同时，由于网络语言持续更迭，网络流行语流行于网络空间，引发网民的使用热潮，

---

① 吕薇洲：《意识形态话语权建设的基本规律探析》，《贵州省党校学报》2016年第3期。

网络话语不断向现实生活渗透。"我太难了""人间不值得"等网络流行语在青年大学生中间也广泛流行。网络技术的飞速发展也为主流媒体的宣传话语带来更多的选择。主流媒体应及时转变宣传话语思路，可以通过增加信息描述的趣味性、引用网络中较为流行的网络热词对信息进行整合，提升网络宣传话语的趣味性。主流媒体可以通过 H5 技术、VR 技术等，以大众喜闻乐见的形式为大学生带来更多的信息。如梦娃是我们较为常见的一个漫画角色，梦娃的短视频中主要以宣传社会主义核心价值观以及中国梦为主题，向大众娓娓道来，这种形式吸引大众目光，同时也可将较为晦涩的内容转换成简单易懂的内容，便于大众将其内化。新媒体平台的飞速发展虽然动摇了主流媒体的话语权，但主流媒体应善加利用新媒体平台，利用网络的特性转换自身宣传话语形式，通过拓展多种形式的宣传方式，转变民众对于宣传话语的固有印象，提升民众对于主流宣传话语的兴趣，扩大主流媒体影响力。如 2020 年全国"两会"期间，一款 H5《盘他！看看一根线能盘出啥？》吸引了大众目光，让青年大学生"一见钟情"。它标题亮眼，运用网络流行语"盘他"，迎合了用户喜爱的网络语言风格，"盘他"一词也准确表达出了普通人面对生活时积极昂扬的人生态度，提升了主流媒体的吸引力和感染力。全媒体时代的来临必然要求加强网络意识形态话语转换，不断提升马克思主义的公众接受度。

要增强中华优秀传统文化的传播效果。网络流行语要从中华优秀传统文化中汲取养分，进而运用在弘扬主旋律、正能量宣传上，提升主流意识形态的感染力。中华优秀传统文化积淀着宝贵财富，其中精髓是民族精神。要弘扬以爱国主义为核心的民族精神和以改革创新为核心的时代精神，并且加深对中华优秀传统文化内核的剖析，将其所包含的精神品格融入社会主义核心价值观的文化内涵。近年来，教育部和国家语言文字委员会印发的《中华经典诵读工程实施方案》中要求，通过开展经典诵读、书写、讲解等文化实践活动，挖掘与诠释中华经典文化的内涵及现实意义，引领社会大众特别是广大青少年更好地熟悉诗词歌赋、亲近中华经典，更加广泛深入地领悟中华思想理念、传承中华传统美德、弘扬中华人文精神。① 青年大学生通过对中华优秀传统文化的诵读和体味，不断提高自身的文化素养，也提升了对中华优秀传统文化的认同，为网络流行语的健康发展提供了养分，也为网络流行语与主流意识形态有效融合提供桥梁和纽带，更好促进网络流行语传播与主流意识形态的感染力之间的相互作用。在 2021 年中国共产党建党 100 周年之际，优秀影视剧作品《觉醒年代》其中表现的历史底蕴和丰富内涵受到了广大青年大学生的追捧。部分网友在网络中感叹道"觉醒年代 yyds"，这一句结合了网络流行语的剧评映射广大青年大学生对于这部剧的强烈认同，也为该剧在青年群体中的传播打出了强有力的口号，也为历史剧正名，只要作品内容深厚，制作精良，同样会吸引青年人置身其中，受到强烈的民族认同教育。此外，这部剧中出现的经典台词"不干了""干不了""我想当众亲吻你"等言语，也被广大网友制作成表情包或在各种语境中广泛使用，带动了更多青年群体关注这部充满正能量的历史剧，释放出网络流行语和主流文化融合的倍加效应。

二、高校引导大学生合理使用网络流行语

"大学之道，在明明德，在亲民，在止于至善"②，高校的根本任务是"立德树人"。大学生是国家和民族的未来，未来掌握在青年一代的手中，高校要自觉担当起社会责任，积极引导大学生合理使用网络流行语，规范大学生的网络用语习惯，让积极健康的网络流行语和大学生同向同行，不断提升大学生的网络道德素养。

（一）利用网络流行语构建富有亲和力的话语体系

"大学是立德树人、培养人才的地方，是青年人学习知识、增长才干、放飞梦想的地方。"③ 大学时期作为青年一代世界观、人生观和价值观逐渐成熟的阶段，高校应有效应对网络流行语对大学生的作用影响，培育大学生正

---

① 参见教育部、国家语委：《关于印发〈中华经典诵读工程实施方案〉的通知》，2018 年 9 月 25 日，见 http://www.moe.gov.cn/srcsite/A18/s3129/201809/t20180929_350445.html。

② 《礼记·大学》。

③ 习近平：《在北京大学师生座谈会上的讲话》，《光明日报》2018 年 5 月 3 日。

确的辨别力，在借鉴优秀网络流行语的基础上，创新符合时代和大学生特点的话语形式，构建富有亲和力的话语体系。

要创新大学生思想政治教育形式。当代大学生有着强烈的好奇心和求新意识，对于传统的思想政治教育形式参与度低、认同度弱，这给传统大学生思想政治教育工作带来了严峻挑战。高校要创新思想政治教育方法，充分利用微博、知乎、哔哩哔哩等新媒体平台，对学生的思想认识和行为习惯加以引导，将立德树人融入大学教育教学全过程。要创新大学生思想政治教育载体，"思想政治教育活动总须通过一定载体才能进行，载体是思想政治教育系统不可缺少的重要组成部分。思想政治教育内容的实施、方法的运用、教育者与受教育者之间的互动等，都离不开思想政治教育的载体"①。比如通过开展高校校园文化活动，同时借助学习强国、微博、微信等平台，采取线上线下联动的方式开展大学生思想政治教育活动，激发大学生的学习兴趣，促进大学生成长成才。

要推动思想政治教育话语转换。"交流与沟通是思想政治教育最基本的方式，而有效的沟通离不开思想政治教育话语所发挥的中介作用。"②有效的沟通是教育者对大学生进行思想政治教育的前提。教育者应重视思想政治教育过程中大学生的主体地位，要保持与大学生平等的地位，发挥师生双方话语的协同力，对大学生合理使用网络流行语的行为表示尊重，对大学生在使用网络流行语中的误区及时引导。如何走进大学生的内心世界，了解大学生所思所想是推动思想政治教育话语方式转换的关键环节。要及时掌握当代大学生的个性和心理特点，有利于教育者采取有效措施拉近与大学生的关系。比如，南京工业大学校长在 2021 届毕业生毕业典礼致辞中讲道："以往的毕业季，同学们还是观众；现在，你们已经站到了 C 位"，"你们是南工大'最想留住的幸运'，我在心里'送大家一朵小红花'"等表达，充分发挥了网络流行语的亲和力，无形之中拉近了师生之间的关系，让学

---

① 陈万柏、张耀灿主编：《思想政治教育学原理》（第三版），高等教育出版社 2015 年版，第 239 页。

② 孙其昂等：《思想政治教育现代转型研究》，学习出版社 2015 年版，第 282 页。

生感受到母校对于自己的殷切期望。同时，在这次毕业寄语中还有来自校长对大学生的提醒与规劝，如"'躺平'并不能'躺赢'，唯有奋斗才是良方"，"要接地气，重实干，千万不能'这山望着那山高'，一言不合就'闪辞'"等，校长致辞中网络流行语的正确使用，让这些警示话语的压迫性有所减弱，更易于被大学生所接受。同时，要处理好政治话语和生活话语之间的转换关系，用贴近大学生的话语占领网络舆论阵地，如对于"给力""点赞""打 call""厉害了，我的 ××"等具有正能量的网络话语，不断充实丰富课堂教学话语。[①] 推动大学生线下思想政治教育和线上教育的互融互通，是推动思想政治教育话语方式转换的关键所在。

要提升高校教师教书育人水平。习近平总书记指出："教师是人类灵魂的工程师，承担着神圣使命。"[②]"思政课是落实立德树人根本任务的关键课程，思政课作用不可替代，思政课教师队伍责任重大。"[③] 对于高校思政课教师而言，要不断提升自身素质，要切实做到习近平总书记提出的"四个统一"、"四有"好老师和"四个"引路人。思政课教师要不断完善自身专业知识与技能，向大学生传递时代声音，播撒理想信念的种子。"让有信仰的人讲信仰"是习近平总书记对高校思政课教师的要求，思政课教师要明确自身责任，坚定立德树人的职业理想，才能不断引领大学生树立正确的世界观、人生观、价值观。同时，思政课教师要以情动人，"用情，就要用真情，切忌假情、虚情，惟有真情才能打动人、感染人，产生强烈的情感共鸣。用情，就要有明确的价值取向"[④]。只有通过真情实感，才能实现教师与学生情感上的互通，才能真正激发大学生对社会主义核心价值观的认同。与此同时，高校其他专业的任课教师要切实履行教书育人职责，发挥好课程思政育人作用，针对大学生的网络生活特征，有目的、有针对性地学习网络道德规范以及网络语言规范，分析网络流行语的生成方式，尝试创造出新的网络流

---

① 参见黄嘉富、郝文斌：《当代大学生思想道德状况的实证分析》，《思想教育研究》2020 年第 2 期。

② 《习近平谈治国理政》第二卷，外文出版社 2017 年版，第 379 页。

③ 习近平：《思政课是落实立德树人根本任务的关键课程》，《求是》2020 年第 17 期。

④ 艾四林：《领航理想信念　落实立德树人》，《中国纪检监察报》2019 年 5 月 16 日。

行语为教学服务，及时对大学生进行释疑解惑；要加强对高校教师的网络素养能力培训。如陕西省开展"高校网络教育名师培育支持计划"，即围绕师生关心关注的热点、难点、焦点问题，并充分运用网络语言、图表、音频、视频等手段，将习近平新时代中国特色社会主义思想进行网络宣传和阐释，不断推动社会主义核心价值观的网络传播与弘扬。① 这既有利于占领网络思想政治教育阵地，又可以增强大学生思想政治教育的针对性和实效性。

（二）培育社会心态激发网络流行话语的正面力量

网络流行语从出现之初到现在已经经历了较大改变，从最初受众较少到如今被大众广泛使用，凸显时代的发展历程和民众的语言风格变化。面对大学生在网络中存在的不良语言行为和大学生负面情绪的宣泄，高校要在人文关怀和心理疏导的基础上，进一步培育大学生积极的社会心态，引领大学生走出心理的阴霾。

要突出网络流行语的正向功能。网络流行语在一定程度上反映了时代风貌以及民众的社会心态，大学生更多地通过网络流行语来表达自己的内心状态。积极话语如"给力""点赞""正能量"，消极话语如"躺平""阿姨我不想努力了""感动吗不敢动""我太难了"等，一定程度上表现出对现实生活的调侃或自嘲。面对大学生复杂的情绪状态，高校教育者要善于发挥网络流行语的正向作用，不断扩大正能量的网络流行语带给大学生的积极影响。同时也要正确认识调侃、自嘲的网络流行语的作用影响，这也是一些大学生不良情绪的宣泄方式，我们要在尊重学生人格的基础上，积极引导大学生正确使用网络流行语，不断拉近教育者与大学生的关系，营造融洽的人际交往氛围。

要准确把握大学生心理诉求。大学生在网络空间中找到了倾诉空间，一些大学生把在现实学习生活中遇到的学业、恋爱、人际交往问题在知乎、微信等朋友圈进行吐槽、发泄，甚至个别大学生充斥不良心理动机，恶意散播消极网络流行语，引发大学生群体道德认知出现问题。高校要及时把握不同性别、不同专业、不同年龄学生的心理特点，了解大学生发表消极网络流行

---

① 参见郭妍：《陕西将培育一批高校网络教育名师》，《陕西日报》2019 年 9 月 27 日。

语的原因，帮助大学生排解这种消极情绪，引领大学生树立积极向上的奋斗观，让奋斗铸就青春最亮的底色。

要切实加强大学生理想信念教育。心中有信仰，脚下才有力量。要坚持学而信、学而思、学而行，把学习成果转化为不可撼动的理想信念，转化为正确的世界观、人生观、价值观，用理想之光照亮奋斗之路，用信仰之力开创美好未来。[①] 要着力对大学生开展榜样教育，充分发挥榜样示范引领作用，特别是同辈群体的带动作用，同辈群体由于年龄、爱好和价值观都较为相近，具有天然的说服力，是作为大学生榜样的首选。同辈群体压力可以使个人保持和群体的一致，形成共识，从而维持同辈群体的生存和发展，保证群体目标的实现。[②] 积极的同辈群体压力有利于为大学生提供顽强拼搏、积极向上的精神动力，有效带动身边的大学生向好发展。高校可以通过榜样评选，为大学生成长成才提供可学的典型群体和个人。事实上，积极型同辈群体中产生的群体压力有利于形成共识和传播社会主导价值观。[③] 大学生一旦接受这种思想的洗礼和精神上的鼓舞，便有利于转化成行动的力量。

（三）积极挖掘和发挥网络流行语的德育价值

调查显示：大学生日常获取信息的渠道主要集中在微信等自媒体平台，上网主要用来阅览微信、微博和观看抖音短视频等，浏览内容的"娱乐化""碎片化"倾向较为明显，这种"快餐式"的上网方式虽然契合当前大学生的个性需求，但由于微信、抖音等自媒体受到网络主流文化的影响作用有限，则会增加大学生的思想引导和道德教育难度。[④] 为此，高校应借助大学生对网络流行语的情感寄托，充分挖掘网络流行语的德育价值，最大限度地获得大学

---

① 参见习近平：《在纪念红军长征胜利80周年大会上的讲话》，《人民日报》2016年10月22日。

② 参见武朝明：《论青少年同辈群体压力的引导》，《学校党建与思想教育》2009年第24期。

③ 参见武朝明：《论青少年同辈群体压力的引导》，《学校党建与思想教育》2009年第24期。

④ 参见杨月荣、郝文斌：《"00后"大学生受网络亚文化影响情况分析》，《思想理论教育导刊》2021年第4期。

生的认同度，不断实现大学生思想政治教育的线上线下良性互动。

进一步加强主渠道与主阵地协同育人机制建设。"主渠道""主阵地"协同育人是马克思主义指导思想的内在规定。[1]一方面，要充分发挥高校思政课的"主渠道"作用。高校思政课教师要正确对待网络流行语，用包容辩证之心看待网络流行语，积极探究大学生对网络流行语感兴趣的原因，有针对性地对大学生加以引导；要转换教学话语形式，在教学中借助优秀网络流行语活跃课堂气氛，不断激发大学生对思政课的热情。另一方面，要加强日常思政教育的"主阵地"建设。随着网络逐渐渗透到日常生活，网络流行语在大学生群体中广泛使用，辅导员要及时了解不同网络流行语的含义，避免在与大学生沟通交流时引起歧义。此外，辅导员要通过学生活动充分掌握学生思想动态，及时对大学生进行引导，在与大学生沟通交流时选取一些积极健康的网络流行语，拉近辅导员与大学生的距离，营造良好的德育氛围，增强大学生思想政治教育的实效性。

要积极挖掘网络流行语中的德育因素。当前，教育者要转变思想观念，辩证看待网络流行语的作用影响。通过对优秀网络流行语的解读引领大学生树立正确的价值观。如对"中国梦"（2013）的解读，要引导大学生明白什么是中国梦、怎样实现中国梦，提升大学生对实现中华民族伟大复兴的信心，引导大学生树立艰苦奋斗、与时代同行的奋斗观；通过对网络流行语"光盘行动"（2020）的解读，呼吁大学生珍惜粮食，反对铺张浪费，厉行节约；对"逆行者"（2020）解读时，突出医护人员及志愿者越是艰险越向前的精神，引导大学生弘扬抗疫精神，争做新时代优秀大学生。

要将网络流行语融入校园文化生活。高校应将优秀的网络流行语融入校园文化建设，引导大学生树立正确的思想意识和道德观念，如河南新乡学院艺术学院的几位学生，用彩绘改造了学校里三条破损的斑马线，并配上"我妈说看脸的时代也要多看书"等网络流行语，既起到了美化校园环境的作用，还呼吁大学生要刻苦学习，提升自身的文化素质，充分体现网络流行语

---

① 参见韩雪青、高静毅：《大学生思想政治教育"主渠道""主阵地"协同育人探究》，《学校党建与思想教育》2018 年第 3 期。

的德育价值。再如，河南某高校在全民国家安全教育日结合网络流行语进行知识宣传，"世界那么大，不能看的别乱看，不能拍的别乱拍""叛国是不可能的，这辈子都不可能叛国""泄露国家机密吗？要坐牢的那种"，用网络流行语进行知识宣传，将枯燥的宣讲转换成灵活的标语，吸引大学生关注参与的同时，也有助于培养大学生国家安全意识。

三、大学生加强自身网络流行语素养

　　面对网络流行语，当代大学生更要用辩证的眼光去看待，要明确网络流行语在网络文化中的地位以及与主流文化的关系，提高辨别不良网络流行语的脑力和眼力，并在表达或自我创造时合理规范使用网络流行语。

（一）正确认识网络流行语的地位作用

　　网络流行语从网络而生，随网络发展而更新，网络流行语是网络文化的重要组成部分，它从网络及网友中汲取信息，并随着时代的变化而变化，反映着信息时代的独有风貌。与此同时，网络环境的深刻变革让网络信息多元化趋势日益显现，为不良信息的传播提供了可乘之机。

　　大学生要正确认识网络流行语的利弊。大学生是网络流行语的主要受众群体。面对成为"时代新人"的要求以及复杂的网络环境，大学生要从自身做起，要深刻把握网络流行语在当前网络文化环境中的功能，要探寻网络流行语的积极方面并在使用和传播过程中将优势发扬光大。同时，要注意剖析网络流行语的消极方面，在网络环境中避免传播这类消极的网络流行语，影响网络环境的健康有序发展。

　　大学生要做积极健康网络流行语的传播者。网络流行语是网络环境的产物，有着和网络环境相似的多元性和复杂性，推动网络流行语在网络文化中健康发展，就必须取其精华，去其糟粕，有效满足大学生合理的心理诉求，更好地营造健康的网络舆论环境。"一代人有一代人的长征，一代人有一代人的担当"[1]，在建设社会主义现代化国家的新征程中，大学生要坚定理想信

---

　　[1]　习近平：《在纪念五四运动 100 周年大会上的讲话》，《人民日报》2019 年 5 月 1 日。

念，在砥砺自我中不断提升自身的能力，在网络环境中积极传播"正能量"，用健康的网络流行语表达自我、担当作为，传递新时代中国青年的声音，展现新时代中国青年积极向上的精神风貌。

大学生要成为积极网络流行语的创作者。随着网络流行语逐渐从线上走到线下，从网络中逐渐走进人们的生活，每一年度的网络流行语也有了较大的改变。与主流意识形态相关的词汇逐渐也成为网络热词被评选为网络流行语，如"不忘初心""正能量""中国梦""获得感""工匠精神""命运共同体"等。这深刻体现着网络流行语正不断向融合主流意识形态的方向转变，体现出新时代网络流行语的发展态势。作为新时代大学生，更要明确网络流行语在传播主流声音时的作用，积极运用所学专业知识，特别是结合经济社会发展需要和人们对精神文化生活的高质量需求，积极创造新的网络流行语，更好展现新时代人们的良好精神风貌。

（二）提高对网络流行语分析鉴别能力

"是非明，方向清，路子正，人们付出的辛劳才能结出果实。"① 大学生应具有不断提高自身明辨是非的能力，在网络环境中要善于思考而非随波逐流，善于分析而非全盘接受。要对网络中出现的网络流行语进行分析判断，不断提升自身的"眼力""脑力"，为净化网络环境贡献青春力量。

学会运用马克思主义立场观点和方法来辨别网络流行语。"马克思主义是我们立党立国的根本指导思想。背离或放弃马克思主义，我们党就会失去灵魂、迷失方向。在坚持马克思主义指导地位这一根本问题上，我们必须坚定不移，任何时候任何情况下都不能有丝毫动摇。"② 面对内容多元、形式多样的网络流行语，大学生要运用矛盾普遍性和特殊性原理，坚持具体问题具体分析，对于网络流行语不能一概而论，不能一味批判所有的网络流行语，而要在语言结构上分析其价值，还要在语境中分析其成效，要肯定网络

---

① 习近平：《在北京大学师生座谈会上的讲话》，《光明日报》2018 年 5 月 3 日。

② 习近平：《在庆祝中国共产党成立 95 周年大会上的讲话》，《人民日报》2016 年 7 月 2 日。

流行语的积极作用。同时，大学生要认识到事物的发展是前进性和曲折性的统一。净化网络环境是一个长期课题，而明辨是非的能力也是随着阅历的增长、经验的充足而逐渐成熟的。面对难以辨别的网络流行语，要养成不了解全貌不予置评的习惯，在准确辨别后确认其为不良网络流行语后，有必要及时举报，为营造清朗网络环境尽绵薄之力。

要切实提升对网络流行语的准确辨别力。大学生要用优秀文化典籍涵养自身，优秀的文学作品总是以其生动的语言和内涵感染人、鼓舞人，给人精神的慰藉和力量。通过阅读优秀的文学作品，有利于进一步挖掘大学生潜在的文学潜力、文字功底，提升大学生的审美能力。大学生文学素养的提升又为大学生强化对网络流行语的鉴别能力提供支持，由于大学生受到中华优秀传统文化、革命文化、社会主义先进文化等优秀文化的滋养，能够分析出网络流行语存在的语言不规范现象，对不良的网络流行语的感知也会愈发敏感，形成更为合理的思维方式。

要增强对社会主义核心价值观的主体认同。习近平总书记指出："社会主义核心价值观是当代中国精神的集中体现，凝聚着全体人民共同的价值追求。"[1] 要继续培育和弘扬社会主义核心价值观，引导大学生将社会主义核心价值观中体现的价值取向和行为准则内化于心、外化于行。要引导大学生正确认识社会主义核心价值观的丰富内涵，使大学生明晰社会主义核心价值观的三个层面，明确国家、社会及个人三个层面之间的联系，不断强化对社会主义核心价值观基本理念的认知；要带动大学生对社会主义核心价值观的情感认同，在日常思政课教学中注入情感，将理性内容赋予感性表达，激发大学生情感共鸣。同时，进一步加强高校校园文化建设，将社会主义核心价值观融入校园文化建设的方方面面，加强高校学风建设，借助校史馆、宣讲会等充分彰显高校文化底蕴，不断用优秀校园文化涵养青年大学生，以文化人、以文育人，增强大学生情感认同；要引领大学生积极践行社会主义核心价值观，积极开展社会实践活动，通过探寻红色文化、志愿服务等活动，将大学生对社会主义核心价值观的情感认同转化为实际行动，不断增强大学生

---

① 《习近平谈治国理政》第三卷，外文出版社 2020 年版，第 33 页。

的社会责任感。

（三）大学生要合理规范使用网络流行语

"网络是一把双刃剑，一张图、一段视频经由全媒体几个小时就能形成爆发式传播，对舆论场造成很大影响。"[①] 网络空间传播速度快、覆盖面广，是舆论传播的聚集地。大学生使用网络流行语、创造流行语代表了其个性鲜明的表达，但在一些情况下也会变成舆论风暴的旋涡中心。一些不合规范的、不合时宜的网络流行语同优秀的流行语一样，能够迅速地传播在网络环境中，不仅影响网络的健康发展，还会消解大学生对于主流文化的认同。

加强对语言文字知识以及语言文字规范的学习。我国著名语言学家罗常培说过："语言文字是一个民族文化的结晶。这个民族过去的文化靠着它来流传，未来的文化也仗着它来推进。"要逐渐提升对正确网络流行语的责任感和认同度，充分认识到规范使用语言文字对于传承中华优秀传统文化的重要性。当大学生要创造新的网络流行语时，应在深刻体会文字的深刻内涵，并在基本语言文字规范的基础上进行，力求充分吸收传统语言文字中的精华，着重分析并在合理范围内创新网络流行语的构成形式，创造出反映时代特色的正能量网络流行语。

用网络流行语表达自我要适时适度。全媒体时代，人人都有在网络上自由发表意见的权利，网络空间中的每一次发声都可能是网络舆论的生产和传播过程。大学生在网络空间中表达自己的观点时，要考虑到语言的准确性，避免造成歧义，影响网际互动和交流。大学生在网络空间中适度发泄无可厚非，但一味散播负能量容易引发群体焦虑。众所周知，网络舆论的产生无法避免，但网络舆论的走向有时却会在短时间内迅速转向，大学生在网络空间中发表观点时要注意场合，切忌凭空捏造不实信息，不盲目跟风，有意识地规范约束自己的行为。

要不断强化网络道德自律意识。以微博、微信、知乎、豆瓣等为平台的社交媒体凭借其快捷性、互动性、自由性、开放性等特征为大学生提供获取

---

① 习近平：《加快推动媒体融合发展　构建全媒体传播格局》，《求是》2019 年第 6 期。

信息的渠道以及表达自我的平台，但同时相对开放的网络空间由于缺乏外部条件的约束，容易诱导或引发一些青年大学生网络道德失范行为。网络道德的基础在于网络公民的素质，大学生身处网络空间，应不断明辨是非观念，明确自己的分内之事，筑牢底线意识，具有正确的道德认知，坚决抵制低俗恶搞网络流行语的创造和传播；同时更应时刻保持内心的自省，持续对自身创作网络流行语或传播网络流行语行为的合理性进行反思，切实做到自省、慎独。

第五章　短视频文化对大学生的作用影响

2016 年被业界称为短视频元年。近年来，短视频凭借着与生俱来的病毒式传播能力，"成为网络文化的一匹黑马和最受大众欢迎的文化新业态"[①]。据《第 47 次中国互联网络发展状况统计报告》显示："截至 2020 年 12 月，我国网络短视频用户规模为 8.73 亿，较 2020 年 3 月增长 1.00 亿，占网民整体的 88.3%。"[②] 在网民广泛参与短视频的创作、观看和分享的推动下，短视频以其形式新颖、吸引力强深深嵌入人民的日常生活。短视频是网络亚文化传播的重要场域，越发受到青年大学生群体喜爱和参与，不仅改变大学生的休闲娱乐方式、阅读习惯，还影响着大学生的价值取向，已然成为当代大学生群体的话语范式、生活方式和社交形式。

第一节　短视频文化内涵与特征

在互联网技术革新和新媒体行业发展的双重推动下，我国的短视频行业迎来发展红利，正处于快速发展阶段。受到民众广为喜爱的短视频，已经超越其休闲娱乐和信息传播的功能，成为人们思想观念、道德修养、心理特征、价值取向的重要投射，具有独特的文化内涵和特征。

---

① 姜正君：《"短视频"文化盛宴的文化哲学审思——基于大众文化批判理论的视角》，《新疆社会科学》2020 年第 2 期。

② 《第 47 次中国互联网络发展状况统计报告》，2021 年 2 月 3 日，见 http://www.cac.gov.cn/2021-02/03/c_1613923423079314.htm。

一、短视频文化的基本内涵

短视频一经出现就备受社会各界的关注，作为一种新兴的信息传播媒介，短视频既具有文化价值，也具有商业价值。目前学术界对于短视频文化内涵主要从视觉文化、媒介文化、参与式文化、网络亚文化等类型展开研究。

（一）短视频与短视频文化

自 2016 年短视频火爆网络之后短视频含义研究成为学界研究的热点问题，在短视频是一种信息传播媒介和一种文化样态这两点上基本达成共识。从传媒学视角出发，有学者将短视频概括为"以移动智能终端为传播载体，依托于移动社交平台及社交链条，播放时长在数秒到数分钟之间的视频内容产品"[①]；有学者认为短视频"它的技术基础是一种新型的实现传播交流的数字化媒体工具，它是人们围绕新出的传播交流技术而进行的一种社会文化实践"[②]；也有学者着力分析短视频的网络青年亚文化特征，并指出短视频的产生和发展"体现了当代青年大众的生活方式、生活态度、价值理念、行为模式与意识形态，是当代青年网络亚文化的开放'市集'"[③]；从文化学视角分析，有学者将短视频定义为"参与式文化"，短视频文本生产的权力下放到普通大众，"无论是策划、文编、表演，还是剪辑、特技、制作，短视频在大众那里几乎可以做到无门槛地全程参与其中。这就完全打破了传统影像文化的运作模式，进一步改变了大众被动的接受者身份，更加积极主动地参与到了影像制作、观看与分享的过程"[④]。短视频从仪式感到参与性的转变，带给人民群众的正是一种新型的文化观念——参与式文化。

[①]　常江、田浩：《迷因理论视域下的短视频文化——基于抖音的个案研究》，《新闻与写作》2018 年第 12 期。

[②]　张慧喆：《虚假的参与：论短视频文化"神话"的幻灭》，《现代传播（中国传媒大学学报）》2019 年第 9 期。

[③]　林峰：《移动短视频：视觉文化表征、意识形态图式与未来发展图景》，《海南大学学报（人文社会科学版）》2019 年第 6 期。

[④]　郑宜庸：《移动短视频的影像表征和文化革新意义》，《现代传播（中国传媒大学学报）》2019 年第 4 期。

近年来，短视频的双重性质作用得到学者关注。有学者指出，短视频是一种新兴媒介传播形态，短视频凭借短小精湛的特性，充分利用碎片化时间实现信息的有效传播，并且在当前媒介融合的趋势下，扮演着尤为关键的角色；有学者认为，短视频作为当下流行的娱乐方式，影响着人们的价值观念和行为习惯，具有典型的文化特征。短视频作为互联网时代发展衍生出的文化产品，是近年来异军突起的一种媒介手段和文化形式，深刻地影响着人民群众的生活方式和价值观念，毋庸置疑，"短视频已经蕴含着人作为文化主体所表现出来的行为和意识形态，是当下中国社会中存在的一种文化载体、一种文化现象"①。

（二）短视频文化的分类

当前网络平台中的短视频来源广泛，表现形式多样，时长从几秒到几分钟不等，信息复杂度和冗余度较高。在对短视频进行分类的过程中，传统长视频使用的"多模态特征融合的视频分类方法"并不适合解决时长较短的视频的分类任务。百度百科将短视频类型概括为：短纪录片型，如一条、二更等由专业的短视频制作团队制作内容精良的短视频类型；网红 IP 型，如：papi 酱、老师好我叫何同学、李子柒、少女爱丽丝、刘老师说电影等在社交媒体平台上认知度较高的网红形象，内容制作或创意搞笑，或贴近生活；草根恶搞型，主要以快手为代表，草根输出的搞笑内容；情景短剧类，如由套路砖家、陈翔六点半、报告老板、万万没想到等团队制作多以搞笑创意为主的视频短剧；技能分享型；街头采访型；创意剪辑型。

目前，学术界对短视频类型还没有形成统一的标准和规范，学者们多以短视频的内容生产、内容主题和制作方式为分类依据，有学者以短视频内容生产的角度进行分类，将短视频分为"'UGC'（User Generated Content）用户原创类；'PGC'（Professional Generated Content）专业生产类；'OGC'（Occupational Generated Content）职业生产类；'MCN'（Multi-Channel Net-

---

① 张开、孙维庆：《短视频文化与青少年受众成长的一些思考》，《青年记者》2019 年第 33 期。

work）多频道网络联合类"①。有学者从短视频内容主题角度进行划分，将其分为"资讯花絮型（指的是热门剧目、热门综艺节目的衍生视频，旨在传播新闻信息，介绍或预告某影视剧、某出道团体或某档节目等，或者推送剧场花絮、娱乐周边等）；营销广告型（指的是网络平台基于宣传需求做的营销广告视频、'病毒视频'等）；短纪录片型；鬼畜及创意剪辑型（该类型是利用创意剪辑技巧，或制作精美震撼，或搞笑鬼畜，有的加入解说、评论等元素，也是不少广告主利用新媒体短视频热潮植入原生广告的一种方式）"②；也有学者从内容属性垂直化和功能属性垂直化等三方面将短视频内容题材类型大致分为电影解说类、路人访谈类、吐槽段子类、实用技能类、文艺清新类和电商展示类。③ 一些学者从短视频的主题和制作方法两个方面分别对短视频做分类研究，主题上包括：才艺等个人展示类、记录生活类（包括育儿类、萌宠类、独特体验类、生活技巧类、"小确幸"类、日常情景类）、资讯类、知识类、影视、演出赛事类和其他泛娱乐类（幽默搞笑、心灵鸡汤等）；按制作方法进行分类有：实录类、情景创意类、素材重编类、专业制作类。④

二、短视频文化的主要特征

2016 年以来，短视频在网络传播影响持续加大，其阶段性发展的演变过程、演进机理还有待深入研究，从近年来短视频传播作用频率加快，从短视频平台推荐算法、短视频内容表现形态以及短视频的叙事方式，可以得出短视频文化的主要特征是：去中心化、去宏观化和去现实化。

（一）去中心化：数据技术的精准推送

智能算法、大数据和人工智能等技术的创新应用为传媒行业提供全新的

---

①　黄丹旎、李萍：《短视频内容生产发展思路探析》，《青年记者》2019 年第 32 期。

②　李昕婕：《网络短视频发展与类型分析》，《声屏世界》2019 年第 9 期。

③　参见李天昀：《短视频崛起——短视频的内容生产与产业模式初探》，《艺术评论》2019 年第 5 期。

④　参见鲍楠：《短视频内容的主要类别与特征简析》，《中国广播电视学刊》2019 年第 11 期。

发展活力，短视频以算法和推荐系统为技术架构，打破了传统媒介固有的信息传播壁垒，实现了内容的精准推送，改变了用户对内容获取、消费和分享的习惯，融合了语言、文字和影像等多种元素，较好地满足用户自我表达、网络社交和文化生产等多重需要。当前，人与人之间的交流是分散式点对点的双向交流，在网络传播的过程中缺少话语表达的集中输出，每个人都是信息传播的中心，短视频文化在互联网时代"去中心化"信息传播生态下孕育而生，必然地呈现出"去中心化"的特征。技术赋能下的短视频文化凭借着其以用户为中心的传播理念和大众化的文化生产机制，颠覆了以往社会中主流媒体和社会精英对文化生产和传播的控制地位，短视频的流行在一定程度上是普通民众文化创作的广泛参与。

随着智能算法技术和大数据技术的广泛应用，作为一种技术工具，推荐系统的主要工作就是将具体场景下用户和内容之间更高效地进行连接，提高内容分发的效率，换言之，就是"在智能传播时代实现影像、场景和内容之间的精准匹配"[1]。短视频是推荐系统最为典型的应用场景，在一定程度上，可以认为大数据、云计算、人工智能技术是短视频应用的核心技术支持。当前市场上使用较多的短视频应用软件（如抖音、快手、小红书等）其主要功能体现为首页推荐，与社交媒体固定的功能分区大不相同，用户看完一段视频后只需动动手指，便会自动播放系统推荐的新视频。短视频的首页推荐功能就是利用算法将用户与内容以标签化的形式进行关联，根据用户画像判断其喜好和需要，有效地将更符合用户个性化特征的内容筛选出来，系统自动推送用户可能感兴趣的内容，引发用户的情感共鸣，为用户打造一个个性化的空间，从而增加用户黏度。例如，一名大学生喜欢沈腾主演的电影，那么"沈腾"就可以作为一个标签列入这名大学生用户画像之中，在算法推荐机制的作用下，贴有"沈腾"标签的内容就会成为系统优先向他推荐的对象。此外，倘若系统推荐的内容与用户的兴趣点吻合，触发其点赞、收藏和转发等行为即收到正向反馈时，这一标签下的其他视频也会成为系统推荐的对

---

① 刘庆振：《计算传播学：智能媒体视阈下传播学研究的新范式》，《教育传媒研究》2018年第6期。

象，即对视频内容预测的准确率越高，用户体验感越好，便越容易获得用户认可，用户黏性也就越大。从"千人千面"的内容分发策略中可以看出，短视频改变了传统"自上而下"的文化传播和发展过程，秉持着以用户为中心的传播理念，"每一个短视频用户发布者都是相对平等的，如果缺乏优质内容、足够多的关系渠道，即使是在传统大众传播时代中拥有视频生产的工具和技术的专业媒体，其发布的信息也很难在这里得到有效传播，相反普通草根如果拥有足够的创意并善长于营造关系，也能够通过自己的作品形成影响力继而成为一个传播中心，并通过短视频的多重关联来实现社会交往与信息传播"[①]。普通民众也拥有成为公众媒体人的机会和可能性。

短视频文化的"去中心化"特征不仅表现为文化传播理念的革新，还体现在短视频文化生产机制的颠覆。传统视频的生产周期长、制作过程复杂，视频生产的设备和技术主要掌握在电视台等大众传播媒介手中，内容创作倚靠知识生产和文化精英优势，对专业性要求较高。相比之下，短视频生产过程简单，其镜头语言简短、连接紧凑，缩短了创作者的编排时间；短视频制作不需要复杂的脚本和专业设备，所需的技术、硬件成本非常低，用户只需要打开任意拍摄软件或短视频平台按下拍摄按钮，在官方设定的时间内自由地选择拍摄画面，即可实现随拍随传，短视频制作的时间成本降低，进而减少了视频制作的周期，推动信息传播的碎片化。在技术赋能下，用户能够在变化拍摄角度和场景、设置背景音乐、视频滤镜和特效等操作中提升短视频的美感和质量，借此表达自身对生活、对美和艺术的追求。短视频平台的不断完善发展给予普通用户成为生活中的摄影家、导演和特效师的满足感。这种"去专业化"的制作程序对每个用户平等赋权，过去只有文化精英才有权利进行文化生产的局面被彻底打破，普通民众在短视频狂欢的新媒体革命中获得文化生产权利。

短视频去中心化的内容推送，让每个用户都成为传播的中心，传统的同心圆传播模式被摒弃，这种分散式的传播模式推动了以内容为王的创作理

---

① 张琦、蒋建华：《从 5W 模式看移动短视频 APP 抖音的传播》，《四川戏剧》2018 年第 10 期。

念。同时，去中心化也就意味着去权威化，体现着文化传播话语权和创作权的转移。这种推荐算法实现了数据的精准推送，能够有效地增加短视频用户的使用黏度，与此同时，它也是"最剧毒的麻醉剂"，不断推送用户喜欢的短视频内容，用户只需将手指轻轻一划便可以轻松获得娱乐快感和满足感，有网友直呼"抖音有毒""一入抖音深似海"，短视频逐渐成为令人欲罢不能的"精神鸦片"。

（二）去宏观化：模仿拼贴的微观叙事

短视频生产以短小精悍为优势见长，打破了传统视频讲求的宏大叙事。短视频时长短，最长也不过十几分钟，迎合了用户碎片化的信息阅读习惯；从内容主题来看，多以日常生活为创作灵感，虽然内容叙事琐碎，但独立完整，观看者无须联系情景，便可完整了解视频内容及传达的含义，这种碎片化的文化生产、传播方式，"线性的、完整的、宏大的叙事被割裂成诸多碎片，完整的意义表达变成了数量更加巨大但内容趋向分散的信息片段"①，使得短视频文化呈现"去宏观化"的特征。

"模仿"和"拼贴"凭借其简单易操作性成为短视频创作过程中最为常见的内容生产方式，是用户首选的叙事手段。技术赋能下，短视频平台通过设置"一键拍同款"的功能，用户可以利用同款背景音乐、同款滤镜效果，或者是模仿学习舞蹈视频、搞笑动作，抑或是口型的模仿，影视剧综艺片段的拼接等方式进行创作，无须投入太多的精力便可生成自己的作品，如"学猫叫""海草舞""美少女变身舞"等可模仿性高的视频吸引众多用户踊跃模仿。此外，短视频平台为鼓励用户进行创作，会定期设置一些趣味性强、参与性强的挑战和主题，利用用户"凑热闹""蹭热点"的心态带动全民参与，如"15秒落泪挑战""手指挑战""素颜挑战""踢瓶盖挑战""狐狸眼妆上脸挑战"等话题，"爆款视频"正是基于用户使用同样的背景音乐、对同一套动作无限次的模仿而堆砌起来的，也可以作为"抖音神曲"诞生规律的解释。短视

---

① 彭兰：《碎片化社会与碎片化传播断想》，《华南理工大学学报（社会科学版）》2012年第6期。

频的微观叙事经过大规模的转发、分享等行为实现广泛的扩散传播，用户的"模仿""拼贴"使短视频呈现出"病毒式"的生产和传播，孕育出爆款视频，如 2017 年度神曲"海草舞"引发线上线下联动狂欢，形成一种现象级视频。"拼贴和戏仿使得作品叙事零散化和碎片化。"[1] 其中抖音作为一款音乐类社交短视频平台，强调音乐与叙事之间的紧密结合，利用十几秒或几十秒的背景音乐配以文字和画面就能讲述一个故事。

短视频去宏观化的叙事风格让关注点向四周扩散，利用丰富的视觉符号和多元的表现方式，集声音、文字、画面等要素于屏幕之上，不断挖掘注意力红利。的确，与一场长篇叙事的视频相比，这种微观叙事的特征更能够抓住观看者的兴趣，传统的城市宣传片，从自然风光到人文经济所传达的内容太多，但最终还是浮光掠影，很少能够被观众所记住，而由观众自发拍摄的短视频，掀开表演的面纱后是不加修饰的城市真实的烟火气息，虽然是以碎片化的传播片段，但呈现出的却是生活本色。短视频以"微观"视角进行主题传达，如"看中国""中国一分钟"等主题短视频，通过放大细节，用短短的几分钟传达以往几十分钟乃至几百分钟视频所呈现的效果。

（三）去现实化：深度沉浸的感官体验

在互联网构建的虚拟场域中，人们更多地生活在虚拟社群中，更习惯于用虚拟的自我同别人打交道，由于网络空间能够打破现实交往的时空壁垒，提供人们更多的、更灵活的表达方式。戈夫曼认为："在交往中，个体总是通过行为来表现自己，给人印象或者引起关注。"[2] 现实世界的人际交往和沟通不能够进行随意编排，也无法加上滤镜和背景音乐，但是在短视频营造的社交场景中，任何人都可以依靠拍摄和剪辑软件来按着自己的意愿随意创作和表达，可以通过使用技术手段将自己不完美的地方进行美化，摆脱现实中的限制和顾虑。短视频为用户提供构建新的虚拟身份的可能，只需按照自己

---

① 杨仁敬等：《美国后现代派小说论》，青岛出版社 2004 年版，第 85 页。
② ［美］欧文·戈夫曼：《日常生活中的自我呈现》，冯纲译，北京大学出版社 2016 年版，第 97 页。

的爱好自由填写个人信息框架，不涉及隐私，也不必与现实相符。可以说，在短视频营造出的"去现实化"场景下，人们获得了虚拟自我的自由，无论是观众还是视频的发布者都可以把这里当作自己的小世界，任何人都可以抛开社会阶层、社会身份和文化背景，在这个空间自由游走。

当今世界是一个视觉化时代，短视频在内容上注重情绪体验，动感音乐和具有视觉冲击的画面总是容易让人深陷其中，短视频将视觉、听觉两种感官功能进行有机连接，为用户创造多维的沉浸体验环境，"刷抖音一时爽，一直刷一直爽"是短视频用户普遍的一种使用感受。视频用户"短平快"的观看体验和随手滑动的使用体验。从氛围营造来看，抖音、快手等短视频应用注重为用户营造沉溺感体验，打开短视频播放界面便自动全屏，具有一定的引导性，令观看者高度关注视频内容，不自觉地沉浸在短视频营造的氛围中，并在此过程中对视频内容产生情感认同。通过回望在各大短视频平台爆火的视频，无非是"搞笑梗""技术流""热舞"等开篇就炸、具有视觉冲击力的特点，它们的共同目的就是抓取观看者的注意力。

此外，微博、微信小程序、抖音、快手等短视频平台所提供的上滑切换视频的操作手势与用户日常使用其他社交媒体软件的手势匹配度非常高，在使用过程中无须采用其他操作即可轻松随心浏览，这也在很大程度上加强用户的沉浸感。"移动短视频将日常生活的意义放大为文化的中心，大众通过移动短视频，对日常生活进行展示以表征自我的存在和价值，不仅是影像的观众，也是自己的观众，并且沉溺于观众这个角色。"[1] 短视频深度沉浸的感官体验令用户欲罢不能，其表演性和虚拟性使短视频呈现出去现实化的特征。

三、短视频文化的功能

短视频作为优质的新媒体已经成为青年大学生群体获取海量信息的重要来源，"短视频 +"模式为社会各行业发展提供了新的发展渠道，比如，"短

---

① 郑宜庸：《移动短视频的影像表征和文化革新意义》，《现代传播（中国传媒大学学报）》2019 年第 4 期。

视频＋电商""短视频＋社交""短视频＋教育"等正在改变我们的物质生产和生活方式。短视频是媒介融合过程中必不可缺的环节，是大众文化创新发展的活力，同时也是电商等资本变现的新渠道。

（一）信息传播价值

近年来，短视频经历蓄势、爆发、增长和持续繁荣的发展阶段后，逐渐成为仅次于即时通信的第二大互联网应用，重塑着网络视频的生产和传播形态，作为新的传播风口，短视频已经改变了用户媒介使用习惯。短视频采用"动态画面＋声音"的模式进行信息交流和传播，其中蕴含的信息量和生动性远远超过纸媒，其"短""快"的碎片化表现形式与电视媒体相比更贴近当前民众阅读状态，已经成为民众在媒体使用的主流形态之一。"据QuestMobile 数据，2020 年 3 月，中国短视频行业月活跃用户规模达到 8 亿，月人均使用时长为 34 小时，去年同期为 22 小时，上升幅度达到 54%。"[1]百度、阿里、头条、腾讯等传统媒体纷纷踏足短视频领域，利用资源优势搭建与短视频平台的合作桥梁，短视频成为创新移动端传播的主战场。2020 年 9月，中共中央办公厅、国务院办公厅印发的《关于加快推进媒体深度融合发展的意见》中"明确媒体深度融合发展的总体要求，要求深刻认识全媒体时代推进这项工作的重要性紧迫性，坚持正能量是总要求、管得住是硬道理、用得好是真本事，坚持正确方向，坚持一体发展，坚持移动优先，坚持科学布局，坚持改革创新，推动传统媒体和新兴媒体在体制机制、政策措施、流程管理、人才技术等方面加快融合步伐，尽快建成一批具有强大影响力和竞争力的新型主流媒体"[2]。随着媒体融合的逐渐推进，短视频打通了大小屏之间传播壁垒，实现传统媒体与新兴媒体之间的优势互补，推动信息跨屏融合传播，其中，政务号入驻短视频平台以及长视频平台和社交媒体平台发力短视频业务，是当前媒体融合转型的标志性事件。"短视频通过促进媒体融合

---

[1]　娜布其：《以短见长　融媒赋能》，《收视中国》2020 年第 6 期。

[2]　中共中央办公厅、国务院办公厅：《关于加快推进媒体深度融合发展的意见》，2020年 9 月 26 日，见 http://www.xinhuanet.com/politics/zywj/2020-09/26/c_1126542716.htm。

改革、技术赋能智能传播、混合载体媒介时移使用、碎片消费模式场景营销重塑媒介传播生态"[①]，短视频的媒介价值在社会各行业各领域充分体现。

（二）商业价值

短视频在发展初期仅仅被视为新型的网络流量变现工具，但随着技术改进，短视频平台不断发展流量，基础逐渐雄厚，用户黏性增强积累了一定的受众基础，尤其是平台内容生产模式由 UGC（用户生产）向"UGC+PGC"（"用户生产＋专业生产"）发展，专业机构依靠资本及技术手段来培养主播，设计分享日常生活片段、好物分享等专栏发挥网红经济运作实现资本变现，打造包括音乐、服装、美妆等领域的"爆款"，最为常见的是网红博主的"种草"推荐类视频，或者以"道具"出镜的商品广告植入等，无论是博主的直接推广还是插入式广告，都能取得较好的传播效果，吸引更多用户点赞关注。此外，主打潮酷品牌理念的汽车、3C 家电、网服游戏类等品牌主会主动去联系那些能够通过技术为创意加分的达人，如 B 站 up 主"手工耿"制作创意视频为一款手机网游代言，扩大品牌的知名度和吸引力。商业变现是短视频最初的价值体现，但是随着短视频的持续发展，"流量"不再作为其价值的评判标准，但其商业价值依旧是不可否认的，在商业价值驱动下，短视频逐渐成为"社会生活记录者、个体生活的体验者和审美文化的传达者，并不断拓展其传播的边界，助力于形成更高级形态的传媒艺术"[②]。

（三）文化教育价值

短视频作为媒体内容产业的组成部分，在记录生活、社会发展和变迁，创作有文化艺术内涵的内容等方面均体现着短视频的价值。随着短视频行业深入发展，其文化价值早已超越其商业价值成为短视频生存和发展的基础。短视频的文化价值主要体现在大众文化生产和传播主流价值观两个方面。短

---

① 李金宝、顾理平：《短视频盛宴中的媒介变革与价值发现》，《传媒观察》2021 年第 2 期。

② 尼罗拜尔·艾尔提、郑亮：《新媒体时代短视频内容生产的特点、趋势与困境》，《中国编辑》2021 年第 3 期。

视频崇尚自由精神，其内容生产的去专业化、低门槛性，为草根大众参与文化创作提供场地，为每一个用户平等地提供展现个人才华的机会，打破精英对传统文化生产的垄断。短视频以一种轻松的形式和碎片化方式向大众传递社会主义核心价值观，相较于传统的自上而下灌输式的价值观教育方式，短视频更加容易被用户所接受。李子柒成功地用短视频将中国传统乡村田园之美呈现在大众眼前，其内容的审美艺术价值已经超越了本身"吸引流量"的功能，成为讲好中国故事，传播中华优秀传统文化的典范。历史兴衰或是社会严谨、自然风光或是人文景观、城市发展或是乡村振兴、异域风情或是乡土民情……"主流文化、精英文化、大众文化、民间文化在此碰撞交融、百家争鸣"[①]，短视频所展现出来的多元文化景观拓展人们的文化视野，为中华优秀传统文化发展注入新的活力。

第二节　大学生受短视频文化影响现状分析

大学生思想观念超前，追求新型生活方式，短视频文化作为新兴的文化传播媒介，逐渐受到大学生的喜爱。近年来，大学生对短视频热度不减，在促进大学生文化认知、促进民族文化认同和激发文化自信方面具有推动作用，但短视频文化在生产和传播过程中存在的问题对大学生的消极影响仍然不容忽视。

一、大学生受短视频文化影响的积极方面

短视频用生活化、碎片化的"日常片段"，成为大学生表达情感、寻求内心认同、参与社会文化生产的主要载体。短视频的虚拟属性为大学生提供能够"放飞自我""表达真我"的情景环境，不仅找到了能够舒缓自身生活和学习压力，达到娱乐消遣目的的自由空间，还找到了一个契合需求的学习方式。

---

① 　许竹：《移动短视频的传播结构、特征与价值》，《新闻爱好者》2019 年第 12 期。

（一）多元内容增长文化认知

短视频涵盖的内容广泛，既包含主流媒体宣传弘扬的反映时代主旋律文化活动，也包括生活技巧、美食美妆等与生活相关的内容。短视频塑造的多元文化景观，丰富大学生的知识储备、拓展大学生文化认知。传统大众文化传播媒介强调单向灌输，形式单一且内容单调，大学生能够接触到的文化资源有限，而短视频作为新兴的文化传播媒介，凭借其庞大的信息储备和文化包容性，汇聚民间文化、精英文化等多层级、多类型的文化，为大学生提供了一个内容丰富、形式多样的文化选择平台。正如美国学者丹尼尔·贝尔指出的，"如今，'主流话语'是视觉。音响和画面（特别是后者）构成了美学，指导着观众"，"当代文化已渐渐成为视觉文化而不是印刷文化"[1]，短视频的火爆恰好验证了这一观点。"短视频的兴起实现了由静态文字为主的'叙事'模式向以动态视频为主的'景观'模式的转变"[2]，短视频创设视觉化的学习场景，能够增强视觉美感，激发学习兴趣，更加契合当代大学生所青睐的互动性、体验式的学习需求。比如，共青团中央于 2018 年 3 月 9 日发起的"青年大学习"网上主题团课学习系统，以短视频的形式向青年大学生介绍国家的大政方针，在中国共产党建党 100 周年之际，"青年大学习"开设"党史学习"专题，通过主持人讲解纪念馆背后的历史故事，这种场景化的学习形式更能够吸引大学生注意力，获得更好的教育效果。

短视频平台在科普知识视频创作方面，以"接地气"形式传播科学思想，消弭知识传播的时空壁垒，拓宽大学生知识视野。比如，科普达人张辰亮，荣获"2017 年中国科协十大科学传播人物"，其账号"无穷小亮的科普日常"在抖音拥有超过 1800 万粉丝，尤其是"网络热门生物鉴定"系列视频以脱口秀的搞笑形式对各类外形奇特生物进行鉴定，兼具生活化和趣味性，在科普生物知识的同时，满足年轻人的猎奇心理，受到许多大学生的喜爱；"人民

---

① ［美］丹尼尔·贝尔：《资本主义文化矛盾》，严蓓雯译，人民出版社 2010 年版，第 112 页。

② 王肖：《大学生短视频热现象的原因分析、潜在风险及应对策略》，《思想理论教育》 2021 年第 1 期。

日报""科普中国"等官方账号用动画演示"地震自救""泥石流自救""火灾逃生"等安全知识科普视频,与传统宣传教育模式相比,更形象生动、更容易被大学生所接受。此外,短视频耗时"短"、内容"精"及传播"快",大学生可以通过观看短视频充分利用碎片化时间消化"内容干货"、关注社会热点。比如,2020 年抗疫初期的感人故事、2021 年中国共产党建党百年庆祝活动等重大事件相关的短视频,以短视频的形式展现伟大抗疫精神和伟大建党精神的内涵,为大学生带来更为直观的文化感受。除此以外,大学生足不出户便可以在短视频平台上欣赏到祖国的大好河山,了解不同民族的文化习俗,可以从不同地区美食中领略各具特色的地域文化,比如,李子柒通过短视频向大学生呈现平常无法接触到的中华优秀传统文化,"笔墨纸砚""蜀绣"等作品不仅为大学生带来视觉享受,还成为促进大学生文化认同的助推剂。

(二)广泛互动促进情感认同

收获情感认同是大学生在人际交往中最为重要的心理需求。大学生浏览短视频后通过点赞、评论、转发、关注等进行交流互动,像磁场一般吸引着相同趣味、想法的人聚集于此,形成一个具有感染力的虚拟社区,为大学生提供了全新的社交模式。这种社交模式与微信、QQ 等"熟人圈子"的强关系连接不同,互动的双方可以是现实生活没有交集的陌生人,突破了人际交往的时空限制,在弱关系连接的虚拟社区中,每个人都可以成为互动主体进行情感表达,尽情表露。短视频搭建"全时互动"的社交场景,有力拓展了大学生社会交往空间,充当着情感联系的桥梁纽带,一方面,大学生通过微信、QQ、微博等社交软件向身边的朋友、同学转发感兴趣的短视频,并期待对方作出回应,进一步深化彼此的情感交流;另一方面,大学生也在进行着短视频的创作生产,充当着"表演者"的角色,"为了引起他人的关注和认同,经常在极力展示中勾勒出独特的自我形象,建立起自认为理想的'人设',并努力维护好这一'人设'"[①]。大学生作为社会最为活跃的群体有着强

---

① 王凤仙、李亮:《大学生短视频分享的形态、风险与应对策略》,《思想理论教育》2020 年第 11 期。

烈的求知欲和好奇心，渴望得到他人的认可和尊重，在对他人视频进行点赞、评论或在获得他人点赞、评论的交互过程中，满足大学生社交需求和被关注的渴望，增强大学生对社会的认同感和归属感。

短视频平台运用算法推荐技术，通过将大学生用户在参与短视频互动过程中表露出的兴趣和爱好等网络行为进行"标签化"处理，根据大学生用户画像分析，选择性推送可能感兴趣的内容，实现信息的精准匹配。短视频平台智能信息分发和推荐算法应用使得拥有共同性的用户聚在一起，"大学生利用短视频平台形成基于'网缘'和'趣缘'的'圈群共同体'，并逐步建立属于他们的独特空间规则和社群文化，进而吸引同伴关注。这种趣缘化、部落化的交往方式实现了大学生的身份认同，增强了他们的群体归属感"[①]。

（三）个性化表达缓解精神压力

短视频的出现充分迎合了大学生标新立异、个性表达的情感诉求，在面临着来自学业、就业、人际关系、家庭情感等多方面的压力下，短视频逐渐成为大学生休闲娱乐的主要方式。对于个别大学生而言，短视频"不是天堂，是避难所"，他们可以暂时将生活中的困顿和对未来的迷茫抛在脑后，忘掉失意，纵情享受片刻的欢愉。抖音、快手、微视等短视频平台自带酷炫音乐、场景特效等功能，其超大资源库和素材包为大学生的个性化创作提供多种可能，大学生在美颜滤镜的帮助下在屏幕面前自信地展现自我，发挥他们的表演天赋和对肢体、语言的灵活运用的优势。"在短短的15秒内，大学生在自己的'百变秀场'中尽情地秀、晒、演，以搞怪、可爱、时尚等画风展示个性、呈现创意，在轻松娱乐之中释放天性、解放自我。"[②]另外，短视频娱乐性强，一些大学生通过浏览、分享别人的快乐来弥补自身在现实生活中的缺憾，借助短视频平台的"情绪表达按钮"和"弹幕评论"等渠道表达苦闷情绪，缓解学习、生活压力和紧张情绪。大学生在观看短视频的过

---

①　王肖：《大学生短视频热现象的原因分析、潜在风险及应对策略》，《思想理论教育》2021 年第 1 期。

②　王肖：《大学生短视频热现象的原因分析、潜在风险及应对策略》，《思想理论教育》2021 年第 1 期。

程中发现与自己内心契合的地方时，便可以获得精神慰藉，尤其是那些以亲情、友情和爱情为主题的视频，往往更能够激发大学生内心的情感共鸣。自媒体短视频博主"papi 酱"创作的短视频多以社会现象为主题，2018 年发布的短视频"让我们走进亲戚不为人知的内心世界"和 2021 年发布的短视频"云拜年之即使不回家过年，年的味道始终在"均以过年为背景，表达了青年群体在春节期间面对亲戚的各种问题的无奈，"papi 酱"深谙受众心理，"回望我的青春期""你身边是不是也有这样的人"等视频用吐槽的口吻既满足了青年群体娱乐消遣的需要，也满足了一些大学生情绪宣泄的需求。此外，短视频平台流行的"丧文化""佛系"文化也受到一些大学生热捧，给自己贴上"佛系青年"的标签，号称"不争不抢、一切随缘"，大学生的"佛系心态"实质上是对现实困难的逃避和自我安慰，这种自嘲一定程度上缓解了大学生的焦虑心理。总的来说，大学生在对短视频进行制作和浏览、分享等行为的过程中缓解了精神压力，满足了自身个性化表达的心理需求。

二、大学生受短视频文化影响的消极方面

唯物辩证法中指出，矛盾具有普遍性，要求我们必须要一分为二地看待问题，短视频作为互联网信息技术的产物，实现媒介技术革新的同时必然会产生不良影响。马克思曾说过："技术的胜利，似乎是以道德的败坏为代价换来的。"[①] 技术赋能下，短视频"去中心化"的传播模式提高了信息分发的效率，内容生产到信息传播的过程均有用户的参与；同时也必须看到，短视频平台既有传播正能量、弘扬主流文化价值的积极作用，也充斥着恶搞、鬼畜、土味、网游等泛娱乐化内容，导致网络传播的庸俗化积累。

（一）泛娱乐化冲击主流价值观认同

马克斯·韦伯曾指出，"我们这个时代，因为它所独有的理性化和理智化，最主要的是因为世界已被除魅，它的命运便是那些终极的、最高贵

---

① 《马克思恩格斯选集》第 2 卷，人民出版社 1972 年版，第 79 页。

的价值，已从公共生活中销声匿迹，它们或者遁入神秘生活的超验领域，或者走进了个人之间直接的私人交往的友爱之中"①。短视频诞生于"价值去魅"和工具理性时代，为了在海量信息中抓住用户的注意力，"作品不再强调故事内容的完整性和主题的价值导向性，不再将受众深刻的道德情感体验作为目标，而是更多地呈现出反权威、无主题、零散化和娱乐化的趋势"②。

波兹曼在《娱乐至死》一书中所说："一切公众话语日渐以娱乐的方式出现，并成为一种文化精神。我们的宗教、政治、新闻、体育和教育等事业都心甘情愿地成为娱乐的附庸，毫无怨言，无声无息，其结果是我们成了一个娱乐至死的物种。"③"娱乐化的蔓延开始走向垂直化，不仅消解了精英、大众、严肃、娱乐等认知框架，而且解构了事实与虚构、理性与情绪的边界"④，娱乐已经将"魔爪"伸到了新闻、政治、历史、文艺甚至思想领域。在泛娱乐化思潮冲击下，一些短视频在进行创作时为吸引大众眼球，使用夸张、低俗等表演方式宣传虚假新闻，散播不良社会风气。更有甚者，罔顾经典文学作品的历史价值，以嘲讽、调侃的态度解构、扭曲中华优秀传统文化基因，那些戏说历史、"戏谑"历史英雄、否定英雄事迹的段子和短视频，实质上是历史虚无主义思潮在网络环境下的具体表现，这对正处于价值观形塑关键时期的大学生来说，"多年教育中本已接受的价值理念时常被调侃、渴望的理想道德总被娱乐，行为的标准成为一个莫衷一是的现实问题。社会道德陷入价值观念尚未确立就遭消解的困境"⑤，传统的道德伦理、历史事件、英雄人物等人们曾引以为傲的民族精神都成

---

① ［德］马克斯·韦伯：《学术与政治》，冯克利译，生活·读书·新知三联书店2005年版，第48页。

② 贾雪丽：《"微文化"传播中大学生道德责任感培育的三重困境》，《伦理学研究》2019年第4期。

③ ［美］波兹曼：《娱乐至死》，章艳译，广西师范大学出版社2004年版，第64页。

④ 陈昌凤：《斜杠身份与后真相 泛娱乐主义思潮的政治隐患》，《人民论坛》2018年第6期。

⑤ 任建东、邓丽敏：《新媒体接受中道德教育的三大困境》，《伦理学研究》2011年第5期。

为娱乐的"附庸",恶搞历史、蔑视历史表面上是一种"戏谑具有价值象征意义的人、物及事件的'价值侵犯'行为,而在这些行为背后掩映着的是一场娱乐盛行年代的价值虚无危机,具体表现为崇高精神的现代性虚无"①,大学生的价值观建构本就尚未完成,而其追求新鲜感的天性降低了对"戏说""恶搞"历史等虚构事实的防备,以一种游戏的心态去认识中国的历史,必然导致社会主义核心价值观的边缘化,冲击大学生对主流文化的价值认同。

在泛娱乐化影响下,"娱乐价值在其价值等级序列中处于最高的价值地位,甚至有冲抵一切传统价值的倾向,其他价值即使存在,也被遮蔽在娱乐价值之下而失去了生发的基础与空间"②,一些短视频披着娱乐的外衣,夹杂着各种各样的价值观念,正如习近平总书记所指出的,短视频"有的是非不分、善恶不辨、以丑为美,过度渲染社会阴暗面;有的搜奇猎艳、一味媚俗、低级趣味,把作品当作追逐利益的'摇钱树',当作感官刺激的'摇头丸';有的胡编乱写、粗制滥造、牵强附会,制造了一些文化'垃圾';有的追求奢华、过度包装、炫富摆阔,形式大于内容"③。这类短视频的确能够给大学生带来视觉感官的刺激,使网络空间中消费主义、个人主义和自由主义甚嚣尘上,一些大学生迷失在"短视频"构建的文化空间,逐渐放弃对永恒价值、崇高理想和道德责任的追求。

近年来,在网络上恶意传播《国际歌》《黄河大合唱》的魔性改编,以及对黄继光、董存瑞、"狼牙山五壮士"、雷锋等革命先烈和英雄人物的恶搞现象,实际上是历史虚无主义的泛化,革命先烈和人民英雄承载着国家历史的记忆,是中华民族的脊梁。在网络监管和治理过程中,应对娱乐文化产品的筛选进行严格把关,引导大学生甄别是非,尊重历史,缅怀革命先烈的历史功绩,形成崇尚英雄、争做英雄的网络文化环境。

---

① 郝娜、黄明理:《"泛娱乐化"现象:现代性语境下崇高精神的虚无困境》,《思想教育研究》2020 年第 1 期。

② 黄一玲等:《网络文化"泛娱乐化"背景下的社会主义核心价值观认同培育》,《湖北社会科学》2016 年第 11 期。

③ 习近平:《在文艺工作座谈会上的讲话》,《人民日报》2015 年 10 月 15 日。

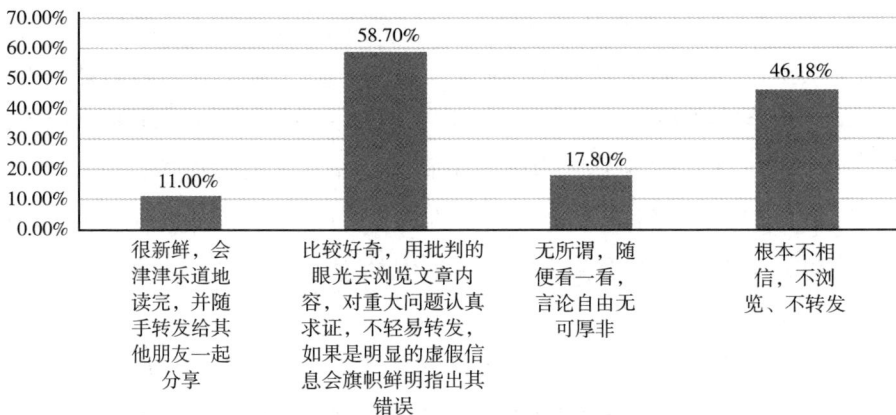

图 5-1 大学生对于网络中一些迥异于传统认知或官方结论的"还原历史真相""最新史料"类文章的态度

如图 5-1 所示，大学生在"对于网络中一些迥异于传统认知或官方结论的'还原历史真相''最新史料'类文章的态度"作答时，选择"很新鲜，会津津乐道地读完，并随手转发给其他朋友一起分享"的占 11.00%，选择"比较好奇，用批判的眼光去浏览文章内容，对重大问题认真求证，不轻易转发，如果是明显的虚假信息会旗帜鲜明指出其错误"的占 58.70%，选择"无所谓，随便看一看，言论自由无可厚非"的占 17.80%，选择"根本不相信，不浏览、不转发"的占 46.18%。从数据中可以看出，面对明显带有历史虚无主义思潮的文章，多数青年大学生都会理性地看待，但也存在着一些青年大学生受歪曲事实的影响而混淆是非，"随手转发"的现象。

（二）碎片化造成思维认知的浅表化

短视频时代信息传播和更新速度快，信息的超载负荷，忽略了人作为信息主体的接受能力。媒介融合趋势下，社交媒体"兼具人类现有一切大众传媒的多种优势，成为了一个大熔炉"①，短视频充当着信息跨平台传播的桥梁，只需点击分享视频链接到社交媒体平台，即可实现平台间的信息共享，

---

① 王长潇、刘盼盼：《网络短视频平台的场景演变及其舆论博弈》，《当代传播》2018 年第 4 期。

短视频碎片化的传播特点成为社交媒体的信息常态。《2021 中国网络视听发展研究报告》显示，"短视频网民使用率持续走高，目前已接近 90％，成为互联网的底层应用"。①

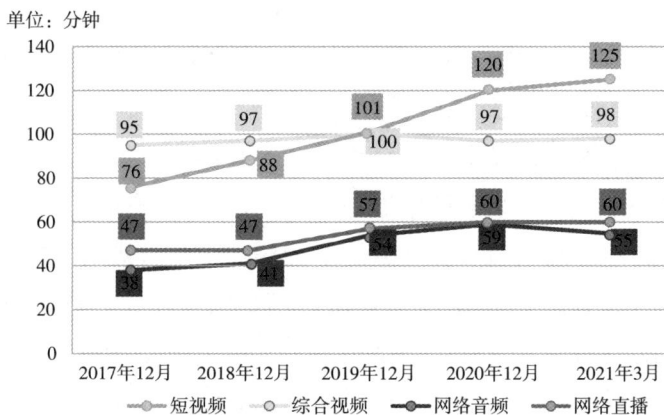

图 5-2 各类视频人均单日使用时长

（数据来源于中国网络视听节目服务协会：《2021 中国网络视听发展研究报告》）

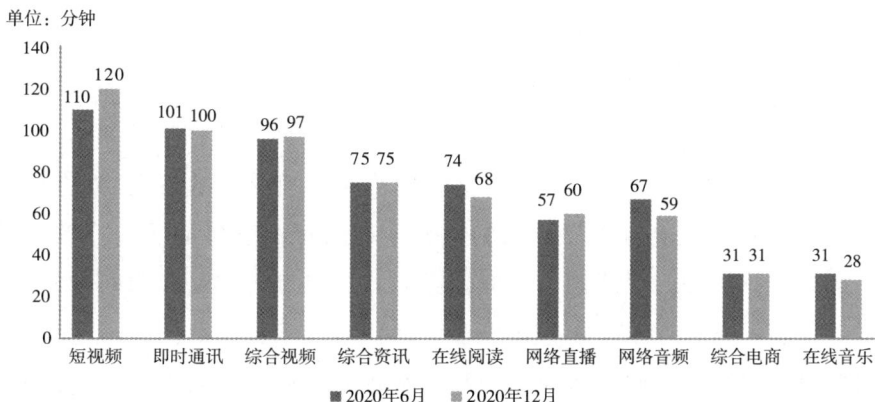

图 5-3 典型细分行业人均单日使用时长

（数据来源于中国网络视听节目服务协会：《2021 中国网络视听发展研究报告》）

---

① 中国网络视听节目服务协会：《2021 中国网络视听发展研究报告（PPT 原文）》，2021 年 6 月 3 日，见 http://www.cnsa.cn/home/industry/industry_week.html。

从图 5-2 中可以看出，截至 2021 年 3 月短视频人均使用时长超两小时，成为抢占用户注意力的"杀手"。从图 5-3 中可以看出，短视频与其他典型细分行业相比，单日使用时长排名第一，超越即时通讯类应用，这表明，短视频已经成为人们获取信息的重要渠道。"抖音十几秒，人间一小时"，一些大学生沉迷于短视频建构的视觉景观中，将刷抖音作为生活的一部分，只要有空闲时间就会点开抖音、快手、微博等短视频社交软件，一些大学生的业余时间被目不暇接的短视频无缝连接，容易导致思想观念碎片化、认知实践浅表化。

文字是抽象的人类文化符号，对受众的阅读、思考和逻辑分析能力要求较高，同样作为文化和信息传播的载体，短视频画面丰富、直观，且具有娱乐性，这种视觉化的信息产品注重为用户带来直观的视觉冲击，大学生获取短视频传递的信息便捷，有助于满足大学生多样化的休闲娱乐需求。大学生既不知道下一个视频会是什么，也不需要思考下一个视频要看什么，短视频平台系统会根据大学生阅读偏好定点推送相关视频，大学生只需将手指轻轻一划便可享受由源源不断的新鲜感带来的感官满足，一些大学生在猎奇心理驱使下，娱乐感观欲望开始代替理性的独立思考，形成思维惰性。"当一个社会按照它自己的组织方式，似乎越来越能满足个人的需要时，独立思考、意志自由和政治反对权的基本的批判功能就能逐渐被剥夺。"① 由于大学生接触的都是系统推荐的视频，很容易形成"信息茧房"，困在短视频制造的"快乐泡沫"之中，正如法国学者居伊·德波在《景观社会》一书中写道："整个社会显示出来的就是无数景观的堆积。景象与景象叠映，人们在光怪陆离的世界依靠幻想而悲情地活着。"短视频始终都在教我们如何谈感情、怎样变漂亮，提供旅游攻略、如何做家庭版美食，我们可以通过短视频积累许多生活经验和增长生活技能，过分地依赖网络现成的经验，而这些经验中却没有告诉我们如何成为一个能够独立思考的个体。"短平快和强刺激降低了大学生获得快感的阈值，并让他们在刷抖音的过程中逐渐习惯了唾手可得的满足感，而这种唾手可得，却在一定程度上消弭了现实中努力奋斗所需要的高强度自律和对事物深入的

---

① ［美］马尔库塞：《单向度的人》，刘继译，上海译文出版社 2008 年版，第 3—4 页。

思考。"①

短视频由于时长较短导致信息输出受到限制，呈现出的是放弃意义追问之下的表层化片段，内容前因后果不明，有些技艺表现类视频专业性强、难度系数高，对身体素质要求高，"台上一分钟，台下十年功"，贸然模仿很容易造成身体或心理的伤害。此外，由于视频制作者和大学生受众是相对独立的个体，认知和经历并不相同，内容解读和价值观理解存在差异性，有些视频只是制作者用来娱乐消遣的游戏之作，一些没有了解真相的大学生很容易断章取义，轻信虚构视频内容。比如，"戏说历史""真相"等短视频，是别有用心者利用网络信息技术和短视频"碎片化"的特征将历史片段随意拼贴，实际上是将特定历史进程中的历史事件独立于特定历史时期之外，用扩大局部掩盖整体的方式推导颠覆性结论，故意捏造和歪曲事实的方式来重审历史，借此混淆视听、模糊认知，对于那些对网络依赖程度很高、信息需求量大、自身辨别力较弱、社会经验严重不足的大学生来说，必然会干扰大学生的认识判断，颠覆大学生的传统历史认知。

短视频碎片化传播更新速度极快，不断进行场景转换和主题变化，大学生有限的注意力被困在短视频塑造的光怪陆离的虚拟世界，在很大程度上会降低一些大学生的信息敏感度，表层化的知识碎片将局部当作整体，大学生获取有效信息的难度增加，容易将碎片化呈现的事物个性当成普遍的共性，导致大学生"只见树木不见森林"的思维偏颇，对历史事件、人物的关注仅仅是浮于表面而不深入思考，"知其然而不知其所以然"。一些大学生甚至放弃对人生意义和生命价值的深度思考和奋斗追求。

（三）庸俗化感官刺激降低审美格调

正如丹尼尔·贝尔所言："当代文化正在变成一种视觉文化，而不是印刷文化，这是千真万确的事实"②，互联网塑造的新媒介景观以视觉娱乐为出

---

① 骆郁廷、李勇图：《抖出正能量：抖音在大学生思想政治教育中的运用》，《思想理论教育》2019 年第 3 期。

② ［美］丹尼尔·贝尔：《资本主义文化矛盾》，赵一凡等译，生活·读书·新知三联书店 1989 年版，第 154 页。

发点和最终目的，抖音、快手、火山、西瓜、微视、小红书等各种短视频平台和网站随处可见，短视频占据手机屏幕的大部分时间，大学生的审美感知已经被电子图像所俘虏，"在'快乐主义'原则下沉浸其中，丧失自主自觉和能动的自我，但对娱乐的浸淫却在很大程度上是以放弃思考、放弃理性、放弃对审美与崇高的追求为代价"①。反观那些能够为大学生带来感官刺激和视觉冲击的"爆款"短视频，要么是美颜滤镜下妆容精致、光鲜艳丽的"美颜"类视频，要么是镜头表演下故意"出丑""土味"等低俗类视频，这些视频的确可以让大学生轻松获取感官刺激和娱乐，但长此以往，一些大学生势必会被短视频中各种炫耀、攀比乃至色情等泛娱乐化、庸俗化的内容麻痹自我，对潜在危险视而不见。"失却了审美精神与人文理想制衡的文化权力是可怕的，文化陷入经济单边主义和商业实用主义是危险的；这种可怕的背后是非人化与物化，这种危险的内里隐藏着自我的失落和意义的虚无。"②

短视频的技术门槛低，普通人都可以进行拍照上传，视频内容多数是对生活的直接记录，侧重于满足用户当下的感官刺激，短视频带给大学生的审美体验是感官沉浸式的虚拟体验，缺少审美想象力和表现力，而真正的艺术是静心沉思沉淀后的审美情感的再表达，"对于受众而言，情感认同是其在观赏影视文化过程中最为直接的体验，优秀的作品能够让观众得到感官满足的同时，也得到精神层面的满足，实现受众的审美价值"③。一条一条的短视频令人目不暇接，表面上来看似乎传递了许多信息，带来了不少"快乐"，而实际上，由于这些信息琐碎杂乱、模仿拼贴的创作模式导致内容同质化倾向严重，出现题材和内容上"抄袭""跟风"现象，不能给大学生带来深度的审美体验。比如，从"美食类"短视频在内容生产过程中可以看出，众多创作者都遵循着"背景—准备—烹制—排盘"这一流程式的创作模式，过于

---

① 黄一玲等:《网络文化"泛娱乐化"背景下的社会主义核心价值观认同培育》,《湖北社会科学》2016 年第 11 期。

② 傅守祥:《欢乐之诱与悲剧之思——消费时代大众文化的审美之维刍议》,《哲学研究》2006 年第 2 期。

③ 李旭:《媒介技术视野下的微文化审美品格与审美悖论》,《江西财经大学学报》2021 年第 2 期。

平庸化的记录而缺乏人文深度。此外，短视频平台火爆一时的"换脸"类美妆视频也是千篇一律的套路，博主在视频开始的时候故意蓬头垢面出镜，伴随着节奏感强的背景音乐，"卡点"一到转身或是撩头发后，呈现经过化妆加美颜滤镜后的面容，与开始的画面形成强烈反差，带来感官刺激。不难发现的是，许多美妆短视频博主凭借优越的长相成为热门网红，但这种美都是美颜滤镜塑造下的"高颜值"，没有什么特别之处的"网红脸"，这对于正处在自我表现欲强烈阶段的大学生来说，很容易受"以貌取人"审美观的误导，只追求外表好看忽视内在修养的提升，为满足自身对外在美的追求甚至通过借贷的方式，购买昂贵的护肤品、化妆品、衣饰等带有"网红同款""网红推荐"标签的产品，不惜超越自身经济可承受的范围。"爱美之心人皆有之"，但是这种脱离自身实际、盲目地模仿是得不偿失的，追求的是虚假的、外在的美是肤浅的表现。在"以貌取人"狭隘的审美观影响下，引发一些大学生的"容貌焦虑"和"身材焦虑"，扰乱大学生对"美"的正确认知。

一些短视频创作者为了吸引用户的眼球无所不用其极，甚至抛弃道德的底线，公然违背公序良俗，以"扮丑＋作秀"为创作原则进行浮夸、扭曲的表演，暴露的穿着、低俗的台词和夸张的道具把公共网络空间当作"秀场"，哗众取宠，部分作品粗制滥造、内容庸俗化致使审美价值流失，审丑现象从特例变成一种常态化。这必然会影响活跃在短视频平台之中的大学生，极易引起大学生荣辱羞耻感的淡化，降低大学生的审美能力。当前，短视频平台中的审丑现象十分流行，比如，2019 年爆火的短视频博主"迷人的郭老师"通过反套路化表演刺激人们的感官，其蓬松的黄色乱发、紧皱的五官和略胖的身形等邋遢形象，大声尖叫、毫不顾忌地放屁等疯癫的行为，引得粉丝哈哈大笑，此外，荒诞的无比"郭学"，如"迷 hotel""集美"等"郭言郭语"受到一些大学生转发模仿。个别大学生对这种审丑现象不进行批判反而用消遣心态待之，更有粉丝评价说疯癫、邋遢和低俗正是"郭老师"的娱乐价值，这种毫无营养的文化输出却受到追捧，虽然"郭老师"的众多账号在 2021 年 9 月 2 日被永久封禁，但一些大学生所谓的精神追求依旧被荒诞怪异的审丑快感所裹挟。

近年来，短视频的出现和发展，打破了以往集体精神体验的文化实践格局，改变大众严肃认真、标准化、一致化的审美取向，可以说，短视频平台虚拟互动的特性，促使一些大学生的审美风格从文艺转变为世俗，从原本的统一教化到个性娱乐。短视频平台的草根性和泛娱乐化倾向，不可避免地会衍生一些问题，对大学生社会道德认知和审美价值观的形成产生负面影响。

三、短视频文化对大学生产生消极影响的成因

在视觉化时代，人们对图像信息的需求日益增长，尤其是对大千世界充满好奇的大学生群体，无须动脑便可读取信息的短视频成为深受欢迎也是较为常见的休闲娱乐方式，既能够放松心情缓解压力，又能够满足社交需求。短视频平台的商业运营，导致短视频出现"价值失落"现象，追求"眼球经济"而轻视价值内涵的短视频呈现出低俗化、庸俗化、泛娱乐化倾向，降低一些大学生的思考能力和判断能力。

（一）视觉狂欢盛宴的图像需求在快速增长

互联网技术的不断进步推动着人类物质文明和精神文明创新发展，改变着我们的生存环境。海德格尔早在 20 世纪 30 年代就已指出，人类社会现在正在进入一个"世界图像时代"。这种图像生产涉及现代社会的政治、商业、科技以及文化各个领域。美国学者尼古拉斯·米尔佐夫在《视觉文化导论》中指出，"现代生活就发生在荧屏上"，"在这个图像的旋涡里，观看远胜于相信。图像不仅仅是日常生活的一部分，而且是日常生活本身"[①]。可见，视觉已经超越文本成为我们了解当代世界的主要方式，我们已经进入视觉化时代。加拿大媒介理论学家马歇尔·麦克卢汉认为，媒介即人的延伸，媒介技术推动着社会的变迁。在信息化社会，新媒介技术已经成为我们日常生活、学习和工作中不可或缺的存在，早已渗入我们日常生活的方方面面，短视频作为一种新型媒介实现人的视觉与听觉，即认知感官的延伸，短视频利用新媒介技术扩展人类的感知神经，开阔了人类认识世界的新窗口，塑造了一个

---

① ［美］尼古拉斯·米尔佐夫：《视觉文化导论》，倪伟译，江苏人民出版社 2006 年版，第 1 页。

可以畅所欲言、尽情表演的"互动广场"。

短视频已经作为一种新型的、视觉化的社交方式备受广大青年学生青睐。"读屏时代"，表情包、动图、短视频、直播等动态图像化的表达方式比文字更加生动具体，满足大学生对个性化、碎片化、影像化内容的需求，短视频塑造的景观也更符合大学生的想象和期待。短视频结合了拍摄、剪辑、美化、智能算法推送等多项技术，为受众带来全新的、可互动的、直观立体的视觉感受，短视频平台上囊括了美食、科普、美妆、娱乐、新闻、旅游、萌宠等内容选材的视频，满足用户视觉消费的多元化需求。"五花八门"的短视频将生活的场景以"碎片化"图像的形式再现于手机屏幕之中，恰好能够满足大学生"世界那么大，我想去看看"的向往和好奇心。大学生正处于刚刚离开家庭庇佑接触社会的人生阶段，尚未具备独立生存能力，在现实生活中要承受着来自学习、社交、恋爱、就业等多方面的压力，他们对未来充满期待却又无奈于无力改变现实，但短视频的出现，成为一些大学生生活的调味剂，利用碎片化的时间给自己"充电"，一些大学生通过观看短视频能够隔着屏幕感受别人的美好生活，从中获得情感和心理慰藉。通过制作、分享短视频进行个性化表达，释放压力缓解焦虑心情。"刷抖音""看小视频"成为大学生群体的日常生活的一部分，一些大学生不自觉地依靠短视频的娱乐性麻痹自己，沉浸在短视频搭建的"娱乐天堂"。视觉消费时代，人们对于这种能够带来感官刺激和视觉享受的动态图像的需求在快速增长，短视频平台抓住了这一消费热点，不断地进行技术改进和完善运营机制，激励短视频内容生产，以迎合用户日益增长的消费需求，推动生产与消费的相互作用。

（二）短视频内在特性难以呈现影像的整体

短视频的时长较短，这一内容特性使得短视频创作者无须考虑内容的逻辑性和完整性，在对某一事件进行描述的过程中，常常为了夺人眼球，以偏概全、以点概面，将细节放大，故意将视频剪辑拼接后制造疑点，留给用户遐想空间，目的就是为了煽动大众情绪，吸引流量。由于短视频本身的碎片化、片面性无法呈现事件全貌，人们可以随意猜测短视频背后的情况，并在网络上发表个人看法，很容易偏离事实真相。

短视频的内在特性，只能表现事件中某个片段，往往难以推断事物全貌，尤其是社会突发性新闻事件的报道，短视频无法完整地展现事件发生的原因、经过和结果，由于信息传播速度极快，在尚未查明事情原委之前，"片面真相"已经在网络上迅速传播，受众在碎片化的信息接收习惯影响下，很容易接受片面真实的新闻，当前社会"虚假新闻"现象频发，受众情绪与新闻报道导向是同频波动的，"虚假新闻"的出现消耗了受众对社会的信任，使得受众对主流媒体新闻报道的真实性产生怀疑。有些喜欢制造事端的网民利用网络的匿名性，抱着"看热闹"的心态蓄意篡改、歪曲甚至捏造短视频内容，制造虚假信息，散播"网络谣言"，造成信息传播失控，存在极大的风险，实质上是为谋求流量利益造成不良的社会影响。譬如，一则标题为"孝感车主参与抗疫后去世"的新闻，该新闻内容及经过是 2020 年 5 月 21 日，网名为"王公子"的网友，拍摄了停在湖北孝感槐荫公园内的一辆橙色小汽车并发布在抖音上。随后，该网友陆续发布后续视频，称车主系一名志愿者，疫情期间在孝感帮忙送菜，不幸感染新冠肺炎后去世。同年 6 月 21 日，腾讯网发布消息《私家车数月无人认领　路人询问得知车主抗疫后去世》，其中引用了王先生的话。视频引发国内众多媒体转载，点击量过亿，点赞量上百万，网友们纷纷留言发表感言。同年 6 月 22 日，微博 @孝感晚报发布消息：经有关部门核查，证实车主仍在世。目前，公安机关已联系到车主核实情况。同日，"上游新闻"微信公众号也发布消息《湖北槐荫公园一车主抗疫后死亡？车主：我还活着》，拍摄者王先生回复"上游新闻"记者称，"车主曾参与抗疫后发烧去世"这一说法，是他出于好心瞎编的。同年 6 月 22 日，经公安机关调查核实，该车为孝感一家公司所有。同日，该公司发布声明表示，"该车系本公司所有，车主身体健康，网传纯属谣言。同年 6 月 23 日，据人民网湖北频道报道，公安机关依法对王某做出行政拘留三日的处罚决定"[①]。该视频拍摄者为谋求流量，在抖音账号上传视频后还发布一系列后续、编造完整的故事，且在接受媒体采访时也拒不改口，这种制造谣言谋求流量的行为干扰了社会秩序，受到了应有的惩罚。疫情中的种种"世相"总是能引起受众的关注，

---

① 白红义等：《2020 年虚假新闻研究报告》，《新闻记者》2021 年第 1 期。

别有用心者利用疫情煽动民众情绪，发布虚假信息制造大众恐慌，从中获取流量。另外，专业媒体未经与车主的家人或熟人进行核实，而是将"路人甲"的说辞作为唯一的消息源，暴露出一些媒体从业人员职业规范意识欠缺。

互联网时代信息冗杂真假难辨，一些新闻媒体在进行报道之前没有进行核查信息的真假，为追求新闻的时效性和网络热点，而忽略"把关人"的责任，导致出现一些虚假新闻，降低媒体公信力，有损媒体形象，产生不良的社会影响。比如，@北京晚报 2018 年 11 月 25 日发布名为"300 斤小伙挤地铁被大爷骂哭：这么胖挤车没自知之明"的视频报道，该短视频的内容是："一名比较胖的小伙子因为人流拥挤，不慎踩到了一位老大爷的脚，老大爷嘴里碎碎有词，不断出言训斥小伙：'这么胖还来影响别人，没自知之明！'小伙子道歉之后，这位老大爷依旧不依不饶，一直在对他进行人身攻击。'回家待着去！这么胖影响别人，自己去打个车不行吗？'该男生低着头，也没有反抗，眼睛两圈泛起了红色。"[①] 而后经证实为虚假新闻，11 月 27 日《北京青年报》报道《300 斤胖子挤地铁被北京大爷骂哭？视频内容被指疑摆拍》称："有自媒体运营者向北京青年报记者提供了一份聊天截图，对方称'我们这边有个内容，您看看能不能接。是一个视频，内容大概是在地铁站，一个大爷嫌弃一个胖子，说他不应该坐地铁，应该打车'。这位自媒体运营者拒绝了他。"[②] 另外，该视频发布者除发布视频外还发起了"撑胖子反歧视"的话题，为吸引用户眼球，摆拍视频制造话题，企图蒙混过关，消费大众情感。短视频的碎片化和拼贴性难以反映事件整体，《北京晚报》作为主流媒体尚未查明真相，错将摆拍视频作为新闻进行报道，降低自身品牌的公信力。

此外，在短视频传播过程中，传播者可以通过对短视频进行"再加工"将个人观点和主观情绪带入其中，添加与短视频画面不符的文字说明、画外音等，干扰民众对事件的认知，影响网络舆情的发展方向。这种"胡乱加工"现象在短视频传播过程中，很容易激发网民情绪，偏离正确的舆论方向。例

---

① 北京晚报：《300 斤小伙挤地铁被大爷骂哭：这么胖挤车没自知之明》，2018 年 11 月 26 日，见 https://www.163.com/news/article/E1H4K7C90001875P.html。

② 北京青年报：《300 斤胖子挤地铁被北京大爷骂哭？视频内容被指疑摆拍》，2018 年 11 月 27 日，见 https://www.163.com/news/article/E1KQBUNO0001899N.html。

如，"2019 年 3 月 12 日下午，部分学生家长反映位于温江区的民办学校——成都七中实验学校小学部食堂食品质量有关问题引发社会关注，后经过成都相关部门调查显示除粉条样品有霉斑外，其余 17 个样品未发现问题，调查结果引起家长和网友的怀疑，最后成都市联合调查组举办新闻发布会公布了两段官方监控录像短视频，清楚地看到，网传的食物发霉的照片和视频，是造谣者为抒发心中不满，为扩大影响而人为制造食堂食物发霉的假象"。① 这种违背现实、为释放个人情绪而故意捏造事实的行为很容易造成网络舆论的错误偏向，扰乱社会秩序。

短视频叙事的片面性助长网络谣言和虚假新闻肆虐之风，短视频制作和发布的低门槛性，导致一些缺少媒介素养和法律常识的用户为骗取点击量和关注编造故事，加剧传播虚假新闻和网络谣言等短视频在网络中的泛滥，在一定程度上会冲击社会主流价值观，危害社会的安定团结。

（三）商业资本逐利性忽视视频内涵的制作

在信息传播过程中，商业利益不断地在新的市场空间寻找目标，商业化渗透几乎达到无孔不入的境地，资本的运营使得本就开放多元的新媒体环境变得日益复杂，利益至上、弱肉强食的市场竞争法则被复制到新媒体环境之中，一些短视频平台以追逐经济利益为目的，文化内涵让位于商业逻辑，只关注流量而忽略了社会效益。2016 年短视频火爆的背后，除其本身具有吸引用户的特征外，短视频作为大众消费热点吸引了广告投入等其他商业资本的大量涌入，由于专业生产机构联合生产和普通创作者个人的创意，以及资本运营下幕后团队进行策划、生产和推广的综合作用，短视频众多视觉景观"热门话题""神曲"随之大量出现。

让·波德里亚在《象征交换与死亡》一书中指出："当代社会是由大众媒介构成的'仿真'世界，泛滥的拟像在消弭与现实的分界线中，消解了真与假、美与丑等价值判断，而商业利益则是打造'仿真'世界的主导因素。"②

---

① 白红义等：《2018 年虚假新闻研究报告》，《新闻记者》2019 年第 1 期。

② [法] 让·波德里亚：《象征交换与死亡》，车槿山译，译林出版社 2006 年版，第 105 页。

商业资本运作下的短视频为大学生呈现空前繁荣的视觉文化景观，商家"把具有使用价值的商品隐藏起来，而着力刻画一种超脱于现实的幻象"①，越发推动日常生活逐渐商品化，比如游玩迪士尼、乐高等主题乐园、购物分享、美食探店等短视频背后蕴含着巨大的经济效益，不断激发大学生的消费欲望，成为资本刺激消费的最新手段，一些大学生在指尖滑动过程中陷入消费陷阱之中，甚至个别大学生以借贷的方式满足自己的消费欲望。

目前，短视频平台的变现方式主要有广告收入和粉丝变现，短视频博主通过创作视频吸引用户关注培养稳定的粉丝，博主通过短视频推荐和分享商品引导粉丝的消费行为，培养粉丝的消费习惯，比如，"美妆种草""好物推荐""店铺分享""口红试色"等，形成博主与粉丝之间直接的经济效益。一些博主购物开箱视频公然"炫富"，既能够满足自身虚荣心，也能够满足粉丝和受众窥探的欲望和虚假的满足感，一些短视频内容同质化倾向严重，过分看重经济效益而忽略视频的价值传承。同时，信息爆炸时代，"点击量是短视频发布者的重要追求，这就形成了社交媒体短视频和短视频聚合平台以注意力经济为导向的发展形态"②，由于资本的逐利性，短视频博主之间的竞争尤为激烈，短视频的发布者想要在信息海洋中脱颖而出，就必须要抓住受众的"注意力"。在"流量为王"的利益驱动下，行业浮躁风气盛行，许多博主把金钱至上、及时享乐作为奋斗目标，甚至为博取眼球不惜挑战道德底线，进行无底线的恶搞、吐槽、自黑等"作秀"行为，以获得更多流量，谋取不良利益。

第三节　应对短视频文化影响的策略

党的十九大报告明确指出，"必须坚持马克思主义，牢固树立共产主义远大理想和中国特色社会主义共同理想，培育和践行社会主义核心价值观，

---

① 聂艳梅、吴晨玥：《短视频景观的成因透视与文化反思》，《云南社会科学》2020 年第 5 期。

② 高宏存、马亚敏：《移动短视频生产的"众神狂欢"与秩序治理》，《深圳大学学报（人文社会科学版）》2018 年第 6 期。

不断增强意识形态领域主导权和话语权"①。短视频已经成为意识形态角逐的新场域，思考如何应对短视频对大学生的消极影响是大势所趋。通过加强对短视频平台的价值引领，严加治理短视频平台乱象，创作优质健康的短视频文化作品，净化短视频文化生态，占领短视频平台阵地，引导大学生增强对主流文化的价值认同，努力培养大学生好网民。

一、创作优质健康的短视频文化作品

短视频作为时下流行的网络休闲娱乐产品，要想获得积极而持续的发展，就必须积极弘扬主旋律，传播社会正能量，将社会主义核心价值观内涵网络化、视频化、音乐化，大力弘扬中华优秀传统文化、革命文化和社会主义先进文化，为大学生创设更好的网络文化环境。

（一）打造官方宣传品牌，弘扬时代主旋律

近年来，政务短视频、主流媒体视频号、高校等官方账号的短视频阵地建设持续推进，注重发挥优秀文化传播功能，弘扬社会"正能量"。以抖音短视频平台为例，抖音正积极推动政府、媒体、高校、公益机构和公众人物等入驻。2018 年 4 月首批政务短视频账号开始运营，如共青团中央、央视新闻、人民网等官方账号，就目前来看，政务短视频新媒体呈破竹之势发展。截至 2020 年底，全国已经开通的政务抖音号超 26000 个，涵盖政府部门、武警、公安、消防、运输等多个领域。其中"央视新闻"抖音账号粉丝量多达 1.2 亿，毫无疑问地成为抖音短视频平台的主要力量。此外，清华大学、浙江大学、武汉大学等高校官方账号粉丝破百千万。

随着 5G 时代来临，短视频作为灵活度极高的信息传播媒介，成为媒介融合的最佳渠道，其碎片化、更新快等特点逐渐成为主流媒体进行舆论宣传和公共服务的新阵地，是弘扬主流文化的重要平台。政务短视频作为典型的官方宣传品牌，结合微电影、音乐、明星效应和平民视角等宣传视频，多维

---

① 习近平：《决胜全面建成小康社会　夺取新时代中国特色社会主义伟大胜利——在中国共产党第十九次全国代表大会上的报告》，《人民日报》2017 年 10 月 28 日。

度地塑造中国形象，传递中国声音，形成"两微一端一视频"的传播矩阵，在进行政务信息传播和互动服务的同时，肩负着培育践行社会主义核心价值观、弘扬中华优秀传统文化和时代精神的重任。打造一批能够运用短视频进行正能量叙事的融媒体品牌，用具有"人情味"的短视频以弘扬开拓进取、敬业奉献、见义勇为等"好人好事"，既要传播中央政策等国家大事，又要考虑民众的现实需求，解决现实困难，在确保权威性的基础上兼顾趣味性和实用性。比如，唐山媒体注重研究传播规律，不断丰富网络语言，不断塑造具有本地特色的宣传品牌，如"唐小布""唐小信"卡通形象，开设"唐小布气象台""唐小布辟谣""唐小信微普法"等特色专题栏目，深受网民喜爱。其中，"唐小布"系列新媒体作品被国家网信办评为网上群众路线"优秀创意类"案例。

着力提升官方短视频的影响力、引导力和作用力。要坚持习近平总书记指出的"团结稳定鼓劲、正面宣传为主"的党的新闻舆论基本方针。政务短视频是主流媒体完成党的新闻舆论工作的新形式和新途径，也为受众接触新闻、了解时事提供更加便捷的渠道，在视频内容表达上要平衡好政务短视频内容的严肃性与表达的生动性。在保证政务信息的严肃性、权威性和准确性，维护政府的公信力的同时，使用生活化的语言进行内容传达和主流价值的表达，避免生硬说教和一味蹭热点。比如，央视新闻的微博视频号，推出"主播说联播"系列短视频，截至2021年6月，微博数据总浏览量将近百亿，将每日《新闻联播》应关注的热点和重点进行梳理，推行之初便受到民众的喜爱。央视主持人康辉，从庄严的《新闻联播》的高台上走下，竖屏短视频将人物放在屏幕中央，离开庄严背景熏染下的"主持人"变得更加具有亲和力，充分利用碎片化的时间实现了信息的有效传播。从办公大楼到手机屏幕，政务部门的形象更贴近大众生活，具有人情味儿，受到广大民众的青睐和信任。

政务短视频要重视建立与民众的情感联系。情感联系是增强用户参与度的重要因素，将国家大事与生活琐事联系在一起，既要确保"重要性"理论宣传，又要利用"实用性"维系好用户的参与度。传统的主流媒体主要以"图片＋文字"的形式进行表达，被宏大主题和深刻立意所束缚，由于受传统

"图片＋文字"传播方式的限制，这种宏观主题叙事和自上而下的宣传手段难以与受众达成情感上的共鸣，容易使受众产生审美疲劳，产生一定的距离感。而政务短视频满足用户碎片化、影像化的阅读方式，贴近民众、视听同步、强调互动的优势逐步凸显，主流媒体以这种新兴的互联网话语方式，利用内容与用户之间的联系，搭建政府与群众沟通的对话场域。例如，人民网抖音号曾推出"新编辑部故事"系列短视频，将生活琐事和热点话题相融合，既传递欢乐又引导正面的价值观，用诙谐幽默的话语表达方式向公众传递正能量；还涉及生活服务类视频，包括心肺复苏、侧方停车等应用性强的短视频，涉及社会、金融、科技、体育等各领域，帮助用户丰富常识、增强生活能力技巧。2021年3月，"央视新闻"抖音号推出"两会"特别策划《一禹道两会》栏目，解读"十四五"规划，分析"两会"中提到的有关年轻人就业、养老问题等内容，诸如"年轻人找工作或者创业，未来什么行业更有前途""未来五年，买房合适还是租房合适"等话题，共有8集内容。截至2021年7月已有1.2亿播放量。此外，"央视新闻"抖音号设立"医问到底"的话题，"挑选网友们最关心的话题，找最靠谱的医生，用最直白的话，给你最权威的健康指南"。

在主题叙事上，要巧妙地以民间视角将重大社会、国家议题进行草根化、平民化叙事，通过聚焦普通民众的生活、故事、经历，既省去了复杂的后期制作，也可以利用质朴、真实的内容感染大众。以"民众之小见国家之大"的方式把个体命运与国家议题结合在一起，平凡事物中找到情感的共鸣点，吸引更多受众感受、理解并参与其中，继而达到更好的宣传效果。例如，在2020年新冠肺炎疫情期间，"央视新闻"抖音号推出《有你真好》68集系列短视频，用几十秒的时间讲述了面对新冠肺炎，那些奋斗在抗疫一线的医护人员的鲜活的人物故事，如"连续一周每天只睡2小时""除夕夜，他们出征！致敬逆行者"等故事动人心弦。以建构与受众情感共鸣的方式，以此来传递社会主义核心价值观，凸显出全媒体时代对主流价值观念的表达和传递更加生动有效。

总的来说，政务短视频作为宣传新时代主旋律的官方品牌，在内容表达方面应反映人民群众的根本利益和主要诉求，不断提高对社会话题的敏感度，加强新闻舆论宣传引导，肩负起弘扬时代主旋律的重任。在队伍建设上，要着力吸纳富有创造力的青年创作群体，善用大学生喜闻乐见的情感叙事方式，创新新闻和价值表达的呈现形式，减少内容呈现同质化的问题，丰富其多元化的展现形式，保持政务短视频的权威准确。另外，政务短视频在运营过程中，应按实际需要及时调整算法，运用智能化、数字化传播手段，扩大信息传播渠道，最大化地发挥其效用。

（二）拓展短视频与主流文化融合的渠道

文化发展离不开创新，只有创新才能不断激发文化发展的活力。虽然短视频内容良莠不齐，存在着大量与主流文化相悖的低俗媚俗等内容，不可否认的是，短视频满足民众碎片化、视觉化的阅读习惯，能够为民众学习主流文化开辟新路径。从这一点上来讲，短视频本身呈现出一定合理性，并且短视频已经成为当前信息传播最受欢迎的传播形态，如若采取简单排斥、压制态度，不仅不能消除短视频对大学生的消极影响，也会有碍于主流文化的传播效果。短视频已成为大学生寻求精神安慰、主动学习交流的重要方式。"我们不能因为大众文化传播与主流文化相左的思想观念而阻断其传播通道，更不能因对主流文化形成冲击而遏制其发展。"① 短视频文化作为大众文化，是主流文化弘扬和发展的鲜活土壤，主流媒体要不断地汲取网络短视频文化中民族的、科学的等有益成分，不断地创新表现形式，符合大学生受众的信息接收习惯，打破与短视频平台的传播屏障，担当起引导舆论的责任使命。同样，短视频实现长久健康发展也要不断地探求与主流文化融合的方式和渠道。比如，近年来中央广播电视总台《新闻联播》通过改变短视频平台上的传播语态，增强内容阐述和价值表达的趣味性、可读性，用亲民性取代过去严肃刻板的形象，是非常成功的主流文化与短视频相互融合的典例。

主流媒体在传播中要吸纳短视频的"以受众为中心"的理念。短视频聚焦于激发受众个体的情感、对事件的态度和行为引导等方面，能够精准地把握受众最普遍的情感，从而有效吸引受众的注意力。主流媒体应"准确把握

---

① 丁言：《主流文化的"守土"责任》，《学习月刊》2006 年第 17 期。

社会情感的维系点，用更加生活化、日常化的视角与亲民化的语态进行叙事，基于人本理念创设更加亲切、随和且平等的对话场景"①。例如，人民日报抖音号发布一则名为《千里踏雪守界碑，不畏生死保家国》的短视频，在视频中，"几位边防战士在及膝深的大雪中艰难前行，脸冻得通红，身上、帽子上都落着雪花。突然一位年轻的战士激动地向前跑了几步，边大声喊着'我看到界碑啦'，边用戴着手套的手小心翼翼地拂掉界碑上的雪花，开心得像个孩子"②。许多网友都被这名士兵看到界碑时冻得通红的脸上洋溢着的那抹灿烂的笑容戳中内心，深切感受到边防战士守护界碑的爱国情感，转发、评论、点赞，对边防战士们辛苦守卫边疆国土表示尊敬和心疼。主流媒体的短视频表达想要在短时间内吸引受众的注意力，就要在创作和传播的过程中运用生动形象的语言或是冲击力视觉画面，与受众搭建平等互动交流的桥梁，具有强大的说服力与感染力。可见，这种用接受度更高的视觉化表达和能够将"热爱祖国""民族自豪"等价值内涵通过温情叙事呈现出来，更能够激发受众的情感共鸣和价值认同，呈现出最佳传播效果。例如，一些表达和传递"红色文化""革命精神"等价值观念的短视频在传播过程中，就是通过故事叙事增强视频信息传达的感染力，激发受众内心热血沸腾的革命基因，以此获得受众的情感认同和价值认同。

主流媒体可以借鉴短视频在语言叙述和视觉呈现方式，要改变以往学理性、说教式方式，借助短视频平台系统自带的特效、背景音乐、文字表情等包装工具，将价值理念与视频创作连通起来，运用生动感人的传播形式吸引受众的注意力，推动主流意识形态与受众情感认同有效融合。近年来，"非遗"类短视频受到大学生广泛喜爱，结合当下流行的元素，配上节奏感强或气势宏大的音乐，向大众呈现"非遗"文化作品或表演的全新面貌，完全打破大众对传统手艺和传统文化的认知。现代技术手段与传统文化的激烈碰撞，恰好符合大学生对个性化和多元化内容的需求，如政府与短视频平台合

---

① 樊超：《融媒体环境下主流媒体的可视化表达》，《通讯世界》2019 年第 8 期。

② 环球网：《抖音发布边防战士视频　网友：你们是最可爱的人！》，2018 年 11 月 22 日，见 http://mil.huanqiu.com/world/2018-11/13613992.html。

作开发一系列主题短视频，如积极参与"寻找非遗人""传统文化随手拍"等活动。主流媒体短视频账号发起话题挑战，鼓励用户利用短视频平台的滤镜、配乐、视频剪辑等功能参与到京剧变脸、国画创作等线上线下联动。又如，2021 年 5 月，由中共中央党史和文献研究院指导、中共中央党史和文献研究院第七研究部主办、人民网承办的"知史爱党知史爱国"全国党史故事短视频展播活动在京展开，该活动为庆祝中国共产党成立 100 周年，进一步深化党史学习教育，以习近平新时代中国特色社会主义思想为指导，通过拍摄短视频的方式，从党史角度，多形式、多层次、多题材生动地展示中国共产党带领全国各族儿女进行革命、建设、改革、奋进新时代的辉煌历程。此外，中央民族乐团和快手短视频平台联合推出"了不起的国乐"2021年度主题活动和"唱支心歌给党听"音乐会同名话题活动，截至目前已有1200 余部短视频作品参与其中，播放量达 1.2 亿，在快手刮起了一股"国乐风""红歌潮"。①

短视频平台要积极探求与主流文化的融合方式。短视频平台一方面可以结合现代生活空间，运用科技化、技术化手段编排具有故事性、人情味的短视频内容，将传统技艺、乡村美景、地方美食等文化元素进行重新包装，激发受众的情感共鸣，增强对本土文化的认同感；另一方面采取"PGC+UGC"即专业团队和普通用户相结合的内容生产模式，在保证主流文化短视频内容质量的同时，充分调动普通用户内容生产的积极性，激发主流文化短视频创作活力。例如，2021 年山西卫视融媒体和陕西青年新媒体中心联合策划推出"再读我的语文书"诵读经典等系列短视频，邀请到诸多演员、学生和社会人士共同诵读经典文章，实现全民温故经典的学习氛围。2018 年以来，由中央电视台记录频道制作，中宣部、国家文物局和中央电视台共同实施的国家涵养工程百集纪录片《如果国宝会说话》，每集 5 分钟以全新的视角介绍国宝，领略中华优秀传统文化。此节目与抖音短视频平台互动合作发起"给我 5 分钟，展现全新国宝，向世界打招呼"的活动，受到广泛好评。

---

① 中华人民共和国文化与旅游部：《中央民族乐团举办〈唱支心歌给党听〉音乐会》，2021 年 6 月 23 日，见 https://www.mct.gov.cn/whzx/zsdw/zymzlt/202106/t20210623_925878.htm。

"文化和旅游部制作推出《光辉历程　时代画卷——美术作品中的党史》系列短视频，以短视频的方式对 100 件表现中国共产党历史上重大事件、重大成就和英雄人物的红色题材经典美术作品进行赏析，生动讲述党史故事，介绍美术经典，再现中国共产党成立 100 年来的光辉历程，力求取得党史学习教育和审美教育的双重社会效益。"①

短视频平台可以引导社会力量积极参与。通过主流文化内容征集等方式，鼓励社会机构、社会组织和优质网红自媒体和个人引入到主流文化传播队伍中来，创设不同主题的文化传播的"据点"，凝聚多元力量，汇集多方智慧，为受众生产和传达积极健康的信息内容，倡导社会主义核心价值观。比如，由中央电视台综合频道和央视创造传媒有限公司联合制作推出的文化音乐节目《经典咏流传》由众多知名明星或普通人为代表的经典传唱人，"诗词唱经典，中国正流行"，将传统诗词经典与现代流行相融合，使那些大众鲜有耳闻的古代诗词变得脍炙人口，将诗词背后的内涵融汇其中，实现了古诗词的时代化表达，实现中华优秀传统文化的传承，通过专家阐释其中文化内涵和人文价值，树立文化自信。《经典咏流传》抖音官方账号将节目的内容划分为"浸享经典致敬英雄""经典传唱听我的""撒贝宁诗词开场合集""竖屏看经典"4 个板块，碎片化的表现形式让受众直接抓住诗词核心内涵，在唱作歌手的演绎中领略诗词之美。

"在疫情防控宣传中，唐山自媒体联盟创作推出的短视频《武汉，武汉！唐山等你按下播放键!》火遍网络，先后被中央宣传部学习强国平台、新华网客户端、凤凰网等 70 多家重点新闻网站、商业网站和新媒体平台广泛转发，新华网客户端 24 小时阅读量达近 100 万，可统计浏览量达 2100 万。"②总之，短视频文化的发展应适应社会主要矛盾变化，不断吸纳优秀文化，朝着内容创作的高水平、高质量方向发展，积极探求与主流文化融合共生、相

---

①　中华人民共和国文化与旅游部：《文化和旅游部艺术司以优秀艺术作品为载体助推党史学习教育》，2021 年 6 月 1 日，见 https://www.mct.gov.cn/preview/special/9579/9584/202106/t20210601_924928.htm。

②　中华人民共和国国家互联网信息办公室：《河北唐山多方联动弘扬网络主旋律》，2020 年 7 月 22 日，见 http://www.cac.gov.cn/2020-07/22/c_1596970848252708.htm。

互促进之路。

（三）建立奖惩机制引导短视频良性发展

网络信息主管部门及主流媒体应发挥规范引领作用。通过举办专题活动在线征集作品，对报送作品进行评选并给予一定的奖励和更多曝光，激发普通民众的短视频文化创作热情。比如 2021 年中央网信办为加强网络正能量内容建设，主办中国正能量 2021 "五个一百"（征集评选展播百名网络正能量榜样、百篇网络正能量文字、百幅网络正能量图片、百部网络正能量动漫音视频作品和百项网络正能量）网络精品征集评选展播活动，以"奋斗的人民、奋进的中国"为主题，广泛征集从 2020 年 5 月至 2021 年 7 月的网络正能量作品，通过初评、复评、网络投票、权威定评等环节，最终评出榜样和作品。该项活动旨在突出全民参与和共建共享，加大对正能量生产传播的扶持激励，充分调动全网人民进行正能量内容创新创造活力，"让正能量引领亿万流量"。此外，人民网·人民数据（国家大数据灾备中心）等主流媒体发出"我身边的退役老兵"征集令，活动以"一朝戎马，家国荣光"为主题，向网友征集有关真实记录身边退役老兵的感人故事等该主题的优秀短视频作品，人民数据将组织评选出的优秀作品向全网公示，还将为获奖作品提供在主流媒体和权威网站重点推送，并颁发证书及奖品，引导全网参与、全民共享，充分调动网民参与短视频制作的积极性。

短视频平台应建立健全短视频创作的奖惩机制。对优质短视频作品的创作者加大支持力度，如创作经费补贴、提高短视频收益分成等激励措施，为短视频文化市场增加新的活力，助推短视频文化良性健康发展。如 2020 年 9 月 15 日抖音在上海举办第二届创作者大会，发布最新的创作者扶持计划，未来一年将投入价值 100 亿元的流量，帮助创作者在抖音创收 800 亿元；对主流价值观念相背离的短视频创作者，必须严加惩戒，轻者限流、删视频，重者直接进行封号处理，行为及影响更为恶劣的交由执法机关处理。杜绝徇私舞弊、"睁一只眼闭一只眼"等无视原则的行为。抖音安全中心于 2021 年 7 月 9 日接到反馈，用户"吨姐"（抖音号：ziboluochen）策划摆拍"宝马占路虎车位被堵"的系列内容，恶意博取流量关注，造成不良社会影响，抖音安全中心核实为博取眼球编造发布的，属于恶意博取流量虚假摆拍内容，根据平台规范，对用户"吨姐"发布的相关视频内容进行处理，抖音安全中心已永久封禁相关账号。

教育主管部门和高校要科学引导大学生参与创作短视频。通过开展短视频创作大赛活动，评选"优秀短视频作品"及"优秀创作个人"等，并将相应荣誉纳入大学生评奖评优加分范畴，调动大学生参与文化创作的积极性和主动性，高校可专门成立短视频网络文化工作室，培训出优秀大学生创作者，配备专业导师、专项经费及专门学分，引导大学生合理、健康地使用短视频，鼓励大学生凭借短视频平台释放活力、展现智慧。要不断健全短视频使用和管理的各项规定，规范大学生的短视频使用行为，营造风清气正、积极健康的短视频传播环境。2019 年 8 月，教育部思想政治工作司开展第四届"全国大学生网络文化节"和"全国高校网络教育优秀作品推选展示活动"，得到各地各高校和广大师生的积极响应，截至 2020 年 8 月两项活动共收到含"共抗疫情、爱国力行"主题宣传教育和网络文化成果征集展示活动的作品有 29032 件[①]，网络文化成果包括网络文章、工作案例、音频、短视频、书画设计等，其中短视频《当清华遇上快闪！这个冬天，清华人用歌声向祖国比心》《我和我的新中国》《龙闯雪原——东北抗联英雄篇》等作品获得一等奖。这种正能量短视频挑战赛，能够有效地将抖音的教育性与娱乐性相结合，使得大学生自发的个性呈现活动，变为有组织引导的自我教育活动，激励和引导着大学生自主体验、亲身感悟，并在参与创作的过程中形成对社会主流文化的认同。

二、净化短视频文化生态环境

针对当前一些短视频存在的虚假宣传、低俗烂俗等乱象和问题，需要完善相关法律法规，建立完善的失信惩戒制度，规范网络平台和个人的信息传

---

① 中华人民共和国教育部：《关于第四届"全国大学生网络文化节"和"全国高校网络教育优秀作品推选展示活动"遴选结果的公示》，2020 年 8 月 14 日，见 http://www.moe.gov.cn/jyb_xxgk/s5743/s5745/A12/202008/t20200814_478059.html。

播行为，加大对违法犯罪人员的打击力度，通过多部门联合协同治理、加强短视频平台监查力度、引导短视频行业积极营造健康的网络文化生态。

（一）健全多部门联合协同管理制度

净化短视频文化生态环境需要依靠多部门协同合力，要完善网络信息传播的相关法律法规，制定并完善短视频行业规范，用法律法规约束短视频从业人员，使之有法可依、有规可循。国家互联网信息办公室、文化和旅游部、公安部、国家广播电视总局、全国"扫黄打非"办公室等部门形成治理合力，开展网络短视频行业集中整治，依法处置违法违规短视频平台，制定短视频平台信息传播规定和标准。

完善相关法律，依法管理短视频平台。2015 年颁布的《互联网用户账号名称管理规定》，对个人在网络发布信息的账号按照"后台实名、前台自愿"的原则实施。针对网络视听行业尤其是短视频、直播快速发展，产生的信息传播失范现象，2019 年中国网络视听节目服务协会联合国内主要视频网站，制定《网络短视频平台管理规范》和《网络短视频内容审核标准细则》100 条，解决相关法规标准的缺位问题，进一步规范短视频传播秩序。同年，国家互联网信息办公室、文化和旅游部、国家广播电视总局制定《网络音视频信息服务管理规定》，该规定第八条明确"网络音视频信息服务提供者应当依照《中华人民共和国网络安全法》的规定，对用户进行基于组织机构代码、身份证件号码、移动电话号码等方式的真实身份信息认证。用户不提供真实身份信息的，网络音视频信息服务提供者不得为其提供信息发布服务；还明确违反该规定的短视频发布者和传播者将由网信、文化和旅游、广播电视等部门依照相关法律法规规定处理；构成违反治安管理行为的，依法给予治安管理处罚；构成犯罪的，依法追究刑事责任"[①]。该项管理规定的出台明确了"实名认证"是成为短视频平台等信息发布者的前提和基本条件。

加强短视频内容管理。由国家互联网信息办公室会议审议通过在 2020

---

① 中华人民共和国国家互联网信息办公室：《网络音视频信息服务管理规定》，2019 年 11 月 29 日，见 http://www.cac.gov.cn/2019-11/29/c_1576561820967678.htm。

年 3 月 1 日起实行的《网络信息内容生态治理规定》中明确"网络信息内容服务平台应当履行信息内容管理主体责任，加强本平台网络信息内容生态治理，培育积极健康、向上向善的网络文化。建立网络信息内容生态治理机制，制定本平台网络信息内容生态治理细则，健全用户注册、账号管理、信息发布审核、跟帖评论审核、版面页面生态管理、实时巡查、应急处置和网络谣言、黑色产业链信息处置等制度"①。短视频平台是当前影响力最大的网络信息内容服务平台之一，更要以此规定作为行业自身的行为准则和规范，设立专门网络信息内容生态治理负责人制度，加强负责人和从业人员的配备和培训考核，提升从业人员的专业素养和道德素质。借助新媒体和传统媒体等渠道，开展网络信息生态治理优秀实践案例评选活动，加强对规定标准的宣传与解读的力度，督促相关管理人员学标准，真正懂标准、用标准。

　　加强短视频平台侵犯版权行为的治理。针对短视频平台屡教不改的侵权现象，国家版权局曾对目前流行的多数短视频平台负责人进行约谈，责令各短视频平台进一步提高版权保护意识，切实加强内部版权制度建设，在"剑网 2018"专项行动中共下架 15 家短视频平台、删除各类涉嫌侵权盗版短视频作品 57 万部。"国家版权局将按照中央全面加强知识产权保护的部署，继续加大对短视频领域侵权行为的打击力度，坚决整治短视频平台以及自媒体、公众账号生产运营者未经授权复制、表演、传播他人影视、音乐等作品的侵权行为"②，积极引导短视频创作者取得相应授权，着力促进短视频的合法化。"加大对违规违禁的短视频平台的惩罚力度，依法取缔造成恶劣社会影响的短视频平台，可以提高短视频平台企业的试错成本，督促其加强管理"③；同时，引导平台优化管理规则，推进短视频账号分级分类管理，将管

---

①　中华人民共和国国家互联网信息办公室：《网络信息内容生态治理规定》，2019 年 12 月 20 日，见 http://www.cac.gov.cn/2019-12/20/c_1578375159509309.htm。

②　国务院新闻办公室：《贯彻落实"十四五"规划纲要　加快建设知识产权强国发布会图文实录》，2021 年 4 月 25 日，见 http://www.scio.gov.cn/xwfbh/xwbfbh/wqfbh/ 44687/45381/wz45383/Document/1702769/1702769.htm。

③　赵玉文：《抖音短视频内容传播的伦理失范与规制》，《传媒》2020 年第 1 期。

理要求内化为工作机制，加强法治教育和网络媒介素养培育，不断提升其社会责任感。对短视频中存在的低俗、消极内容，尤其是与社会主义核心价值观明显相背离的，要坚决予以制止，要善于利用短视频有益成分和传播优势，将其融入主流文化建设中，坚持以主流文化塑造、影响短视频文化，逐渐提高短视频文化的内在价值含量，引导其健康发展。

短视频平台要切实落实短视频信息发布者的"实名认证"。利用"实名制"精准定位追踪违法乱纪的账号，坚决封杀有行为劣迹的短视频博主，建立跨平台的协同工作机制和黑名单制度，利用全网联动监察机制，防止一些不法用户将粉丝引流到其他平台等方式继续开展不法活动，提升整治效果。要坚持"提前发现、事先拦截、事中提醒、事后追击"的平台治理原则，运用数据安全和人工智能等技术应用逐步构建立体防御体系，逐步完善以技术手段、产品手段和运营手段治理平台违法违规行为。据 2020 年抖音安全中心介绍，"抖音安全中心每天拦截处理的违法违规内容、行为超过 10 亿条。处理问题视频超过 400 多万条。截至 2020 年 11 月，'啄木鸟举报平台'小程序已经累计处理用户反馈的违法违规账号 159.5 万个"①。当前，短视频文化存在的乱象早已突破了网络虚拟的界限，与社会问题是共生共存的，应加强短视频在信息传播的有效治理，推动立法保障、政府规定和平台管理相结合，实现多部门联动共同打击违法违规行为，建设积极健康且有价值的短视频行业生态。

（二）完善短视频平台监督审查制度

整治短视频存在的乱象，着重完善短视频平台监督审查制度，需要建立政府、平台、社会和个人等多方共同参与、齐抓严管的监管机制，依靠社会各方力量，鼓励人们参与到对短视频行业监管工作中去，协同共建良好的网络环境。

加强短视频文化监管制度建设。相关部门要制定并完善从业人员的准入

---

① 彭燮：《抖音每日拦截处理违法违规内容行为超 10 亿条》，《中国质量报》2020 年 12 月 3 日。

和退出机制，严格审查短视频创作者的资质及其制作的视频内容，既要着眼互联网文化产业发展全局，结合《互联网文化管理暂行规定》等相关的法律法规，规范短视频行业发展；又要变事后处理为事前监管，把对短视频平台的事前监督检查常规化，对短视频平台的监管责任具体到人，提高监管效率，克服以往事后治理的弊端。此外，网信、网安等部门应该注重技术研发，加强监查系统的准确率，提高针对不良短视频的创作者和传播者等违法乱纪者的监督、识别、管理和处置能力与工作效率。要时刻保持警惕意识，及时向社会公布违法乱纪的短视频账号及下架视频，净化短视频行业风气，营造风清气正的短视频文化发展空间。

短视频平台要进一步完善审核流程。严格把控从短视频内容生产、传播到筛选程序，把控不良视频的发布和传播，从源头净化网络空间。一方面要优化算法机制，利用大数据技术的云计算功能，对短视频内容传播和受众群体进行及时监控，短视频灵活性极高及图像性质，决定了其无法像文字内容一样通过提取关键词直接进行筛选和屏蔽，对此，应采取智能识别系统和人工鉴别相结合的方法，克服无法实现对其内容的准确定位的困难，采用网络地址封锁对涉嫌上传低俗短视频内容的用户处理，禁止违规内容的二次上传。另一方面，各短视频平台之间加强协作和数据共享，在跨平台联防联控工作机制下，共享存在违法乱纪等劣迹博主及其他"黑名单"用户信息，提高监管效能。

鼓励使用者对短视频平台存在的违法违规行为进行投诉举报。监管部门要及时回应并处理网民的投诉建议，畅通举报渠道，简化举报程序，并督促短视频平台进行整改。短视频平台运营机构可以通过优化现有投诉举报入口，简化举报环节，设置一键举报的专项链接，并将其置于短视频界面的显眼位置，便于用户在观看视频过程中发现失范行为时及时举报投诉，防止不良视频的再传播，缩小负面影响的范围。同时，加强民众的媒介素养教育和法律常识教育，提高用户对不良信息的辨别能力，协助政府和短视频平台加强对违法违规短视频的监管，提高监管的工作效率。

鼓励社会各界广泛参与短视频行业治理，切实加强短视频平台和政府、媒体、用户之间的信息交流和有效沟通，为短视频生产和传播塑造良好舆论环境。通过有层次地建立监管网络和管理机制，短视频平台负责对本平台内发放的内容进行监督管理，监管部门负责对各个平台进行统一管理。短视频平台应当自觉接受社会监督，积极配合监管部门审查，及时受理、处置并反馈用户投诉举报。

（三）加强短视频从业者的自律规范

《网络音视频信息服务管理规定》明确指出："国家鼓励和指导互联网行业组织加强行业自律，建立健全网络音视频信息服务行业标准和行业准则，推动网络音视频信息服务行业信用体系建设，督促网络音视频信息服务提供者依法提供服务、接受社会监督，提高网络音视频信息服务从业人员职业素养，促进行业健康有序发展。"短视频平台运营公司作为目前所占市场份额最大的网络音视频信息服务行业，成为人们尤其是大学生群体获取信息、消遣娱乐的重要途径，承担着舆论引导、文化宣传等重要的社会责任，在其追逐商业成就的同时，必须要顾及社会的基本道德和伦理规范。"任何一种经济模式，不仅有着财富生成方式上的意义，还带有着文化与价值观上的意义"[①]。

短视频行业应充分发挥其社会组织职能，不断修改完善行业规范。成立跨平台短视频协会，为不同短视频平台搭建沟通的桥梁，对于违规账号进行短视频全平台封杀，防止违规视频跨平台注册账号继续"东山再起"，落实短视频发布者"实名认证"机制，没收情节严重、影响恶劣等列入"黑名单"用户的短视频发布权，提高"违规成本"。同时，由主管部门牵头，联合各平台、新闻媒体及律师等各行业人士搭建行业自律平台，创立短视频创作者同盟会，建立完善的诚信机制和问责制度，进一步落实《信息网络传播视听节目许可证》《网络文化经营许可证》《网络短视频平台管理规范》等网络视听管理政策及专门法规，力争形成内容全面的统一的短视频行业准入标准和基本行为规范。

---

① 侯卓沅：《警惕"网红"经济对社会主义核心价值观的消解》，《中国集体经济》2016年第3期。

短视频平台要提高短视频发布的门槛。要将监管落实到生产、传播各环节，强化平台作为"第一把关人"的意识，严格筛查平台上传的短视频内容是否有违公序良俗、是否与主流意识形态相冲突、是否有害于用户的心理健康，不断加强对视频内容类型和领域的限定，建立负面清单制度，提高筛查效率。借鉴英国新媒体企业的监管经验，委托独立机构发布移动内容分级框架，确定相应的内容标准建立数据监测机制，监控视频发布和传播的流程，掌握根源视频及其流通的途径"有迹可循"。2021年1月1日至2月25日，抖音安全中心对于"制作、销售炫富类视频、图片、不正当使用人民币发布广告等账号"和炫富视频进行了集中处置、清理。累计清理视频2862条、音频324条、话题47个，封禁处罚相关账号3973个。此外，在短视频传播推送过程中，优化算法机制与加强人工审核相结合，务必确保内容投放的人性化和科学化，避免只推送用户感兴趣的视频和只注重视觉感受的泛娱乐化内容，还必须通过时间警示、强打断、强限制等方法或增加定时提醒的防沉迷技术，将防沉迷系统与实名认证系统相结合，督促用户完成身份注册信息的完整性，分层次、分单元、分级别更有针对性地进行防沉迷系统的落实，最大程度地提高防沉迷系统科学性和实效性。

要不断完善从业者和用户互动机制。应摒弃功利化经营思维，履行社会责任，朝着文化赋能、品质提升的方面发展，主动传播正能量、弘扬主流价值观念。加强自查自纠力度，尤其是针对短视频内容的审核排查工作，坚决清除含有拜金、低俗、恶搞或推崇不良生活习惯的短视频，务必坚持短视频创作的价值主线、道德底线和法律红线，增强忧患意识，牢牢守护网络意识形态安全，确保短视频的正确价值取向。鼓励用户在浏览到违规违禁内容时向平台相关负责部门举报，适度给予奖励。设立独立板块进行受理、处置被举报或舆论反映不良的短视频内容，采取先下架、再审查的整治方法，及时有效地制止低俗内容的进一步扩散传播。

三、增强阵地建设，提升大学生主流文化认同

短视频的火爆在一定程度上改变了大学生的媒介使用习惯，成为获取信

息、消遣娱乐的主要选择之一。短视频的泛娱乐化和浅思维化不利于大学生正确价值观的形成。如何加强短视频育人新阵地建设，转换主流文化话语表达方式，提升大学生对主流文化认同，是因事而化、因时而进和因势而新之举。

（一）加强数字化平台建设，抢占短视频高地

习近平总书记在全国高校思想政治工作会议上指出："要运用新媒体新技术使工作活起来，推动思想政治工作传统优势同信息技术高度融合，增强时代感和吸引力。"[①]将短视频作为高校思想政治教育新媒介是顺势而为，"将短视频平台作为教育媒介，创新教育模式，及时更新思想政治教育信息"[②]，利用短视频内容丰富多彩、贴近大学生实际等特点，用"短视频＋思政"的融合方式破解短视频对大学生价值观的消极影响，以短视频叙事的方式引发大学生情感共鸣，切实增强大学生的文化认知和价值认同，充分发挥短视频在大学生价值塑造中的正向引导作用。加强数字化平台建设，主动出击占领短视频高地，开发"两微一抖一手"的传播矩阵，打造一个生产和传播符合主流价值观念的短视频文化产品数字化平台。短视频可视化的媒介表达，有助于知识的深度记忆，增强高校思想政治教育内容的黏性和关注度。短视频叙事表达的沉浸感、体验性与故事化，有助于信息的有效传达，"短"而"小"的"碎片化"传播，恰好契合大学生信息接收习惯，为增强大学生思想政治教育的育人效果提供丰富的数字资源宝库。

搭建"短视频＋思政"数字化教育平台。依靠PGC（专业生产内容）内容生产模式，增强"短视频＋思政"教育内容的吸引力，生产出优质、互动性强的短视频文化精品。比如，"青年大学习"可以称之为"短视频＋思政"教育平台的一大短视频文化精品，内容和形式精准对接大学生的使用需求，以"短视频"为媒介发挥思政育人功能。作为"网上主题团课"，它通

---

①　《习近平在全国高校思想政治工作会议上强调　把思想政治工作贯穿教育教学全过程　开创我国高等教育事业发展新局面》，《人民日报》2016 年 12 月 9 日。

②　黄海鹏等：《短视频文化影响下的大学生价值观现状透视》，《学校党建与思想教育》2019 年第 18 期。

过几百秒简短化的具有互动性质的短视频，讲述党和国家大政方针，实现对大学生的思想引领。"短视频＋思政"教育平台赋予大学生参与到思想政治教育过程，大学生既是教育对象，又是参与者，要充分发挥大学生群体丰富的创造力和想象力。除 PGC 专业内容生产模式外，还要重视 UGC（用户原创内容）生产模式，要鼓励大学生群体创作思想积极向上、有教育意义的短视频产品，通过大学生群体之间的传播，形成良好的思想政治教育氛围。

主动入驻大学生活跃的短视频平台。通过开设官方短视频账号，主动发声，定期发布动态消息，精心策划符合青年大学生群体思想特点、贴近大学生生活实际的话题，吸引大学生主动参与。比如，主持"我眼中的新时代""我和我的祖国""我和我的家乡""青春校园"等正能量短视频话题，借助专业拍摄设备，精心策划和布局制作优质短视频文化作品，"以文化人""以文育人"，要不断加强短视频新媒体队伍建设。培养一批政治素养过硬、熟练应用短视频技术、专业素养深厚、梯队合理的管理团队和师资队伍，提供充足的经费保障，使短视频平台成为有力度、有深度、有温度的思想政治教育新载体。要把短视频作为教学手段之一，增强课堂的吸引力、互动性，实现思政教育线上线下共振。诸如"中国抗战影像资料""抗击疫情加油""改革开放 40 年，中国如何一步步走到现在？"，2019 年庆祝中华人民共和国成立 70 周年华诞，回看新中国的每一个重大瞬间，致敬经典时刻1 分钟短视频，一起来"秒懂 70 年"，"建党百年系列视频"等具有典型教育意义的短视频，可以作为教学素材融入到课堂教学环节之中，也可以动员学生参与不同教学主题的短视频录制活动，激发学生的课堂参与度和家国热情，增强课堂教学效果。

（二）转换话语方式，提升主流文化的感染力

短视频的碎片化、视觉化、娱乐性和互动性等特征符合当代大学生信息接受习惯，满足大学生的视觉图像需求导向，能够有效调节大学生的学业压力、疏通大学生负面情绪，是化解群体矛盾和冲突的有效方式。牢牢把握主流文化对短视频平台的价值引领作用，就要充分利用短视频在大学生群体受欢迎的优势，用大学生喜闻乐见的呈现形式表达主流文化的精神

内涵，提升主流文化的感染力，把短视频平台打造成为主流文化宣传阵地之一。

转变主流文化的话语表达方式。针对大学生受众的认知特点、成长规律，了解大学生的思想状况和心理需求，尝试着成为"用大学生熟悉的话语体系及喜闻乐见的教育形式生产优质的短视频作品，打造有口碑、有流量的短视频'大餐'"①，提高主流文化在短视频平台的传播分量，增强大学生群体对主流文化的认同感。主流文化寻求大学生群体认同就是要"以他们的新'话语'体系和表达方式，引起他们的注意，激发他们的兴趣，最终实现从'入眼'到'入心'的转变"②。这就需要充分发挥人物描述、故事情节讲述、文化传播等方面生动直观的表达优势，用接地气的话语表达和生活化的场景描述，用富有人情味的表达方式实现主流意识形态的育人价值。比如，从大学生日常生活和学习中挖掘与主流文化的结合点，如大学生个人理想、"抗击疫情"、"青年志愿活动"等，选择能够引发大学生情感共鸣的内容进行定时推送，唤醒大学生对主流文化的认同感。2021年为庆祝建党百年的系列短视频将中国共产党的百年辉煌、丰功伟绩展现得淋漓尽致，有利于发挥主流文化对大学生精神世界的引导作用。

要积极发挥榜样人物的示范引领作用。充分发挥教育专家、时代楷模、名师和优秀大学生的带动作用，用鲜活的身边人、身边事等励志故事为短视频创作提供丰富素材，凝聚大学生思想共识和价值认同，传递勤敏、好学、励志、向善等优秀品质，用榜样的力量积极引领短视频平台坚守主阵地。要加强对庞大粉丝团的"网红""网络大V"的引导管理。他们凭借个人的某些特长和叙事风格等深受一些大学生喜爱和追捧，在引发大学生的情感认同上具有较强优势。相关部门和高校要积极关注学生思想动态，主动与其联系沟通，利用他们的话语优势将正确的价值导向传递给大学生，不断引导大学生树立正确的价值观。

---

① 骆郁廷、李勇图：《抖出正能量：抖音在大学生思想政治教育中的运用》，《思想理论教育》2019年第3期。

② 黄海鹏等：《短视频文化影响下的大学生价值观现状透视》，《学校党建与思想教育》2019年第18期。

（三）构建短视频宣传社会主义核心价值观的常态化机制

习近平总书记强调，要"运用网络传播规律，弘扬主旋律，激发正能量，大力培育和践行社会主义核心价值观"①，近年来，蓬勃发展的短视频平台成为传播社会主义核心价值观的重要领域，构建短视频宣传社会主义核心价值观的常态化机制，有助于凝聚社会共识，提升大学生主流文化认同感，有效抵御短视频带来的消极影响。

遵循网络传播规律进行适时生产。了解网络传播规律是构建短视频宣传社会主义核心价值观常态化机制的基础，合理利用网络信息传播规律，提高社会主义核心价值观传播和收受的有效性。"传播主体的选择直接影响着网络信息传播过程，从而也会影响收受主体的收受行为"②，短视频平台和创作者作为传播主体，要控制和把握好网络传播的关键环节，利用党和国家成功举办重大活动、重大庆典、重大赛事等契机，挖掘"五四"青年节、"七一"党的生日、"八一"建军节、"十一"国庆节等具有独特优势的历史纪念日、国家纪念日蕴藏的丰富教育资源，为社会主义核心价值观宣传提供短视频素材；短视频平台定期发布社会主义核心价值观宣传话题，进行议程设置，引导正确舆论，找准社会主义核心价值观同受众群体的思想道德情感的契合点，将社会主义核心价值观的内涵外化为革命先烈、道德模范等真实故事，激起情感共鸣，在全社会形成爱国、敬业、诚信、友善的良好氛围。此外，短视频创作者与受众是相对独立的个体，均可自由选择传播和接受的内容及形式，两个主体是双向互动的关系，相互促进、相互制约，创作者完成传播目的，实现信息有效传播，就要满足受众的信息需求。可见，社会主义核心价值观系列短视频宣传教育的目的在于要反映受众最关注的现实问题，及时回应和解答大学生对于社会热点事件的关切和疑虑，用"故事化""生活化"的方式宣传社会主义核心价值观的丰富内涵，做到以小见大，将价值内涵与

---

① 《习近平主持召开中央网络安全和信息化领导小组第一次会议强调　总体布局统筹各方创新发展　努力把我国建设成为网络强国》，《人民日报》2014年2月28日。

② 徐玉萍：《网络信息传播规律研究》，《图书馆学研究》2010年第11期。

大学生日常生活实际结合起来。比如，针对当前社会有效需求相应不足引发的就业难问题，引导大学生公正客观审视自身，树立正确的择业观，结合恋爱、人际交往、心理健康等与大学生息息相关的话题，为大学生群体提供尽可能全面、有价值的信息。

做到社会主义核心价值观内容的精准推送。良好的传播渠道是社会主义核心价值观实现宣传效果的有力保障，借助智能分发算法技术搭建畅通的传播渠道，尊重大学生身心发展规律和特点，有针对性地将不同内容及形式的宣传思想文化内容匹配给合适受众，确保社会主义核心价值观内容的精准推送。"网生一代"大学生自我意识、创新能力和实践能力较强，思维灵敏，心理需求和注意力普遍存在着不固定、零散化倾向，喜欢追求"鬼畜""二次元"等个性新奇的事物，要充分利用前沿科技分析大学生用户的阅读偏好和兴趣喜好，并进行标签式整理，创作多种风格类型的短视频，满足不同需求的受众群体，真正做到"投其所好"和"润物无声"。比如，将社会主义核心价值观以"动画""纪实""新闻""阅读""影视"等形式进行呈现，也可以借助名师、"网红"、"网络大V"、明星等具有影响力的人物录制宣传视频，不断精进推荐算法进行智能分发，实现一对一定制传播，精准投放契合大学生思维方式的主旋律视频。此外，在各大短视频平台设立社会主义核心价值观宣传连载专题，克服短视频碎片化、片面化的弊端，将社会主义核心价值观的内容进行主题模块的划分，保全理论的系统性，将枯燥文本转化为生动鲜活的画面，采取定时定量的推送机制，"有迹可循"鼓励全网参与短视频创作，评选其中高质量的"爆款"视频加入专题，进一步增强育人效果。

做好社会主义核心价值观核心要义的对象化、互动化、分众化表述。积极创新社会主义核心价值观宣传教育形式，采取对象化、互动化、分众化方式对其核心要义进行表述，依托短视频平台，全面、分层、有重点地开展社会主义核心价值观宣传教育，引导青年大学生将社会主义核心价值观的内涵及要求"内化于心，外化于行"。要坚持内容对象化、主体对象化，组织短视频创作者或创作团队深入社会、校园进行走访调查，征集、梳理普通民众和大学生各方面需求，量身制作各类适合大学生的短视频；要尊重大学生的主体地位，坚持宣传重心下移、延伸触角，建立社会主义核心价值观宣传接力站，正确把握社会主义核心价值观与大学生群体之间共同利益和需求，充分利用短视频平台的互动功能，保持与受众大学生之间及时、平等互动交流，拉近与他们之间的距离，通过点赞、评论、转发、关注等了解大学生对社会主义核心价值观的兴趣及黏性，根据数据信息反馈短视频内容的吸引力和认同度，深入分析社会主义核心价值观传播成效与问题，有针对性地进行改进内容表达形式和传播方式。坚持分众化表述，尊重主体差异性，针对不同年级、不同专业、不同高校、不同地域大学生的特点，成立专门的分析研判团队，在内容上进行分层设计，考虑不同群体的差异性和多样性，从"国家""社会""个人"角度对社会主义核心价值观进行音视频创作设计，着力开展"时政宣讲""法律普及""公德教育"等主题视频创作活动，并在社会各行业挑选合适的"宣讲人"，各有侧重地进行社会主义核心价值宣传教育。

第六章　网络消费文化对大学生的作用影响

当前，随着社会主要矛盾的变化，人们对美好生活的向往更加强烈，在网络消费主义的影响下，呈现新兴的消费形式、消费手段、消费产品等，易形成"别人有的我也要有""先享受后花钱""这个也想要，那个也想要""前两天有博主种草这个产品，买它"等非理性消费心态，对大学生树立正确的消费观念、养成良好的消费习惯产生重要作用影响。

第一节　网络消费文化内涵与特征

中国特色社会主义进入了新时代，我国社会主要矛盾已经转化为人民日益增长的美好生活需要和不平衡不充分的发展之间的矛盾，随着社会主要矛盾的变化和网络消费工具的快速发展为人们提供了多种多样的消费方式和手段，消费早已不仅局限于传统的线下消费，消费文化也已被赋予新的时代内涵。

一、网络消费文化的基本内涵

文化作为时代的产物具有一定的社会历史性，学术界从多种视角对消费文化进行研究。西方消费社会理论先驱鲍德里亚在研究中指出，"被消费的东西，永远不是物品，而是关系本身"[①]，可以理解为，消费者在进行消费时

---

① ［法］鲍德里亚：《物体系》，林志明译，上海人民出版社 2001 年版，第 224 页。

不是对商品的使用价值的需求而是对商品的"象征价值"即符号意义有所需求，在《消费社会》中进一步指出："流通、购买、销售、对作了区分的财富及物品、符号的占有，这些构成了我们今天的语言、我们的编码，整个社会都依靠它来沟通交谈。"① 鲍德里亚将后现代主义的"符号理论"与"消费"相结合，认为消费文化是对"商品使用价值的超越"，是一种"商品符号系统"。学者杨淑萍对"消费文化"的解释是"消费文化是与消费社会相伴而生的一种世俗文化形态，是人们在长期的消费活动实践中所形成的认知和行为的总和"。"消费文化"包括物质和精神等不同方面的消费，是对在消费过程中体现出的消费观念、消费方式、消费行为的总的概括，是"以消费为核心建构和重塑人们的生活理念和生活方式的价值系统和话语系统"。

（一）新时代网络消费文化内涵

在通常意义上，消费文化指的是人类在进行物质与文化生产、消费活动中表现出来的消费理念、消费方式和消费行为的总和，具有社会历史性。信息技术迅猛发展使网络不再仅仅充当人们生活中的一种工具，而是成为人们生活环境的一部分，消费文化在互联网时代呈现出与传统消费文化不同的样态。

消费主义文化与消费文化有着根本区别。消费文化具有历史性特点，随着人类社会的发展产生不同时期、符合当下时代背景的消费文化，而消费主义文化则是崇尚消费至上的一种文化，饱含着对消费欲望的膨胀和冲动。消费主义追求无节制的物质享受，并崇尚消费为人生目标和人生价值所在，冲动消费、激情消费、攀比消费等都属于消费主义文化中的表现形态，也是"亚消费文化"现象。

"在这个社会里，很多人的生活目标是部分地构建在获取他们显然根本不需要的物质或不是传统的需要展示的东西上。他们投身于获取东西的过程——买东西中。他们的身份，部分的是由他们所拥有的新买的东西或新展示的东西决定的。在这样的社会里，诸多机构鼓励并服务于消费文化，从热

---

① ［法］鲍德里亚：《消费社会》，刘成富译，南京大学出版社 2001 年版，第 71 页。

忧地招徕生意的店主企图诱导顾客买顾客并不需要的东西，到产品设计人员对现有的产品变换新的花样，到广告商们寻求创造新的需求。"① 美国学者彼得对"消费主义"的描述为西方国家绘制出当前消费主义的现状：很多人靠消费来寻找人生存在的意义。随着全球化浪潮的不断演进，西方消费主义思想"消费即幸福""消费至上"等错误的消费观念近年来甚嚣尘上，一些人形成了从众消费、盲目消费、超前消费等不当的消费习惯。

文化消费也不同于消费文化。"文化消费是一种社会行为，是建立在精神文化产品、服务等具象化客体的基础之上，与物质消费密不可分，例如消费主体在教育、文化娱乐、旅游等活动中购买、使用的文化产品和服务。"② 文化消费是满足人们精神文化需求的一种消费形态，主要是文化产品和文化服务等支出。文化消费可以满足人们在思想、教育、运动和娱乐等方面需求。随着人们物质生活的日渐富足，人们更加追求精神生活的满足，文化消费的主要样态会不断地发生变化，文化消费的形式和功能也随之变化。

综上所述，"消费文化是指人类在社会消费领域所创造的文化的总和，是对社会消费理念、消费方式、消费道德、消费政策、消费法规等的总称"③。从其本质讲，消费文化是消费社会下所产生的消费理念和消费价值观，从根本上决定消费文化的性质和发展方向；从其呈现形式上看，消费文化是人们在各自消费理念和消费观念下表现出的消费行为、消费手段、消费现象等，构成了不同群体的消费文化。

（二）当前社会消费的基本类型

1. 符号消费

"'符号消费'是指在消费过程中，不仅消费商品本身的使用价值，而且消费其代表的象征意义的一种消费方式。改革开放以来，社会生产力不断提

---

① ［美］彼得·N.斯特恩斯（Peter N.Stearns）：《世界历史上的消费主义》，邓超译，商务印书馆 2015 年版。

② 王玉玲、范永立、洪建设：《小镇青年消费文化特点研究——以文化产业领域为切入点》，《中国青年研究》2019 年第 6 期。

③ 张凤莲、靳雪：《消费文化治理及其多维路径探析》，《东岳论丛》2020 年第 11 期。

高；进入新世纪，网络赋予人们更多的消费选择、消费途径、消费渠道，符号消费由此产生。"① 当前，人们在购物时关注的不仅是商品本身的价值和功能，还会注重它的符号价值，其背后的象征价值和象征意义，更加在意商品是否能够带给自己更多的满足，提升自己的生活品质，凸显自己的身份地位。例如年轻人喜欢的时尚品牌，虽然价格不菲，但一些青年人更看重的是体现自身的价值，感到"有地位""有面子"。

2. 交往消费

人类社会离不开交往，人们在交往过程中也伴随着消费文化。我国自古以来便有着"礼尚往来"的交往方式，人们通过互相赠送礼物来表达尊敬、感谢、爱慕等情感，是情感传达的工具，是一种美德的传承。随着社会关系的复杂化，一些"礼尚往来"逐渐脱离其深处的意蕴，只流于表面，变得肤浅化、物质化，"送礼"更多地被歪曲成带有功利性、目的性"送礼"。近年来，攀比、扭曲、虚荣送礼成为一些民众人际交往消费的常态，各类社交平台早已成为人们分享生活的主要渠道，每逢节假日，无论是"送礼"，还是"收礼"，都会被大家分享到各社交平台，礼物早已不局限于具有节日代表意义的礼物，更多的是数额较大的"红包"、奢侈品等，更有一些人希望通过"送礼"和"收礼"展现自身的生活品质和身份地位。

3. 体验消费

"消费体验或者说体验消费是一种消费方式，是指在一定的社会经济条件下，在特定的消费环境之中，消费者为了获得某种新奇刺激、深刻难忘的生活体验，而亲身体验和感受某些具有陌生感、新鲜感和新奇感的消费对象的特殊消费方式。"② 体验式消费分为两种情况，一种是从来没有尝试过的事物，通过免费体验切身感受商品的功能和品质，商家打着体验的旗号，实际上是为了拓展新客户，拓宽消费者人群；另一种是在科技支持下，人们可以通过 VR 和 AR 技术进行体验式服务，比如，人们在室内滑雪馆就可以随时

---

① 沈优余：《网络时代大学生符号消费的负面影响及其应对措施》，《中共乐山市委党校学报（新论）》2021 年第 3 期。

② 艾玉波、庞雅莉：《女性主义视角下的中国女性消费文化研究》，《社会科学家》2015 年第 1 期。

随地体验滑雪的快感，诸如此类的还有冲浪体验馆，通过打造体验馆打消消费者的其他顾虑，推动产业发展。"体验消费本质上是一种新奇刺激性的消费，可以满足消费者心理和情感上追求陌生感、新鲜感和新奇感的体验需要。"①

4. 超前消费

"超前消费是指超越了消费者现阶段支付能力的不合理的消费"②。互联网支付出现前，人们通过银行贷款实现超前消费，如：贷款买车、贷款买房、信用卡购物等，此时人们超前消费还仅限于大额消费商品。伴随着移动支付的广泛应用，"互联网支付是开始较早的互联网金融模式，从商业银行的网上银行到支付宝钱包、微信钱包，从快捷支付到移动支付，紧接着又出现了线上借贷和线上理财业务"③，自出现网上借贷服务后，人们在消费时会减少犹豫心理，小额商品同样可以实现超前消费，很多青年人选择在商场促销，淘宝、京东等网络购物平台进行"6·18"年中大促或"双11""双12"购物狂欢节时"囤货"。在超前消费的物品中，多数人主要用于奢侈品和电子产品、饮食消费和学习支出及服饰美容护肤彩妆等方面的支出。

二、网络消费文化的主要特征

（一）消费需求多样化

麦肯锡管理咨询公司 2020 年发布中国消费者调查报告显示："回望过去10 年，中国消费市场的整体增长日新月异：10 年前，多数城市居民还仅仅满足于衣、食、住、行等基本需求。如今，已有一半的中国家庭跻身较富裕家庭行列，可支配年收入达到 14 万至 30 万元人民币。收入的增长让他们在

---

① 张恩碧：《试论体验消费的内涵和对象》，《消费经济》2006 年第 6 期。

② 罗建平：《破解消费奴役：消费主义和西方消费社会的批判与超越》，社会科学文献出版社 2015 年版，第 221 页。

③ 武亚凡、洪瑶：《互联网金融背景下大学生超前消费的现状及研究对策》，《营销界》2021 年第 12 期。

满足了基本生活需求之后，开始追求更高的生活品质。"① 信息技术的发展、经济水平的提升及生活条件的变化带动新的消费热点，如：城市的服务消费，包括旅游、餐饮、健康、养老等；新的产品，像 5G、智能产品，包括新能源汽车、智能汽车等。一些人喜欢尝试新型消费形式，除能满足日常生活需求以外，还能提升生活品质，满足自身情感需求，更好获得消费体验。而另一些消费者并非如此，由于购房压力、学业压力等各种外界因素，使得他们在支出方面都表现得更加谨慎，更注重商品的性价比。不难看出，人们不断追求更高的生活水平，但受各种因素影响，不同消费群体具有更加多样化和差异化的需求。

（二）消费结构多元化

无论是从物质消费角度看还是精神消费角度看，社会消费结构日新月异，随着消费内容、消费渠道和消费手段的不断丰富，消费者个性化消费明显，物质消费在生活总消费占比降低，人们更加注重精神文化消费，不同的消费群体对不同的消费内容有不同的侧重，人们的消费结构越来越多元化。当前，人们在物质生活条件得到显著改善的情况下，更加注重日常生活的舒适和质量。主要体现在：有的会更加注重饮食健康，会调整自己和家庭的消费结构，在食品上支出较多，自然在其他娱乐上降低支出比重；而青年群体更加注重文化消费，日常支出大部分都用在了娱乐项目上，例如游戏充值、朋友聚餐、一起唱 K 等；有的群体更关注文化需求，在学习新知识、新技能上消费支出的比重较大。由于不同消费者有其自身的消费特性和偏好，逐渐形成多元化的消费结构。

（三）消费渠道网络化

当前，人们在消费电视、广播、报纸杂志等传统媒介时，无论是在时间还是在介入度上，都呈现下降或减少态势。很多消费者购买商品时不再局限

---

① 《中国消费者多样化"脸谱"》，见 https://www.mckinsey.com.cn/2020 麦肯锡中国消费者调查报告中国消费者多样化 /。

于商场、市场等线下购物，交水电费、供暖费等生活缴费也不必再去营业厅排队等候，医院挂号也可以提前预约，万事万物皆可在线上进行。网络消费成为人们消费的"新宠儿"，在"互联网＋"的不断刺激下，人们会通过手机等移动终端进行消费，互联网消费代替线下消费，足不出户就可以满足自身的消费需求。

目前，互联网支付由最初的在线支付还仅限于绑定银行卡，通过银行进行付款，发展到多种支付方式，如微信"二维码"成为人们的消费"通行证"。网络消费系统逐步得到完善，网络信贷的手续和功能日益正规化和普遍化，网络支付安全性得到充分的保障，贷款消费的形式早已不局限于传统"购房""买车""创业"等大额银行贷款，信用卡、网络信贷等小额贷款因其使用范围的限制较少、方便快捷的操作而受到消费者的欢迎，一些网络公司推出的小额借贷项目，如"花呗""借呗""京东白条""美团月付"等，助推网络消费成为人们的主要消费方式。

第二节　大学生受网络消费文化影响现状分析

"网生一代"站在时代浪潮的最前端，他们向往自由、思想开放、注重自我体验和自我意识的满足，反对整齐划一，追求独立，消费成为他们彰显个性、表达自我的手段，"有着明显不同于其他社会群体的消费行为"①。大学生群体的消费能力和消费水平已成为能够引领消费潮流的重要力量，大学生的消费观念随着社会经济、政治、文化的发展逐步发生改变，同时大学生的消费心理和消费习惯也随之发生变化。

一、大学生受网络消费文化影响的积极方面

调查发现，消费文化在很大程度上促进了大学生个性化消费，大多数大

---

① 孙红姐：《"90"后大学生消费行为分析与引导对策探究》，《巢湖学院学报》2017 年第 4 期。

学生对消费能够有正确的认识，能够合理规划个人支出做到适度花销，逐渐形成理性消费、绿色消费、健康消费的意识和习惯。

（一）大学生消费呈现个性化特征

大学生群体自我意识的觉醒和自我发展的需求极高，对新科技、新事物有着较高的领悟能力，喜爱时尚新型产品，其消费理念具有求新求变等特点。随着经济社会发展水平大幅提升、消费产品供给极大丰富，大学生的物质需求和精神需求也更加多样化，其消费偏好呈现出多种样态。

智能化消费。当前，大学生普遍青睐时尚化、智能化、高端化消费产品，已跻身高科技产品上市后最早购买的群体。智能手机、声控护眼仪、无线蓝牙音箱、颈椎按摩器、语音控制家居灯等智能产品受其普遍喜爱，新科技、新产品带来的生活品质是其购买诱因。

电商化消费。大学生是网络电商消费主力之一，在"双11""双12"等时间节点，大学生消费支出占较大份额，支付宝、App、微商、网红直播带货等线上支付成为大学生生活常态。

潮流化消费。"网红打卡""研学旅行"是大学生文旅消费的主要方式，他们通过抖音、快手等了解网红城市、小镇名吃，进而旅游"打卡"；《三毛流浪记》《故宫六百年》等书籍在直播平台"云首发"吸引众多大学生粉丝；《长安十二时辰》等"潮剧"吸引大量大学生线上付费观看。

社交化消费。大学生是校园周边"小微经济"集聚发展的主要驱动。名目繁多的"同学生日会""考研保研聚餐"及日常聚餐活动，吸引大量餐饮店铺在校园周边集聚。随着网络社交文化平台迭代更新，大学生社交化消费的形式日趋多元，文娱、游艺等热度上升。

时至今日，大学生的消费观念个性化特征越来越突出。给宠物猫、宠物狗穿衣美容，成为很多"95后""00后"的生活日常，"宠物美妆""宠物服装"等产业随之迅速发展。"个性化写真""美图创意平台""故宫口红"等产品也深受大学生喜爱。他们在消费时比父辈更注重个体形象塑造，对衣装配饰、健身运动、美颜产品等的支出占较大比重，消费观念更加个性化、不盲从。比如，在大学生对"广告投入多、包装精美是否是吸引购买的主要原因？"进行回答时，选择非常赞同、比较赞同的比率只占24.9%，远低于不赞同、很不赞同的比率44.8%；大学生对"是否看重通过消费展现经济地位、生活风格、生活品位、个性等"进行回答时，选择非常看重的比率占8.6%，选择比较看重的比率24.9%，选择不太看重的比率22.6%或完全不看重的比率占9.5%。更多数据显示，大学生更注重产品的个性化设计和服务升级。[①]

由此可见，当代大学生一边舍得花钱，一边能省就省。大学生经常被"种草"，喜欢上一个东西会下定决心买它，一个月只花几百块钱，把余下的钱都攒起来买自己喜欢的东西。大多数大学生把平日里能省的钱都省下来，买自己喜欢的东西，不管是为了变美也好，追赶潮流也好，只要是自己喜欢的，都愿意购买。有些大学生，虽然手中的可支配收入并不多，但敢花敢买。由于网络便捷支付可行，大学生的消费行为也构成了万花筒般的多元景象，在消费内容、消费结构和消费手段上有新的变化。

（二）增强大学生绿色消费观念

我国大力推进生态文明建设，鼓励支持人们绿色消费，形成低碳节能环保生活方式。随着人们生活水平的不断提高和环保意识的不断增强，绿色消费作为一种新消费理念已逐渐被大学生所接受，大学生逐渐崇尚绿色消费等生活方式。很多高校开展形式多样的节水、节粮、节电等环保教育和活动。比如，多数大学生会在寝室自备餐具，减少使用一次性餐具数量；有破旧的衣服或不穿的衣服会放到衣物回收站；日常生活中不需要的东西会利用高校自行设立的"二手资源交易群""万能墙"，以及闲鱼等闲置商品交易平台将有价值的闲置物品二次出售，实现资源最大化利用；在逛超市购物时，更关注绿色环保类产品，并且会自备购物袋，尽量减少塑料袋的使用；废纸、废塑料、废电池会主动地递给公寓管理人员，使废弃

---

① 郝文斌、杨月荣：《2021大学生消费，如何积极健康、理性适度》，《光明日报》2021年4月1日。

物品变成新的资源；大学生在外出时会选择共享单车或公交车等绿色交通出行；在食堂以"光盘"为荣；等等。如今，对于低碳绿色和环保消费，大学生乐此不疲。

调查显示，大学生选择"非名牌不买，倾向于高端品牌消费"的占9.1%，选择"货比三家，买最需要和性价比最高的"占72.5%，这表明，大多数大学生保持着理性务实的消费习惯，虽然一些大学生存在着"非名牌不买"的"享乐主义"倾向，出现盲目攀比、冲动消费等消费心理和消费行为，但从整体上看，超七成大学生在平时能对生活费用进行合理规划，多数大学生会选择拼单、拼团购买商品，关注网购平台促销活动等；能够正确认识校园贷等非法贷款的危害，很少"花明天的钱来圆今天的梦"。由于大学生具有较强的主体意识，在作消费决定前会考虑很多个人因素和商品实用性，崇尚绿色消费等生活方式逐渐被越来越多的大学生所接受。

二、大学生受网络消费文化影响的消极方面

"网生一代"成长在物质充盈的时期，与其父辈为如何"吃饱"而发愁相比，"没吃过什么苦"的他们享受着相对舒适的生活条件。经济全球化和文化多元化及新媒介技术发展，加快推动西方消费主义思潮的传播，一些大学生由于缺失社会经验和生活阅历，自控能力较弱，逐渐对西方消费观念比较认同，在消费过程中产生非理性的异化消费行为。

在异化消费行为中，消费者消费的不再是物质意义上的商品，取而代之的是所谓的"时尚"。在西方消费主义影响下，大学生群体过分地追求外化表现的时尚，如名牌情结、偶像崇拜等。"使许多大学生的生活形态趋于浅性的'显示消费'，他们过分依托于接受潮流文化，于是注重显摆、追求新奇、盲目从众。而这样的'显示消费'，很多属于没有实际消费价值的'浪费性消费'，无益于他们的长远发展，属于非理性的消费文化形态。"[①] 一些家庭条件好的大学生在进行消费时，往往只看自己喜好，不记账不问价格，盲目消费和随性消费行为值得关注。

---

① 黄智君：《消费文化与青年认同危机》，《青年探索》2006年第5期。

（一）贪图身体物质享受，淡化理想信念的追求

人们对物质的需要有时候并不是真的需要，外界因素会刺激人们的消费欲望，可能是广告的诱导，可能是他人的推荐。消费异化之后，人在消费过程中处于被支配的被动地位，由于自身强烈消费欲望和外界刺激诱导的双重作用下，消费作为主体满足人在某种程度上的物欲，是一种"虚假的需求"，互联网的发展一定程度地加剧了这种"虚假的需求"。

当前，对新鲜事物总是充满好奇和热情的大学生"过于注重时尚的外化表现，炫耀摆阔、盲目跟风成为潮流"[①]，那些"新新"大学生们最容易落入商家设计的消费陷阱，他们争相为具有"时尚"符号价值的商品付款，不顾自身实际情况盲目地追求时尚，实际上是一种自我发展的缺失。这些大学生受享乐主义和西方消费主义价值观的毒害较深，以追求人生享乐作为自己的人生目标，通过物质享受、占有财富而非服务他人、奉献社会来获取他人认同。

当前，全球化发展加速了西方消费主义思想在我国社会的渗透，资本主义制度宣扬消费是置于幸福之上的，鼓励追求享乐的生活方式，"将消费过程中个体需求的满足作为自身幸福的源泉"[②]，是一种"虚假的幸福观"。当今社会消费异化使得人们对幸福的理解不断物化，金钱和欲望蒙蔽了一些人的双眼，人们认不清楚现实导致社会跟风消费现象严重，一些大学生沉浸在消费主义追求的享乐人生中无法自拔，认为娱乐消费可以提升生活质量，获得满足感和幸福感，奉行一套"人生在世，须及时行乐"的价值准则，并将消费视为人生的最高理想，认为享受物质生活是人与生俱来的权利，逐渐地迷失自己，一味地追求奢侈消费，把享受物质生活作为人生幸福的终点。"消费即快乐""消费即地位"等消费至上的思想甚嚣尘上，一些大学生选择通过消费获得快乐和精神满足，在消费中寻求自己的人生价值，并把实现消费自由作为人生目标。

---

① 成伯清、李林艳：《现代消费与青年文化的建构》，《青年研究》1998 年第 7 期。

② 刘杨：《异化需求、拜物教与虚假幸福观——论莱斯对消费主义状态下人的存在方式批判》，《学术交流》2017 年第 2 期。

表 6-1 所学专业 *13.您对"如果最终也没有足够的钱进行消费，生活就没什么意思了"的态度是：

交叉表

| | | | 13.您对"如果最终也没有足够的钱进行消费，生活就没什么意思了"的态度是： | | | | | 总计 |
			很不赞同	不大赞同	一般	比较赞同	非常赞同	
所学专业	人文学科	计数	398	728	722	333	99	2280
		占所学专业的%	17.5%	31.9%	31.7%	14.6%	4.3%	100.0%
	社会科学	计数	198	551	520	300	79	1648
		占所学专业的%	12.0%	33.4%	31.6%	18.2%	4.8%	100.0%
	理工科	计数	636	1368	1406	674	250	4334
		占所学专业的%	14.7%	31.6%	32.4%	15.6%	5.8%	100.0%
	艺术体育类	计数	129	344	488	345	126	1432
		占所学专业的%	9.0%	24.0%	34.1%	24.1%	8.8%	100.0%
总计		计数	1361	2991	3136	1652	554	9694
		占所学专业的%	14.0%	30.9%	32.3%	17.0%	5.7%	100.0%

卡方检验			
	值	自由度	渐进显著性（双侧）
皮尔逊卡方	170.088[a]	12	.000
似然比	167.586	12	.000
线性关联	88.953	1	.000
有效个案数	9694		
a.0 个单元格（0.0%）的期望计数小于 5。最小期望计数为 81.84。			

从表 6-1 中可以看出，不同专业大学生对"如果最终也没有足够的钱进行消费，生活就没什么意思了"这一观点的态度存在差异。在比较赞同和非常赞同选项上，艺术体育类专业大学生比率最高，占 32.9%；在一般选项上，艺术体育类专业大学生仍然比率最高，占 34.1%；在很不赞同和不大赞同选项上，人文学科专业大学生比率最高，占 49.4%。这表明，不同专业大学生追求的消费境界不同，对金钱等物质财富的渴望有较大差异。

表 6-2 家庭所在地 *13. 您对"人的一生在于追求内心的满足、追求自我价值的实现，而不是追求物质生活"的态度是：

交叉表

			13. 您对"人的一生在于追求内心的满足、追求自我价值的实现，而不是追求物质生活"的态度是：					总计
			很不赞同	不大赞同	一般	比较赞同	非常赞同	
家庭所在地区	大城市	计数	44	152	626	792	482	2096
		占家庭所在地区的%	2.1%	7.3%	29.9%	37.8%	23.0%	100.0%
	城镇	计数	77	307	1097	1467	929	3877
		占家庭所在地区的%	2.0%	7.9%	28.3%	37.8%	24.0%	100.0%
	乡镇	计数	26	146	517	596	338	1623
		占家庭所在地区的%	1.6%	9.0%	31.9%	36.7%	20.8%	100.0%
	农村	计数	45	178	627	782	466	2098
		占家庭所在地区的%	2.1%	8.5%	29.9%	37.3%	22.2%	100.0%
总计		计数	192	783	2867	3637	2215	9694
		占家庭所在地区的%	2.0%	8.1%	29.6%	37.5%	22.8%	100.0%

卡方检验			
	值	自由度	渐进显著性（双侧）
皮尔逊卡方	16.608[a]	12	.165
似然比	16.699	12	.161
线性关联	3.971	1	.046
有效个案数	9694		
a. 0 个单元格（0.0%）的期望计数小于 5。最小期望计数为 32.15。			

从表 6-2 中可以看出，不同家庭地区大学生对"人的一生在于追求内心的满足、追求自我价值的实现，而不是追求物质生活"这一观点的态度存在较小差异。来自大城市地区大学生选择很不赞同和不大赞同比率占 9.4%，来自城镇地区大学生选择很不赞同和不大赞同比率占 9.9%，来自乡镇地区大学生选择很不赞同和不大赞同比率最高，占 10.6%，来自农村地区大学生选择很不赞同和不大赞同比率同来自乡镇地区大学生的选择一样，占 10.6%。这表明，来自乡镇和农村的大学生不同于大城市和城镇的大学生，乡镇和农村出身的大学生生长环境对其理想信念和价值观念有着一定影响。

表6-3 所学专业 *13.您对"人的一生在于追求内心的满足、追求自我价值的实现，而不是追求物质生活"的态度是：

交叉表

			13.您对"人的一生在于追求内心的满足、追求自我价值的实现，而不是追求物质生活"的态度是：					总计
			很不赞同	不大赞同	一般	比较赞同	非常赞同	
所学专业	人文学科	计数	48	188	670	862	512	2280
		占所学专业的%	2.1%	8.2%	29.4%	37.8%	22.5%	100.0%
	社会科学	计数	40	154	528	606	320	1648
		占所学专业的%	2.4%	9.3%	32.0%	36.8%	19.4%	100.0%
	理工科	计数	71	308	1210	1654	1091	4334
		占所学专业的%	1.6%	7.1%	27.9%	38.2%	25.2%	100.0%
	艺术体育类	计数	33	133	459	515	292	1432
		占所学专业的%	2.3%	9.3%	32.1%	36.0%	20.4%	100.0%
总计		计数	192	783	2867	3637	2215	9694
		占所学专业的%	2.0%	8.1%	29.6%	37.5%	22.8%	100.0%

卡方检验			
	值	自由度	渐进显著性（双侧）
皮尔逊卡方	50.953[a]	12	.000
似然比	51.089	12	.000
线性关联	.751	1	.386
有效个案数	9694		
a.0 个单元格（0.0%）的期望计数小于 5。最小期望计数为 28.36。			

从表6-3中可以看出，不同专业大学生对"人的一生在于追求内心的满足、追求自我价值的实现，而不是追求物质生活"这一观点的态度存在差异。理工科对这一观点选择比较赞同和非常赞同的比率最高，占63.4%，社会科学专业大学生比率最低，占56.2%，理工科专业大学生所占比率高于社会科学7.2%；在一般选项上，艺术体育类专业大学生所占比率最高，占32.1%；在很不赞同和不大赞同选项上，各专业比率相差不大，其中理工科专业大学生相较于其他学科专业大学生更加注重物质生活，但对于此观点非常赞同占比也最多，这表明，理工科专业大学生对于理想信念的追求和消费观念呈现较明显分化现象。

表 6-4　性别 *13. 您对"一个人拥有的东西越多就越幸福"的态度是：

交叉表

			13. 您对"一个人拥有的东西越多就越幸福"的态度是：					总计
			很不赞同	不大赞同	一般	比较赞同	非常赞同	
性别	男	计数	529	1200	1414	978	296	4417
		占性别的%	12.0%	27.2%	32.0%	22.1%	6.7%	100.0%
	女	计数	724	1864	1607	850	232	5277
		占性别的%	13.7%	35.3%	30.5%	16.1%	4.4%	100.0%
总计		计数	1253	3064	3021	1828	528	9694
		占性别的%	12.9%	31.6%	31.2%	18.9%	5.4%	100.0%

卡方检验			
	值	自由度	渐进显著性（双侧）
皮尔逊卡方	128.006[a]	4	.000
似然比	128.205	4	.000
线性关联	102.695	1	.000
有效个案数	9694		
a.0 个单元格（0.0%）的期望计数小于 5。最小期望计数为 240.58。			

从表 6-4 中可以看出，不同性别大学生对"一个人拥有的东西越多越幸福"这一观点的态度存在差异。男生对这一观点的赞同比率高于女生，占 28.8%，比率高于女生 8.3%；在一般选项上，男生比率高于女生 1.5%，占 32.0%；在很不赞同和不大赞同选项上，女生比率高于男生近 10%，占 49%，这表明，男生和女生对人生理想及价值观存在显著差异，应该加强对不同性别大学生的正确引导。

表 6-5　性别 *13. 您对"人生应该是来享受物质生活的"的态度是：

交叉表

			13. 您对"人生应该是来享受物质生活的"的态度是：					总计
			很不赞同	不大赞同	一般	比较赞同	非常赞同	
性别	男	计数	403	860	1505	956	693	4417
		占性别的%	9.1%	19.5%	34.1%	21.6%	15.7%	100.0%
	女	计数	548	1420	1860	910	539	5277
		占性别的%	10.4%	26.9%	35.2%	17.2%	10.2%	100.0%
总计		计数	951	2280	3365	1866	1232	9694
		占性别的%	9.8%	23.5%	34.7%	19.2%	12.7%	100.0%

续表

卡方检验			
	值	自由度	渐进显著性（双侧）
皮尔逊卡方	142.313ª	4	.000
似然比	142.717	4	.000
线性关联	115.955	1	.000
有效个案数	9694		
a.0 个单元格（0.0%）的期望计数小于 5。最小期望计数为 433.32。			

从表 6-5 中可以看出，不同性别大学生对"人生应该是来享受物质生活的"这一观点态度上存在显著差异。男生对此观点的认同度比率高于女生，占 37.3%，比率高于女生 9.9%；在一般选项上，男生比率为 34.1%，女生为 35.2%，二者相差不大；在很不赞同和不大赞同选项上，女生比率远高于男生，占 37.3%，比率高于男生 8.7%。这表明，男生对物质生活的向往明显高于女生，追求物质生活无可厚非，但是要掌握好限度，要在合理的范围内追求物质生活，而不应过于推崇享乐主义。

表 6-6 家庭所在地区 *13.您对"人生应该是来享受物质生活的"的态度是：
交叉表

			13.您对"人生应该是来享受物质生活的"的态度是：					总计
			很不赞同	不大赞同	一般	比较赞同	非常赞同	
家庭所在地区	大城市	计数	235	430	707	421	303	2096
		占家庭所在地区的%	11.2%	20.5%	33.7%	20.1%	14.5%	100.0%
	城镇	计数	379	925	1368	793	412	3877
		占家庭所在地区的%	9.8%	23.9%	35.3%	20.5%	10.6%	100.0%
	乡镇	计数	124	351	571	321	256	1623
		占家庭所在地区的%	7.6%	21.6%	35.2%	19.8%	15.8%	100.0%
	农村	计数	213	574	719	331	261	2098
		占家庭所在地区的%	10.2%	27.4%	34.3%	15.8%	12.4%	100.0%
总计		计数	951	2280	3365	1866	1232	9694
		占家庭所在地区的%	9.8%	23.5%	34.7%	19.2%	12.7%	100.0%

续表

卡方检验			
	值	自由度	渐进显著性（双侧）
皮尔逊卡方	84.703[a]	12	.000
似然比	85.446	12	.000
线性关联	4.191	1	.041
有效个案数	9694		
a.0 个单元格（0.0%）的期望计数小于 5。最小期望计数为 159.22。			

从表 6-6 可以看出，不同地区大学生对"人生来是享受物质生活的"所持观点存在差异。在比较赞同和非常赞同选项上，来自乡镇地区大学生比率最高，占 35.6%，比率高出农村地区大学生 7.4%；在一般选项上，来自城镇地区大学生比率最高，占 35.3%，与其他地区大学生比率差异不大；在很不赞同和不大赞同选项上，来自农村地区大学生比率最高，占 37.6%，比率高出乡镇地区大学生 8.4%。这表明，不同地区大学生在人生理想和奋斗目标上有着不同认识，需要加以正确引导。

表 6-7　所学专业 *13.您对"人生应该是来享受物质生活的"的态度是：
交叉表

			13.您对"人生应该是来享受物质生活的"的态度是：					总计
			很不赞同	不大赞同	一般	比较赞同	非常赞同	
所学专业	人文学科	计数	267	576	885	357	195	2280
		占所学专业的%	11.7%	25.3%	38.8%	15.7%	8.6%	100.0%
	社会科学	计数	154	434	568	326	166	1648
		占所学专业的%	9.3%	26.3%	34.5%	19.8%	10.1%	100.0%
	理工科	计数	395	1018	1493	883	545	4334
		占所学专业的%	9.1%	23.5%	34.4%	20.4%	12.6%	100.0%
	艺术体育类	计数	135	252	419	300	326	1432
		占所学专业的%	9.4%	17.6%	29.3%	20.9%	22.8%	100.0%
总计		计数	951	2280	3365	1866	1232	9694
		占所学专业的%	9.8%	23.5%	34.7%	19.2%	12.7%	100.0%

续表

卡方检验			
	值	自由度	渐进显著性（双侧）
皮尔逊卡方	238.941[a]	12	.000
似然比	224.379	12	.000
线性关联	131.782	1	.000
有效个案数	9694		
a.0 个单元格（0.0%）的期望计数小于 5。最小期望计数为 140.48。			

从表 6-7 中可以看出，不同专业大学生对"人生应该是来享受物质生活的"所持观点存在显著差异。在比较赞同和非常赞同选项中，艺术体育类专业大学生比率最高，占 43.7%，比率高出人文学科专业学生 19.4%；在一般选项中，人文学科专业大学生比率最高，占 38.8%，比率高出艺术体育类专业大学生 9.5%；在很不赞同和不大赞同选项中，人文学科专业大学生比率最高，占 37%，比率高出艺术体育类专业大学生 10%。这表明，艺术体育类专业大学生对物质生活的追求高于其他专业，人文学科专业大学生则对该观点不够认同。

从调查中可以看出，近三成大学生在消费心理和行为上出现不同程度偏颇。马克思认为，"精神享受才是人类最大的享受，精神幸福才是人类最大的幸福"，然而"我消费，故我在"的思想却把物质享受作为人生存在的意义，消费观的错误倾向可以间接影响大学生的生活方式和人生态度。一些大学生通过购物满足眼前的物欲获得短暂的快感和满足，但是过度消费、超前消费容易使大学生迷失自我，将人生目的、人生理想等同于物质财富的拥有。

（二）网络消费主义盛行有碍正确消费观的养成

马克思在《1844 年经济学哲学手稿》中将"异化"解释为"劳动所生产的对象，即劳动的产品，作为一种异己的存在物，作为不依赖于生产者的力量，同劳动相对立。劳动的产品是固定在某个对象中的、物化的劳动，这就是劳动的对象化。劳动的现实化就是劳动的对象化。在国民经济的实际状况中，劳动的这种现实化表现为工人的非现实化，对象化表现为对象的丧失和被对象奴役，占有表现为异化、外化"①。马克思所说的"异化"简单来说就是"物支配人"的现象，这种现象也存在于当前的消费时代，不过是从资本主义的"劳动异化"升级为"消费异化"。商品摆脱了满足人们需求的客体，而消费也不再以获取商品为目的，人与商品的关系、商品与消费的关系已经被颠覆，"人们在自己的商品中认出了自己，他们在自己的汽车、高度保真的音响设备、错层式的住宅和厨房设备中发现了自己的灵魂"②，人的思想和行为被消费的商品所控制，消费者的购买商品行为成为一种"受操纵"的消费行为，是出于"强制性的非理性"的目的，这种现象实际上就是"消费异化"，就如同弗洛姆所说："消费是通向目的——即幸福——的手段。但是现在，消费自身成了目的"③，"消费已不再作为生产的派生物，而成为建构生活方式的基本手段"④。异化消费的泛滥，对于世界观、人生观和价值观形成时期的大学生无疑是一种错误的引导，而在拜金主义、享乐主义等错误思潮影响下，一些大学生的消费观念出现异化。

当前，随着经济的高速发展我国进入大众消费时代，西方消费主义思想甚嚣尘上。生活在消费社会的大学生群体"和他们的前辈的根本差异，并不在于物质需要及满足这种需要的方式有了改变，而在于今天人们的生活目的、愿望、抱负和梦想发生了改变，他们的价值观发生了改变。最终还是作为人的本体的存在方式发生了改变"⑤。对于大学生群体而言，"为消费而消费"等不合理消费行为甚是常见，一些大学生崇尚金钱，重视物质享受而忽视精神发展的需要，个别大学生过分看重眼前利益，功利化倾向严重。调查显示，一些大学生过度地追求商品符号价值和"虚拟需要"的满足，导致他们迷失在消费欲望中而丧失了真实世界的自我，过分地追求物质享受的生活方式，把

---

① 《马克思恩格斯选集》第1卷，人民出版社2012年版，第51页。

② [美]马尔库塞：《单向度的人》，刘继译，上海译文出版社2006年版，第272页。

③ [美]埃里希·弗洛：《健全的社会》，孙恺祥译，上海译文出版社2011年版，第109页。

④ 蒋建国：《马克思主义消费文化理论及其当代意蕴》，《马克思主义研究》2007年第3期。

⑤ 罗纲、刘象愚：《文化研究读本》，中国社会科学出版社2000年版，第1页。

消费作为人生价值实现的一种方式，长此以往，势必影响大学生的健康成长。

近年来，网络电商平台加快更迭换代，加之广告商不满足于早期的明星代言，延伸到了经营网络自媒体的"网红"，通过"直播带货""视频宣传"等方式吸引民众进行消费。"很多网红通过抖音、快手、微博等媒体途径进行表演，吸引人们的关注；这些网红在直播间推销自己的产品，很多产品都不是切合实际生活需要的，这种盲目的消费也就是偶像式消费的一种"[①]，实际上，"网红"产业的出现本身就是一种"广告宣传"。

"网生一代"大学生作为互联网的"常驻居民"，试图通过购买网红推荐和明星代言的产品拉近与"偶像"之间的距离，跟风地购买"网红"爆款，这种出于对他人的兴趣而进行的消费，是脱离自身实际的消费，"偶像化"消费倾向实质上是大学生消费观念异化的反映。

表6-8 所学专业 *13.您对"通过消费能展现自己的经济地位、生活风格、生活品位、个性等"的态度是：

交叉表

			13.您对"通过消费能展现自己的经济地位、生活风格、生活品位、个性等"的态度是：					总计
			很不赞同	不大赞同	一般	比较赞同	非常赞同	
所学专业	人文学科	计数	222	538	803	541	176	2280
		占所学专业的%	9.7%	23.6%	35.2%	23.7%	7.7%	100.0%
	社会科学	计数	129	356	576	468	119	1648
		占所学专业的%	7.8%	21.6%	35.0%	28.4%	7.2%	100.0%
	理工科	计数	461	1027	1494	977	375	4334
		占所学专业的%	10.6%	23.7%	34.5%	22.5%	8.7%	100.0%
	艺术体育类	计数	128	301	479	372	152	1432
		占所学专业的%	8.9%	21.0%	33.4%	26.0%	10.6%	100.0%
总计		计数	940	2222	3352	2358	822	9694
		占所学专业的%	9.7%	22.9%	34.6%	24.3%	8.5%	100.0%

[①] 叶树明：《我国青年消费文化存在的问题及对策分析——基于洛文塔尔"消费偶像观"的启示》，《市场周刊》2020年第6期。

续表

卡方检验			
	值	自由度	渐进显著性（双侧）
皮尔逊卡方	48.045[a]	12	.000
似然比	47.614	12	.000
线性关联	2.053	1	.152
有效个案数	9694		
a.0 个单元格（0.0%）的期望计数小于 5。最小期望计数为 121.43。			

从表 6-8 中可以看出，不同专业大学生在"通过消费能展现自己的经济地位、生活风格、生活品位、个性等"所持观点上存在显著差异。在比较赞同和非常赞同选项上，艺术体育类专业学生比率最高，占 36.6%，比率高出理科专业学生 5.4%；在一般选项上，人文学科专业学生比率最高，占 35.2%，比率与其他专业差别不大；在很不赞同和不大赞同选项上，理工科比率最高，占 34.3%，比率高出社科专业学生 4.9%。这表明，不同专业大学生在消费心理倾向上有着不同认识，艺术体育类专业学生由于专业演出和个人形象设计，对消费所展现自己经济地位、生活风格以及品位、性格的方面相较于其他专业更为重视，理工科专业学生对这方面关注较少。

（三）市场大肆营销导致消费结构无序化趋向明显

当前，经济发展正向数字经济、智能制造和万物互联方向发展，商业化渗透几乎达到无孔不入的境地，资本的求利本性和无序扩张，加快推动社会消费转变和人们消费结构发生变化。网络媒体和营销平台等利用新媒体技术的信息传播优势，以社会心态和大众情绪为创作脚本，用技术手段进行宣传炒作获取知名度，在短时间内形成了消费流行时尚品牌。

在市场竞争机制的利益本位价值观驱动下，网络电商平台以市场需求为导向去迎合大众心理，程序化、标准化推出各类商品。大学生是使用新媒介技术最多的群体，自然成为当前数字文化经济最有潜力的消费者。围绕大学生的心理特征和情感需要，开发各类文化产品，在促进数字文化产业发展的同时也丰富了大学生的业余文化生活，但由于市场化发展模式下的青年网络亚文化与商业流行文化的相互促进、相互融合，在很大程度上模糊了两者的边界，导致大学生消费观发生深刻变化。

　　近年来，随着人们对美好生活的向往更加强烈，大学生基于时尚需求对立意新颖和别出心裁设计的文化产品更加关注，高校大学生逐渐成为最具消费潜力人群，其在"双11"购物狂欢节的消费比重与金额呈逐年上升的趋势，"双11""双12""6·18"等电商活动日，商家通过调整价格，结合满减的购物津贴，制造消费热点，在购物热浪的鼓动和"捡便宜"心理的安慰下，一些大学生不惜"吃土"也要"剁手""买买买"，当天会为此耗费许多时间去衡量怎么买更划算，但常常会因为"凑单"而盲目地购买许多不需要的东西，违背省钱的初衷。由于网络支付时只需要输入一串数字，淡化了大学生对于金钱的概念，花钱的"痛感"也就自然降低，大学生更容易产生不假思索的冲动消费行为，甚至个别大学生会在"双11"购物当天将几个月的生活费全部挥霍，这种"剁完手就要吃土"的超前消费行为，必须加以正确引导。

　　"网生一代"大学生受消费主义思潮的影响，消费结构比例失衡现象已经成为一些大学生的常态。调查显示，多数大学生能够正确对待"物质消费和精神满足"之间的关系，认为追求内心精神世界的满足才是有意义的人生。但在谈及金钱和幸福之间的关系时，在"占有更多物质财富与尽情消费会使人幸福"所持观点比率较大，思想观点和消费行为之间的矛盾较为明显，大学生实际上就是"被矛盾包围着的矛盾体"。"炫富""拼爹"的事件总是能引发社会的广泛关注，"对于物质生产逐步提高这一改变，人们开始把更多的关注点放在了物质消费方面，因为物质消费可以给人们带来最直接的快乐与满足。与之相反，精神价值追求逐步被人们所遗忘，追求富足与安逸的生活变成了人们的向往"。①

　　当前，我国不同地区、不同行业、不同阶层收入差异较大，寒门学子渴望得到社会认可的想法更加强烈，出于"爱面子"和"炫耀"心理，一些大学生常常会购买名牌衣服、鞋子、高科技电子产品等享受生活，选择超前消费的方式来为自己眼前的欲望买单，特别是错误地将"身份"等同于"外表"，

---

　　① 叶树明：《我国青年消费文化存在的问题及对策分析——基于洛文塔尔"消费偶像观"的启示》，《市场周刊》2020年第6期。

把眼前"消费欲望"美其名曰"内心世界满足"。由于没有将物质占有与内心精神世界满足之间的矛盾进行正确认识和权衡，自然而然会出现以重视物质享受消费而忽视精神发展消费的现象和行为。大学生不能把幸福的终点停在物质享受，应不断充实自身来弥补精神文化生活的不足，逐渐解决物质消费和精神产品消费比重失衡的问题。

新的经济业态、高科技革命正刺激着人们的消费欲望无限度地增长，毋庸讳言"消费者在购买消费商品的过程中，追求的不仅仅是商品物理意义上的使用价值，还包括商品所附加的、能为消费者提供声望、表现消费者个性特征与社会地位以及权利等带有一定象征性的概念和意义"[①]，一些大学生追求名牌消费，盲目地跟随时尚，他们热衷于追求商品的符号价值，由此产生的炫耀攀比等奢侈浪费的消费行为有了合理的解释。

表6-9　性别 *13.您对"广告做得越多、包装越多的产品更能吸引人购买"的态度是：

交叉表

			13.您对"广告做得越多、包装越多的产品更能吸引人购买"的态度是：					总计
			很不赞同	不大赞同	一般	比较赞同	非常赞同	
性别	男	计数	698	1107	1326	977	309	4417
		占性别的%	15.8%	25.1%	30.0%	22.1%	7.0%	100.0%
	女	计数	900	1623	1611	918	225	5277
		占性别的%	17.1%	30.8%	30.5%	17.4%	4.3%	100.0%
总计		计数	1598	2730	2937	1895	534	9694
		占性别的%	16.5%	28.2%	30.3%	19.5%	5.5%	100.0%

卡方检验			
	值	自由度	渐进显著性（双侧）
皮尔逊卡方	90.185[a]	4	.000
似然比	90.132	4	.000
线性关联	64.326	1	.000
有效个案数	9694		
a.0 个单元格（0.0%）的期望计数小于5。最小期望计数为243.31。			

---

① 积彪：《符号消费与品牌营销》，《中国商界（下半月）》2008 年第 2 期。

从表 6-9 中可以看出，不同性别大学生对"广告做得越多、包装越多的产品更能吸引人购买"这一观点存在一定差异。男生对该观点的认同度较高，占 29.1%，比女生占比高出 7.4%；在一般选项上，男女生比率相差不大，女生高于男生 0.5%；在很不赞同和不大赞同的选项上，女生比率为 47.9%，女生比率高于男生 7%。这表明，受商品广告和外观设计的吸引，大学生容易进行跟风消费，特别是近年来市场上商品的多样性、各种贷款广告在大学校园角落的大肆宣传，在一定程度上产生了非理智的消费行为；多数女大学生的消费方式较为合理，消费行为更为理性，但也有两成多的女大学生消费偏好趋于感性，对自身衣着打扮、形象更为看重，甚至出现透支信用卡的情况。

毋庸讳言，良好的宣传和外包装的确会吸引人的眼光，市场对利益的追逐使得商品能够脱离其使用价值而以其符号化价值存在，生产商和广告商在商品设计、生产和宣传过程中与人们内在欲望的需求相关联，使商品具有了符号价值。商品符号价值的象征意义被生产商和广告商不断挖掘、升级，"我买故我在""消费即存在"，不断激发着一些大学生的消费欲望，使得他们心甘情愿地为被制造出的"虚假需求"买单，然而盲目追求名牌消费对仍处于在校期间的大学生来说，无疑是雪上加霜。消费主义时代的人们习惯用有产或无产的标准来划分社会等级，一改往日以劳动实践衡量自我价值和社会价值实现的标准，"由品牌的符号来判定身份和地位是不符合伦理道德规范的"[1]，这种用过度消费彰显自己社会地位的异化消费观念，会导致一些大学生的价值观发生扭曲，人生目标和人生理想也会发生偏离。

三、网络消费文化对大学生产生消极影响的成因

调查显示，由于网络消费主义的持续影响，一些涉世未深大学生的社会消费文化心理发生变化，产生攀比消费、炫耀性消费等现象和行为；与此同时，随着网购平台智能化发展，助推网络消费普及，大学生消费欲望和消费

---

[1] 王慧敏、赵玲：《鲍德里亚符号消费理论的哲学思考》，《通化师范学院学报》2020 年第 7 期。

金额逐年攀升，产生非理性消费行为。

（一）社会主要矛盾变化后消费问题应对不足

党的十九大报告指出，我国现阶段社会主要矛盾已经转变为"人们日益增长的美好生活需要和同不平衡不充分发展之间的矛盾"。随着物质生活水平的提高，人民对精神文化生活的需求也日益增长，精神文化消费已成为人们消费日常，但在供给和需求间仍然存在一定矛盾，且市场竞争激烈，易滋生虚假消费、恶意竞争等不良现象。

大学生期待的消费商品有效供给不足。"新形势下，社会经济的发展和综合国力的上升，无疑提升了人们的生活水平，人们对精神文化的需求也达到了一定的高度，不仅精神文化需求增长迅速，对于精神文化需求的途径和方式也更加多种多样，此外人民群众在精神文化方面的消费需求迅速增大。"[1]大学生自主意识较强，文化需求范围不断拓展，个性差异化发展趋势明显、对优秀精神文化产品的需求强烈，个体购买力难以有效释放。对于大学生来说，寻求多样化、优质化、个性化商品，追求超前于大众的消费心理强烈，相比价格，他们更看重质量和品位。但在目前的市场上，相对于大学生消费者来说，更为个性化、多元化、创新化的商品供给略显不足。

消费品市场有效治理不够，存在质次价高、虚假广告等问题。随着电商平台快速发展，小商家、小众品牌迅速成长，互联网市场竞争激烈。"有的中小平台为了生存和发展，通过强制推送广告、强制安装应用、非法链接等手段增加自身能见度，甚至不惜利用人性弱点，采取诸如所谓高额抽奖、情色视频等进行套路设计，实施灰色营销，诱使消费者和用户上当受骗。消费互联网行业这些非法和犯罪行为，严重扰乱了行业市场秩序和未来发展。"[2]大学生在互联网平台购物时，极易被虚假广告、虚假宣传所哄骗，造成一定的经济损失。

---

① 史维涛：《新形势下人民群众的精神文化需求与文化服务供给研究》，《大众文艺》2019 年第 24 期。

② 黄国平：《消费互联网行业失序发展的深层成因及治理之策》，《人民论坛》2021 年第 28 期。

娱乐文化消费市场亟须治理，追星消费、网红消费等非理性消费行为需要加强规范。随着自媒体平台的发展，网红直播带货、明星创建独立品牌成为互联网消费大趋势，"面对面种草、拔草，实时解疑答惑，深度讲解产品等更直观的直播带货模式已成为网红变现的新常态"①，文娱消费在人们日常消费所占比重逐年递增。如今，娱乐文化消费市场存在网红直播贩卖假货、捆绑销售、虚假营销等恶意扰乱市场现象，还有一些不良商家利用粉丝经济高价倒卖、造假售卖明星周边产品，带来恶劣影响。面对互联网形形色色的消费品，大学生很难从中辨别真假，娱乐文化消费市场应加强对网红消费、直播带货的监管。

（二）社会消费文化心理变化产生非理性消费

"人们从一开始，从他们存在的时候起，就是彼此需要的，只是由于这一点，他们才能发展自己的需要和能力等等。"②人存在的价值就是能够满足自己及他人的需要，只有成为社会意义上的人才能真正地实现自己的人生价值。网络消费主义反映出当今消费时代存在"异化"的现象，人的幸福和需求逐渐被物化，消费凌驾于需求之上起着主导的作用，人们被欲望所支配，享乐主义、功利主义等价值观对大学生产生消极影响，导致一些大学生把对物的占有当作人生的目标。调查显示，选择"只要是喜欢就买，不考虑价格"的占总13.1%，选择"挑便宜的买，越便宜越好"占5.3%，选择"非名牌不买，倾向于高端品牌消费"占9.1%。这表明，一些大学生在消费时全凭个人意志去选择，缺乏对商品价格、质量和需求程度的综合权衡。由于大学生缺乏社会实践经验，尚未具备完全理性思考能力，主观上误判"一切新的东西都是有用的"，他们把消费文化当作"新的东西"而纳入自己的认知系统中，"在消费主义文化中，人的价值是根据其所消费和占有的物来衡量的，这给追求实现自我价值的大学生传递的信息是：生命的意义不再是自我鲜活的创造的过程，而是一个尽可能奢华地消费享受的

---

① 张小虎：《新媒体时代网红直播带货模式发展探究》，《传媒》2021年第8期。
② 《马克思恩格斯全集》第42卷，人民出版社1979年版，第360页。

过程；人生的价值也不在于贡献"①。

网络消费主义所传递的享乐价值观，导致一些大学生人生价值出现偏差和人格异化，过分注重个人的物质享受而忽视了社会价值，社会责任感逐渐丧失，这与中华优秀传统文化大相径庭。当代大学生多为独生子女，成长于物质条件较为充裕的年代，加上长辈的关爱，还没有形成勤俭节约、量入而出的消费观念，个别大学生错把"我的消费我做主"作为自己身份和地位的象征。

表 6-10　所学专业 *11. 您平时的消费习惯是：交叉表

| | | | 11. 您平时的消费习惯是： | | | | 总计 |
			非名牌不买，倾向于高端品牌消费	只要喜欢就买，不考虑价格	货比三家，买最需要和性价比高的	挑便宜的买，越便宜越好	
所学专业	人文学科	计数	132	258	1801	89	2280
		占所学专业的%	5.8%	11.3%	79.0%	3.9%	100.0%
	社会科学	计数	145	218	1180	105	1648
		占所学专业的%	8.8%	13.2%	71.6%	6.4%	100.0%
	理工科	计数	305	590	3192	247	4334
		占所学专业的%	7.0%	13.6%	73.7%	5.7%	100.0%
	艺术体育类	计数	297	206	855	74	1432
		占所学专业的%	20.7%	14.4%	59.7%	5.2%	100.0%
总计		计数	879	1272	7028	515	9694
		占所学专业的%	9.1%	13.1%	72.5%	5.3%	100.0%

卡方检验			
	值	自由度	渐进显著性（双侧）
皮尔逊卡方	330.080[a]	9	.000
似然比	280.288	9	.000
线性关联	102.559	1	.000
有效个案数	9694		
a.0 个单元格（0.0%）的期望计数小于 5。最小期望计数为 76.08。			

① 刘杰：《消费文化对我国当代青年价值观的影响》，《农家参谋》2020 年第 3 期。

从表 6-10 中可以看出，不同专业大学生消费习惯存在显著差异。在"非名牌不买，倾销于高端品牌消费"选项，艺术体育类专业大学生比率最高，占 20.7%，而人文学科、社会科学、理工科大学生比率远远低于艺术体育类大学生比率，分别为 5.8%、8.8% 和 7.0%；在"只要喜欢就买，不考虑价格"选项，艺术体育类专业大学生同样比率最高，占 14.4%，人文学科专业大学生比率最低，占 11.3%，社会科学专业大学生和理工科专业大学生比率差别不大，理工科专业大学生比率高于社会科学专业大学生 0.4%；在"货比三家，买最需要的和性价比高"选项，人文学科专业大学生比率最高，占 79.0%，而艺术体育类专业大学生比率远低于人文学科专业大学生，占比最低，为 59.7%，社会科学专业大学生和理工科专业大学生比率占比相差 2.1%；在"挑便宜的买，越便宜越好"选项，比率最高的是社会科学专业大学生，占 6.4%，其余类别比率是理工科专业大学生高于艺术体育类专业大学生和人文学科专业大学生。

青年时期是被各种矛盾充斥着的特殊成长阶段，其中心理矛盾伴随青年整个发展过程，影响青年对自我和社会的认知，青年问题"根源在于青年的深刻的内心冲突、情绪感染或是不同体验之间的矛盾"[①]，大学生的生理机能趋于成熟，社会化程度逐渐加快，身心健康、个人成长、事业发展、社会参与和权利表达等各种多样化的需求接踵而来，并且随着大学生的成长发展不断发生变化。由于大学生对自身需求满足的能力是有限的，理想与现实之间的矛盾贯穿整个大学阶段。互联网技术发展为大学生搭建了一个理想化的社会生存空间，网络信息技术和新媒体的广泛应用，容易模糊现实社会与虚拟社会的边界，利用网络匿名和缺场，一些大学生可以利用"角色扮演"成为任何理想中的人，个体发展需求和欲望可以得到暂时性满足，虽然这种"角色"和"身份"是虚拟的，但是给大学生带来的成就感和满足感却是真实存在的。当一些大学生重归现实，其"完美自我"的幻想被打破，因巨大的心理落差容易对现实自我产生消极的自我评价。

---

① 刘苏津：《关于青年问题的哲学思考》，《青年研究》1995 年第 7 期。

（三）网购平台智能化发展助推网络消费普及

哈德罗·英尼斯曾提到"在所有特定的条件下，传播媒介都具有一定的阶级性，在时间或空间上都会有一定的偏向性，社会组织形态，社会文化导向，包括人际结合方式及不同阶层的人们所处的社会地位都能被社会媒介所左右。在几乎所有的技术当中，最关键的技术就是传播技术"①。网络信息传播技术的发展，极大促进了媒介技术的不断革新，新媒体是以电脑、手机和数字电视等为终端的信息服务和传播平台，有互联网技术为支撑具有先天的技术优势，信息传播媒介形态发生了天翻地覆的变化。麦克卢汉曾指出"每一种技术都创造一种环境"，新媒体塑造了一个复杂多元、信息共享、快捷高效的社会环境，客观上改变了人们的生活样貌，拓宽了人们生存发展的物理空间。

新媒体利用便捷的信息传递功能和庞大的储存功能成为人类文化传播的新媒介，拓展了文化生成和发展的路径、丰富了文化的表现形态，"当下以互联网为核心的新媒介对社会文化生态的全方位渗透，开始明显地导致今日中国的整体文化在向着开放、民主和多元的方向转变，同时整体文化的存在形态也在向着'数字化生存'转变"②，可以说，媒介化的发展模式是当前互联网时代文化发展的必然趋势。新媒体环境以空前开放的、无边界的物理空间和相对平等、无限制的精神空间为亚文化与媒介技术的融合提供全新的平台，促进网络亚文化的形成和发展。

当前，新兴信息技术的广泛应用使得社会的信息化程度不断加深，"碎片化"的信息传播和接收成为常态，人们用"碎片化的时间"进行"碎片化阅读"，"获取碎片化的信息"，在快节奏的生活方式和快餐式的文化活动中，人们的注意力被零散化，只注重外在表象而无暇顾及内在。"碎片化"的信息传播模式能够以最直接的方式进行情绪释放和感情表达，大幅缩减了渲染

① ［加］哈罗德·英尼斯：《传播的偏向》，何道宽译，中国人民大学出版社 2003 年版，第 58 页。

② 马中红：《新媒介与青年亚文化转向》，《文艺研究》2010 年第 12 期。

氛围的时间，用"只言片语"代替"宏大叙事"，用"情感体验"代替"意义探寻"，容易诱导大学生产生盲目追赶潮流、崇拜偶像明星、追逐娱乐享受的倾向。

近年来，网络消费为消费者提供更加便利的消费平台，琳琅满目的商品和便捷的支付方式，激发消费者潜在的消费欲望，产生超前消费的现象和行为。网络上充实着各大信贷平台的政策宣传，如曾火热一时的"校园贷"，吸引一些大学生选择贷款方式满足个人消费欲望。随着"数字支付"技术的不断革新，"蚂蚁花呗"、京东白条、唯品花等购物平台，以及能够支持线上线下的"小额贷款"，更有分期付款的消费方式，引诱青年大学生提前预支生活费实现超前享受，同时也容易陷入虚假消费行为导致的"消费陷阱"之中。

"冲动和感性"是当前大学生消费群体最大的特点，他们极易迷失在充满诱惑的网络大市场中，电商营造出"促销秒杀""拼团抢购"的清仓阵势只是一个噱头，旨在吸引消费者的目光促使其为自己的产品买单，从而达到营利的目的。在商家营造的氛围中，大学生也往往会因"打折、清仓、甩卖"的字样，图便宜而一时冲动购买许多原本不需要的物品。一些大学生常常会为了适应外界环境和得到周围人认可去为"虚假需要"买单。"当代青年已经成为网络消费和电子消费名副其实的主力军"[1]，在畸型消费心理和错误消费观念支配下，大学生产生过度消费、超前消费和虚假消费、冲动消费等非理性的消费行为。

第三节　应对网络消费文化影响的策略

应对网络消费文化对大学生的影响需要协同发力，在法律法规方面，通过完善消费安全法律法规，维护消费市场秩序，保持网络消费绿色生态环境；在家庭教育方面，要充分发挥家庭美德对大学生消费理念的滋养作用，

---

① 侯艺：《当代青年消费现状及对策研究》，《中国青年研究》2019 年第 11 期。

家长和亲人注重引领大学生理性消费、绿色消费，促使大学生形成理性的消费心理，提升自身的自主消费能力。

一、建立健全消费法律法规制度

"改革开放 40 年来，物质生活水平得到极大提高，消费领域对环境的影响也日益凸显。总体来看，我国现有的消费模式还与绿色消费存在着很大差距：过度消费和不适当消费方式造成的巨大浪费、消费观念的滞后以及产品本身的不绿色造成环境污染和资源浪费等问题仍不同程度地存在。倡导推广绿色消费是时代的要求和历史的必然，是生态文明建设不可或缺的组成部分。"[①]高校、行业主管部门等引导大学生进行绿色消费、合理消费，针对大学生在非理性消费方面问题，应进一步完善消费安全相关法律法规，建立健全促进绿色消费的法律法规，加大网络消费平台管控力度，加强网络消费平台监管，切实做到标准规定有法可依；要强化网络消费产品和大学生消费偏好分析，精准掌握大学生消费特性；要加强消费治理力度，充分发挥协同治理作用，由单一管理向综合治理转变，形成市场、社会组织、行业协会、高校、家庭等协同治理的治理格局。

（一）完善消费安全法律法规

目前，我国有关保护消费者权益的法律法规有《中华人民共和国消费者权益保护法》《侵害消费者权益行为处罚办法》《中华人民共和国民法典》《中华人民共和国产品质量法》《中华人民共和国标准化法》《中华人民共和国进出口商品检验法》《中华人民共和国食品安全法》《中华人民共和国药品管理法》《中华人民共和国反不正当竞争法》《中华人民共和国价格法》《中华人民共和国计量法》《中华人民共和国商标法》《中华人民共和国广告法》等，涉及网上支付的法律法规有《中华人民共和国电子签名法》《非金融机构支付服务管理办法》《电子支付指引》等。由此可见，我国关于绿色消费、安全消费，大多数存在于不同法律法规的条款中，暂未出台专项用于促进绿色

---

① 李岩：《以绿色消费推动绿色发展》，《光明日报》2018 年 10 月 26 日。

消费的法律法规，只是在不同法律法规中增设了关于绿色消费的条款，这种保护方式虽然能够起到一定作用，有所侧重，比如支持循环经济发展、重视消费者权益保护等，但整体性和协同性有待加强。

针对消费领域法律法规方面的问题，应建立健全促进支持绿色消费的法律法规。2021 年，银保监会等部门联合发布《关于进一步规范大学生互联网消费贷款监督管理工作的通知》（以下简称《通知》），《通知》指出，"部分小额贷款公司以大学校园为目标，通过和科技公司合作等方式进行诱导性营销，发放针对在校大学生（以下简称大学生）的互联网消费贷款，引诱大学生过度超前消费，导致部分大学生陷入高额贷款陷阱，侵犯其合法权益，引起恶劣的社会影响。明确小额贷款公司不得向大学生发放互联网消费贷款，强化大学生互联网消费贷款业务监督管理工作。"① 作为行业主管部门应在行政规章基础上，着力研究如何上升到法律法规，细化相关政策制度，依法打击各种违法的校园贷、消费贷等套路贷。要针对网络消费平台和公司制定相关政策实施细则，加强监管力度，有效避免大学生非理性消费，避免大学生因非理性消费衍生出其他困难和问题。

完善关于消费安全的具体内容。"现行《绿色食品标志管理办法》只针对人们的消费行为进行规范，但对于消费后的处理处置、综合利用并未涉及；从结构角度来看，相关规章及规范性文件数量众多，参与制定的部门广泛，可能存在各部门制定的规范性文件之间相互冲突的情况。"② 要进一步明确部门执法细则。针对大学生非理性消费和一些商家过度宣传营销等现象，在完善法律法规基础上应当细化处罚标准及处罚力度。比如，《网络直播营销管理办法（试行）》，对直播营销平台、直播间运营者和直播营销人员等进行规范，并明确了监督管理和法律责任。③ 通过提高惩罚力度，提升商家和

---

① 中国银保监会办公厅、中央网信办秘书局、教育部办公厅、公安部办公厅、中国人民银行办公厅：《关于进一步规范大学生互联网消费贷款监督管理工作的通知》，2021 年 2 月 24 日，见 http://www.gov.cn/zhengce/zhengceku/2021-03/17/content_5593569.htm。

② 樊永强：《绿色消费呼唤法律体系的完善》《人民论坛》2018 年第 25 期。

③ 中共中央网络安全和信息化委员会办公室：《网络直播营销管理办法（试行）》，2021 年 4 月 23 日，见 http://www.cac.gov.cn/2021-04/22/c_1620670982794847.htm。

企业的违法成本，推动商家、企业依法经营，引导大学生遵纪守法、绿色消费，共同建设良好的消费法治环境。

（二）加强网络消费日常监管

"在社会思潮多元化的背景下，网络消费文化受个人主义、拜金主义、享乐主义的影响非常明显。随着多元思潮对网络的影响逐步深入，各种无政府主义、自由主义、民族主义、消费主义思潮在网络上不断流传，各种思想和学说相互激荡，直接冲击网民的消费心理和价值观。"[①]以社会主义核心价值观为引领，注重将我国社会主义先进文化、中华优秀传统文化和革命文化有机地结合起来，融入到网络内容建设当中去，进一步丰富网络文化内涵，建设清朗网络空间。

加强网络内容建设与监管。"创新网络内容管理方式和途径，大力加强政府网站和主流媒体网站的内容建设，充分发挥网络舆论的正能量，把满足网民的全面需要作为网络内容优化和创新的根本目标，坚决抵制各种网络黑色、灰色、黄色消费的蔓延，加强网民的身份管理，保护网民的合法权益，提高网民的科学和人文素养，充分发挥网民的积极性和主动性，使网民成为网络内容创新的主体，从而全面提升网络先进文化的传播力和影响力。"[②]要针对当代大学生的特点变化，不断丰富网络内容供给，提升网络产品质量，将主流文化与时代精神注入流行文化中，用主流文化引领"网生一代"，使其树立正确的价值观和消费观。网信部门应加大对互联网新闻信息采编发布内容、转载内容、传播平台日常维护内容，以及对网站、论坛、微博、微信公众号、自媒体平台等内容的监管力度；文化部门应加大对网络音乐、网络游戏、网络视频、网络表演、网络艺术品、网络动漫等网络文化产品的监督管理；加大对利用网络平台发布电影电视视听节目（包括影视作品和视音频产品、直播和转播体育比赛活动、广播电视节目）的

[①] 蒋建国：《网络消费文化建设的优化路径》，《人民论坛》2021 年第 4 期。

[②] 杨传张、祁述裕：《我国互联网文化产业监管制度的现状、问题及建议》，《福建论坛（人文社会科学版）》2019 年第 2 期。

内容监管力度；各级党委和政府应结合地方实际，倡导发动群众共同监督，倡导理性消费，消除理解误区，营造健康有序发展的社会氛围。

加强对大学生日常消费信息的分析研判。随着人工智能技术发展，衍生出网络爬虫技术这类大数据分析技术，通过利用大数据分析技术，可以全面搜索网络上所有与之相关的信息，将新生网络内容快速准确地挑选出来，并通过网络爬虫技术等将网络中与新生网络内容存在关联的其他内容全部置于其中，以便于更加清晰地将新生网络舆情进行归类。同时，通过大数据分析检索敏感词汇等更加准确对信息进行检索，对于低俗、违法、违规的信息及时给予警告、删除等，避免不良信息在网络上扩散引发的舆论危机。"高校要坚持监督与引导并举的原则，有效防范并化解风险；搭建展现大学生个性的网络平台，以满足身份认同的需要。根据大学生的日常消费数据，明确大学生群体消费的共性特征和个性化元素，从而有针对性地搭建展现大学生个性化的平台，以满足其身份认同感。通过大学生在社交工具上发布的相关的符号消费信息，全面精准地制定科学合理的教育方案。"[1] 努力做到早教育、早发现、早处置，全面引导大学生树立正确的消费观。

（三）加强消费安全综合治理

"文化产品的安全关系到人们思想心理的健康发展，关系到人的生活态度和行为方式，对社会的和谐起着重要的作用。不良的文化产品，不仅会对个人产生消极的影响，也会对社会产生不良的冲击。"[2]"人民群众的生活水平和消费水平不断提高，对维护和保障自身权益的期待也水涨船高。从追求拥有到注重产品质量，从线下消费到云端网购，新的消费趋势和消费模式层出不穷。这不仅丰富了消费者的选择，还对优化消费环境、维护消费者权益提出了更高标准要求。从近期情况看，直播带货不时引发问题、长租公寓损害租客利益、在线培训服务乱象频现……类似问题充分说明，新业态健康发

---

① 沈优余：《网络时代大学生符号消费的负面影响及其应对措施》，《中共乐山市委党校学报（新论）》2021 年第 3 期。

② 陈晓春、吴晓龙：《论基于人的本质属性视角的消费安全建设》，《消费经济》2012 年第 3 期。

展离不开有针对性的监管，推动高质量发展必须打好消费者权益保护的底子。"① 对各类消费乱象问题的综合治理，需要明确各部门的监管治理责任，对预付费式消费、虚假宣传、虚假广告、直播卖假货等乱象进行协同治理，推动消费市场健康发展。

抓好预付式消费市场经营模式治理。据中消协的数据显示，2020 年受理投诉情况中，预付式消费投诉仍是热点。因经营者关门停业，消费者要求解除合同、退还剩余款项的案件，占预付式消费纠纷案件的近一半。有专家指出，目前，国家仅对多用途预付卡设置了发卡门槛并由央行进行监管，而大量的单用途预付卡处于"无备案、无存管、无监管"的"三无"状态。② 通过建立健全长效机制，严格把控预付费式可行标准，应严格禁止商家未开业前的营销售卡行为，严格禁止超出商家承受规模的售卡行为，严格禁止哄骗式、隐藏消费式售卡行为，坚决以消费者权益为本，如需实行售卡制、会员制、储值制，应当向主管部门申请许可，并将会员名单备份在案，报送相关信息，加强商家与监管部门合作，依托现代信息技术对商家进行实时信息监管，一旦发现有违规操作或收到消费者投诉举报，严格按照相关法律法规、政策规定进行治理。

抓好网络消费现象整治。网络消费的发达导致虚假广告、虚假宣传、直播卖假货成为常态，依法查处商标侵权，打击"傍名牌"歪风，应当积极开展对虚假违法广告专项整治，对保健食品、医疗用品和药品、日用品和服装首饰等消费商品虚假违法广告进行严密监控，强化对虚假违法广告的打击力度，强化企业和商家的巡查力度。定期开展执法行动，扶持正规厂家生产，引进现代化经营方式，提升企业产品受众性；要以消费者申诉举报比较集中和节日消费热点行业为重点，通过开展"示范商家"评选，充分发挥"示范商家"带动作用，积极调动企业和商家规范经营，营造良好的消费环境，提升消费服务工作。要加强对企业和商家的监管督察，定期通报督察情况，建立健全消费者举报平台，加强消费者权益维护工作。此外，政府、社会、学

---

①　周珊珊：《以消费安全助力高质量发展》，《人民日报》2021 年 3 月 24 日。

②　胡立彪：《治理预付式消费乱象关键在"预"》，《中国质量报》2021 年 6 月 3 日。

校、家庭等要加强多方协同合作，推动正确消费观教育的逐渐深入，增强大学生理性判断能力，避免大学生陷入消费陷阱。

二、发挥家庭对大学生消费习惯养成的作用

家庭是最早、最直接影响大学生消费观念的因素，家庭是大学生社会化的第一个场所，父母长辈的观念和行为决定了家风，良好家风能够帮助子女更好地成长，树立正确的世界观、人生观、价值观，养成良好的消费习惯。

（一）用家庭美德滋养大学生消费理念

从年龄上看，大学生已经是成年人，但他们第一次离开家庭，独自进入大学生活，大学生需要完成从个体我向社会我的转变，从目前情况看，大学生的经济来源主要来自家庭，大学生的消费观念很大程度上受到父母和亲人的影响。

表 6-11   家庭所在地区 *11. 您平时的消费习惯是：
交叉表

			11. 您平时的消费习惯是：				总计
			非名牌不买，倾向于高端品牌消费	只要喜欢就买，不考虑价格	货比三家，买最需要和性价比高的	挑便宜的买，越便宜越好	
家庭所在地区	大城市	计数	215	369	1430	82	2096
		占家庭所在地区的%	10.3%	17.6%	68.2%	3.9%	100.0%
	城镇	计数	298	532	2880	167	3877
		占家庭所在地区的%	7.7%	13.7%	74.3%	4.3%	100.0%
	乡镇	计数	206	202	1117	98	1623
		占家庭所在地区的%	12.7%	12.4%	68.8%	6.0%	100.0%
	农村	计数	160	169	1601	168	2098
		占家庭所在地区的%	7.6%	8.1%	76.3%	8.0%	100.0%
总计		计数	879	1272	7028	515	9694
		占家庭所在地区的%	9.1%	13.1%	72.5%	5.3%	100.0%

续表

卡方检验			
	值	自由度	渐进显著性（双侧）
皮尔逊卡方	174.151[a]	9	.000
似然比	172.999	9	.000
线性关联	53.762	1	.000
有效个案数	9694		
a.0 个单元格（0.0%）的期望计数小于 5。最小期望计数为 86.22。			

从表 6-11 中可以看出，来自不同地区的大学生在消费习惯上存在明显差异，在"只要喜欢就买，不考虑价格"选项上，来自大城市的大学生比率最高，其次是来自城镇和乡镇的大学生，大城市的大学生比率高出农村大学生比率 9.5%；在"挑便宜的买，越便宜越好"选项上，来自大城市的大学生占比最少，其次是城镇和乡镇的大学生，农村大学生占比最大，高出大城市大学生比率 4.1%，这表明，不同地区经济发展水平决定了当地民众整体消费能力，在一定程度上影响大学生的消费理念和消费习惯。调查显示，来自乡镇的大学生选择"非名牌不买，倾向于高端品牌消费"的比率最高，占比 12.7%，来自大城市的大学生选择"非名牌不买，倾向于高端品牌消费"的占比 10.3%，城镇和农村大学生选择"非名牌不买，倾向于高端品牌消费"的比率相近，分别占比 7.7% 和 7.6%。由此可见，来自不同地区大学生所处消费环境是影响大学生消费理念和习惯的因素之一，调查大学生中认为"货比三家，买最需要和性价比高的"占比达 72.5%，充分体现多数大学生有着良好消费习惯和理性消费行为。

要注重发挥父母长辈的言传身教作用。父母长辈是孩子形成正确消费习惯最好的参照系，父母长辈对孩子的正确引导，主要体现在日常生活中能勤俭节约、理性消费，这有助于孩子进入大学后合理规划个人消费支出，尽快适应大学学习生活；反之，如果父母长辈的消费观和消费行为发生偏颇和存在问题，很大程度上会影响大学生的消费认知，容易养成不良消费习惯。父母长辈应有意识地培养孩子正确的消费观，将消费教育融入节水节电、"光盘行动"等日常生活小事当中，以身作则，勤俭节约，引导孩子树立正确消费观，不断增强节俭养德的生活理念和行为方式。

（二）用榜样力量引领大学生消费行为

大学生对于消费的认知和习惯往往是模仿他人的消费方式和消费习惯习得的，进入大学后也会逐渐发生变化，由于大学生大部分时间主要在学校，很多时候会受到校园文化和身边好友的影响，会产生结伴消费和跟风消费行为。

要注重发挥朋辈典型的激励示范作用。2021 年 11 月，一名清华贫困生在"树洞"的一段自白瞬间刷屏，他用最朴实的语言，讲述了他的大学生活，文章直抵人心，深受感动，让我们看到了他在苦难中的韧劲。故事的主人公在当年入学时奖学金和助学金共计 13000 余元，扣除学杂费，一年可支配的资金只有 6500 元。他给自己制订了严格的开支计划，每个月只能花 400 元。在如此艰难困苦的情况下，他在研究生期间每学期拿出 3200 元资助 4 名家乡希望小学的孩子，为他们提供一学期的生活费、学杂费等。有网友表示"在网上看过太多东西，忘了原来人还可以美好，余力时不忘助人，不仅是金钱，还有精神，自勉""他是个很真诚的人，也没有因为物质条件改变过自己内心，自强不息，厚德载物，我辈楷模，祝愿他能靠自己照亮更多人"，在我们身边不乏这样优秀的青年榜样，高校应引导大学生向"中国大学生自强之星""最美大学生""大学生榜样人物"等典型学习，坚定人生梦想，克服挫折磨难，做到自强自立，具备艰苦奋斗、吃苦耐劳的优秀品质。在日常思想政治教育中，要密切关注大学生消费需求和消费观念，及时纠正一些大学生日常生活的非理性消费行为，使其真正认识到危害所在，进而使自身的消费行为更加合理化。

榜样的力量是无穷的。作为父母长辈除了自身要树立正确的消费观，在日常生活中努力做孩子的表率，从家庭自身经济条件实际出发，合理规划家庭资金；作为高校而言，要充分发挥教育主导作用，善用大学生身边的典型，重视选树大学生中自强不息之星、道德模范等优秀人物，让大学生可学习、可模仿，不断增强自我约束、自我管理能力。

（三）用家校互动加强大学生消费引导

随着我国经济和互联网的发展，人们的物质生活水平不断提高，消费环境也不断发生变化，对于"网生一代"大学生而言，在面对各种社会思潮、形式各样消费品时，一些大学生会出现不同程度上的消费误区和非理性的消费行为。攀比消费、追求名牌、超前消费、跟风消费、过度消费抑或是校园贷等非理性消费行为产生很多现实问题，不利于大学生的成长成才。

要切实把握大学生消费规律和消费特性。针对大学生消费动机和消费习惯存在问题，高校可以利用媒体新技术新手段，更好了解大学生的消费意愿，掌握大学生的消费状况，切实"加强对大学生的金钱观、人生观、价值观教育，将消费教育融入思想政治教育全过程，通过开展劳动教育、节约教育等，倡导适度消费；加强理财教育，通过设立理财类课程、讲堂、活动等形式，帮助学生进行财务规划、规范理财行为"[①]。丰富消费教育手段，开展与投资、消费、理财有关的专题讲座，帮助学生获得消费和理财等方面知识，引导大学生学会合理安排个人的财务开支。通过将理财教育融入思想政治教育，增强大学生的理财意识，明白"取之有度，用之有节"的深刻道理。

要深化拓展家庭高校互动教育空间。增强家校互动，共同关注大学生思想行为变化，可以提高消费教育的针对性和实效性。大学生的日常教育管理需要家长的配合支持，家校双方共同打造消费信息资源共享平台，借助大数据与人工智能技术对大学生网络消费行为进行监管，精准把握大学生日常消费信息。高校管理部门要加强与学生家长的紧密联系，对在一定时期出现消费异常的学生，及时进行消费引导，对非理性消费行为及时研判，避免给大学生身心带来严重危害。

三、用正确消费观念引导学生理性消费

大学生是网络世界的"主力军"。互联网和新媒体的迅猛发展为大学生创造了更多的消费产业和消费产品，提供更为先进的消费渠道和消费方式，但随着网络信息的爆炸式呈现，大学生逐渐出现焦虑、浮躁、攀比等不良心理，更容易在节假日和深夜"激情下单"。正确认识大学生消费倾向，需要

---

① 郝文斌、杨月荣：《2021 大学生消费，如何积极健康、理性适度》，《光明日报》2021年4月1日。

充分发挥马克思主义消费观的引领作用，引导大学生树立正确的消费观，形成理性的消费心理，提升其理性消费和自主消费能力。

（一）发挥马克思主义消费观的引领作用

习近平总书记在纪念中国共产党成立 95 周年大会上的讲话中指出："马克思主义是我们立党立国的根本指导思想。背离或放弃马克思主义，我们党就会失去灵魂、迷失方向。在坚持马克思主义指导地位这一根本问题上，我们必须坚定不移，任何时候任何情况下都不能有丝毫动摇。"[①] 坚持马克思主义立场、观点、方法分析问题，一切哲学都是世界观和方法论的统一，有助于辩证地看待事物，系统地认识问题，科学地解决难题。马克思主义消费观为我们提供了科学的理论指导。马克思认为"人从出现在地球舞台上的第一天起，每天都要消费，不管在他开始生产以前和生产期间都是一样"[②]。大学生的消费行为背后反映的其实是他们的世界观、人生观、价值观、劳动观、金钱观等。通过深入调查与访谈，应及时了解掌握大学生的消费观念和消费行为，坚持以马克思主义消费观为引领，结合培育践行社会主义核心价值观、强化优秀传统文化和社会主义先进文化教育，有针对性地对大学生进行消费观教育，大力弘扬艰苦奋斗、勤俭节约的传统美德，反对骄奢淫逸、贪图享乐的生活方式和价值观念，引导大学生理性适度消费，形成低碳绿色生活方式。

马克思主义消费观肯定了消费对于生产和发展的积极意义，在反对消费禁欲主义和过度消费观念的基础上，倡导适度消费。[③] 消费主义所引发的奢侈消费、攀比消费、炫耀消费和畸形消费对"网生一代"大学生学习和生活产生了负面影响。高校应坚持以马克思主义消费观为指导，抵制网络消费主义的渗透影响。要客观认识网络消费主义思潮。对待网络消费主义要秉持理性的态度，要客观、辩证看待消费主义的合理性与危害性。要改变大学生消

---

① 习近平：《在庆祝中国共产党成立 95 周年大会上的讲话》，《人民日报》2016 年 7 月 2 日。

② 《马克思恩格斯全集》第 23 卷，人民出版社 1972 年版，第 191 页。

③ 董立清：《浅析马克思主义消费观》，《光明日报》2011 年 12 月 4 日。

费教育方式，更加聚焦大学生的有效需求，从具体问题出发，透过现象看本质，探究消费的目的和本质，着力培育大学生正确的消费观念，倡导大学生形成理性消费、可持续消费、绿色消费方式。

（二）引导大学生形成理性消费心态

当前，大学生面对琳琅满目的消费产品，容易产生好奇心理、攀比心理、炫耀心理等，在不健康消费心理影响作用下，衍生出符号消费、攀比消费、奢侈消费、超前消费和炫耀消费等。当代大学生更注重感受生活、体验生活，追求生活中的"仪式感"，"盲盒热"从侧面印证大学生有时候并不在意商品本身的价值，而是为情感"买单"，享受消费过程中心理状态的变化。调查数据显示，"95后最'烧钱'的爱好中，手办类盲盒排名第一。95后成为盲盒的重要消费用户，占比近四成，其中8.6%的用户可以接受盲盒单价在1000元以上。"[①]"对消费者而言，一件商品带来的使用价值和情感价值逐渐分离，年轻一代的消费观念决定了其更注重于一件商品的情感价值，盲盒内部的萌娃给予的'家庭感'、盲盒收集带来的'成就感'以及盲盒社交带来的'归属感'都是消费者消费盲盒的主要动机。"[②]可见，大学生更加关注商品带来的精神文化价值。

要切实加强对大学生的媒介素养教育，引导大学生正确看待符号消费现象，看清其背后的本质。在"消费社会中，各种媒介传播的是一种'信息消费之信息'，个体在不自觉中会自动依附于其中被编码的信息，人们所消费的正是这些经过重新处理、诠释了的世界实体，是一种符号价值"[③]。高校要引导大学生正确辨别信息的准确性，提升捕捉、获取、分析信息的能力，使大学生明确消费目的，平衡"真正需要"和"想要拥有"的消费心理；要不断丰富大学生社会实践活动，通过加强体育锻炼，学习技能等方式提升自我素养，丰富大学生内心世界，保持健康的消费心态，提高消费判断能力。

---

① 艾媒咨询：《2020年中国盲盒行业发展现状及市场调研分析报告》，2021年1月8日。
② 盘和林：《"盲盒热"，情感满足与消费非理性的矛盾》，《光明日报》2021年2月1日。
③ 杨瑛、费梅苹：《符号消费视域下高校不良校园贷的教育引导策略研究》，《教育理论与实践》2021年第9期。

（三）提升大学生自主性消费能力

大学生正处于从学校走向社会的社会化过程。由于缺少社会认知和对日常生活消费开支的自主管理，一些大学生产生错误的消费观念和消费习惯，个别大学生选择"校园贷"或者小额贷款，进行透支消费。针对大学生非理性消费行为，应着力提升大学生自主性消费能力，明晰个体消费意愿，根据大学生喜好和意愿，做到理性消费、适度消费。要增强大学生消费安全意识，能辨别金融诈骗、套路贷等具有欺骗或引诱式消费手段，教育引导大学生在日常生活中注意保护个人信息，不可以随便将"身份"借给别人。

Mob 研究院发布的《2021 年"韭零后"基民人群洞察报告》显示，"2020年新增移动互联网'基民'用户 6000 万，90 后占比近 50%。90 后、00 后年轻人成为'新基民'的主力，深刻影响着基金市场，也呈现出一种新的'投基'模式。"[1] 调查显示，"网生一代"已经成为基金市场的主力军，大多数大学生具备理财意识，但是否具备理财能力，能否在投资理财过程中保持头脑清醒，仍是值得探索的问题。根据中青校媒调查显示，"82.50%受访者理财的资金来源是生活费结余，38.86%为父母资助，兼职、实习获取的收入，奖学金、助学金等学业奖励也是大学生理财资金的主要来源（30.06%）。此外，1.61%大学生以借款形式进行理财投资。"[2] 可见，针对一些大学生生活费富余较多的情况，应对大学生进行理财知识普及和教育，通过课堂与实践相结合的方式，提升大学生辨别理财信息真伪的能力，避免盲目投资，被"割韭菜"，逐渐树立科学理性的消费意识。

---

[1] 程思、张宇鑫：《超八成受访大学生支持高校开设理财课》，《中国青年报》2021 年 5 月 17 日。

[2] 程思、张宇鑫：《超八成受访大学生支持高校开设理财课》，《中国青年报》2021 年 5 月 17 日。

第七章　大学生受网络亚文化影响的引导策略

伴随网络技术持续更新迭代，技术逻辑与资本逻辑在网络空间中延展，演变出不同形态的网络亚文化样态。网络亚文化样态涉及"丧文化"、"佛系"文化、网络流行语文化、短视频文化以及消费文化之外，还包括从中新演变的"饭圈"文化、网游文化和二次元文化等多种网络亚文化样态对一些大学生产生较大的作用影响。正确引导大学生理性看待和认识网络亚文化，有效应对网络亚文化不断生成发展，需要从总体上加强发挥社会主义核心价值观的引领作用，不断增强"三大文化"的浸润作用，完善网络空间信息管理制度，持续净化网络空间文化生态环境。

第一节　发挥社会主义核心价值观的引领作用

核心价值观是每个国家和社会对各自文化的凝练和总结，能够为社会大多数成员所认同与践行。"核心价值观是文化软实力的灵魂、文化软实力建设的重点。这是决定文化性质和方向的最深层次要素。"[1] 社会主义核心价值观是主流意识形态的核心，有助于引导大学生正确认识网络亚文化，认清网络亚文化呈现的表征和作用方式，更好地看待网络亚文化的动态变化。

---

[1] 《习近平谈治国理政》第一卷，外文出版社 2018 年版，第 163 页。

一、用社会主义核心价值观引领社会思潮

网络亚文化与社会思潮在网络空间中耦合共生，社会思潮借助于网络亚文化的传播极易对大学生思想观点、价值观念和行为习惯产生影响，而不同网络亚文化样态的形成发展也由社会思潮作用变化而来。

（一）提高鉴别多元社会思潮的理论思维能力

社会思潮是文化所承载思想价值观念的直接呈现，是各个国家文化发展中的重要组成部分。伴随我国经济快速发展和在更大范围内打开国门，社会利益不断分化使人的思想价值观念也呈现出多样性，多元社会思潮如潮水般倒灌并持续发挥作用，对社会发展变革起到双重作用。大学生由于正处在"拔节孕穗"的关键时期，价值观尚未完全定型，他们社会阅历相对不足、接受新鲜事物快以及追求个性求异的特征，容易受到错误社会思潮的负面影响。作为互联网原住民，大学生在网络空间接收海量信息的同时，也容易受到信息碎片化的影响，难以通过整体的角度分析、辨别信息，并由此导致自身更多地从感性层面认知信息，缺乏一定的理性辨别能力。在网络空间中，社会思潮借助碎片化信息进行传播，具有隐蔽性强与传播速度快的特点，并具有较强的理论性，增加大学生鉴别错误社会思潮的难度。

恩格斯指出："一个民族要想站在科学的最高峰，就一刻也不能没有理论思维。"[①] 所谓的理论思维能力是人类依据所具有的系统知识观点、遵循一定的逻辑方法、规则，对客观事物进行抽象、归纳总结，探索客观事物的本质及其发展规律而形成的能力。同样，在用社会主义核心价值观引领社会思潮的过程中，提高大学生鉴别多元社会思潮的能力，重要的是应提升大学生的理论思维能力，这是由大学生自身特点和社会思潮表征共同决定的。理论思维能力的形成是静态与动态相结合的过程，需要把理论与实践结合起来促进理论思维能力的提升，在实践中把零散的客观事物及其表面，通过抽象上升为对客观事物内在本质及其发展规律的整体而全面的认识。对于受到网络

---

① 《马克思恩格斯选集》第 3 卷，人民出版社 2012 年版，第 875 页。

空间碎片化信息影响的大学生而言，不仅在于提高学习知识的能力，还在于塑造正确价值观的思维方式，提高鉴别多元社会思潮的能力。

近年来，网络空间出现历史虚无主义、文化虚无主义、新自由主义、宪政民主、民粹主义、民主社会主义等不同社会思潮，均对大学生群体产生较大影响，究其原因在于一些大学生对这些社会思潮的理论认知较为缺乏，尤其容易混淆西方"普世价值"与社会主义核心价值观之间的区别。加强大学生鉴别多元社会思潮的理论思维能力，应着重向大学生阐释各种社会思潮的所包含的主要观点、主要特征、传播规律以及各种社会思潮之间的区别联系，不断增强大学生辨别是非、美丑、善恶的判断力。同时，要在大学生群体中加强社会主义核心价值观的培育与践行，运用理论宣传的方式使大学生了解社会主义核心价值观内在的理论逻辑，增强他们对社会主义核心价值观的理论认同。在培育大学生践行社会主义核心价值观的过程中，应加强社会主义核心价值观与西方"普世价值"的比较阐释，向大学生讲清楚两者之间的根本区别。

坚持马克思主义立场、观点和方法在实践中被证明是科学的，也在反击各种反马克思主义、非马克思主义的过程中不断形成和发展。高校要引导大学生学会和运用辩证唯物主义和历史唯物主义的立场、观点和方法，用马克思列宁主义、毛泽东思想和中国特色社会主义理论体系武装头脑，不断提高辩证思维、战略思维、历史思维、底线思维等能力。宣传部门在正确处理一元与多元关系基础上，坚持马克思主义在意识形态领域的指导地位，深入分析鉴别多元社会思潮的本真面目，科学研判网络亚文化传播样态，整合多元社会思潮，进而吸收网络亚文化所包含积极有益的因素，坚持用主流文化引领"网生一代"。

（二）以解决现实问题增进社会主义核心价值观的认同

"一种价值观要真正发挥作用，必须融入社会生活，让人们在实践中感知它、领悟它。要注意把我们所提倡的与人们日常生活紧密联系起来，在落细、落小、落实上下功夫。"[①] 多元社会思潮的形成与发展和社会利益分化、

---

① 《习近平谈治国理政》第一卷，外文出版社 2018 年版，第 165 页。

各种社会现实问题相互交织，是对客观现实问题的反映和呈现。作为"现实的人"，大学生无疑最关注的是与其自身相关的现实问题、利益问题，能否解决大学生所关注的现实问题，直接关系到其思想观点、价值观念和思维方式的变化。这是因为解决现实问题的方式方法包含人的立场、态度以及所承载的思想价值观念的倾向。西方某些国家为达到"分化""西化"的目的，争夺青年大学生群体，往往把社会现实问题的解决延伸为意识形态问题，并从中传播民主社会主义、宪政民主、历史虚无主义、民粹主义等西方国家价值观，企图混淆视听，这在网络空间表现得尤为明显和凸出。由于大学生社会化还未完成，解决现实问题的能力还相对不足，加之价值观尚未定型，极易在关注现实解决的过程中受到多元社会思潮的误导，导致对社会主义核心价值观的认同与践行发生偏离。

马克思认为："'思想'一旦离开'利益'，就一定会使自己出丑。"① 大学生从校园踏入社会难免遇到毕业求职、继续升学、创新创业、社会融入和恋爱结婚等社会现实问题，解决好这些社会现实问题直接关系到大学生未来的发展空间，关乎大学生思想价值观念的形成与发展。近年来，网络空间中出现与社会思潮相互耦合的"丧文化"、"佛系"文化以及从中延伸出的内卷、躺平等网络亚文化，反映一些大学生在面对现实问题的真实写照。"丧文化"、"佛系"文化以及内卷与躺平等网络亚文化在网络空间中的流行和传播，反映一些大学生在遇到困难或问题时的无助、无奈、焦虑的心境，源于追求理性目标与个人现实能力不足之间的矛盾。个别大学生如果长期沉浸在躺平、内卷的网络亚文化氛围中，容易为多元社会思潮提供生长与传播空间，不利于大学生奋斗观的树立。

对于大学生关注的现实问题，从国家与社会层面来看，解决现实问题最根本的就是要解决好发展问题，保持社会安定有序，为大学生人生发展创造良好的社会氛围以及提供更多的人生出彩机会。立足新发展阶段，贯彻新发展理念，在加快推进"五位一体"总体布局和"四个全面"战略布局过程中，要着力做好经济发展水平与社会主义核心价值观有效衔接，使大学生切实感

---

① 《马克思恩格斯文集》第 1 卷，人民出版社 2009 年版，第 286 页。

受到培育与践行社会主义核心价值观对解决现实问题的推动作用。"社会主义核心价值观引领力的实现还源于人们是否有着共同的利益取向。人们选取、趋从某种思想观念与价值标准，与其一定的利益追求密不可分。"[①] 高校和社会各界要及时关注大学生个人所遇到的困难和问题，推动大学生培育与践行社会主义核心价值观能够落细、落小、落实，将社会主义核心价值观培育践行融入到大学生求职升学、公务员选送等现实生活中，为他们解决现实问题提供价值指引。要形成践行社会主义核心价值观常态化与制度化机制，坚定大学生为追求理想而持续艰苦奋斗的意志品质，并且使大学生在遇到日常现实生活问题时能够得到合理表达与解决，充分体现大学生的使命担当。

（三）提升社会主义核心价值观话语对舆论引导的效度

多元社会思潮的生成与发展能够对人的思想价值观念产生影响，除了在一定程度上是由于其反映客观存在的某些现实问题或符合大学生当时的心态，还需要遵循一定的话语传播规律，使话语所承载的思想价值观念更好地为人所接受、认同。换言之，多元社会思潮能够影响人的思想价值观念，需要借助于话语这个介体，并能够与人们当时所处的话语环境相符合。当前，国际话语仍然呈现西强我弱的格局，西方某些国家在传播"普世价值"、民粹主义、历史虚无主义等社会思潮的过程中，注重加强对话语的包装，通过偷换概念的手法加紧意识形态的渗透，不断进行意识形态话语权的争夺。网络技术快速变化也为多元社会思潮话语传播提供了工具载体，其话语传播方式日趋隐蔽化、符号化与数字化，社会主义意识形态话语权面临重大挑战。

伴随网络快速发展而形成的网络流行语日益受到大学生的认可与使用，究其原因在于网络流行语在一定程度上契合大学生的个性表达需求，符合网络空间中的话语语境。网络流行语的产生源于人与人之间交流互动的方便快捷和通俗易懂，但是随着网络文化的形成发展以及意识形态领域诸多现实问题的线上表达，网络流行语的发展成为网络亚文化、多元社会思潮传播的介

---

① 董杰：《论社会主义核心价值观的引领力》，《中南民族大学学报（人文社会科学版）》2021年第3期。

体。比如，"躺平"作为当下新出现的网络流行语得到一些大学生的使用，但是"躺平"也是"丧文化"、"佛系"文化的最新表达，呈现出一些大学生在社会竞争压力面前而不愿意接续奋斗的消极心态。由此可见，网络流行语在网络空间中的传播不仅仅是为了人们之间的交流互动，而是被赋予更多网络亚文化的内在意蕴，逐渐成为传播多元社会思潮主要观点的意识形态话语。同时，网络流行语借社会热点事件发生推波助澜，进而引发网络舆情事件的发生，挤压社会主义核心价值观的话语空间，弱化社会主义核心价值观对舆论引导的效度。

"做好网上舆论工作是一项长期任务，要创新改进网上宣传，运用网络传播规律，弘扬主旋律，激发正能量，大力培育和践行社会主义核心价值观"①。社会主义核心价值观从国家、社会、公民三个层面概括和凝练为简洁的 24 个字，有助于大学生能够在较短时间内做到对社会主义核心价值观的熟知与熟记，但是把社会主义核心价值观概括提炼为 24 个字也包含着丰富的内涵，需要对此作出更加具体的阐释，以便大学生能够了解和认同社会主义核心价值观内在的逻辑关系。区别于西方国家抽象地宣传"民主""自由""平等"等价值观话语，社会主义核心价值观所包含的"自由""平等""民主"等价值观话语是植根于中国历史、中华优秀传统文化以及具有全世界共同价值。在提升社会主义核心价值观话语对舆论引导的效度的过程中，要结合大学生内在有效需求宣传和运用社会主义核心价值观话语，使社会主义核心价值观话语更加具体化、通俗化和大众化，为大学生理解和认同社会主义核心价值观创造良好的思想舆论氛围。

网络流行语为网络亚文化、多元社会思潮的传播提供话语载体固然对网络空间的舆论引导产生消极影响，但是网络流行语中也包含与社会主义核心价值观话语相符合的内容，比如，"硬核""打 call""厉害了，我的国"。提升社会主义核心价值观对舆论引导的效度，要充分利用大学生所熟悉的网络流行语，提高社会主义核心价值观话语在大学生群体中传播的感染力。要把社会主义核心价值观话语与网络流行语有机结合起来，发挥社会主义

---

① 《习近平谈治国理政》第一卷，外文出版社 2018 年版，第 198 页。

核心价值观话语对网络流行语发展的引导作用，使网络流行语沿着正确方向发展。网络流行语对社会热点事件的推波助澜在一定程度上导致网络舆论事件的突发，这就要求核心价值观话语在引导网络舆论时，要充分结合社会时事热点并对此作出正确的阐释，主动创造符合社会主义核心价值观的网络流行语，让大学生在讨论、分析社会时事热点的过程中践行社会主义核心价值观。

二、强化社会主义核心价值观引领的载体建设

发挥社会主义核心价值观对网络亚文化、多元社会思潮的引领作用，需要利用相应的载体，加快融媒体、新时代文明实践中心建设，充分发挥校园文明创建活动的作用，进一步加强社会主义核心价值观的宣传与阐释。

（一）加强校园融媒体平台建设

随着大数据、虚拟现实技术、人工智能和云计算等信息技术广泛应用，当前社会已进入传统媒体与新媒体相互融合的全媒体时代。过去，报纸、电视、广播等传统媒体与伴随网络信息技术出现的新媒体处于"单打独斗"的状态，两者并未实现较好的融合。媒体信息技术的发展变革为传统媒体与新媒体的融合提供了技术支撑，打通传统媒体与新媒体在信息传播过程中出现不对称的窘境。推动传统媒体与新媒体的融合并不是传统意义上的更新迭代，而是充分发挥两者各自优势，可以从不同层面满足不同群体或信息接收用户的需要。一些用户在接收信息的过程中更倾向于使用传统媒体，而对于网络原住民的大学生而言则是更多地倾向于使用新媒体的信息传播方式。同时，在实现传统媒体与新媒体融合发展的过程中，新媒体可以为传统媒体的升级改造提供技术支持，使纸质化的报纸在网络空间中进行信息化呈现，积极吸引大学生等青年群体浏览阅读，而传统媒体则可以为新媒体的信息传播提供更为丰富的内容。

2019年1月，习近平总书记在中共中央政治局第十二次集体学习时强调："全媒体不断发展，出现了全程媒体、全息媒体、全员媒体、全效媒体，信息无处不在、无所不及、无人不用，导致舆论生态、媒体格局、传播方式

发生深刻变化，新闻舆论工作面临新的挑战。"① 全媒体是媒介信息传播的新阶段、新理念和新形态，并不是对新旧媒体简单相加或取代，而是转型升级为各种媒体"我就是你，你就是我"的媒介形态，具有鲜明的"四全"特征。相比传统媒体与新媒体，全媒体具有传统媒体与新媒体的优势，信息传播更加快速和立体，从信息收集、生产、分发、反馈等方面一体化，突破传统媒体与新媒体之间不相通的状况。随着全媒体信息技术的不断发展，在为用户的信息发布和接收创造更为便捷条件的同时，也导致信息传播如泥沙俱下，加剧信息传播的"后真相"事件的发生。

高校作为意识形态斗争的前沿阵地，加强校园融媒体建设直接事关对意识形态话语权的掌握，关系到在大学生群体中开展社会主义核心价值观的宣传培育成效。"整个信息传播过程的核心是传播内容，要提高社会主义核心价值观传播的形象化、生动化和通俗化，不仅要通过传统媒体进行信息传播，还要通过新媒体进行信息传播"②。当前，高校校园媒体主要包括校报、校园广播、电视、微信公众号、微博、抖音等涵盖了传统媒体与新媒体，但是校园媒体并未实现较好的融合，在信息传播、内容生产方面还处于较为单一封闭的状态。究其原因是高校对融媒体的建设缺乏相应专业技术和专业人员，阻碍了高校打造校园融媒体平台的进程。高校推动传统媒体与新媒体融合发展为全媒体，主动占领意识形态话语权的阵地，既能够拓展培育和践行社会主义核心价值观的传播路径，也可以扩大大学生传播信息和接收信息的场域，从而使社会主义核心价值观借助全媒体场域深入大学生生活，并潜移默化地发挥作用影响。

要加快推动校园融媒体平台建设。高校应借鉴校外新闻机构和政府宣传部门推进融媒体建设的经验，并使校园媒体与校外媒体能够相互融合和衔接。针对校园融媒体建设缺乏专业技术和专业人员的状况，高校可以发挥专业优势，形成不同高校间的有效合作，充分调动新闻传播学、计算机等专业师资优势和广大师生的积极性和创造性，着力打造具有不同高校各自特色的

---

① 《习近平谈治国理政》第三卷，外文出版社 2020 年版，第 317 页。

② 何莉：《利用新媒体拓宽核心价值观传播的主渠道》，《新闻战线》2016 年第 20 期。

融媒体平台，更好地满足师生对校园媒体信息传播与接收的需求。要进一步加强融媒体平台的队伍建设，使信息媒体技术人员与思想政治教育工作者之间的专业优势融合起来，从而促进思想政治教育工作者既把握社会主义核心价值观要义，也能够了解融媒体平台运作的程序和媒体信息传播规律。而对于校园媒体专业人员则可以在掌握媒体信息技术优势的基础上，充分发挥大数据、人工智能等技术的作用，进一步把握大学生的思想和行为特征，增强社会主义核心价值观的引领作用。

（二）开展全国文明校园创建活动

开展全国文明校园创建活动是社会主义精神文明建设的重要环节。"中国特色社会主义是物质文明和精神文明全面发展的社会主义。一个没有精神力量的民族难以自立自强，一项没有文化支撑的事业难以持续长久。青年是引风气之先的社会力量。一个民族的文明素养很大程度上体现在青年一代的道德水准和精神风貌上。"① 社会主义精神文明是中国特色社会主义的重要特征，为实现"两个一百年"奋斗目标和中华民族伟大复兴中国梦提供精神动力和智力保障。不同于以往的物质文明或其他国家的精神文明建设，社会主义精神文明是为解决人们思想道德建设和科学文化教育而提出的文明建设。社会主义精神文明创建活动要求大力培育和践行社会主义核心价值观，开展中国特色社会主义和中华民族伟大复兴的中国梦的宣传，弘扬以爱国主义为核心的民族精神和改革创新为核心的时代精神。社会主义精神文明创建活动作为一种活动载体，其本身就包含着传递思想价值观念、政治观点和道德规范的功能作用，并且能够对人的价值观影响起到春风化雨、润物无声的有效作用。

改革开放初期，我国经济社会发展快速，但是在精神文明领域出现一些不容忽视的问题，人们的思想道德观念出现一些滑坡现象，20 世纪 80 年代的资产阶级自由化问题对经济社会生活产生重要影响。针对物质文明发展与精神文明发展不协调的问题，邓小平同志提出两手都要抓，两手都要硬，一

---

① 习近平：《在同各界优秀青年代表座谈时的讲话》，《人民日报》2013 年 5 月 5 日。

手抓物质文明，一手抓精神文明的战略方针。毋庸置疑，改革开放和社会主义现代化建设新时期，社会主义精神文明建设活动取得重大成就，为推动经济发展提供正确的思想指导和强大的精神动力，创造了良好的精神文化条件，被纳入社会主义现代化建设的总体布局。中国特色社会主义进入新时代以来，党和国家深入推进开展文明城市、文明村镇、文明单位、文明校园和文明家庭等创建活动，促使物质文明与精神文明更加协调发展，在丰富群众精神文化生活需求并使之更好适应社会主要矛盾转化方面发挥了重要作用，国民素质和社会文明程度得到进一步提升。

当前，社会主义精神文明建设在迎来新的机遇同时，也面临一些不容忽视的新挑战。在市场经济的冲击下，受到拜金主义、享乐主义和极端个人主义的影响，一些违背社会公德和个人品德的现象时有发生。拜金主义、极端个人主义等不良思想倾向也呈现出由网下转向网上的特征，网络空间的道德失范现象越发明显，给网络空间的思想道德建设带来重要挑战。这就必然要求积极开展全国文明校园的创建活动，大力培育和践行社会主义核心价值观，增强社会主义核心价值观对大学生在网上网下活动的引领作用。

通过开展全国文明校园创建活动，消解拜金主义、享乐主义和极端个人主义以及由此衍生的网络亚文化对大学生所产生的消极影响，切实把社会主义核心价值观贯穿到教育教学全过程，融入到高校章程、学生守则和师德师风建设中，坚持立德树人的根本任务，推动培育和践行社会主义核心价值观的常态化、制度化。"人们的思维方式和行为习惯都是在一定的文化环境中形成的，校园文化环境是大学生对社会主义核心价值观进行准确认知和科学实践的重要场所。"[1] 要积极开展内容健康向上、格调高雅的校园文化活动，让大学生在校园文化活动中感受社会主义核心价值观所彰显的更深层次的文化力量，形成潜移默化的沉浸式体验。要积极开展文明班级、文明宿舍创建活动，培养大学生爱国主义、集体主义精神，营造互帮互助、相处融洽的校

---

[1] 何彦新、古帅：《基于文化认同的大学生社会主义核心价值观培育》，《思想理论教育导刊》2017 年第 7 期。

园氛围。要发挥劳动教育在全国文明校园创建活动中的作用，加强劳动精神教育和劳动能力培养，充分调动大学生劳动的积极性、主动性和创造性，共同创建干净、整洁、卫生、绿色和优美的校园环境。

（三）深化新时代文明实践中心建设

建设新时代文明实践中心旨在推动习近平新时代中国特色社会主义思想深入人心，让党的创新理论飞入寻常百姓家，助力基层宣传思想文化工作和精神文明建设，凝聚全国各族人民积极投身全面建设社会主义现代化国家。"要把社会主义核心价值观的要求融入各种精神文明创建活动之中，吸引群众广泛参与，推动人们在为家庭谋幸福、为他人送温暖、为社会作贡献的过程中提高精神境界、培育文明风尚。"[①]新时代文明实践中心主要设置在县（区）一级，以县、乡和村三级为基本单元，基本形式是志愿服务，主体力量则是志愿者，通过打通城乡公共文化服务体系的运行机制、群众性精神文明创建活动的引导机制等推动基层宣传思想文化工作和精神文明建设的创新发展。这要求充分发挥县（区）党委和政府的统筹协调、组织实施作用和引导广大党员发挥先锋模范作用，开展群众喜闻乐见的文明实践活动，着重提高群众的文明素养、思想觉悟和法治观念。

新时代文明实践中心包括理论宣讲、教育服务、文化服务、健身体育等平台，通过建立理论宣讲平台，整合党校、道德大讲堂和综合服务中心等单位理论宣讲资源；建立教育服务平台，调动普通中学、职业学校、青少年宫和青少年校外活动场所等单位教育资源；建立文化服务平台，发挥县级文联组织、文化馆、图书馆、博物馆和歌舞团等单位作用。新时代文明实践中心所建立的平台涉及不同单位人员，在资源和设施权属保持不变的情况下，主要是通过新时代文明实践中心进行统筹协调使用，更好服务于基层宣传思想文化工作和精神文明建设。整合和盘活新时代文明实践中心各类资源的主体力量是志愿者，组建新时代文明实践中心志愿服务总队，其主要成员来自两

---

① 《习近平谈治国理政》第一卷，外文出版社 2018 年版，第 165 页。

个方面：党政机关、宣传部门、教育部门、文化和旅游部门以及党校等单位的在职人员；乡土文化人才、科技特派员、文艺志愿者、大学生志愿者和创新创业返乡人员等。

大学生作为志愿服务的重要主体和推动力量，具备相应的专业理论知识优势和较高的文化素养，接受新鲜事物快且拥有较大的创新潜力。"志愿服务是培育和践行社会主义核心价值观落细落小落实的有效载体，志愿者队伍是弘扬新风正气、促进社会和谐，推动社会主义核心价值观落地生根的重要力量。"① 高校应做好与新时代文明实践中心的有效对接与良性互动，切实发挥大学生志愿服务的作用。加快新时代文明实践中心建设可以为高校服务基层、开展大学生志愿服务活动以及暑期"三下乡"活动提供相应的衔接点和中转站，有力推动大学生更好接触社会现实生活，从志愿服务过程中积累社会实践经验，增强社会责任感。

高校应组建和完善大学生理论宣讲团等志愿服务队伍，借助新时代文明实践中心，深入工厂、农村、社区等，大力加强社会主义核心价值观的理论宣传，以通俗化、大众化的方式让基层一线的群众更好理解社会主义核心价值观的主要内涵，让大学生在宣讲社会主义核心价值观的过程中，增进自身对社会主义核心价值观的认同。"广大青年要把正确的道德认知、自觉的道德养成、积极的道德实践紧密结合起来，自觉树立和践行社会主义核心价值观，带头倡导良好社会风气。"② 要发挥大学生志愿服务的组织、动员作用，推动基层党员群众深入学习习近平新时代中国特色社会主义思想，宣讲党中央大政方针、便民惠民政策，尤其要讲清楚乡村振兴战略、农村改革、民生保障和生态环境等与农民切身利益相关的政策，不断增进他们的政治认同、思想认同和情感认同。要组织开展与社会主义核心价值观相符合的服务基层的文化活动，让广大群众在丰富多彩的文化活动中获得精神滋养，不断丰富人民群众的精神文化生活。

---

① 姜长宝、任俊霞：《志愿服务：大学生践行社会主义核心价值观的有效载体》，《思想理论教育导刊》2016 年第 3 期。

② 习近平：《在同各界优秀青年代表座谈时的讲话》，《人民日报》2013 年 5 月 5 日。

三、增强社会主义核心价值观对重点人群的引领

高校是培育和践行社会主义核心价值观的重要阵地。高校教师肩负着推动社会主义核心价值观入脑入心的重要责任。

（一）发挥"十大育人"体系的作用

2017 年 12 月 4 日，教育部出台《高校思想政治工作质量提升工程实施纲要》（以下简称《实施纲要》）明确提出高校思想政治工作质量提升工程的基本任务是构建课程、科研、实践、文化、网络、心理、管理、服务、资助和组织等十个方面的育人体系，涉及大学生学习生活的各个方面。[①] 其中《实施纲要》提出的目标原则要求以社会主义核心价值观为引领，培养德智体美劳全面发展的社会主义建设者和接班人。虽然"十大育人"体系中的政策内容所发挥的作用有所不同，但是"十大育人"体系都是围绕培养担当民族复兴大任的时代新人为目标导向，推动大学生的主体自觉和实践养成。

在《实施纲要》规定的"十大育人"质量提升体系中，包含与社会主义核心价值观逻辑内涵相同的内容。例如，科研育人质量提升体系主要围绕完善科研评价制度，培养师生至诚报国的科学精神。实践育人质量提升体系要求坚持理论与实践相结合，提高师生的实践能力和树立家国情怀。文化育人质量提升体系注重以文化人，通过中华优秀传统文化、革命文化、社会主义先进文化的教育，践行和弘扬社会主义核心价值观。网络育人质量提升体系要求加强网络文化建设与管理，培养师生网络意识、网络思维、网络文明素养和净化网络空间。心理育人质量提升体系坚持育心与育德相结合，使师生心理健康素质、思想道德素质和科学文化素质协调发展。管理育人质量提升体系主要是加强教育立法，把严格管理的规范和春风化雨的方式结合起来。服务育人质量提升体系注重把解决实际问题和思想问题结合起来。资助育人

---

① 《高校思想政治工作质量提升工程实施纲要》，2017 年 12 月 5 日，见 http://www.moe.gov.cn/srcsite/A12/s7060/201712/t20171206_320698.html。

质量提升体系着力培养学生自立自强、知恩感恩和诚实守信等良好品质。组织育人质量提升体系要求发挥党组织、工会、共青团和学生社团的桥梁纽带作用。

"十大育人"体系既为增强社会主义核心价值观对重点人群的引领提供平台，也提供相应的制度和组织保障，有助于统筹"十大育人"体系所涉及的高校各个部门。换言之，推进"十大育人"体系是推进全员全程全方位育人的重要举措，既要所涉及的部门能够各司其职和各负其责，也要相应健全完善组织领导机构和机制进行统筹协调，进而有效发挥"十大育人"体系的合力作用。高校教师与大学生在"十大育人"体系中是双向互动、相互促进的关系，而社会主义核心价值观内容有机融入到"十大育人"体系中，关键在于要从落细、落小、落实等方面入手，而"十大育人"体系则涵盖了大学生学习、生活的各个方面。高校在实施"十大育人"体系过程中，各级党组织要发挥主导作用，自觉把社会主义核心价值观的核心要义与"十大育人"体系内容联系起来，进一步细化年度工作任务和专业分工，坚持每年对高校"十大育人"体系的内容任务作出相应的调整，进一步强化社会主义核心价值观对大学生的示范引领效应。

（二）推进社会主义核心价值观"三进"工作

社会主义核心价值观"三进"工作具体是指社会主义核心价值观要"进教材""进课堂""进头脑"。这三个环节也是知情意行的相互衔接过程，是入心入脑的重要途径，对发挥社会主义核心价值观引领起到重要推动作用。社会主义核心价值观"三进"工作的直接教育对象是大学生，而推进社会主义核心价值观"三进"工作的效果也取决于思想政治工作者是否自觉发挥社会主义核心价值的引领作用，尤其体现在"进教材""进课堂"这两个环节。推进社会主义核心价值观"进教材"是既要体现在《马克思主义基本原理》《毛泽东思想与中国特色社会主义理论体系》《思想道德修养与法律基础》《中国近现代史纲要》等高校思想政治理论课的教材，也要有机融入到其他专业所规定的教学使用的教材。"价值观是人类在认识、改造自然和社会的过程中产生与发挥作用的。"① 推进社会主义核心价值观"进课堂",不仅仅是要进入到理论知识讲解的课堂,更要进入到实践教学课堂中,从实践教学中深化大学生对社会主义核心价值观的践行。

推进社会主义核心价值观"三进"工作,首先要厘清"进教材""进课堂""进头脑"三者之间的内在逻辑关系。其中,推进社会主义核心价值观"进教材"是前提和基础,直接规定了社会主义核心价值观的核心要义和丰富内容凭借教材这个载体进行呈现,也是大学生认知社会主义核心价值观的基础。"进课堂"是大力培育和践行社会主义核心价值观的中间环节,通过课堂对教材规定社会主义核心价值观的内容进行深入阐释,为大学生探讨与社会主义核心价值观相关的问题提供思考空间。而"进头脑"是社会主义核心价值观"进教材""进头脑"的目的和归宿,旨在引导大学生践行社会主义核心价值观。这也就表明社会主义核心价值观"进教材""进课堂"的效果好坏影响"进头脑"的效果。

"社会主义核心价值观'三进'不是简单为了'三进'而'三进',而是通过优化社会主义核心价值观进教材、进课堂、进头脑的路径理念,着力强化社会主义核心价值观的统领功能"②。推进社会主义核心价值观"三进"工作要着重从优化理念入手,换言之,要从整体上加强社会主义核心价值观"三进"工作的顶层设计,使"进教材""进课堂""进头脑"这三个环节与过程能够循序渐进。理念是事物规律的体现,社会主义核心价值观"进教材""进课堂""进头脑"相应地要遵循教材设计、教学过程和学生身心发展等规律,并随着时代发展变化而作出相应的调整。高校教师只有作为学生思想和行为的引路人,在理解、认同社会主义核心价值观的基础上,才能把社会主义核心价值观内容渗透、融入到教学大纲、教案设计中,进而遵循教学规律,运用多种教学方法和手段,提升课堂教学效果。

在社会主义核心价值观"三进"过程中,要遵循大学生成长发展规律,

---

① 《习近平谈治国理政》第一卷,外文出版社 2018 年版,第 171 页。

② 刘新庚等:《论高校核心价值观"三进"的常态化》,《大学教育科学》2016 年第 6 期。

坚持灌输与启发相结合的原则，引导学生正确认识社会主义核心价值观的丰富内涵与核心要义，但是这种灌输并不是"大水漫灌"的强制性灌输，而是依据大学生学习、生活的具体实际情况进行"精准滴灌"，从而使大学生对社会主义核心价值观形成广泛认同。同时，大学生追求自我、张扬个性的心理特征决定了要运用启发式、讨论式和互动式等方式推进社会主义核心价值观进头脑，激发大学生的主体自觉和主动践行。

（三）推动"思政课程"与"课程思政"相协同

2016 年 12 月，习近平总书记在全国高校思想政治工作会议上指出："要用好课堂教学这个主渠道，思想政治理论课要坚持在改进中加强，提升思想政治教育亲和力和针对性，满足学生成长发展需求和期待，其他各门课都要守好一段渠、种好责任田，使各类课程与思想政治理论课同向同行，形成协同效应。"[1] 推动"思政课程"与"课程思政"相互协同是解决"培养什么人，怎样培养人，为谁培养人"这个根本问题，也是落实和实现全员育人、全过程育人、全方位育人的重要途径。"课程思政与思政课程在发挥育人功效方面是完全一致的，两者都能够帮助学生健康成长，在提高学生知识水平的同时，不断提高学生的思想道德水平。"[2] 高校思想政治理论课作为落实立德树人这个根本任务的关键课程，与其他课程的育人目标相一致，同样需要解决好知识传授与价值引领的关系。从育人实践上看，推动"思政课程"与"课程思政"同向同行，可以形成培育和践行社会主义核心价值观的合力作用。高校各类专业课程同样以社会主义核心价值观为引领，传授理论知识和强化实践锻炼，都包含着思想政治教育的因素。充分发挥"思政课程"与"课程思政"协同育人作用，既能够做到培养人才，又能够帮助大学生从中树立正确的价值观，共同发挥协同育人作用。

推动"思政课程"与"课程思政"同向同行，需要解决好"思政课程"

---

① 《习近平在全国高校思想政治工作会议上强调　把思想政治工作贯穿教育教学全过程 开创我国高等教育事业发展新局面》，《人民日报》2016 年 12 月 9 日。

② 韩喜平、肖杨：《课程思政与思政课程协同育人的"能"与"不能"》，《思想理论教育导刊》2021 年第 4 期。

与"课程思政"之间内在的辩证关系。这就要求在推动"思政课程"与"课程思政"同向同行的过程中，"思政课程"要引领"课程思政"教学设计理念及其价值倾向，确保"课程思政"中蕴含的社会主义核心价值观与"思政课程"的教学内容能够相互衔接。"课程思政"以社会主义核心价值观为引领，除了传授大学生专业理论知识之外，还要培养大学生学有所成、学以报国的家国情怀。

推动"思政课程"与"课程思政"同向同行，应坚持显性教育与隐性教育、灌输与启发相统一的原则。"思政课程"作为高校立德树人的关键课程，对培育和践行社会主义核心价值观更多注重显性教育，更为直接地向大学生阐述社会主义核心价值观的逻辑内涵、重要意义。"课程思政"则是从各个专业课程中挖掘培育和践行社会主义核心价值观的因素，把社会主义核心价值观的核心要义融入到大学生专业课程的学习，并贯穿到理论学习和实践的整个教学过程，在很大程度上能够起到长期浸润的作用。从高校实施效果上看，"思政课程"与"课程思政"向大学生灌输社会主义核心价值观是必要的，但是这种灌输并不是强制性、毫无差别的灌输，而是要使大学生充分认知、理解和认同社会主义核心价值观。由于课程性质的差异，"课程思政"更不能生搬硬套社会主义核心价值观的内容或直接给出相应的结论，而是要注重启发性、体验式教育，让大学生在专业课程学习中产生顿悟，坚定人生理想，树立奉献社会、服务他人的价值观。

"思政课程"与"课程思政"在教学内容以及教学方式等方面具有较大的差别，推动两者同向同行与同频共振需要在教学设计、备课等方面加强统筹协调。"思政课程"与"课程思政"协同育人需要加强顶层设计，健全完善党委统一领导、党政齐抓共管、相关部门联动配合和院系落实的领导与协调机制，确保顺利推进和有效落实。其中，相关部门应为"思政课程"与"课程思政"同向同行提供良好的制度保障，而宣传、教务等部门应根据协同育人的要求，制定具有可操作性的考核标准与教学方案。承担高校思想政治理论课的部门和院系应加强与其他部门和院系在备课、教学大纲方面的沟通交流，从而使"思政课程"与"课程思政"既符合大学生专业发展需求，又能达到推动社会主义核心价值观入脑入心的目标。

第二节 增强"三大文化"浸润作用

文化是民族的血脉，中华民族在不同历史时期创造的中华优秀传统文化、革命文化和社会主义先进文化，深刻影响着中国人民的思想价值观念和思维方式，凝聚着中华民族的精神追求，而文化自信是更基础、更深厚、更持久的力量。坚持用网络主流文化引领"网生一代"，需要不断提升"三大文化"在网络空间中的影响力、感染力和凝聚力，进而抵制网络亚文化对大学生的作用影响。

一、提升中华优秀传统文化的影响力

中华优秀传统文化是中华民族生存与发展的根，中华优秀传统文化的创造性转化和创新性发展，需要赋予中华优秀传统文化新的时代内涵、新的时代特征、新的受众特质、新的传播方式和新的内生动力。

（一）转换中华优秀传统文化的宣传方式

中华民族在 5000 多年的历史长河中创造了灿烂辉煌、博大精深的中华优秀传统文化，是中国人民的精神标识，也是中国人民克服艰难险阻的精神支撑。"中华文化源远流长，积淀着中华民族最深层的精神追求、代表着中华民族独特的精神标识，为中华民族生生不息、发展壮大提供了丰厚滋养。"[①] 中华优秀传统文化是经过历史和实践检验的宝贵文化资源，有着丰富的思想观点、传统美德、哲学思想和人文精神，它的精华主要集中体现为讲仁爱、重民本、守诚信、求大同等思想价值观念，蕴藏着自强不息、勤劳勇敢、扶危济困等人文精神，内含与时俱进、天人合一、革故鼎新的哲学智慧，潜移默化地影响中国人民的思想方式和行为方式。中国特色社会主义进入新时代，在继承和发展这些优秀文化资源的基础上，深入挖掘中华优秀传统文化的时代价值、世界意义，使之能够与现代的社会现实生活相适应，并

---

① 《习近平谈治国理政》第一卷，外文出版社 2018 年版，第 164 页。

为世界各地的人们所了解，这就需要转换中华优秀传统文化的宣传方式，提升中华优秀传统文化的影响力和作用力，不断丰富人们的精神文化生活。

过去一段时期，中华优秀传统文化的宣传方式主要通过相对静态、零散的方式进行宣传，人们对中华优秀传统文化所展现的人文精神、传统美德等认知也相对碎片化，并且把中华传统文化中的精华与糟粕相混淆。随着网络媒体技术的发展，原有传播方式已经明显不适应当今人们的信息传播与接受方式，尤其对"00后"大学生而言，期待更加生动形象、更加富有感染力的宣传方式。当前，历史虚无主义、文化虚无主义等社会思潮借助网络媒体技术更新迭代，在网络空间中肆意传播和蔓延，其传播方式更为隐蔽，企图从中消解大学生对中华民族5000多年历史的正确认知，用中华传统文化中的糟粕裁剪中华优秀传统文化，甚至全盘否定中华文化，进而占领网络文化阵地。这无疑冲击大学生的文化自信，给网络亚文化加快传播释放了现实空间。基于此，需要创新和转换中华优秀传统文化的宣传方式，进而提高中华优秀传统文化的影响力、传播力。

"新媒体作为高质量、低成本的传播介质，成为中华优秀传统文化传播的渠道"[①]。转换中华优秀传统文化的宣传方式更多的是与时代相契合、与大学生发展相适应，更好契合大学生对精神文化的需求。在文学艺术创作过程中，要进一步通过文学、美术、音乐以及电影等艺术形式，传承弘扬中华优秀传统文化，赋予中华优秀传统文化新的时代内涵。要充分发挥全媒体在信息生产、发布、分配和反馈等方面的优势，充分运用人工智能、大数据技术分析大学生的各种文化形式与风格的偏好，进而对中华优秀传统文化进行精准推送，使之能够为他们所接受。要加强文化阵地建设，在图书馆、博物馆等场所运用虚拟现实技术，为大学生直观形象地了解中华优秀传统文化提供技术支撑，让沉睡在博物馆里的文物资料都能活过来、动起来。

着力提升中华优秀传统文化影响力和作用力，应把内宣与外宣结合起来，正确处理本土文化与外来文化之间的关系，让大学生在文化交流、文化

---

① 朱京凤、张桂华：《中华优秀传统文化视角下高校校园文化建设研究》，《学校党建与思想教育》2019年第16期。

互鉴中增强对中华优秀传统文化的文化自信。对内宣传中华优秀传统文化，应结合中国国情和时代特征，不断从社会实践中创新发展中华优秀传统文化，满足大学生在经济快速发展过程中对精神文化的需求，让大学生有更多的文化获得感、认同感。对待外来文化采取兼容并包的态度，运用马克思主义的立场、观点和方法对外来文化进行分析辨别，对外来文化的积极方面进行吸收，并使之能够与中华优秀传统文化相融合，向外讲好中国故事。对外宣传中华优秀传统文化，既要发挥好中华优秀传统文化传承者的作用，激励他们用实际行动对外展现中华优秀传统文化的魅力，并合理运用网络媒体技术不断扩大中华优秀传统文化在国外的影响力，也要从国外文化交流使者的视角宣传中华优秀传统文化，使中华优秀传统文化的宣传方式更加符合国外民众的思维方式、认知方式，更好地为他们所接受，进而在国内外互动传播中让大学生感悟中华优秀传统文化的影响力。

（二）开发中华优秀传统文化的网络产品

中华优秀传统文化本身具有与时俱进、革故鼎新的内在品格，随着经济社会发展和时代跃迁而不断创新发展，并能够不断融入到全国各族人民现实生活中，为各民族所接受和认同。"要坚持古为今用、以古鉴今，坚持有鉴别的对待、有扬弃的继承，而不能搞厚古薄今、以古非今，努力实现传统文化的创造性转化、创新性发展，使之与现实文化相融相通，共同服务以文化人的时代任务。"[1] 我国各族人民在现实社会生活中所居住的环境和建筑以及所用的服装、饮食等衣食住行产品无不彰显中华优秀传统文化的哲学思想、人文精神，为中华优秀传统文化的延续发展提供实在的物质载体。在中华民族历史发展的长河中和广大劳动群众的社会实践过程中，中国共产党领导和团结全国各族人民所创造的革命文化、社会主义先进文化等都深受中华优秀传统文化的影响，并且为广大人民所认同的社会主义核心价值观也植根于中华优秀传统文化。近年来，在网络空间中，中华优秀传统文化及其产品的开发整体水平不高，开发利用略显不足，制约了中华优秀传统文化在网络空间

---

① 《习近平谈治国理政》第二卷，外文出版社 2017 年版，第 313 页。

中及时传播，弱化了主流文化的影响力。

当前，与中华优秀传统文化反差较大的网络亚文化则在网络空间受到青年大学生的追捧，诸如"丧文化"、"佛系"文化、"二次元"文化等网络亚文化影响着一些大学生的思想观念和行为方式，并且不断挤压网络主流文化生长发展的空间。网络亚文化的生成发展在一定程度上也借助于中华优秀传统文化的要素和形式，使自身与中华优秀传统文化相互融合，进一步拓展了影响力和传播面。但是网络亚文化对中华优秀传统文化的借鉴与融合更多的是零碎的接受，甚至是对中华优秀传统文化进行裁剪和阉割，曲解中华优秀传统文化所彰显的道德情操、人文精神和家国情怀。与此同时，一些网络亚文化样态选取中华传统文化中的糟粕作为素材进行宣传和开发网络文化产品，在使网络亚文化走向庸俗化、媚俗化、低俗化和娱乐化的同时，也直接冲击大学生对中华优秀传统文化及其网络文化产品的认同度，进而消解中华优秀传统文化在网络空间中的影响力。可见，对中华优秀传统文化进行科学开发并形成对应的网络主流文化产品，抵消网络亚文化及其产品在大学生群体中的影响力至关重要。

伴随大数据、人工智能以及虚拟现实技术等互联网技术的发展与广泛运用，为开发中华优秀传统文化的网络产品提供了技术支撑。实现中华优秀传统文化产品的网络化、信息化，要对中华优秀传统文化中的诗歌、小说、神话等具有人文精神的不同文化形式进行数据分析与挖掘，通过现代性的电影、音乐进行直观的再现，并且可以借助虚拟现实技术对中华优秀传统文化的一些要素和形成发展过程进行场景的模拟，进而让大学生在虚拟现实环境中体验中华优秀传统文化的历史底蕴。要鼓励游戏开发者将中华优秀传统文化中所蕴含的人文精神、人物故事情节等融入到网络学习通关游戏中，制作符合主流文化价值导向的网游文化产品，促使大学生在娱乐休闲中感受中华优秀传统文化的魅力。值得关注的是，网络发展也为"二次元"文化的传播和发展提供了载体，一些大学生热衷于对网络"二次元"文化中的动漫人物进行角色扮演（Cosplay）。这为开发中华优秀传统文化的网络产品提供了切入点，可以将中华优秀传统文化中服饰、典型人物故事融入到网络"二次元"文化的动漫制作过程中，创新发展具有中国特色的网络"二次元"文化及其产品。

"中华优秀传统文化要想在'泛娱乐化'的环境下突围，优质内容是关键。整体来看，挖掘中华优秀传统文化与现代文明、时代发展的契合点，精准把握受众需求非常关键。"[1] 文化产品承载着相应的思想价值倾向，为避免开发中华优秀传统文化的网络产品出现庸俗化、娱乐化等不良倾向，应坚持网络文化产品的社会效益与经济利益的原则与导向，既要满足大学生对网络文化产品的需求，也要推动网络文化产业的有序发展。在中华优秀传统文化的网络产品开发过程中，需要树立正确的文化价值理念，面向大学生对精神文化的需求，以推动中华优秀传统文化的创造性发展、创新性转化作为价值导向，从中挖掘中华优秀传统文化中的人文精神和道德观念，丰富大学生的精神文化生活。开发中华优秀传统文化的网络产品的组织或开发商要突破对网络文化产品过度资本化、逐利化的倾向，注重网络文化产品内容质量的提升。要坚持社会效益优先的原则，开发文化产品追求一定的经济效益具有正当性，但是不应用金钱或者流量的多少作为衡量网络文化产品质量的标尺。

（三）加强中华优秀传统文化的品牌建设

中华优秀传统文化的品牌建设与开发中华优秀传统文化产品是紧密联系的，虽然文化产品的内容质量是品牌建设的根本，但是文化产品的生产并产生影响力需要通过文化品牌进行呈现，即通过加强品牌建设扩大文化产品的影响力、传播力。在社会主义市场经济条件下，加强中华优秀传统文化的品牌建设是建设社会主义文化强国、繁荣发展社会主义文化以及提升我国国家文化软实力的重要途径。中华优秀传统文化博大精深、源远流长的内在特质本身为文化品牌建设提供了素材，是文化品牌建设的源泉和动力。随着社会主义市场经济制度不断健全完善，知识产权对推动经济持续发展越发重要，而文化品牌作为中华优秀传统文化产品的凝结，也是一种知识性的文化成果，通过加强品牌建设，有助于形成对中华优秀传统文

---

[1] 廖坤、武坦:《中华优秀传统文化传播背景下文创产品的开发》,《出版广角》2021 年第 11 期。

化产品的知识产权保护，为文化事业与文化产业的快速发展提供良好的法治保障与文化环境。

"当前，我国文化产业存在研发投入不足、追求短期利益的短板，这样不但很难获得高额回报率，对文化品牌的形成造成阻碍，也难以进一步扩大在世界范围内的影响力。"[①]虽然中华优秀传统文化资源较为丰富，文化产品的种类也相对较多，但是相较于西方国家注重文化品牌建设以及通过立法加强对文化产品的知识产权保护，不断扩大西方文化的品牌影响力，而我国文化品牌建设的力度相对较为缺乏，在很大程度上弱化中华优秀传统文化走出国门的影响力、传播力和辐射面。西方国家在进行价值观渗透的过程中，在很大程度上借助于加强文化品牌建设对西方文化产品进行包装、宣传，从衣食住行、影视音乐等各个方面向其他国家输出对应的文化产品，扩大其文化品牌的影响力，进而达到"西化""分化"的图谋。一些大学生由于社会阅历相对不足和追求个性的心理特征，在消费西方文化品牌的同时，也在潜移默化地受到文化品牌所蕴含的思想价值观念的影响。可见，在加强对中华优秀传统文化产品开发的过程中，应注重相应的文化品牌建设，增强中华优秀传统文化对大学生的影响力。

要科学提炼中华优秀传统文化元素。文化品牌建设是对文化产品的直接展现，是对文化产品所包含的文化内容、精神图谱等进行集中概括。中华民族在5000多年历史长河中所创造的中华优秀传统文化博大精深，能够为当代文化品牌建设积累宝贵的文化素材与资源。要充分挖掘中华优秀传统文化蕴含的自强不息、勤劳勇敢、革故鼎新等人文精神元素，把中华优秀传统文化蕴含的人文精神元素融入到文化品牌设计中。要从展现中华优秀传统文化的服装、饮食、诗歌、书画等组成部分中提炼文化元素，为加强品牌设计提供切入点，并以此推动整个文化产业链的发展，形成文化品牌的规模效应。尤其应把提炼中华优秀传统文化元素与文化品牌的自主知识产权结合起来，激励文化文艺工作者能够发挥积极性、主动性和创造性，通过知识产权反映中华优秀传统文化的独有特色，进而借助文化品牌的自主知识产权的法律制

---

① 沈思：《打造具有全球影响力的文化品牌》，《人民论坛》2018年第1期。

度，使中华优秀传统文化的品牌建设获得更好的保护。

要注重赋予中华优秀传统文化新的时代内涵。结合当代中国经济社会发展取得的伟大成就和具体实际情况设计文化品牌，更新文化品牌设计理念，适应时代发展变化的态势，进而向世界展示中华优秀传统文化魅力，不断增强中华优秀传统文化的品牌在"走出去"过程中的影响力。中华优秀传统文化的品牌建设离不开科学技术的支撑，在继承和创新文化内容的基础上，要充分发挥现代科学技术对文化品牌设计等方面的打造，融入现代科学技术含量与元素，丰富文化品牌设计的风格与形式，使大学生更加直观形象地理解中华优秀传统文化蕴含的思想价值观念。伴随网络发展而兴起的网络亚文化也包含一些积极因素吸引大学生的关注。应推动中华优秀传统文化的品牌建设与网络亚文化的融合，引领网络亚文化及其产品在网络空间中的创新发展。

二、提高革命文化的感染力

革命文化是中国共产党领导人民在革命、建设过程中创造的，是中国特色社会主义文化的重要组成部分，既继承发展了中华优秀传统文化，也是社会主义先进文化的来源，蕴含着丰富的文化资源和精神特质。

（一）弘扬伟大革命精神与优良传统

"人无精神不立，国无精神不强。"中国共产党在走过百年的光辉历程中，领导全国各族人民不断从胜利走向胜利，创造了一个又一个的人间奇迹，取得举世瞩目的伟大成就，也由此熔铸了以伟大建党精神为精神谱系之源的革命精神和优良传统。"中国共产党在百年光辉历程中铸就了具有丰富内涵和鲜明特征的革命精神，并成为中国共产党的精神支柱和攻坚克难的法宝，也指引着中国共产党成立以来中华民族思想文化发展的方向。"① 革命精神和优良传统是指党带领广大人民在新民主主义革命时期、社会主义革命和建设时

---

① 陶利江：《论新时代中国共产党革命精神的思想文化引领功能》，《探索》2021 年第 3 期。

期、改革开放和社会主义现代化建设新时期、中国特色社会主义进入新时代等不同历史阶段和特殊环境下形成发展的，集中体现中国共产党人的思想意识、价值观念、意志品质、工作作风和道德风范等。革命精神是中国共产党在中华民族发展史上留下的宝贵精神财富，集中展现了中华民族从站起来、富起来到强起来伟大飞跃的精神面貌，也是中国共产党人和中国人民继续开创未来、克服艰难险阻和战胜风险挑战的精神支柱。弘扬伟大革命精神与优良传统，用伟大革命精神与优良传统感染、鼓舞大学生只争朝夕，不负韶华具有重要的现实意义。

"中国共产党弘扬伟大建党精神，在长期奋斗中构建起中国共产党人的精神谱系，锤炼出鲜明的政治品格。"①在中国共产党带领全国各族人民进行新民主主义革命的过程中，先后形成发展了12种革命精神，主要包括延安精神、大别山精神、苏区精神、红船精神、吕梁精神、长征精神、老区精神、井冈山精神、抗战精神、遵义会议精神、沂蒙精神和西柏坡精神。这些革命精神已经深深融入中华民族的血脉和灵魂之中，成为中华民族精神的丰富滋养，是中国共产党人精神谱系的百年底色。与此同时，中国共产党人形成发展了与革命精神相伴而生的革命优良传统，包括谦虚谨慎、艰苦奋斗、全心全意为人民服务、批评与自我批评等优良传统。当前，一些大学生在网络空间中受到"丧文化"、"佛系"文化的负面影响，呈现出颓废、焦虑的不良社会心态，也给他们追求理想信念、坚定人生发展方向带来了冲击。这必然要求在大学生群体中广泛弘扬伟大革命精神与优良传统，激发大学生保持昂扬斗志、艰苦奋斗的精神品格，增强战胜任何困难的信心和勇气。

弘扬伟大革命精神与优良传统对大学生的激励作用，要向大学生阐述伟大革命精神与优良传统产生的历史背景、客观的社会环境以及发展过程，进而讲清楚伟大革命精神与优良传统的深刻内涵。由于当代大学生所生活的环境条件与新民主主义革命时期、社会主义革命和建设时期相距较

---

① 习近平：《在庆祝中国共产党成立100周年大会上的讲话》，《人民日报》2021年7月2日。

远，革命时期艰苦生活条件是大学生难以想象的。相对而言，他们难以切身体会和感受伟大革命精神与优良传统的精神境界。可见，在弘扬伟大革命精神与优良传统的过程中，要加强大学生的中国共产党历史、新中国史的学习教育，推动大学生深入了解近代以来，尤其是中国在鸦片战争以后步入半殖民地半封建社会的具体国情以及由此面临的社会主要矛盾，以此为历史背景向大学生阐述中国共产党在为实现国家富强、民族独立和人民解放而不懈努力的过程中，形成前赴后继、不畏牺牲、艰苦奋斗、坚定理想信念和敢于担当的伟大革命精神，以及实事求是、谦虚谨慎和自力更生等优良传统。引导大学生从这些伟大革命精神与优良传统中树立正确的奋斗观、历史观，培养他们形成坚守初心使命、勇于建功立业的奋进姿态。

在弘扬伟大革命精神与优良传统中，要着眼中华民族伟大复兴的战略全局和世界百年未有之大变局，把弘扬伟大革命精神与以社会主义核心价值观引领结合起来，从伟大革命精神与优良传统中凝练概括所蕴含的价值观元素，引导大学生树立正确的世界观、人生观和价值观。同时，弘扬伟大革命精神与优良传统还需要结合当今国内外时势，促使大学生在不同历史语境中感受伟大革命精神与优良传统的精神动力作用。中国共产党从成立之日起就把为中华民族谋复兴、为中国人民谋幸福作为初心使命，也是在为实现中华民族伟大复兴的过程中形成伟大革命精神与优良传统。通过组织大学生参观爱国主义教育基地和用好红色教育资源，开展形式多样的主题教育活动，激励大学生把"小我"融入到祖国"大我"中去，以请党放心，强国有我的使命担当抒写人生的青春华章。

（二）发挥英雄人物的先锋模范作用

"每个民族每个国家都有为其民众引以为豪的英雄人物符号，每个民族、每个国家也都采用不同的方式塑造、宣传自己的英雄人物符号。"① 革命英雄

---

① 吴玉军：《国家认同视域下革命英雄记忆的传承》，《中国特色社会主义研究》2021年第2期。

人物是广大人民群众中的杰出代表，是中华民族的脊梁与灵魂，也是民族精神、革命精神的生动载体和化身。无论是战火纷飞的革命战争年代，还是和平发展的建设时期，在中国共产党领导的新民主主义革命、社会主义革命和建设时期、改革开放和社会主义现代化建设新时期、中国特色社会主义进入新时代等不同历史时期，为实现中华民族伟大复兴的中国梦，无数仁人志士前赴后继、上下求索，涌现出众多可歌可泣、载入史册的革命英雄人物。这些革命英雄人物值得后来人，尤其是值得青年大学生的铭记和缅怀，赓续红色血脉，传承革命精神。革命英雄人物不仅承载了中华民族、国家的集体记忆，他们的行动不仅代表其个人或团体的意志品质，更是民族精神的象征。革命先辈等英雄人物彰显着不畏牺牲、艰苦奋斗、敢于斗争和团结拼搏的民族精神和革命精神，集中体现了中国共产党作为马克思主义执政党的真理力量，也更加展现了中国共产党所具有的伟大人格力量。开展革命精神与优良传统教育，发挥革命先辈等英雄人物模范作用，在大学生中植入红色基因，对增进大学生更加认同伟大祖国、中国共产党和中国特色社会主义具有重要的激励作用。

伴随历史虚无主义、文化虚无主义等错误社会思潮在网络空间中渗透蔓延，对一些大学生的历史观、文化观、国家观和民族观产生较大冲击。由于大学生并未亲身经历过革命英雄人物的那段历史，他们对一些历史事实产生模糊认识，给历史虚无主义、文化虚无主义提供了可乘之机。历史虚无主义打着澄清历史谬误的旗号，肆意裁剪、歪曲中国共产党史和新中国史，企图以此否定中国共产党的领导是历史的选择、人民的选择的事实以及否定中国特色社会主义制度的优越性。与此同时，历史虚无主义打着"科学"还原历史真相的旗号，在网络空间中亵渎革命英雄人物和革命烈士的精神，丑化中国人民的形象，其目的是以否定革命英雄人物为切入点而否定革命英雄人物所经历的那段历史，企图消解大学生对爱国主义与民族精神的认同。另外，文化虚无主义则与历史虚无主义耦合共生，不仅试图全盘否定中华优秀传统文化，也肆意阉割新民主主义革命、社会主义革命时期所创造的革命文化，以此图谋弱化一些大学生的道路自信、理论自信、制度自信和文化自信。

习近平在庆祝中国共产党成立 100 周年"七一勋章"颁授仪式上的讲话

中指出:"新时代是需要英雄并一定能够产生英雄的时代。"①引导大学生理性对待网络亚文化,警惕历史虚无主义和文化虚无主义的危害,必然要求加强革命文化的感染力,进一步发挥革命先辈等英雄人物的模范作用。要加强对老红军、抗美援朝老战士的宣讲褒扬,通过一些英雄人物的现身说法,向大学生讲解他们经历那个历史时期涌现的革命烈士、英雄人物的崇高风范。结合革命英雄人物所处的特殊历史环境,深入挖掘革命英雄人物彰显的伟大革命精神,讲好革命英雄人物的感人故事,从细化革命英雄人物的感人事迹中呈现他们伟大人格和意志品质,促使大学生从革命英雄人物中汲取奋发有为的力量。要坚持宏观叙事与微观叙事的统一,把革命英雄人物留下的诗歌、文章和家书等保护好并编辑成册,用于大学生的爱国主义教育,以此激励大学生在阅读革命英雄人物的文章、诗歌等过程中,培养家国情怀、坚定理想信念追求。

"要广泛开展先进模范学习宣传活动,营造崇尚英雄、学习英雄、捍卫英雄、关爱英雄的浓厚氛围。"②在发挥革命英雄人物模范作用的过程中,要注重突出仪式活动的感染效果,营造崇尚英雄、敬重英雄和关爱英雄的社会氛围。在每年"七一""八一"等重要时间节点,组织大学生观看英雄人物接受国家荣誉勋章的仪式活动,使大学生在庄重的仪式活动中了解英雄人物的伟大事迹,感受英雄人物的伟大品格。通过举办革命先烈诞辰的纪念活动,推动大学生在纪念活动中了解革命先烈成长发展历程,激发大学生把自身成长发展与民族复兴伟业紧密结合起来,在建功国家发展中实现个人理想。要不断健全完善《中华人民共和国英雄烈士保护法》,通过落实法律制度,加强爱国主义教育,激发青年大学生民族自尊心、自豪感,进而在全社会营造崇尚英雄、关爱英雄的良好氛围。

(三)加强革命文化基地开发与保护

革命文化基地作为历史性文化遗产,是中国共产党领导全国各族人民开

---

① 习近平:《在"七一勋章"颁授仪式上的讲话》,《人民日报》2021年6月30日。
② 《习近平谈治国理政》第三卷,外文出版社2020年版,第313页。

展新民主主义革命生活过、战斗过的地方，也是记录中国革命的起源与发展过程的重要载体，反映中国共产党波澜壮阔的革命历史、艰苦卓绝的奋斗史以及可歌可泣的英雄史，蕴藏着厚重的革命精神财富。我国革命文化基地的分布与中国共产党曾经开展革命斗争的地区相一致，大多数分布在距离城市较远的广大农村地区或山区。这是因为中国共产党人根据半殖民地半封建社会的国情，开辟并走上了农村包围城市、武装夺取政权的正确革命道路。虽然革命文化基地分布在广大农村边远地区，但是所处周围环境的生态相对较好，决定了革命文化基地可以开发为旅游胜地，在促进当地旅游经济发展的同时，更为重要的是可以承担公共文化服务和爱国主义教育的功能作用。通过加强革命文化基地的保护与开发，为大学生参与社会实践活动、接受爱国主义教育提供平台载体，让大学生身临其境感受中国共产党人精神谱系的磅礴力量。

过去一段时期，由于部分革命文化基地处于"老少边远"的地区，加之年代相对久远和自然破坏、革命文化基地的保护力度相对不足而出现损毁的状况，革命文物也在一定程度上遭到破坏。处于偏远山区的革命文化基地由于长期经济落后而导致财政投入明显不足，革命文化基地的基础设施较差，进一步限制了革命文化基地的开发与保护。但是，近年来，随着我国经济快速发展和人民群众对精神文化的需求与日俱增，国家加大了"老少边远"等革命老区的政策支持，也更加重视革命基地发挥爱国主义教育的功能作用，革命文化基地开发与保护状况有所好转。一些地区通过加强革命文化基地的保护与开发，发展红色旅游文化产业，既促进当地经济社会发展，也提供就业岗位，增加人民群众的收入。通过深度开发保护，在吸引广大游客到革命文化基地参观学习的同时，促使其更加深入了解中国革命和新中国成立的艰辛历程，潜移默化地受到革命传统教育和爱国主义教育。

"任何文化的传承必须要以一定的载体为依托。我们应紧密结合地域文化特点，积极探索建立红色教育基地，使红色主题教育网络化、常态化、阵地化、持续化。"[①] 在加强革命文化基地保护与开发的过程中，发挥革命文化

---

① 张绍荣：《新媒体环境下红色文化传播研究》，《中国青年研究》2011 年第 12 期。

基地对大学生开展爱国主义教育、理想信念教育的功能作用，应结合当地特色深入挖掘革命精神元素和红色文化资源，根据中国共产党在开展革命斗争的历史时期设置不同的主题，增强大学生对中国革命历史的深入学习，更好地领会伟大革命精神形成发展过程及其在引导大学生树立正确国家观、民族观和历史观的地位作用。高校可以加强与红色革命文化平台基地的沟通协作，发挥高校红色文化研究智库作用，推动高校教师和大学生深入到革命文化基地开展教学研究、历史考证等工作，在研究革命文化和革命精神的实践中增进认同。要充分利用"五四""七一""八一""十一"等重要时间节点，组织大学生到革命文化基地开展重温入党宣誓活动，加强学生党员党性教育和大学生理想信念教育。

现代科学技术的快速发展及其广泛应用对革命文化基地的保护与开发具有重要作用，推动革命文物进行数字化收藏和展览，提升大学生接受革命传统教育的"沉浸式"体验。革命文化基地可以运用大数据、云计算和人工智能等技术进行保护和开发，可以把文物实物转化为数字图像、视频和音频，既起到对革命文物的保存收藏作用，也可以上传到主题网站或 App 进行展览。对于互联网原住民而言，大学生通过主题网站或手机 App 在网上直接浏览和网上参观革命文化基地，进而通过网络远程开展爱国主义教育活动。另外，虚拟现实技术的发展与应用可以让革命文化基地的文物"活起来"，并利用虚拟现实技术对一些革命事迹进行模拟开发和还原，而大学生可以在情景模拟的革命历史场景中体验艰苦卓绝、不畏牺牲的伟大斗争精神。

三、增强社会主义先进文化的凝聚力

社会主义先进文化与中华优秀传统文化、革命文化一脉相承、紧密联系，这三者相互融合且统一于中国特色社会主义伟大实践中，共同呈现中华民族与中国共产党人坚定理想信念、勤劳勇敢和艰苦奋斗的光辉历程，具有强大的凝聚力和向心力。

（一）必须坚持马克思主义指导地位

社会主义先进文化是中国共产党领导全国各族人民在中国特色社会主义

的伟大实践中，以马克思主义为指导，形成面向现代化、面向世界、面向未来的，民族的科学的社会主义文化。从整个人类文明发展史来看，马克思主义的形成与发展在很大程度上借鉴和吸收了以往众多的优秀文化成果，是人类思想史的伟大文化成果。马克思主义主要包括马克思主义哲学、马克思主义政治经济学和科学社会主义三个组成部分，批判继承了德国古典哲学、英国古典政治经济学和空想社会主义，是被实践证明了的科学真理，具有发展性、开放性、实践性和人民性的内在品格。马克思主义的创始人马克思与恩格斯所处时代是资本主义快速发展的时代，他们看到了资本主义私有制的弊端以及由此带来资本主义无法从内部自身解决的根本矛盾，并用辩证唯物主义、历史唯物主义的立场、观点和方法对资本主义社会进行剖析和批判，为无产阶级解放、全人类解放指明了方向和出路。

在马克思主义形成发展过程中，实现从理论成为现实、从一国到多国的伟大历史性飞跃，先后相继在俄国并与俄国实际相结合形成了列宁主义，在与中国具体实际相结合的过程中形成了毛泽东思想和中国特色社会主义理论体系。马克思主义从诞生之日起就指导无产阶级工人运动的开展，也在与非马克思主义、反马克思主义等不良社会思潮的斗争中不断成长发展，回应了马克思和恩格斯他们所处那个时代的问题和广大无产阶级劳动者的呼唤。20世纪80年代末和90年代初，东欧剧变与苏联解体给世界社会主义运动带来极大曲折和冲击，很大原因在于苏联放弃了共产党的执政地位和马克思主义的指导地位，为西方敌对势力发动"和平演变"提供了可乘之机。我国在汲取苏联解体经验教训的基础上，继续坚持和捍卫马克思主义在意识形态领域的指导地位，加强社会主义精神文明建设，进而为改革开放和社会主义现代化提供了精神动力和思想保障，凝聚起全国各族人民团结奋斗的磅礴力量。

马克思主义作为西方外来思想文化传入中国，指导中国共产党带领全国各族人民取得新民主主义革命的伟大胜利和建立社会主义制度，在很大程度实现了与中华优秀传统文化、中国具体实际相结合而焕发出强大的生命力。随着我国国门越打越开，中华文化与世界各国文化的交流也日益频繁，一些西方文化书籍和网络媒体信息对青年大学生产生重要影响作用。一段时期以来，反马克思主义文化、鼓吹历史文化虚无主义的杂音噪音不绝于耳。党的十八大以来，习近平总书记高度重视意识形态工作，党中央明确提出要增强社会主义先进文化的凝聚力，坚持马克思主义在意识形态领域指导地位，要正确处理本土文化与外来文化之间的关系，坚持马克思主义立场、观点和方法对外来文化进行鉴别和分析。对于外来文化所包含的糟粕，要及时运用马克思主义理论进行批判和揭露，而对于外来文化中优秀成果与成分，则采取合理借鉴的态度，使之能够充实社会主义先进文化的内容，进而加强社会主义先进文化与世界各国文化的交流互动借鉴。

当前，互联网是我们面临的"最大变量"，过不了互联网这关，也就过不了长期执政这关。中国特色社会主义进入新时代，增强社会主义先进文化的凝聚力，必须坚持马克思主义在意识形态领域的指导地位，要推动网上与网下相互结合，着重加强马克思主义对网络亚文化发展的指导。伴随网络信息技术快速发展，以往现实社会中出现的一些思想问题、道德问题也在网络空间中显现，"丧文化"、"佛系"文化等网络亚文化不断生成演变，给大学生积极向上的奋斗观形成较大冲击。与此同时，历史虚无主义、文化虚无主义、民主社会主义、新自由主义和西方"普世价值"等不良社会思潮在网络空间中蔓延和传播，企图与我国争夺大学生这个重要群体和互联网原住民，严重影响大学生的思想观念和价值判断。妥善应对网络空间中出现的意识形态挑战，必然要求坚持马克思主义在意识形态领域指导地位，牢牢掌握网络空间意识形态的领导权、话语权和管理权，坚持用马克思主义中国化最新理论成果武装大学生头脑，引导他们在网络空间中理性看待和识别网络亚文化以及不良社会思潮的危害。

（二）强化共同理想和远大理想教育

共产主义远大理想和中国特色社会主义共同理想、社会主义核心价值观、以爱国主义为核心的民族精神和以改革创新为核心的时代精神等共同构成社会主义先进文化的组成部分。"理想指引人生方向，信念决定事业成败。没有理想信念，就会导致精神上'缺钙'。中国梦是全国各族人民的共同理想，也是青年一代应该牢固树立的远大理想。中国特色社会主义是我们党带领人民历经千辛万苦找到的实现中国梦的正确道路，也是广大青年应该牢固确立的人生信念。"①共产主义远大理想是在中国共产党自成立之日起就确立的最高理想，并始终不渝地为之努力奋斗的最终目标，是中国共产党人的精神支柱以及保持党的团结统一的思想政治基础。在中国共产党百年的英勇奋斗历程中，共产主义远大理想激励着一代又一代中国共产党人不断前赴后继和艰苦奋斗，先后取得新民主主义革命的伟大胜利，建立新中国；在社会主义革命和建设时期，建立完善社会主义制度；取得改革开放和社会主义现代化建设伟大成就，直至中国特色社会主义进入新时代以来，战胜一个又一个的艰难险阻。坚定理想信念是中国共产党人的胜利之本和战胜一切困难挫折的力量之源，而理想信念不坚定就会在精神上"缺钙"，得"软骨病"，以致再崇高、再伟大的事业也难以完成。

理想信念是行动上的总开关，缺乏理想信念或理想信念不坚定的人就可能会导致在道德方面的堕落、生活方面的腐化和精神方面的贪婪。当前，中国共产党依然面临长期执政考验、改革开放考验、市场经济考验和外部环境考验等"四大考验"，以及面临着精神懈怠危险、能力不足危险、脱离群众危险和消极腐败危险等"四大危险"。应对这"四大考验""四大危险"需要中国共产党人坚定理想信念，继续保持党同人民群众的血肉关系，提高拒腐防变和抵御风险挑战的能力。由于受拜金主义、享乐主义和极端个人主义等错误价值观的影响，一些大学生出现信仰迷惘、理想信念不够坚定等问题。青年大学生是社会主义现代化建设者和接班人，其理想信念坚定与否直接关系到国家的未来和中华民族的永续发展。可见，在大学生群体中强化共同理想和远大理想教育，对于实现中华民族伟大复兴的中国梦和全面建设社会主义现代化国家至关重要。

通过强化共同理想和远大理想教育，坚定大学生理想信念，需要引导大学生正确认识共同理想和远大理想之间的辩证关系，促使大学生能够标定自身人生发展定位。中国特色社会主义理想和共产主义远大理想之间的关系是最低纲领与最高纲领之间的辩证关系，中国共产党在不同历史时期围绕最高

---

① 习近平：《在同各界优秀青年代表座谈时的讲话》，《人民日报》2013 年 5 月 5 日。

纲领而制定最低纲领，最低纲领为实现最高纲领准备必要的条件，而最高纲领为完成最低纲领指明方向。中国特色社会主义共同理想是中国共产党带领全国各族人民团结奋斗的思想基础，是共产主义远大理想在我国社会主义初级阶段的现实体现，是建设富强民主文明和谐美丽的社会主义现代化强国的题中之义，而共产主义远大理想则是进行社会主义现代化建设的方向指引，是中国共产党的精神支柱和政治灵魂，两者统一于中国特色社会主义伟大实践中。共产主义远大理想并不是乌托邦式的空想，而是现实的共产主义运动，中国特色社会主义伟大实践则是共产主义运动的重要组成部分，需要凝聚起每个人和每个集体的力量共同奋斗实现。这要求大学生坚定中国特色社会主义共同理想和共产主义远大理想，把个人的理想追求融入到实现中华民族伟大复兴的中国梦和全面建设社会主义现代化强国中去。

习近平总书记在庆祝改革开放40周年大会上的重要讲话中深刻指出："无论过去、现在还是将来，对马克思主义的信仰，对中国特色社会主义的信念，对实现中华民族伟大复兴中国梦的信心，都是指引和支撑中国人民站起来、富起来、强起来的强大精神力量。"①强化大学生共同理想和远大理想教育，要帮助他们增强对马克思主义的信仰、中国特色社会主义的信念和实现中华民族伟大复兴中国梦的信心，进而不断增强道路自信、理论自信、制度自信和文化自信。马克思主义是被实践充分证明了的科学真理，形成和创立的辩证唯物主义和历史唯物主义是指导人们正确处理关于人与自然、人与社会、人与人之间关系的科学世界观和方法论。大学生坚定信仰马克思主义，才能更好地辨别是非，以及更好地运用马克思主义的真理力量为实现个人理想追求提供正确的方向指引。中国特色社会主义是中国共产党带领全国各族人民上下探索出的一条区别于西方现代化发展的正确道路，坚定大学生对中国特色社会主义的信念，确保不走封闭僵化的老路和改旗易帜的邪路。实现中华民族伟大复兴的中国梦是中华民族近代以来最伟大的梦想，坚定大学生对实现中华民族伟大复兴的信心，推动形成全国各族人民团结奋斗的最大公约数，

---

① 习近平：《在庆祝改革开放40周年大会上的讲话》，人民出版社2018年版，第42—43页。

凝聚起最大的价值共识。

（三）加强厚植爱国主义情怀的教育

爱国主义是民族精神的核心，与以改革创新为核心的时代精神共同成为社会主义先进文化的重要组成部分。"爱国主义精神深深植根于中华民族心中，维系着中华大地上各个民族的团结统一，激励着一代又一代中华儿女为祖国发展繁荣而自强不息、不懈奋斗。"[1]大学生作为国家的未来和民族的希望，是爱国主义教育的重点对象。"对新时代中国青年来说，热爱祖国是立身之本、成才之基。当代中国，爱国主义的本质就是坚持爱国和爱党、爱社会主义高度统一。"[2]在中华民族5000多年绵延发展的历史长河中，爱国主义是中华民族在保卫国家、抵御外来侵略的历程中不断形成发展的，已成为中华民族精神的核心和中国人民内在的文化基因。诸如中华民族精神体现的"天下兴亡，匹夫有责""位卑未敢忘忧国""苟利国家生死以，岂因祸福避趋之"等家国情怀。长期以来，爱国主义是激励中华民族自强不息、艰苦奋斗、不畏牺牲和战胜一切艰难险阻的强大精神力量，凝聚起全国各族人民共同奋斗的兴国之魂和强国之魂。爱国主义情怀并不是与生俱来的，而是一个不断生成发展的过程，是"知""情""意""行"的过程，即爱国主义不是空洞抽象的口号或概念，而是一个不断需要"厚植"的生成发展过程，把对爱国的认知、认同转化为实际的爱国行动，从而成为担当民族复兴大任的时代新人。

2018年9月10日，习近平总书记在全国教育大会上指出，培养社会主义建设者和接班人要着重在六个方面下功夫，主要包括从坚定理想信念、厚植爱国主义情怀、加强品德修养、增长知识见识、培养奋斗精神和增强综合素质等六个方面下功夫。其中，在厚植爱国主义情怀方面下功夫在六个下功夫中起到承上启下的重要作用，这也就是说是否厚植爱国主义情怀在很大程度上直接体现为对理想信念的坚定和思想品德的修养。由此可见，加强大学

---

① 《新时代爱国主义教育实施纲要》，《人民日报》2019年11月13日。
② 《习近平谈治国理政》第三卷，外文出版社2020年版，第334页。

生厚植爱国主义情怀教育是个集合体，是与坚定理想信念教育、加强思想品德教育等方面相伴而生的，引导大学生与祖国同呼吸、共命运，立志听党话、跟党走、扎根人民、奉献国家。近年来，一些大学生由于受网络亚文化、多元社会思潮的负面影响，爱国主义在网络空间中被错误地理解为民族主义，甚至是民粹主义等错误思潮，模糊大学生对爱国主义的认识，把爱国主义更多地置于空洞抽象的口号而没有实际的爱国主义行动，由此决定了必须加强厚植大学生爱国主义情怀的教育。

通过加强厚植爱国主义情怀教育，增强社会主义先进文化对大学生的凝聚力，应向大学生讲清楚我国国情以及讲清楚爱国主义的主要内涵，这是实现大学生对国家认同的前提和基础。在进行国情教育的过程中，要充分展示我国历史文化、自然资源和经济社会发展状况，帮助大学生更好了解祖国大好河山、中华民族的悠久历史及其所创造的博大精深、源远流长的中华优秀传统文化，并结合当代中国经济社会发展取得的伟大成就，引导大学生正确认识中国特色社会主义制度优势，深刻领会新冠肺炎疫情肆虐下，中国共产党坚持人民至上，取得举世瞩目的抗疫伟大成果，在大量事实面前和中外抗疫比较过程中，充分诠释中国特色社会主义为什么好、中国共产党为什么能、马克思主义为什么行。对大学生进行爱国主义教育是一个渐进过程，要把大学生对爱国的真情实感转化为他们的远大志向，激发他们建功立业、报效国家的主体自觉和内生动力。同时，爱国主义情怀并不仅仅只是一种内在情感或信念，而是要把内在的爱国主义情怀外化为具体的爱国行动，使大学生能够在社会实践中深化对爱国主义理性认知、情感认同的同时，结合他们自身的实际情况而勇于担当，以及在关键时刻能够挺身而出、艰苦奋斗和不畏牺牲，肩负起青年一代"强国有我"的历史重任。

第三节　净化网络空间文化生态环境

2018 年 4 月 20 日，习近平总书记在全国网络安全和信息化工作会议上指出："要提高网络综合治理能力，形成党委领导、政府管理、企业履责、社会监督、网民自律等多主体参与，经济、法律、技术等多种手段相结合的综合治网格局。"① 随着网络媒体信息技术的快速发展以及广泛运用，网络空间文化生态环境也随之更加复杂。网络空间中各种芜杂的信息和嘈杂的声音及其所形成的网络舆论为网络亚文化生成发展提供了现实土壤，不断挤压网络主流文化生存发展的空间，网络空间文化生态环境呈现日趋复杂的趋势。营造清朗的网络空间生态环境，需要进一步建立健全网络空间信息管理制度、加强网络空间舆情预警机制、完善网络空间信息综合治理方式，引导大学生自觉成为净化网络文化生态环境的坚决执行者、捍卫者和制度成果的享受者。

一、健全网络空间信息管理制度

制度具有管根本、管长远的作用。净化网络空间文化生态环境需要从加强网络空间的信息管理入手，应着重健全网络空间信息管理制度，为网络空间信息管理提供相应的制度保障，拓展网络空间主流文化生成发展空间，消解网络亚文化在网络空间中形成发展的信息载体。

（一）明确网络空间信息管理法律责任

网络信息技术随着时代发展和人们的现实需要不断变革，为人们快速便捷获取学习、工作和生活等方面的信息提供了最大的信息资源空间和载体。在网络空间中，人们可以最大限度地搜索到自己所需要的信息并且从中找到解决问题的方法。作为互联网原住民的大学生则是更愿意通过网络获取关于学习与工作等方面的信息，并从中了解社会时事热点信息和国内外发展形势，也更愿意在网络空间中进行休闲娱乐。与此同时，作为网络空间信息接收的主体之一，大学生在接收海量信息的过程中，也能够更加自由地传播大量的信息，即在很大程度上作为信息传播的主体发布信息或转发信息并且在网络空间中形成信息传播的节点，而由大学生在传播或接收信息的过程中所形成信息传播节点则连成网络空间信息传播面，进一步加快了信息在网络空间中的接收与传播。

---

① 《习近平谈治国理政》第三卷，外文出版社 2020 年版，第 306 页。

虽然网络空间能够快速便捷地为大学生提供海量信息，但是网络空间所传播的信息并不都是完整的，而是呈现零散化、碎片化的特征。这表明大学生在网络空间中接收或传播的信息并不都是真实存在的，面临存在虚假信息的现实问题，各种信息鱼龙混杂，具有一定的欺骗性。其中，虚假信息传播的最大体现是谣言在网络空间中的散布，谣言等虚假信息的散布不仅混淆视听，也会给一些大学生思想观念和行为方式带来较大冲击，甚至扰乱社会秩序以致影响社会和谐稳定。在网络空间除了传播谣言信息之外，还有传播色情、暴力恐怖等负面信息，这些负面信息不仅触及到社会公共道德问题，而且还涉及违反相应法律法规问题。相比现实社会，网络空间作为虚拟空间具有相对较大的自由性，大学生可以比较自由地在网络空间中传播各种信息，但是传播谣言、色情和暴力恐怖等负面信息同样需要承担相应的法律责任。这就要求在加强网络空间信息管理的过程中，应明确网络空间信息管理的法律责任。

目前，我国为加强网络空间的信息管理，先后出台了《中华人民共和国国家安全法》《中华人民共和国网络安全法》《互联网信息服务管理办法》以及《网络信息内容生态治理规定》等一系列关于网络空间信息管理制度。总体而言，这些网络信息管理制度的出台，为我国加强网络空间信息生态治理提供了一定制度保障，也从整体上对违反网络信息管理制度的行为以及情形作出明确规定，但更多的是着重从维护国家安全、网络安全层面对网络空间的信息进行管理以及规定相应的法律责任，而对违反网络信息管理其他方面的行为及情形所需要承担法律责任的规定相对较为笼统或更多的只是给予行政方面的处罚，以及处罚的力度相对较小。由此可见，在加强网络空间信息管理和净化网络空间文化生态环境的过程中，应进一步细化和明确违反网络空间信息管理制度的法律责任。

明确网络空间信息管理法律责任。要着重依据刑法、民法等法律法规的条款对网络空间信息进行管理，对涉及不同类型的网络空间信息管理的违法行为作出明确的界定。对于在网络空间中散布谣言的违法行为，按照所传播的谣言信息对社会公共秩序产生的危害程度分别给予刑事处罚或行政处罚，加大对散布或转发谣言信息的行为的法律处罚力度，不仅要强调谣言发布者的法律责任，也要明确谣言转发者的法律责任，必要时可以对发布与转发谣言的行为主体纳入个人征信档案。对于网络空间中涉及国家安全的信息，应该明确由国家安全部门或网络信息安全部门对涉及违法收集、转让网络空间信息的主体作出刑事处罚。而对于在网络空间中肆意传播色情、暴力恐怖以及涉及侵犯个人隐私的各类信息，在明确传播主体的法律责任的同时，也要明确网络空间信息平台的法律责任，加大网络空间信息平台监管的法律责任。

（二）建构网络空间信息管理分层制度

在网络空间中，网络空间信息管理涉及政府、企业、社会、网民等主体，同时也涉及国家网络信息管理部门与地方网络信息管理部门对网络空间信息管理的统筹与监督工作。这就要求针对不同的网络空间的信息主体相应建立健全网络空间信息管理分层制度，进一步明确不同主体在网络空间信息管理过程中的权利与义务。国家网信部门和地方网信部门作为网络空间信息的监督管理部门，负责对网络空间信息管理工作进行统筹协调。其中，在涉及网络空间信息管理时，国家网信部门和地方网信部门更多的是都依据《网络信息内容生态治理规定》履行自身的职责，这就不可避免各自在履行职责的过程中会出现职责交叉的情况，降低网信部门对网络空间信息管理的效率。可见，建立健全网络空间信息管理分层制度首先应从党委和政府部门内部着手，进一步明确和制定自上而下的网络信息管理制度，进而把网络空间信息管理制度优势转化网络空间信息治理效能。

网民作为网络空间信息管理所涉及的重要主体，在网络空间中既是网络信息内容生产者，也是网络信息内容服务的使用者。在制定网络空间信息管理制度过程中，应注重区分网民作为网络信息内容生产者和内容服务使用者时的不同权利与职责。对于作为网络信息内容生产者的网民，在制定和完善网络空间信息管理制度时，要明确网络信息内容生产者具有制作、复制和发布网络信息的权利，引导其坚持以社会主义核心价值观为引领，深入学习宣传贯彻习近平新时代中国特色社会主义思想，党的理论路线方针政策和党中央重大决策部署，结合中国特色社会主义进入新时代以来取得的伟大成就，宣传中华优秀传统文化，对外讲好中国故事，对此作出一定贡献的网络信息内容生产者可以给予一定的物质奖励或精神鼓励。

与此同时，要具体规定网络信息内容生产者不应当发布违法信息和不良信息的细则，明确其在制作、复制和发布网络信息时，不应危害国家安全、破坏国家统一、颠覆国家政权和损害国家名誉与利益等；不应歪曲、丑化、亵渎和否定英雄烈士的事迹和精神以及侮辱、毁谤英雄烈士的姓名、名誉和肖像等；不应散布谣言或传播与色情、暴力、赌博、恐怖主义、极端主义、封建迷信等相关的网络信息；不应在网络空间中散布破坏民族团结和我国宗教政策的信息；不应侵害他人个人信息隐私，侮辱或诽谤他人和其他合法权益；等等。同时，要明确网络信息内容生产者要防范、抵制制作、复制、发布不良信息，如使用夸张标题，炒作绯闻、丑闻等，以及宣扬低俗、媚俗和庸俗的内容。而对于网民作为网络信息内容服务的使用者，除了不应发布、转发对网络信息内容生产者所规定的违法信息或不良信息，还要明确其具有举报、投诉的权利，履行作为网络群组、论坛版块建立者的管理责任，不应通过网络信息技术谋取非法利益或侵害他人权利。

相比网民在网络空间中是网络信息内容生产者或网络信息内容服务的使用者，社会和企业更多的是网络信息内容服务平台的主体或网络行业组织。在制定网络信息内容管理制度时，明确网络信息内容服务平台应当履行网络空间信息管理的主体责任，加强自身平台的网络信息内容生态治理，并由此培育积极向上的网络文化。要健全完善网络信息内容服务平台的网络空间信息管理细则，健全用户注册、账户管理、信息发布审核、跟帖评论审核以及网络谣言应急处置制度，制定和完善抵制、防范违法信息、不良信息在网络信息内容服务平台内的制作、复制和发布。应优化信息推荐机制，加强网络信息内容服务平台版面生态的治理，尤其是加大对网络信息服务平台的热搜类、榜单类、弹窗等版面页面的管理，增强对网络信息内容服务平台的广告版面的审核和把关力度。

（三）完善网络媒体信息发布管理制度

网络空间中大部分信息的生成与发展主要是由网络媒体发布与传播，在很大程度上构成网络空间的舆论格局，也在网络空间中形成一定的网络文化生态。随着全媒体时代的到来，网络媒体信息发布机制在很大程度上发生变化，网络媒体原有的信息发布已不适应网络用户对信息接收与传播的需求。在全媒体时代，网络媒体的信息传播不再是传统媒体、新媒体"单打独斗"地传播发布信息，而是整合传统媒体与新媒体的信息发布机制，促使网络媒体的信息发布机制更加立体、及时和便捷。网络媒体信息发布机制随着传统媒体与新媒体相互融合为全媒体而发生改变，需要不断健全完善网络媒体信息发布管理制度。

在相对自由的网络空间中，人人都可以是媒介或麦克风，除了专业新闻工作者从事网络媒体信息发布之外，还存在大量的个体也可以扮演网络媒体信息发布的主体。这是因为网络空间是相对自由宽松的场域与环境，人人都能够在网络空间发表意见和传递声音并形成相应的舆论氛围，对现实社会发生热点事件进行发布以及进行持续跟踪报道，特别是当中的一些"网络大V"具有较大的影响力，其功能作用在一定程度上接近于新闻媒体的功能作用。尤其是随着微博、微信公众号和抖音等自媒体的快速发展，进一步拓宽个体在网络空间中发布信息的渠道。由于网络空间中在一定程度依然是实行匿名制度，一些"网络大V"为博取眼球而不顾信息的真实性随意在网络空间中发布信息，给散布谣言提供了相应的传播载体并加速谣言的传播，往往引起一些社会热点事件真相的反转，极易对一些大学生的世界观、人生观和价值观形成冲击。

为营造风清气正的网络空间，适应网络媒体信息发布机制和信息发布主体的变化，完善网络媒体信息发布管理制度应着重加强和完善党管媒体的原则与机制，确保网络媒体信息发布的导向正确。这是因为网络空间中的主流媒体是传播党的声音的喉舌，必须坚持党对主流媒体的领导。当前，网络空间已成为各方力量进行相互激烈争夺的文化阵地与舆论阵地，直接关乎党对网络意识形态的领导权、管理权和话语权的牢牢掌握，坚持党管媒体原则显得尤为重要。应着重教育引导新闻媒体从业人员树立马克思主义新闻观，以社会主义核心价值观为引领，真实及时有效地传递党的理论路线方针政策，促使主流媒体的声音能够在网络空间中占据主导地位，扩大社会主义主流价值观话语的影响力、辐射力与感染力。应健全党管媒体的政策与法律法规，推动党管媒体从管"人、财、物"等方面的配置，拓展到管"方向"、管"导向"，不仅要强化党管主流媒体，而且应实现党对社会媒体及其网络媒体管理的全覆盖，进而牢牢占领网络空间新闻舆论阵地。

完善网络媒体信息发布管理制度，不仅仅是对从事专门新闻工作者或新闻媒体机构的要求，也涉及网络空间中的自媒体和网络媒体平台，必然要加强对网络媒体信息发布的审核与反馈。在确保网络媒体信息发布正确导向的基础上，要加强对网络媒体信息发布事前审核制度，加大对网络媒体信息发布内容以及发布流程的审核与把关力度，使网络媒体发布信息内容符合社会主义核心价值观以及《网络信息内容生态治理规定》等法律法规的规定。应健全完善网络媒体信息发布反馈与评价制度，对网络媒体信息内容在网络空间发布之后所引起的反响进行及时反馈，记录网络媒体信息内容发布的效果，推动网络媒体信息发布者可以根据反馈情况及时调整发布的内容、方式等，必要时还可以对网络媒体的信息发布者起到责任追究的作用，及时有效纠正发布错误的信息内容。

二、加强网络空间舆情预警机制的建设

网络空间舆情是一定的社会现实问题在网络空间中形成的不同看法，是社会公众借助网络媒体这个载体对一些社会现实问题表达自身的观点所形成的舆论，其中也包含了社会公众的思想观念、文化倾向、社会心态和个体情绪。网络空间舆情走向直接影响社会公共秩序的稳定，及时分析研判网络空间舆情动向，加强网络空间舆情事前预警，营造网络空间正能量舆论导向至关重要。

（一）完善网络空间舆情预警研判机制

网络媒体信息技术的快速发展为人们表达个人主张和意愿等提供了载体以及更加自由的空间，而在网络空间中聚集起来的观点与情绪表达必然形成相应的网络空间舆情。但是网络空间中的舆情生成与发展过程不是简单的线性的积累过程，而是具有很强的突发性、隐蔽性和复杂性等特征。这是由网

络媒体信息技术的特征所决定的，促使社会公众在网络空间对一些社会现实问题表达意见、建议更加快速便捷，并且网络空间聚集不同群体呈现出群体极化特征使得网络空间舆情快速生成发展。同时，网络空间的开放性也让社会公众对一些社会问题可以相对随意地发表意见、观点，甚至还带有个人情绪以及煽动性的观点表达。而在网络空间中长期隐性传播的多元社会思潮、网络亚文化等利用网络舆情事件进行文化渗透，企图通过掩盖、歪曲事件真相的方式扰乱社会公众对社会现实问题的正确看法，以致影响民众的世界观、人生观和价值观。"在当今信息时代，网络信息负载量大、信息传播速率高、信息增值速度快，要求对于网络舆情的预警研判工作必须更加及时、高效、准确。"① 这就要求不断完善网络空间舆情预警研判机制。

作为互联网的原住民，大学生是在网络空间中聚集的重要群体，通过网络这个载体参与社会时事热点和国内外发展时势政策的讨论，并在网络空间中发表他们的观点、意见。大学生正处于"拔节孕穗"的关键时期，思想较为活跃，对网络空间的各种事项具有较强的好奇心而积极参与当中。由于一些大学生的世界观、人生观、价值观尚未定型，社会阅历以及知识储备相对不足，往往容易让一些别有用心的人"带节奏"，歪曲社会热点事件的真相，尤其是容易相信"网络大 V"的观点而产生偏颇的认识。一些大学生在参与网络舆情事件过程中更多的是情绪化表达，决定了他们往往难以形成自己的观点而理性对待网络舆情事件的真相，为网络亚文化、多元社会思潮借网络舆情事件向大学生进行思想渗透提供了空间，甚至企图把简单的社会问题演变上升为政治安全和文化安全，严重干扰社会的和谐稳定大局。

网络媒体信息技术特征及其网络空间的开放性、大学生的群体性特征客观要求在净化网络空间文化生态环境的过程中，不断完善网络空间舆情预警研判机制。网络空间舆情的产生主要来源于社会现实问题，是线下问题在网络空间中扩散并形成对此发表观点、表达情绪的舆论。可见，在完善网络空间舆情预警研判机制的过程中，应着重建立健全对社会现实问题产生与发展过程的预警机制，加强对社会现实问题在网络空间中扩散趋势以及演变为舆

---

① 陈晨等：《网络舆情预警研判机制研究》，《现代情报》2012 年第 5 期。

情事件的预测，及时制订相应应急预案和措施，把由社会现实问题所引起的网络舆情事件限制在较小并可控制的范围内。与此同时，要健全对网络舆情事件在网络空间中及其群体所带来的负面影响的预警研判机制，有效引导网络舆情事件发展方向，降低网络舆情事件对社会公共秩序的冲击以及对大学生思想观念和价值取向的影响。

不同类型的社会现实问题在网络空间中所形成的网络舆情事件的性质有所不同，并且在网络舆情事件发展过程中，网络舆情事件的性质必然会发生相应的改变，是个动态的发展过程。社会现实问题在网络空间引发舆情事件往往是从小的舆论热点突然形成舆论风暴，在很大程度上是由于社会现实问题所引起的网络舆情事件的性质所决定的。这要求不断健全完善对网络舆情事件性质的预警研判机制，在预警研判网络舆情事件形成发展趋势的同时，加强对网络舆情事件性质的研判，研判网络舆情事件是涉及大是大非的政治问题，还是涉及社会公众为解决个人所遇到的社会现实问题而强烈表达的个人利益诉求。要针对不同性质的网络舆情事件，而采取不同的应急处置方案，限制网络舆情事件的进一步发散扩大，降低网络舆情事件所带来的负面效应及其连带影响，避免简单的社会现实问题在网络舆情事件的发酵过程中演变上升为政治问题、网络安全等问题。

（二）健全网络空间舆情预警协作机制

网络空间舆情的产生所涉及的网络媒体信息技术和网络空间中存在的社会群体相对较为复杂，决定了在很大程度上难以依靠个别部门对网络舆情事件进行预警研判和处置，而是需要多个部门形成合力进行预警协作。解决网络空间舆情事件需要有权威的声音回应舆情事件所涉及的问题核心，回应社会公众的疑问以及提出解决问题的方式与方法。但是网络媒体信息技术使信息传递更加方便的同时，网络空间中也充斥着各种芜杂的信息和嘈杂的声音，以及个别"网络大 V"别有用心的恶意干扰，官方主流权威的声音容易消逝和淹没在芜杂的信息和嘈杂的声音当中，难以将社会时事热点事件的真相在更大范围内传递，削弱主流媒体在网络空间中的影响力、辐射力与公信力。与此同时，一些"网络大 V"打着科学的旗帜对官方主流的声音进行质疑，误导社会公众对网络舆情事件真相的理性辨别，以致影响官方主流媒体的公信力。由此可见，仅靠官方主流媒体在网络空间中传播主流声音回应网络舆情事件涉及的问题难以解决，而是需要依靠宣传部门、官方主流媒体、网信部门、网络平台和社会组织等多个单位形成合力，共同应对网络舆情事件。

网络空间中舆论信息的传播处于"后真相"时代，也加大了应对网络舆情事件的难度，甚至为网络舆情事件的突发提供了群体极化形成的条件。网络空间的"后真相"时代主要是指在各种芜杂的信息和嘈杂的声音当中，裹挟了社会公众情绪与态度，而社会公众在网络舆情事件发生时往往受到当时各种情绪的影响，不顾舆情事件的真相而随意在网络空间发表意见、观点，甚至对官方主流的声音采取质疑和抨击的态度。当网络舆情事件的事实真相摆在社会公众面前时，随之引起网络舆情事件真相的"反转"，而整个舆情事件真相"反转"的过程容易误导社会公众对网络舆情事件真相的判断，甚至直接给一些社会公众的心理与思想价值观念带来较大冲击，恐慌、焦虑等社会心理问题在网络空间中蔓延。这表明在网络舆情预警的过程中，需要发挥心理咨询中心部门和组织相关专家及时进行心理疏导等工作。

通过完善网络空间舆情预警协作机制，形成处置网络舆情事件的合力，应建立健全领导体制机制，加强对网络空间舆情预警所涉及各个部门单位的统筹协调，最大限度地发挥各个部门单位在网络空间舆情预警过程中的作用。在网络空间舆情预警协作过程中，国家网信部门或地方网信部门应充分利用网络媒体信息技术，建立健全网络空间舆情预警系统，并在网络舆情事件发生时采取相应技术措施对一些信息的发布、传播、转发等进行限制，为相关部门或媒体发布相关信息提供技术支撑。宣传部门则应充分调查网络舆情事件所涉及的相关问题，公布事实真相回应社会公众的疑问，而主流媒体要有效发挥全媒体信息技术在发布、传播舆论信息过程中的功能作用，加大网络舆情事件真相的宣传力度，并通过通俗化、大众化的形式进行评论解读，提高官方新闻媒体的公信力。

在网络空间舆情预警的过程中，要推动建立健全网络信息服务平台进行网络舆情预警的参与机制。网络舆情事件的发生必然需要一定的载体作为支撑，这是由于网络信息服务平台提供发布、复制、转发信息的便利的同时，也为表达社会现实问题提供了渠道。当网络舆情事件在网络空间中发酵时，网络信息服务平台可以参与到网络舆情预警系统中，利用信息服务平台优势协同国家网信部门、主流媒体进行网络舆情事件的应对，并提供相应的技术支持，比如对涉及一些违法信息或不良信息进行有效的屏蔽。与此同时，针对网络舆情事件出现的情绪化表达及其所带来的恐慌、焦虑心态，社会心理咨询中心也可以通过网络空间舆情预警协作机制，并借助网络信息服务平台形成相应的社会心理咨询与疏导机制，化解大学生等群体由于情绪化表达对网络舆情事件的推波助澜。

（三）构建网络空间舆情预警监测系统

网络舆情事件的生成发展有其自身内在规律，并且网络舆情事件生成发展的每个阶段的特征也都有所不同，客观要求网络空间舆情预警贯穿网络空间舆情事件的整个过程。"由于引发舆情热点的问题或事件本身及其变化发展，以及网民情绪等因素的影响，网络舆情与现实产生互动的过程中，会以不同的方式经历一个形成、高涨、波动和最终淡化的发展过程。"① 网络舆情事件的发生需要一定社会现实问题作为基础与背景，依据网络舆情事件的影响力以及社会现实问题解决的进程，网络舆情事件发展可以划分为四个阶段，分别为网络舆情事件初始阶段、网络舆情事件激增阶段、网络舆情事件高潮阶段和网络舆情事件衰退阶段。网络舆情事件四个发展阶段所包含的舆论信息量有所不同，舆论信息量总体呈现先上升后下降的发展趋势，甚至每个发展阶段的网络舆情事件的性质也会发生相应的改变。这在很大程度上决定了网络空间舆情预警仅仅依靠人工难以作出快速的反应和判断，需要构建网络空间舆情预警监测系统进行全过程、全天候的巡查，实现"人工＋技术"的预警。

通过构建网络空间舆情预警监测系统实现网络舆情的实时巡查与及时反映，需要在网络舆情事件发生发展的每个阶段合理设置和划分相应的监测指

---

① 王克群：《网络舆情的研判与应对》，《长白学刊》2010 年第 1 期。

标，力求最大限度地对网络舆情事件作出精准预警和分析。在网络舆情事件初始阶段，应着重设置舆情主题的敏感度指标，重点关注时事政治类、社会民生类等网络舆情事件的主题，进而快速达到有效及时地判断网络舆情事件发生的源头以及性质。在网络舆情事件发生的激增阶段和高潮阶段，要注重设置网络舆情事件的热度、流量走向以及不同群体在舆情事件发展过程中的态度倾向与行为倾向等指标，并对指标的相关指数进行分析和研判，以此采取有效措施对网络舆情事件进行及时处置。另外，要明确和不断细化网络舆情事件预警指标的级别，例如可以设置"红橙黄绿"等凸显舆情等级，对应预警指标级别的不同设定网络舆情事件的应急预案。

基于有效推动网络空间舆情预警系统的运行，在合理设置网络空间舆情预警系统的指标及其级别的基础上，应建立健全相对应的常态化机制与非常态化机制。通过健全网络空间舆情预警系统运行的常态化机制，着重对网络空间舆情进行多层次、全方位、全屏全网与全时段监测、采集和报告，强化"人工＋技术"立体化的预警监测体系。要不断完善网络舆情事件预警监测的重点对象、重点舆区和重点领域的常态化巡查制度，比如，关注和监测在网络空间中相对活跃的大学生、"网络大V"和新闻媒体工作者等群体，实时关注重点对象的舆论动态，从中把握网络舆情事件的走向。网络舆情事件的发生以及不同群体的聚集往往需要借助网络信息平台这个载体，必然要求加强对网络信息平台信息转发量、跟帖评论量等涉及网络舆情事件的版块区域进行常态化的监测。

与建立健全网络空间舆情预警监测的常态化机制相对应，还需要建立健全网络空间舆情预警监测的非常态化机制，即主要在重要时间节点、重要事件公布或开展重大活动的过程中，加强对网络空间中舆情的巡查。完善网络舆情预警监测过程中的风险评估机制，在重要时间节点开展重大活动之前，要充分考虑爆发网络舆情所带来各种风险的可能性与偶然性因素，对引发网络舆情事件的偶然性因素进行重点排查，并设定相应的应急操作手册防范化解潜在的风险挑战。应建立健全相应的网络舆情预警监测过程中的反馈机制，尤其是在一些重大政策发布后，及时关注和监测网络空间中舆情动态以及不同群体对重大政策发布的态度与行为，力求在第一时间作出分析、研判与报告，为应对和处置可能爆发的网络舆情事件提供宝贵时间，有效回应网络空间中舆情事件所呈现的问题。

三、完善网络空间信息综合治理手段

网络空间信息治理作为一项系统复杂工程，涉及政府、企业、社会和网民等多个主体，需要发挥法律、道德、技术和市场经济等综合治理手段的作用，不断提高网络空间信息综合治理能力，努力营造清朗的网络空间。

（一）坚持法治手段与道德手段相结合的作用

网络空间作为学习、生活、工作和娱乐的虚拟空间，充斥着海量化、碎片化的信息和各种嘈杂的舆论，其中包含一些危害网络安全、冲击社会公共秩序的违法信息以及其他不良信息，涉及法律与道德问题，客观要求在网络空间信息治理的过程中，要把法治手段与德治手段结合起来，实现德法兼备的综合治理。网络空间并不是法外之地，需要运用法律武器和采取法治手段等强制措施对网络空间存在违法信息与不良信息进行治理。同时，网络空间也存在一些并不触及法律法规相关问题的信息，需要运用道德力量，坚定人们的道德操守。法律和道德两种手段的同时运用，对在网络空间中弘扬主旋律和正能量，激发不同群体的主体自觉和内生动力，共同参与网络空间信息的综合治理起到重要推动作用。

近年来，我国依据《中华人民共和国网络安全法》先后陆续出台与网络空间信息治理相关的法律法规，主要包括《互联网用户公众账号信息服务管理规定》《互联网信息搜索服务管理规定》《互联网信息内容管理行政执法程序规定》《互联网论坛社区服务管理规定》《互联网跟帖评论服务管理规定》等法律法规，尤其是《网络信息内容生态治理规定》，为网络空间信息治理提供相应的政策依据和制度保障。在加强网络空间信息综合治理的过程中，要合理运用法律武器和法治手段对网络空间中存在的违法信息和不良信息进行依法打击，对在网络空间中传播违法信息而危害网络安全、破坏社会和谐秩序的行为，依法依规处理，最大限度推动网络空间的信息能够依法依规而有序地发布、转发和复制，引导大学生等网民群体遵守网络空间法律法规，

增强网络法治意识,自觉做"好网民"。

网络空间发布、转发以及复制的信息所涉及的道德问题在很大程度上是社会现实中的道德问题在网络空间中的反映。由于网络空间的开放性、匿名性和隐蔽性等特点,在网络空间中学习、工作、生活和娱乐的网民群体可以相对自由地发布、传播信息,他们所传播的信息也包含着思想道德观念的问题。其中,网络空间充斥拜金主义、享乐主义和极端个人主义的舆论信息直接冲击着思想道德建设,甚至对大学生的思想道德观念产生负面影响。由此可见,通过把法治手段与道德手段结合起来,坚持依法治网和以德润网相结合,加大对网络空间信息的综合治理,应着重加强大学生等网民的媒介素养教育,提高他们的网络法律意识和理性辨别信息能力。这是因为从网民作为网络空间中发布、转发信息的主体层面看,无论是运用法治手段,还是发挥道德手段对网络空间信息进行治理都是相对被动的手段与措施。在加强网络空间信息治理的过程中,要通过加强大学生等网民群体的媒介素养教育,培养大学生等网民网络法律意识,调动他们参与网络空间信息治理的积极性、主动性和创造性,促使他们能够在网络空间发布、转发信息的过程中自觉遵守法律法规,进而提高网络空间信息综合治理水平。与此同时,一些大学生由于缺乏对信息进行理性辨别能力以及信息传播的隐蔽性特征而存在错误转发不良信息的状况,也决定了应加强网民的媒介素养教育,提高他们对网络空间信息进行批判质疑的能力,从而降低违法信息和不良信息在网络空间被转发的几率。

(二) 发挥人工智能等信息技术手段的作用

近年来,网络媒体信息技术发生深刻变革与广泛运用,尤其是人工智能、大数据、云计算等信息技术的日益成熟,被逐渐运用于人们的学习、生活和工作等各个领域,推动一些领域实现颠覆性变革,促使人们的生产生活日益智能化、精准化。其中,人工智能、大数据和云计算等信息技术广泛运用于网络空间信息发布与传播,网络空间中的信息日益高度数字化,而高度数字化、海量化的信息正逐渐成为一种无形的资产。在网络空间中,把人工智能、大数据和云计算等信息技术运用到信息发布和传播过程中,不断提高网络媒体信息传播的效率，并且使信息传播更加精准化。这是由于人工智能、大数据等信息技术可以对信息用户的各类信息偏好以及群体性特征进行精准的"画像"分析，依据信息用户在网络空间中的行为习惯和内在需求推送信息，进而实现了由"人找信息"向"信息找人"的转变。

科学技术是一把双刃剑，人工智能、大数据和云计算等信息技术为人们的生产生活带来智能化、精准化的同时，也使网络空间中的信息传播面临新的挑战。虽然人工智能、大数据和云计算等信息技术能够给信息用户精准推送所需要的信息，但是信息用户的个人隐私也在很大程度上失去保护。这是因为信息技术为了实现精准推送信息需要搜集信息用户更多的相关信息，甚至是与信息用户个人隐私相关的信息。一些网络信息服务平台为了能够精准推送信息并从中获取相应的利益，在没有获得信息用户授权的情况下而随意搜集用户信息与数据，不仅侵犯了信息用户的个人隐私，而且信息用户的数据积累达到一定规模后也对国家安全构成相应的威胁。与此同时，一些网络信息服务平台为推送广告以增加收入而随意向信息用户推送一些垃圾信息，给信息用户的生活带来了不便与干扰，导致网络空间信息生态和文化生态的破坏。

人工智能、大数据和云计算等信息技术给网络信息传播及其网络信息生态带来新的挑战的同时，也内含着新的机遇。在加强网络空间信息治理、净化网络空间文化生态环境的过程中，要充分发挥人工智能精准智能推送信息和精准智能识别违法信息和不良信息的功能作用。通过人工智能技术运用到网络空间的信息治理，并基于信息用户授权的情况下，主动向信息用户推送社会主义核心价值观、中华优秀传统文化等内容信息，结合每个信息用户的有效信息需求，更加精准化和智能化地推送他们喜闻乐见的内容，从而在网络空间中弘扬主旋律。对于网络空间中存在的违法信息和不良信息，应在人工智能系统内设定相应的"词频"，进而实现对违法信息和不良信息的精准智能识别，提高网络空间信息治理的效率。

大数据在搜集、储存和分析数据的过程中，具有容量大、种类多、速度快的特征与优势，能够对网络空间中产生的信息数据进行深度挖掘。在网络媒体信息技术发展变革的历程中，与人工智能技术相伴而生的大数据技术也为网络空间信息内容的治理提供了全新的技术支撑作用。通过运用大数据技术，充分发挥大数据分析数据、预测趋势的功能作用，从网络空间海量的信息数据中找出违法信息和不良信息，预测违法信息和不良信息的来源与传播倾向，并以此分析违法信息和不良信息发布者的行为倾向与态度倾向，实现网络空间舆情信息的实时监测与预警。通过运用人工智能技术对违法信息和不良信息的精准识别，有效发挥大数据技术在网络空间信息治理过程中所展现的信息拦截、信息屏蔽功能，进一步阻断违法信息和不良信息在网络空间中扩散的渠道，从而为符合社会主义主流文化和社会主义核心价值观的舆论信息传播提供良好的生态空间。

（三）发挥市场手段在调控数字经济中的作用

网络媒体信息技术的变革为电子商务、数字经济在网络空间中的发展提供了技术支撑，促使大学生等网民群体可以通过网络远程开展数字经济活动，极大提高他们在网络空间中进行购物的效率，并且由此提升大学生等网民群体在社会现实生活中获取信息资源的便捷程度。虽然在网络空间中所产生的海量信息数据是碎片化的，但是海量化和碎片化的信息数据积累到一定量并相应引起质的变化会形成一种较大经济价值和效益。"网络信息是跨国界流动的，信息流引领技术流、资金流、人才流，信息资源日益成为重要生产要素和社会财富，信息掌握的多寡成为国家软实力和竞争力的重要标志。"[①] 数字经济的形成发展需要依托网络媒体信息技术的发展变革，但是更为重要的是需要海量的信息数据作为支撑，在这些海量的信息数据当中最具有经济价值的是涉及信息用户个人隐私的数据。这是因为网络信息服务平台只有在获取足够多的信息用户数据基础上，才能获得开展数字经济所需的用户流量。同时，网络信息服务平台在向信息用户推送各种商品信息的过程中，也能从中获取较大的广告收益，并形成相应的信息产业链条。

数字经济在网络空间中发展不仅依靠现代化技术与海量数据，还依托社会主义市场经济所创造的良好市场环境与条件。但是，由市场经济驱动的数

---

① 《习近平谈治国理政》第一卷，外文出版社 2018 年版，第 198 页。

字经济反过来也受到市场经济和资本逐利性的影响，一些网络信息服务平台为了最大限度获取资本利润，在没有获取信息用户授权的前提下而肆意搜集涉及个人隐私的数据，甚至贩卖信息用户个人隐私的数据，严重侵犯信息用户的个人隐私权利，以致这些数据累积到一定数量也对国家安全构成相应的威胁。同时，网络信息服务平台在论坛社区版块、界面和弹窗等区域投放商品广告并获取收益，具有一定的正当性，但是一些网络信息服务平台为了获取更多的广告点击量，在投放商品广告时选取暗含庸俗、低俗和媚俗等粗制滥造的信息作为宣传背景与内容，并且在网络空间中受到一些大学生追捧的网络亚文化样态及其内容，也成为一些网络信息服务平台的广告投放领域，导致网络信息内容的复杂无序，影响大学生的个体选择和价值判断。

综合运用各种有利条件，解决网络信息服务平台开展数字经济活动所引起网络空间信息内容风险的问题，营造风清气正的网络空间生态环境，客观要求我们通过发挥市场手段调控数字经济活动的作用。通过市场手段调控数字经济以带动网络空间信息内容生态的治理，要发挥市场监管部门和网络安全部门的监管作用，尤其是在网络企业和平台整合过程中加强网络信息服务平台信息数据的监管审查，避免由于网络信息服务平台通过合并形成市场垄断而不顾信息用户个人隐私数据的安全。特别是要加强市场监管部门和网络安全部门在网络信息服务平台赴境外上市过程中的监管，防范网络信息服务平台为了上市融资向国外机构披露信息用户数据，进而带来危害国家安全的风险挑战，共同致力于建设清朗的网络文化生态环境。

主要参考文献

著作类

1.《马克思恩格斯选集》第 1 卷，人民出版社 2012 年版。

2.《马克思恩格斯选集》第 3 卷，人民出版社 2012 年版。

3.《马克思恩格斯文集》第 1 卷，人民出版社 2009 年版。

4.《马克思恩格斯全集》第 42 卷，人民出版社 1979 年版。

5. 马克思：《资本论》第 3 卷，人民出版社 1975 年版。

6.《习近平谈治国理政》，外文出版社 2014 年版。

7.《习近平谈治国理政》第一卷，外文出版社 2018 年版。

8.《习近平谈治国理政》第二卷，外文出版社 2017 年版。

9.《习近平谈治国理政》第三卷，外文出版社 2020 年版。

10. 习近平：《在北京大学师生座谈会上的讲话》，人民出版社 2018 年版。

11. 习近平：《在纪念五四运动 100 周年大会上的讲话》，人民出版社 2019 年版。

12. 习近平：《决胜全面建成小康社会 夺取新时代中国特色社会主义伟大胜利——在中国共产党第十九次全国代表大会上的报告》，人民出版社 2017 年版。

13. 习近平：《在庆祝中国共产党成立 100 周年大会上的讲话》，人民出版社 2021 年版。

14. 习近平：《思政课是落实立德树人根本任务的关键课程》，人民出版社 2020 年版。

15. 习近平：《在庆祝改革开放 40 周年大会上的讲话》，人民出版社 2018 年版。

16. 陈万柏、张耀灿主编：《思想政治教育学原理》，高等教育出版社 2015 年版。

17. 陈培永：《当代中国马克思主义为什么是对的》，人民出版社 2018 年版。

18. 莫茜：《大众文化与网络文化》，北京邮电大学出版社 2009 年版。

19. 张朝霞等编:《网络文化对大学生的影响》,河北人民出版社 2014 年版。

20. 彭聃龄:《普通心理学》,北京师范大学出版社 2002 年版。

21. 奚洁人:《科学发展观百科词典》,上海辞海出版社 2007 年版。

22. 杨仁敬:《美国后现代派小说论》,青岛出版社 2005 年版。

23. 罗建平:《破解消费奴役:消费主义和西方消费社会的批判与超越》,社会科学文献出版社 2015 年版。

24. 罗纲、刘象愚:《文化研究读本》,中国社会科学出版社 2000 年版。

25. [美] 亨廷顿·哈里森:《文化的重要作用:价值观如何影响人类进步》,新华出版社 2013 年版。

26. [美] 迪克·赫伯迪格:《亚文化——风格的意义》,陆道夫、胡疆锋译,北京大学出版社 2009 年版。

27. [美] 阿尔君·阿帕杜莱:《消散的现代性:全球化的文化维度》,刘冉译,上海三联书店 2012 年版。

28. [美] 欧文·戈夫曼:《日常生活中的自我呈现》,冯纲译,北京大学出版社 2016 年版。

29. [美] 丹尼尔·贝尔:《资本主义文化矛盾》,严倍雯译,人民出版社 2010 年版。

30. [德] 马克斯·韦伯:《学术与政治》,冯克利译,生活·读书·新知三联书店 2005 年版。

31. [美] 波兹曼:《娱乐至死》,章艳译,广西师范大学出版社 2004 年版。

32. [美] 马尔库塞:《单向度的人》,刘继译,上海译文出版社 2008 年版。

33. [美] 丹尼尔·贝尔:《资本主义文化矛盾》,赵一凡等译,生活·读书·新知三联书店 1989 年版。

34. [德] 阿多诺:《否定的辩证法》,张峰译,重庆出版社 1989 年版。

35. [美] 尼古拉斯·米尔佐夫:《视觉文化导论》,倪伟译,江苏人民出版社 2006 年版。

36. [法] 鲍德里亚:《象征交换与死亡》,车槿山译,译林出版社 2006 年版。

37. [英] 迪克·赫伯迪格:《亚文化:风格的意义》,陆道夫、胡疆锋译,北京大学出版社 2009 年版。

38. [法] 鲍德里亚:《物体系》,林志明译,上海人民出版社 2001 年版。

39. [法] 鲍德里亚:《消费社会》,刘成富译,南京大学出版社 2001 年版。

40. [美] 彼得·N.斯特恩斯(Peter N.Stearns):《世界历史上的消费主义》,邓超译,商务印书馆 2015 年版。

41. [美] 埃里希·弗洛:《健全的社会》，孙恺祥译，上海译文出版社 2011 年版。

论文类

1. 匡文波:《论网络文化》，《图书馆》1999 年第 2 期。

2. 冯永泰:《网络文化释义》，《西华大学学报（哲学社会科学版）》2005 年第 2 期。

3. 赵亮:《网络文化与人的主体性发展》，《中国特色社会主义研究》2019 年第 2 期。

4. 詹恂:《网络文化的主要特征研究》，《社会科学研究》2005 年第 2 期。

5. 樊迎光:《网络文化对大学生的影响》，《新闻爱好者》2009 年第 14 期。

6. 任祥:《网络文化传播对大学生价值取向的影响分析》，《学校党建与思想教育》2011 年第 20 期。

7. 刘素芬:《网络文化环境下大学生价值观引导的策略探究》，《思想理论教育导刊》2014 年第 5 期。

8. 曾翔、唐黎、刘夕媛:《网络流行文化对大学生价值观的影响》，《当代青年研究》2014 年第 1 期。

9. 周秋华、洪瑶琪:《网络流行文化对大学生教育的影响与对策研究》，《山西财经大学学报》2016 年第 S2 期。

10. 王冬梅:《网络环境下提升社会主义主流文化引领能力的着力点》，《思想政治教育研究》2014 年第 1 期。

11. 杨喜冬:《网络文化中的负面价值及治理措施分析》，《理论观察》2015 年第 4 期。

12. 黄燕:《高校网络文化的育人功能及其实现路径探析》，《思想理论教育》2018 年第 9 期。

13. 刘海燕:《新时代高校传播中华优秀传统文化略论》，《学校党建与思想教育》2019 年第 2 期。

14. 付安玲、张耀灿:《大数据助力网络意识形态治理及提升路径》，《马克思主义研究》2016 年第 5 期。

15. 古帅:《社会主义核心价值观引领网络文化的路径探析》，《思想理论教育导刊》2019 年第 6 期。

16. 杜骏飞:《丧文化：从习得性无助到"自我反讽"》，《编辑之友》2017 年第 9 期。

17. 余天威:《网络青年"卖丧信佛"的符号狂欢与亚文化景观审视》，《云南社会科学》

2019 年第 4 期。

　18. 蒋建国、李颖欣:《网络情绪表达与价值观引领——对"丧文化"的反思》,《长白学刊》2018 年第 6 期。

　19. 令小雄、李春丽:《佛系青年亚文化现象的心理结构探析》,《中国青年社会科学》2020 年第 3 期。

　20. 张东方:《青年理性平和社会心态培育的逻辑理路》,《学校党建与思想教育》2021 年第 5 期。

　21. 赵智敏、梁玉:《新媒体时代亚文化与传统文化的双向互动——青年"佛系"标本解读》,《新闻爱好者》2021 年第 3 期。

　22. 魏晓娟:《青少年使用网络流行语的心理动因及教育应对》,《当代青年研究》2017 年第 2 期。

　23. 秦程节、王夫营:《网络流行语视阈下青年核心价值观认同培育》,《当代青年研究》2018 年第 2 期。

　24. 石立春:《流行语呈现的青年网络狂欢及潜藏的思想动向研究——基于〈咬文嚼字〉杂志十大流行语(2009—2018 年)的内容分析》,《思想教育研究》2019 年第 12 期。

　25. 黄海鹏、门瑞雪、曲铁华:《短视频文化影响下的大学生价值观现状透视》,《学校党建与思想教育》2019 年第 18 期。

　26. 王肖:《大学生短视频热现象的原因分析、潜在风险及应对策略》,《思想理论教育》2021 年第 1 期。

　27. 王凤仙、李亮:《大学生短视频分享的形态、风险与应对策略》,《思想理论教育》2020 年第 11 期。

　28. 高芳放:《大学生网络消费心理与行为调查》,《中国青年研究》2015 年第 2 期。

　29. 李海波、刘佩瑶:《当代大学生畸形消费行为及规制》,《学术论坛》2019 年第 4 期。

　30. 张睿、吴志鹏、黄枫岚:《"00 后"大学生的思想观念及行为倾向研究》,《思想理论教育》2021 年第 6 期。

　31. 张戈、刘建华:《大学生网络亚文化的群体价值冲突》,《当代青年研究》2016 年第 1 期。

　32. 谷学强、刘鹏飞:《网络亚文化对青少年思想教育的影响与引导》,《当代青年研究》2017 年第 6 期。

　33. 王夫营、谭培文:《网络亚文化对大学生核心价值观认同的阻隔及其超越之道》,

《理论导刊》2017 年第 8 期。

34.杨月荣、郝文斌：《"00 后"大学生受网络亚文化影响情况分析》，《思想理论教育导刊》2021 年第 4 期。

35.谷学强、张子铎：《社交媒体中表情包情感表达的意义、问题与反思》，《中国青年研究》2018 年第 12 期。

36.侯玉环：《论新时代青年学生奋斗精神培育研究》，《思想理论教育导刊》2019 年第 6 期。

37.蒋建国、李颖欣：《网络情绪表达与价值观引领——对"丧文化"的反思》，《长白学刊》2018 年第 6 期。

38.刘昕亭：《积极废人的痛快享乐与亚文化的抵抗式和解》，《探索与争鸣》2020 年第 8 期。

39.罗敏、支庭荣：《青年"丧"文化的话语生成和情感实现》，《当代青年研究》2019 年第 4 期。

40.张改凤：《青年奋斗视域下"丧文化"的辩证审思》，《新疆社会科学》2020 年第 5 期。

41.陈建华、赵志平：《引导大学生确立理性消费观刍议》，《学校党建与思想教育》2020 年第 7 期。

42.刘朝霞、王瑜：《新媒体视域下青年网络"丧文化"传播研究——以流行词"佛系"为例》，《中国青年社会科学》2019 年第 3 期。

43.周晓虹：《模仿与从众：时尚流行的心理机制》，《南京社会科学》1994 年第 8 期。

44.卜建华、孟丽雯、张宗伟：《"佛系青年"群像的社会心态诊断与支持》，《中国青年研究》2018 年第 11 期。

45.卜建华、贾诗琦：《新媒体时代佛系青年文化的心理生成与引导机制》，《思想政治教育研究》2020 年第 10 期。

46.吴茜：《"佛系青年"的身份实践——兼具"阶层"与"个体"的话语表达》，《中国青年研究》2020 年第 7 期。

47.令小雄、李春丽：《佛系青年亚文化现象的心理结构探析》，《中国青年社会科学》2020 年第 3 期。

48.胡洁：《当代中国青年社会心态变迁、现状与分析》，《中国青年研究》2017 年第 12 期。

49.宋德孝：《青年"佛系"人生的存在主义之殇》，《中国青年研究》2018 年第 3 期。

50. 张东方：《青年理性平和社会心态培育的逻辑理路》，《学校党建与思想教育》2021 年第 5 期。

51. 张鑫宇：《青年"佛系心态"透视》，《当代青年研究》2019 年第 2 期。

52. 缪笛：《"佛系青年"现象生成逻辑与引导研究》，《中国青年研究》2019 年第 9 期。

53. 姜正君：《短视频"文化盛宴的文化哲学审思——基于大众文化批判理论的视角》，《新疆社会科学》2020 年第 2 期。

54. 张慧喆：《虚假的参与：论短视频文化"神话"的幻灭》，《现代传播》2019 年第 9 期。

55. 林峰：《移动短视频：视觉文化表征、意识形态图式与未来发展图景》，《海南大学学报（人文社会科学版）》2019 年第 6 期。

56. 郑宜庸：《移动短视频的影像表征和文化革新意义》，《现代传播（中国传媒大学学报）》2019 年第 4 期。

57. 张开、孙维庆：《短视频文化与青少年受众成长的一些思考》，《青年记者》2019 年第 33 期。

58. 黄丹旎、李萍：《短视频内容生产发展思路探析》，《青年记者》2019 年第 32 期。

59. 彭兰：《碎片化社会与碎片化传播断想》，《华南理工大学学报（社会科学版）》2012 年第 6 期。

60. 郑宜庸：《移动短视频的影像表征和文化革新意义》，《现代传播（中国传媒大学学报）》2019 年第 4 期。

61. 许竹：《移动短视频的传播结构、特征与价值》，《新闻爱好者》2019 年第 12 期。

62. 王肖：《大学生短视频热现象的原因分析、潜在风险及应对策略》，《思想理论教育》2021 年第 1 期。

63. 王凤仙、李亮：《大学生短视频分享的形态、风险与应对策略》，《思想理论教育》2020 年第 11 期。

64. 贾雪丽：《"微文化"传播中大学生道德责任感培育的三重困境》，《伦理学研究》2019 年第 4 期。

65. 陈昌凤：《斜杠身份与后真相泛娱乐主义思潮的政治隐患》，《人民论坛》2018 年第 6 期。

66. 任建东、邓丽敏：《新媒体接受中道德教育的三大困境》，《伦理学研究》2011 年第 5 期。

67. 郝娜、黄明理：《"泛娱乐化"现象：现代性语境下崇高精神的虚无困境》，《思想教育研究》2020 年第 1 期。

68. 骆郁廷、李勇图：《抖出正能量：抖音在大学生思想政治教育中的运用》，《思想理论教育》2019 年第 3 期。

69. 黄一玲等：《网络文化"泛娱乐化"背景下的社会主义核心价值观认同培育》，《湖北社会科学》2016 年第 11 期。

70. 聂艳梅、吴晨玥：《短视频景观的成因透视与文化反思》，《云南社会科学》2020 年第 5 期。

71. 高宏存、马亚敏：《移动短视频生产的"众神狂欢"与秩序治理》，《深圳大学学报（人文社会科学版）》2018 年第 6 期。

72. 黄海鹏等：《短视频文化影响下的大学生价值观现状透视》，《学校党建与思想教育》2019 年第 18 期。

73. 张凤莲、靳雪：《消费文化治理及其多维路径探析》，《东岳论丛》2020 年第 11 期。

74. 艾玉波、庞雅莉：《女性主义视角下的中国女性消费文化研究》，《社会科学家》2015 年第 1 期。

75. 张恩碧：《试论体验消费的内涵和对象》，《消费经济》2006 年第 6 期。

76. 徐磊：《当代大学生消费形态研究的路径与方法》，《北京社会科学》2011 年第 2 期。

77. 成伯清、李林艳：《现代消费与青年文化的建构》，《青年研究》1998 年第 7 期。

78. 刘杨：《异化需求、拜物教与虚假幸福观——论莱斯对消费主义状态下人的存在方式批判》，《学术交流》2017 年第 2 期。

79. 蒋建国：《马克思主义消费文化理论及其当代意蕴》，《马克思主义研究》2007 年第 3 期。

80. 刘苏津：《关于青年问题的哲学思考》，《青年研究》1995 年第 7 期。

81. 马中红：《新媒介与青年亚文化转向》，《文艺研究》2010 年第 12 期。

82. 侯艺：《当代青年消费现状及对策研究》，《中国青年研究》2019 年第 11 期。

83. 樊永强：《绿色消费呼唤法律体系的完善》，《人民论坛》2018 年第 25 期。

84. 蒋建国：《网络消费文化建设的优化路径》，《人民论坛》2021 年第 4 期。

85. 杨传张、祁述裕：《我国互联网文化产业监管制度的现状、问题及建议》，《福建论坛（人文社会科学版）》2019 年第 2 期。

86. 陈晓春、吴晓龙：《论基于人的本质属性视角的消费安全建设》，《消费经济》2012 年第 3 期。

87. 董杰：《论社会主义核心价值观的引领力》，《中南民族大学学报（人文社会科学版)》2021 年第 3 期。

88. 何彦新、古帅：《基于文化认同的大学生社会主义核心价值观培育》，《思想理论教育导刊》2017 年第 7 期。

89. 姜长宝、任俊霞：《志愿服务：大学生践行社会主义核心价值观的有效载体》，《思想理论教育导刊》2016 年第 3 期。

90. 刘新庚等：《论高校核心价值观"三进"的常态化》，《大学教育科学》2016 年第 6 期。

91. 韩喜平、肖杨：《课程思政与思政课程协同育人的"能"与"不能"》，《思想理论教育导刊》2021 年第 4 期。

92. 朱京凤、张桂华：《中华优秀传统文化视角下高校校园文化建设研究》，《学校党建与思想教育》2019 年第 16 期。

93. 沈思：《打造具有全球影响力的文化品牌》，《人民论坛》2018 年第 1 期。

94. 陶利江：《论新时代中国共产党革命精神的思想文化引领功能》，《探索》2021 年第 3 期。

95. 吴玉军：《国家认同视域下革命英雄记忆的传承》，《中国特色社会主义研究》2021 年第 2 期。

96. 张绍荣：《新媒体环境下红色文化传播研究》，《中国青年研究》2011 年第 12 期。

97. 陈晨等：《网络舆情预警研判机制研究》，《现代情报》2012 年第 5 期。

98. 王克群：《网络舆情的研判与应对》，《长白学刊》2010 年第 1 期。

报纸、文件类

1.《习近平在清华大学考察时强调　坚持中国特色世界一流大学建设目标方向　为服务国家富强民族复兴人民幸福贡献力量》，《人民日报》2021 年 4 月 20 日。

2.《习近平主持召开学校思想政治理论课教师座谈会强调　用新时代中国特色社会主义思想铸魂育人　贯彻党的教育方针落实立德树人根本任务》，《人民日报》2019 年 3 月 19 日。

3.《习近平在全国宣传思想工作会议上强调　举旗帜聚民心育新人兴文化展形象　更好完成新形势下宣传思想工作使命任务》，《人民日报》2018 年 8 月 23 日。

4.《习近平主持召开教育文化卫生体育领域专家代表座谈会强调　全面推进教育文化卫生体育事业发展　不断增强人民群众获得感幸福感安全感》，《光明日报》2020 年 9 月

23 日。

5.《习近平给北京大学学生回信勉励当代青年　勇做走在时代前面的奋斗者开拓者奉献者》,《人民日报》2013 年 5 月 5 日。

6. 习近平:《决胜全面建成小康社会　夺取新时代中国特色社会主义伟大胜利——在中国共产党第十九次全国代表大会上的报告》,《人民日报》2017 年 10 月 28 日。

7. 习近平:《在北京大学师生座谈会上的讲话》,《人民日报》2018 年 5 月 3 日。

8. 习近平:《纪念五四运动 100 周年大会上的讲话》,《人民日报》2019 年 5 月 1 日。

9. 习近平:《在文艺工作座谈会上的讲话》,《人民日报》2015 年 10 月 15 日。

10.《习近平在高校思想政治工作会议强调　把思想政治工作贯穿教育教学全过程　开创我国高等教育事业发展新局面》,《人民日报》2016 年 12 月 9 日。

11.《习近平主持召开中央网络安全和信息化领导小组第一次会议强调　总体布局统筹各方创新发展,努力把我国建设成为网络强国》,《人民日报》2014 年 2 月 28 日。

12. 习近平:《在同各界优秀青年代表座谈时的讲话》,《人民日报》2013 年 5 月 5 日。

13.《新时代爱国主义教育实施纲要》,《人民日报》2019 年 11 月 13 日。

14. 夏之焱:《引导青年人远离"丧文化"侵蚀》,《人民日报》2016 年 9 月 30 日。

15. 新华社评论员:《让五四精神在新时代绽放光芒》,《新华每日电讯》2019 年 5 月 1 日。

16. 汪晓东、王洲:《让青春在奉献中焕发绚丽光彩》,《人民日报》2021 年 5 月 4 日。

17. 臧学英:《网络时代的文化冲突》,《光明日报》2001 年 6 月 6 日。

18. 彭燮:《抖音每日拦截处理违法违规内容行为超 10 亿条》,《中国质量报》2020 年 12 月 3 日。

19.《在网络安全和信息化工作座谈会上的讲话》,《光明日报》2016 年 4 月 26 日。

20.《在庆祝中国共产党成立 95 周年大会上的讲话》,《光明日报》2016 年 7 月 2 日。

21.《2015 年春节团拜会上的讲话》,《光明日报》2015 年 2 月 17 日。

22.《第 47 次中国互联网络发展状况统计报告》,2021 年 2 月 3 日,见 http://www.cac.gov.cn/2021-02/03/c_1613923423079314.htm。

23.《中共中央国务院关于全面加强新时代大中小学劳动教育的意见》,2020 年 3 月 26 日,见 http://www.gov.cn/zhengce/2020-03/26/content_5495977.htm。

24.《2021 届高校毕业生人数达 900 万人同比增加 35 万》,2021 年 5 月 13 日,见 https://baijiahao.baidu.com/s?id=1699615838168085280&wfr=spider&for=pc。

25.《高校思想政治工作质量提升工程实施纲要》,2017 年 12 月 5 日,见 http://www.

moe.gov.cn/srcsite/A12/s7060/201712/t20171206_320698.html。

26.《网络信息内容生态治理规定》，2019 年 12 月 20 日，见 http://www.cac.gov.cn/2019-12/20/c_1578375159509309.htm。

27.《关于加快推进媒体深度融合发展的意见》，2020 年 9 月 26 日，见 http://www.xinhuanet.com/politics/zywj/2020-09/26/c_1126542716.htm。

28.《中央民族乐团举办〈唱支心歌给党听〉音乐会》，2021 年 6 月 23 日，见 https://www.mct.gov.cn/whzx/zsdw/zymzlt/202106/t20210623_925878.htm。

29.《文化和旅游部艺术司以优秀艺术作品为载体助推党史学习教育》，2021 年 6 月 1 日，见 https://www.mct.gov.cn/preview/special/9579/9584/202106/t20210601_924928.htm。

30.《贯彻落实"十四五"规划纲要　加快建设知识产权强国发布会图文实录》，2021 年 4 月 25 日，见 http://www.scio.gov.cn/xwfbh/xwbfbh/wqfbh/44687/45381/wz45383/Document/1702769/1702769.htm。

外文类

1. David Bell, *An Introduction to Cybercultures*, London: Routledge, 2001.

2.Wendy Robinson，"Catching the Waves: Considering Cyberculture, Technoculture, and Electronic Consumption"，in David Silver and Adrienne Massanari, eds., *Critical Cyberculture Studies*, New York: New York University Press, 2006.

3. Rhoderick Nuncio，"Exploring Cybercultures: Critical and Constructivist Studies on the Internet"，*Asia-Pacific Social Science Review*, Vol.12, No.2, 2012.

4. Nazzareno Ulfo，"The Challenge of Cyberculture"，*European Journal of Theology*, Vol.17, No.2, 2008.

5. Michael Brake，*Comparative Youth Culture: The Sociology of Youth Cultures and Youth Subcultures in America, Britain and Canada*，London and New York:Routledge，1990.

6. Stuart Hall & Tony Jefferson（eds.），*Resistance through Rituals:Youth Subcultures in Post-war Britain*，London and New York: Routledge，2006.

7. Dick Hebdige, Subculture: *The Meaning of Style*, London and New York: Routledge，1979.

后 记

"科学决不是一种自私自利的享乐。有幸能够致力于科学研究的人，首先应该拿自己的学识为人类服务。"做好学术研究工作需要有问题意识，回答好时代之问，解答好人民之惑。"当代大学生是与新时代同向同行、共同前进的一代，生逢盛世，肩负重任。"中国特色社会主义进入新时代，正处于"拔节孕穗"关键时期的大学生成长成才状况得到比以往几代人更多的关心，也被这个时代赋予更高的期望。2019年以来，我们紧紧围绕培养堪当民族复兴大任的时代新人这个目标，持续关注、追踪大学生的思想动态、价值取向和行为特征，对网络亚文化对大学生产生的双重作用影响进行了较为深入的研究。

这本著作是中宣部文化名家暨"四个一批人才"资助项目《高校思想政治教育前沿问题研究》的研究成果。在撰写这本著作的过程中，我们认真学习习近平总书记关于教育工作、青年工作等重要论述，向全国不同地区有代表性高校发放调查问卷5万余份，聚焦教育部门和高校加强和改进大学生思想政治教育面临的新情况新任务，着重对"丧文化"、"佛系"文化、网络流行语文化、短视频文化和网络消费文化等网络亚文化主要样态进行阐释研究。通过对调查数据的分析，我们相继在《光明日报》《中国教育报》《中国青年研究》《思想理论教育导刊》《思想教育研究》等重要报刊发表《当代大学生价值选择调查：在担当中历练 在尽责中成长》《大学生消费，如何积极健康、理性适度——我国大学生消费心理及行为趋势研究报告》《用主流文化引领"网生一代"》《网络"丧文化"影响青年大学生的样态分析》《"00后"大学生受网络亚文化影响情况分析》《当代大学生思想道德状况的实证分析》等系列论文，论文相继得到《新华文摘》、人民网、光明网等全文转载，被中宣部"学习强国"平台等采用；撰写的多篇对策建议、研究报告被中央有关部门采用，供中央领导决策参考。上述研究成果使我们对大学生受网络亚文化影响的研究日渐深入，是对学界同人相关研究成果的概括梳理和学习提升。

这本著作从目录拟定到撰写修订完成并顺利出版，倾注着很多人的心血，闪烁着课题组成员之间思想碰撞的火花，留存着师生教学相长的印记。课题负责人郝文斌教授拟定著作目录提纲，对全书作了多次修改统稿。华南理工大学马克思主义学院黄嘉富、哈尔滨师范大学马克思主义学院韩雨欣、张添茗、关金铭、刘爱玉、李涵蒙等参与撰写。哈尔滨师范大学马克思主义学院研究生杨月荣、周汉杰、杨玲玲、刘啸天、方璇、张鹏飞、张昊、高孙伊娃、侯利军、孙莹莹、单茜、历松琦等参与著作调查问卷设计和数据统计。有关高校教师对调查问卷的发放给予大力支持，感念他们为本著作出版提供的帮助！

责任编辑：江小夏

封面设计：胡欣欣

图书在版编目（CIP）数据

网络亚文化观察：基于当代大学生的调查研究／郝文斌 著 . — 北京：
　人民出版社，2021.7
ISBN 978－7－01－024240－8

I. ①网…　II. ①郝…　III. ①大学生－网络文化－亚文化－调查研究－中国
　IV. ① D669.5

中国版本图书馆 CIP 数据核字（2021）第 247336 号

网络亚文化观察

WANGLUO YAWENHUA GUANCHA

——基于当代大学生的调查研究

郝文斌　著

人民出版社 出版发行

（100706　北京市东城区隆福寺街 99 号）

北京盛通印刷股份有限公司印刷　新华书店经销

2021 年 7 月第 1 版　2021 年 7 月北京第 1 次印刷

开本：710 毫米 ×1000 毫米 1/16　印张：20.75

字数：346 千字

ISBN 978－7－01－024240－8　定价：88.00 元

邮购地址 100706　北京市东城区隆福寺街 99 号

人民东方图书销售中心　电话（010）65250042　65289539